要素流动与中国发展

论 | 丛

# INSTITUTIONAL GRAVITY

# 要素集聚的体制引力

张幼文 等 ◎ 著

# OF FACTOR AGGLOMERATION

格致出版社　上海人民出版社

# 总　序

在中国迅速崛起成为世界经济大国之时，人们普遍认同这是三十多年改革开放的成果。中国选择了社会主义市场经济体制，抓住了经济全球化的历史机遇。那么，为什么经济全球化是发展中国家崛起的历史机遇？全球化就是贸易投资自由化吗？为什么同样面对经济全球化，中国实现了对其他国家的赶超呢？仅仅是因为中国有廉价劳动力比较优势吗？

可以进一步追问的问题还很多。对于经济学来说，需要回答的是现象背后的经济逻辑与市场机理。中国创造了世界经济发展史上的奇迹，已经不是现有经济学理论能够直接解释的。"中国道路"成为一个特定概念本身就表明，这是一个超越传统理念的伟大实践创新。正如几百年来经济学说的不断创新都是基于该时代新现象的成果，是经济学家从人类生产活动最新现实出发进行的理论总结，今天的中国奇迹也给了当代经济理论工作者一个历史性重大课题——阐明中国道路的经济学逻辑。这是一种难得的机遇，也是一个不可推卸的责任。

在中国奇迹的巨幅画卷中，以开放促发展是其中最灿烂的画面之一。中国经济开放型发展的成就表明，经济全球化是中国道路的时代特征，以发展导向体制推进开放是中国道路的国家特点。从经济学意义上讲，投资超越贸易是当代世界经济的首要特征，生产要素的国际流动是经济全球化深化的微观基础。跨国公司直接投资使生产要素从一国流到另一国，改变了世界生产格局与国际分工内涵，进而替代了贸易，更创造了贸易。在这样的全球化历史条件下，一个落后国家能否启动发展，关键就在于能否吸引要素流入。中国不仅以鼓励外资流入的政策推动了对外开放，而且以对内改革创造了外资发展的环境，并把国内大量闲置的生产要素动员起来融入生产过程。三十多年来，中国各级政府都以发展为第一要务的"区域发展导向型市场经济体制"构建了内外要素集聚的高速增长机制，以资本流入创造产品出口拉动国内增长的发展模式,同时解决了资金外汇双缺口的发展经济学难题,并在此基础上开始了以培育高端人才和先进技术为核心的自主创新发展新阶段。

中国道路给了我们探索全球化经济机制与发展经济学新主题的最佳案例,一大批理论问题都可从中国实践中找到规律性的结论:为什么是要素流动而不是商品贸易是经济全球化的本质特征?为什么发展的启动阶段是要素净流入和产品净流出?廉价劳动力在什么条件下才能成为现实的比较优势?是什么因素促使全球生产要素更多向中国集聚?这些全球化经济学意义上的问题以巨大的磁性吸引着当代中国经济学人。

经济学的应用性在今天中国显得更为强烈。解释中国在开放中崛起的机理绝不只是一种理论上的悠闲享受,而是中国经济学工作者的一项时代责任。面对中国如何进一步崛起,同样有一大批问题摆在我们面前:如何客观评价外资主导型出口发展的国民收益?要素流入型发展模式局限性是什么?如何实现经济发展的核心内涵即本国产业结构进步?如何完成从外部要素流入向国内要素培育的发展战略升级?如何实现从要素单纯流入向进出双向流动转型?等等。这些发展经济学意义上的问题正是中国今天最紧迫的实践主题。

这些令人沉迷的问题伴随着我、我的同事及我的学生十多年。自从2002年对知识经济要素结构的研究开始,我对贸易效益的研究进入到生产要素层面。这一转变不但使我发现中国开放型发展中的许多现象可以得到合理的解释,而且也为战略与政策探索打开了思路,找到了方向。在此后约20篇相关论文中我从要素流动理论出发,分析了开放政策、体制模式与发展战略。2013年,在几位博士研究生的共同努力下,我完成了《要素流动——全球化经济学原理》一书,并由人民出版社出版。博士生周琢、朱斌、陈钧浩、薛安伟、黎峰和马飒先后均从要素流动理论出发完成了博士论文。周琢和朱斌两篇论文分别以《要素流动与贸易收益——外资流入下贸易发展的国民收益》和《要素培育——从政策性开放向创新性开放战略升级》为专著书名,列入《新开放论丛》,于2014年由上海社会科学院出版社出版。本论丛出版的是另三位博士生在博士论文基础上完成的专著。我本人的相关论文经过重新整理和补充,再收录了学生的几篇论文也一并成书编入论丛。在此我要特别感谢我的这几位学生对要素流动理论的信任,感谢他们为这一理论的深入论证和系统阐述所做出的贡献。这里把四本书汇集成"要素流动与中国发展论丛",是为了表明要素流动在全球化经济运行中的基础性意义,在上海社会科学院创新工程"世界经济学科建设"规划的推动下,我们更感到这一工作的意义,也表明中国发展道路与时代世界特征的深刻联系。

愿本丛书的出版能引起学界同仁对创建全球经经济学的兴趣,以及根据中国道路创新发展经济学理论的兴趣。

张幼文

2015 年 5 月于上海社会科学院

# 前　言

在今天的世界经济中,有两个事实为世人之共识。一是经济全球化已成为历史潮流,二是中国的崛起已成为客观现实。这两个事实之间又存在着深刻的内在联系:正是抓住了经济全球化的历史机遇,中国才实现了高速发展。

阐明两者之间的内在联系,既对世界经济学与发展经济学具有深刻的理论意义,也对中国乃至更多发展中国家未来发展战略的探索具有显著的实践意义。

这两者之间内在的经济学逻辑就是:经济全球化的本质是生产要素的国际流动,中国对外开放的核心就是外部要素的引进,中国能够比其他国家更有效抓住全球化历史机遇的原因就在于,由改革建立起来的发展导向型经济体制形成了对外部要素流入与国内要素动员的强大集聚能力。今天,建设经济强国的目标要求将发展启动阶段的政策性开放向提升综合国力的体制性开放升级。

本书共四篇31章,作者如下:第3章由周琢撰写;第6章及第7章由陈钧浩撰写;第10章由周琢撰写;第4章、第18章、第25章及第28章由薛安伟撰写;第19章由唐杰英撰写;第23章由马飒撰写;第24章由黎峰撰写;除以上各章外,作者均为张幼文。

# 目 录

## 第一篇　要素流动：全球化经济的本质特征

第五篇　要素规划:向全球发展战略拓展的对外投资

# 第一篇

# 要素流动：全球化经济的本质特征

要素流动是经济全球化深入发展的核心表现，是全球化经济的本质特征。近代世界经济从国与国之间的贸易联系发展开始，走过了贸易自由化程度不断提高的历史过程，逐步展现为贸易自由化、金融国际化与生产跨国化的经济全球化整体结构。生产跨国化是当代世界经济的最显著特征，它的形成是建立在跨国直接投资基础之上的。跨国公司的国际投资使生产在全球范围内组织起来，资源配置成为由跨国公司主导的全球过程。产品内贸易现象、国际价值链分工事实等都基于国际直接投资而形成。由此我们发现，投资超越贸易是当代世界经济的重要规律——投资跨越国界替代贸易，投资深化分工创造贸易，投资推动增长扩大贸易。投资意义上的市场开放（国内体制）已经超越了产品贸易意义上的市场开放（关税减让），成为当代国际谈判的最大主题。

　　投资超越贸易使国际经济联系从产品交换深化为要素流动，即生产要素的国际流动。跨国公司直接投资的本质不是资金的跨国转移，而是以投资为载体的生产要素的国际流动。正因为跨国公司将其所拥有的产品、品牌、技术、管理、国际市场网络等带到东道国，与东道国的劳动力、土地等相结合，新的生产过程才开始，国际价值链分工才形成，产品内贸易才发展。尽管传统意义上的纯粹一国产品的贸易仍然存在并发展，但基于生产要素国际流动的产品内价值链分工下的生产却是当代世界经济的本质特征。

# 第1章
## 生产要素的国际流动与全球化经济的运行机制

从理论上讲,世界经济理论应追溯到世界经济形成之前,即国际贸易发生并成为研究对象之时。因此,以主张国际贸易的古典贸易理论绝对优势论与比较优势论可以被看作世界经济理论的起点。但是,这些理论一般被作为国际经济学的起点与理论基石,而世界经济研究则是从国别经济研究开始的。

如果说国与国之间贸易联系的"国际"特征是国际经济学的标志,那么世界经济学应当以对世界的整体研究为特征。马克思研究了世界市场,列宁研究了帝国主义争夺殖民地的战争,认为其基础是垄断资本主义,这些理论的"世界"特征表明其是世界经济学的理论起点。但是在最初的研究对象中,外国经济等同于世界经济,这也与当时世界经济全球化未充分展开相关。

对外开放以来,我国世界经济理论工作者为世界经济学的学科建设做出了不懈的努力,对世界经济各专题的研究改变了学科的面貌,主题广泛涉及贸易自由化、金融国际化和生产一体化,尤其是对经济全球化表现及趋势的研究使世界经济学科领域得到了较为清晰的界定。然而,在经济全球化深入发展的今天,这一学科的建设不但被提出了更高的要求,而且也有了新的条件。经济全球化正在逐步把一个全球化经济呈现到我们面前,使我们能够按照像对待国民经济研究一样的思路来研究世界经济。从经济全球化的微观机理出发,分析这一微观机理如何形成世界经济的宏观表现,是世界经济学(本质上是全球化经济学)的理论范畴与研究对象,也决定了学科的理论起点与论述框架。

## 1.1 世界经济学的发展与理论建设的现实需要

世界经济学在我国的发展可以追溯到改革开放之初。20世纪80年代初,以钱俊瑞为代表的老一代经济学家提出了建设世界经济学的课题。这是我国对外开放在理论上需要的反映,中国迫切需要认识世界经济的特点与规律为开放战略的推进提供理论指导。在老一代经济学家的努力下,我国许多高校建立了世界经济专业。以"世界经济学"为书名的教材接连出版体现了我国世界经济专业的理论与教学工作者对这一学科体系所做的探索。

从总体上看,已有世界经济学体系的基本特征是从国际分工或经济全球化出发,全面涉及国际贸易、投资、金融、跨国公司与区域经济一体化等现实世界经济中的各种现象。尽管各种教材并不完全一致,但总体特点是梳理和描述现实世界经济的基本现象,在不同程度上吸收了国际经济学的理论成果,但又形成了与国际经济学体系、研究对象的显著差别。

尽管各种教材的叙述方式不同,但研究对象的清晰定位为学科的建立提供了最有力的依据。国际分工或经济全球化一体化理论被许多教材作为这一学科的基本理论。但是,与国际经济学丰富的国际贸易与投资理论相比,世界经济学要显得苍白得多,以至于人们开始怀疑它存在的理由。

理论是对现实的抽象与梳理,理论的发展应当建立在现实发展的基础之上,尤其像世界经济学这种以现实世界经济为研究对象的学科更是这样。世界经济学是关于世界范围经济运行内在规律的学科,应反映世界经济的最新现实即经济全球化,揭示其形成机理与运行机制。

经济全球化是世界经济发展的现实表现,从经济学抽象的思维方式讲,世界经济学科的研究对象也就是"全球化经济"——一个"全球化了"的经济体。这样的一个经济体其形成和运行的最主要因素是什么,决定了世界经济学的理论切入点。

全球化经济的最重要基础是国际直接投资,而不是国际贸易。国际贸易是各经济体相互间的产品交换,不论贸易自由化达到如何高的程度,各个经济体的运行是相对独立的。然而国际直接投资却不同,国际直接投资是一个国家的资本(以种种生产要素为形式)向另一个国家的流动,在此基础上形成生产过程,因而是两个国民经济更深度的联系与结合。

从投资与贸易二者的关系上看,今天世界上越来越多的贸易本身就是国际直接投资的产物,由跨国公司投资创造的一国出口和公司内贸易日益超越各国在本国比较优势或要素禀赋基础上形成的贸易,投资成为贸易发展的原因,既是经济全球化的表现,也是经济全球化更深刻的基础。

国际直接投资的本质是以资本为载体的生产要素的国际流动。这里所说的生产要素包括货币资本、技术、品牌、专利、经营管理方法、营销网络、管理与技术人才等,这些要素从投资国流出,而作为东道国所提供的生产要素则是土地、劳动力、激励政策和经营环境等。

在这里,我们清晰地看到投资与贸易的重大区别:贸易是生产的国际分工,各国经济相对独立;投资是要素的国际合作,各国经济相互融合。FDI 使不同国家的不同生产要素相结合,使生产的国际分工转变为要素的国际合作。这是世界经济运行特征的一个历史性变化,是全球化经济形成更重要的条件,超越贸易自由化。世界经济学理论要研究全球化,就需要基于要素流动展开。

国际直接投资这一决定全球化经济运行的现象表明,经典贸易理论不再适用分析全球化经济:比较优势理论基于各国相对劳动生产率,单一劳动要素观;即使扩展到多要素,也仍然是基于两国全要素生产率的相对差异决定贸易,不包含要素流动对生产率的影响。要素禀赋论基于要素不流动,各国生产和出口本国富裕要素密集型产品。要素流动可使一国改变要素禀赋结构从而改变生产贸易结构。要素流动后形成的贸易不再是一国原有的比较优势,显性比较优势取决于要素流动情况,落后国家可以出口高技术产品,进口原材料。资本稀缺国家可能出口资本密集型产品。按进出口结构不再能体现国家发展特征。

国际直接投资的这一全球化经济的基础性现象也决定了传统的国际分工概念要抛弃。要素流动下的世界经济是要素合作型的国际专业化。分工概念中的"工"侧重劳动力不确切,其中的"分"也不反映他国流入生产要素。国际直接投资下的世界经济不能再用传统国际分工概念来描述,而要提出"要素合作型的国际专业化"。国际直接投资在当今全球化经济中的基础性影响决定了,世界经济学这一以

全球化经济为研究对象的学科，其理论切入点是"生产要素的国际流动"，或简称
"要素流动"。

从生产要素层面或思维方法研究世界经济是经济全球化本身发展显示的新特
征的要求，也使我们从理论上进入到了一个新的层次，区别于以往的国际经济学方
法。国际经济学最初分析国与国之间贸易的成因，这时一个国家被看作一个整体，
国家的差异在于不同产业的劳动生产率不同（古典学派）。此后，产业贸易理论指
出两国同一产业间可能贸易，研究进入了产业内而到了产品的差异性上。产品内
贸易理论指出一个产品的各个零部件可以贸易，产品生产可以进行价值链分工。
理论又向深度方向进了一层，但事实上只是进入中间产品，仍然没有把产品或中间
产品再分解为生产要素。经济学分析市场运行机制是从供求理论、价格理论出发
的，所有经济规律是基于产品价格机制的规律，产品没有被分解为要素分析，生产
要素在这一理论体系中最关键是被假定为充分流动——在国内充分流动，而不存
在跨境流动。然而，今天全球化经济的最基础机制就在于生产要素的跨境流动，舍
此没有当代世界经济的基本特征。因而，无论是从国际经济学来说，还是从经济学
来说，全球化经济学从要素层面出发进行研究都是必然的和必要的。

生产要素的国际流动是经济全球化的本质。这是因为：第一，生产要素的国际
流动既包含了要素的流动，也包含了产品的流动；要素流动必然是生产地发生变
化，进而又导致最终产品贸易的扩大。第二，要素的国际流动从生产经营的源头起
形成了国与国之间的经济联系，其深度要超越以最终产品的国际贸易为内容的国
际联系。第三，要素流动是广义的，它包括了货币资本，也包括了技术、人才、经营
管理、信息、市场营销网络等，正是其广义性深化了国际经济联系。第四，要素流动
是产品流动的发展，因为跨境投资往往是为了跨越贸易障碍，包括关税等市场障碍
和运输等自然地理障碍，从而发展了国际商品贸易关系。要素流动超越了商品流
动，也主导了商品流动。世界贸易组织将关贸总协定从产品的自由贸易扩展到知
识产权保护和投资政策等广泛领域，要求其他成员方开放投资的市场准入，体现了
经济全球化发展的要求。

要素的不同在于要素自然属性的差异，不存在高级与低级之分，不能说资本要
素一定是比劳动力要素更为高级的要素。但每一种不同要素也有低级与高级之
分，如不同的劳动力、不同的技术是有差异的。要素的流动性是有差异的，有的要

素流动性强,如货币资本、技术专利;有的流动性弱甚至完全不流动,如自然资源、土地;有的流动性强弱受国家政策影响,如尖端技术。劳动力的流动是世界经济中的重要现象,但是在大多数国家政策中,往往鼓励高级劳动力的流入,而限制低级劳动力的流入。要素流动性的这些差异决定了全球化条件下要素国际组合的特征,即流动性强的要素向流动性弱的要素所在国家流动而不是相反。这就决定了在其他条件相同的情况下,发达国家的资本、技术向以土地、自然资源和劳动力为主要要素的发展中国家流动。这是经济全球化给发展中国家的一种特殊的机遇。在生产要素国际流动中,跨国公司是主体,外资是载体,从而引进跨国公司以集聚高级要素成为发展中国家战略的核心,跨国公司分支机构约一半进入了发展中国家。①如果政府能够创造适合于高级易流动生产要素向本国流动的经济社会环境,就会推动这种要素的集聚。从这个意义上可以说,对一个发展中国家来讲,是否真正抓住经济全球化的历史机遇,就在于能否使自己低级的低流动性的要素成为吸引高级的高流动性要素流入的有利条件。形成这些条件的关键是政府创造有效有利的经营环境,以吸引外国高级要素。②

## 1.2　全球化经济学的基本理论问题

　　生产要素的国际流动是当代全球化经济的运行基础,这一具有基础意义的特征深刻影响了当代世界经济的运行机制,使世界经济的运行发生了深刻变化,分析这些机制与变化是认识全球化经济的关键。从生产要素的国际流动出发,我们需要深入研究以下十个理论问题。

---

① 数据来源:联合国贸发会议(UNCTAD):《2005 世界投资报告》,中国财经出版社 2005 年版。

② 关于经济全球化的首要特征是要素流动的分析,参见:张幼文等《世界经济学:理论与方法》,上海财经大学出版社 2004 年版;张幼文《当代国家优势:要素培育与全球规划》,远东出版社 2003 年版。

### 1.2.1　国际直接投资与经济全球化的关系

世界经济发展史表明,国际直接投资超越国际贸易是经济全球化发展的基础。目前在国际经济学与世界经济理论研究中,大部分研究把各国发挥比较优势进行国际分工即国际贸易及其自由化视作经济全球化的基础和原因,这些研究忽略了国际直接投资的更基础性的作用。世界经济发展史是一个从国际贸易不断发展到国际直接投资不断发展的历史。问题的关键不在于二者的数量及其增长速度,因为即使同样以货币计量,仍具有不可比性。问题的关键是在当代世界经济中,国际直接投资对国际贸易具有重要的推动作用。尽管投资经常具有跨越边境而替代贸易的意义,但同时却因为其具有深化国际分工的作用而创造了贸易,现代产业组织理论与企业内贸易理论,异质企业贸易模型和企业内生边界模型等都证明了这一点。这些理论虽然通常被作为贸易理论,而事实上这些贸易现象的形成正是跨国投资的结果。

然而,国际直接投资与国际贸易毕竟有着重大区别:贸易是生产的国际分工,各国经济相对独立;而投资则是生产要素的国际合作,各国经济相互融合。国际直接投资使不同国家的不同生产要素相结合,使"生产的国际分工"转变为"要素的国际合作"。这是世界经济运行特征的一个历史性变化,是全球化经济形成的更重要的条件。从国与国之间融合的深度上看,投资自由化对经济全球化进程的影响和意义已经超越了贸易自由化。

因此,世界经济发展史就是从贸易性质的世界市场发展到以国际直接投资性质的全球化经济,从而相互独立的国民经济发展到相互融合的全球化经济。只有从国际直接投资及其影响的视角,才能深刻认识当代世界经济。

要素流动使国际贸易流向与结构发生重大变化。从数量上看,贸易的创造效应与替代效应并存;产业转移和集聚创造贸易,国内市场开放减少了原来的进口贸易;从结构上看,要素流向决定了贸易的产业性质,使落后国家可能生产出口技术密集型产品。

国际直接投资的内涵是要素的国际流动从而要素合作下的生产,完全不同于基于一国要素禀赋或比较优势的生产国际分工基础上的国际贸易。要素流动超越产品贸易是当代全球化世界经济的本质特征。

## 1.2.2　生产要素国际流动的原理与世界经济不平衡的成因

　　种种生产要素的性质不同及其流动性差异决定了当代世界经济的一系列重要特征。国际直接投资的本质是以资本为载体的生产要素的国际流动。在经济学意义上,生产要素一般分为劳动力、资本与土地三大类。然而从企业生产投入和经营的过程看,生产要素则不仅包括土地、劳动力与货币资本,同时也包括特定产品、技术、品牌、专利、经营管理、营销网络等。

　　除了对生产要素的自然属性划分外,还应对其按质量水平划分,即其质量的高低:劳动力有低级加工型劳动力,也有高级技术与经营管理人才;土地在农业意义上的肥沃性差异,在工商业意义上有地理位置差异;技术有先进与一般之分,品牌有知名度的差别,专利有复杂度及其经济价值差别;经营管理体系及国际市场销售网络等都有水平差异。要素的质量属性决定了要素的价值。

　　不同类型和不同质量的生产要素在国际流动上也是不同的。在空间意义上,土地是绝对不流动的,流动的只是其产权或使用权;而其空间不流动性又决定了其他要素相对于其而流动。资本、劳动力原则上是可流动的,但事实上国家的开放制度决定了资本流动的可能性,准入的产业资本可流动,而限制、禁止的产业不能流动。高级技术型人才各国都努力吸引,而一般劳动力大部分国家不接受流入,除非缺乏劳动力的国家。技术、专利是最易流动要素,但有些技术被看作敏感技术而限制对特定国家流出,有些国家因需要产业保护而抵制先进技术流入。要素流动性差异是全球化经济中要素流向的决定性因素。

　　除了生产要素自身流动性差异外,决定要素流动的还有经济环境与经济全球化发展本身,前者可称为经济要素,后者可称为全球化经济要素。一个国家能够吸引外资流入,一是取决于其国内经济发展条件,更规范的市场经济制度,更透明的政府管理体制,更大的本地市场购买力,更成熟的产业配套体系等,是外资企业在东道国的发展条件,决定了跨国公司对投资地的选择。同时,一个国家的开放水平或者说其融入经济全球化的程度,也决定了其对要素流入的开放度。更优惠的对外资的政策激励,更符合国际投资规则的公平竞争环境,更规范透明的投资者权益保护制度,更大领域的产业市场准入等,体现了一国融入经济全球化的程度,决定了要素流入的条件,是一个国家构建的开放型经济要素或全球化经济要素。

要素的自然属性及其流动性差异,加上各国构建的经济要素、全球化经济要素的差异,导致过去二三十年中世界要素流动的方向性特征,即从发达国家向新兴经济体流动成为主流。流向上的这一特征是世界经济发展不平衡的微观基础,因为要素流动的直接结果是生产地的转移,同时贸易的创造又使东道国出口能力提升,而投资国需要进口。因此,要素流动这一微观机制是当代世界经济许多重要现象的成因。由此带来的贸易不平衡不应当也不能用汇率调整来平衡。

### 1.2.3 全球化经济的要素流动与国际贸易理论的发展方向

以要素流动为基础特征的全球化经济形成使传统贸易理论不再适用,而新发展起来的贸易理论正日益接近于要素流动所带来的新现实,虽然人们把它们称为贸易理论。比较优势理论不再适用于直接分析全球化经济。比较优势理论基于各国相对劳动生产率,是单一劳动要素观,不适合分析多要素跨国组合为基本特征的全球化经济;即使扩展到多要素两国模型,其核心思想仍然是基于两国全要素生产率的相对差异决定贸易,不包含要素流动对相对生产率从而对贸易的影响。当然,其"相对"即比例思想仍然是经典的,但现在这种比例正是产生于要素流动。要素流动后形成的贸易不再是一国原有的比较优势,显性比较优势取决于要素流动情况,落后国家可以出口高技术产品,现实贸易数据普遍证明了这一点。传统要素禀赋理论也同样不再适用于解释当代世界经济的基本现象。要素禀赋论基于要素不流动,各国生产和出口本国富裕要素密集型产品。要素流动可使一国改变要素禀赋结构从而改变生产贸易结构。资本稀缺国家可能出口资本密集型产品。按进出口结构不再能体现国家发展特征。

新贸易理论论述了规模经济与不完全竞争,发达国家之间的产业内贸易得到了解释,而今天不同发展水平国家间产业内贸易形成的基础正是要素流动。产业内贸易的形成可能是同样发达水平国家间企业的战略选择,但是在不同发展水平的国家间却正是由跨国公司投资形成的。发展中国家和新兴经济体自身没有条件通过投资实现与发达国家的产业内贸易,而跨国公司投资却可能将其产业扩张,形成产业内和企业内贸易。

要素价格均等化定理说明了国际分工与贸易会导致各国异质生产要素获得相同的相对与绝对收入。这一过程在理论逻辑上是可以成立的,但在实践中是一个长期过程。这一理论的结论是自由贸易导致各国贫富差别消除。事实却不同,原因一方面是完全竞争和自由贸易条件不完全存在,其假设前提各国技术水平相同不存在。今天世界发展差距减小的原因恰恰在于后进国家引进稀缺生产要素使充裕要素得到使用,从而增加了收入,而不是完全靠基于要素禀赋的国际贸易。要素禀赋理论的推论是"产品的国际流动可以代替要素的国际流动",但世界经济发展的实际正好相反,是要素流动代替了产品流动,或者扩大了产品流动。新贸易理论高度重视要素分析是正确的,包括自然资源要素论、技术要素论、人力资本说、研究与开发要素说、信息要素说。其对要素的分析都说明当代贸易不同于以前的贸易。但是这些理论忽略了要素是如何形成的,其更多注重的是本国条件下形成,而忽略了国际流动形成的现代路径。

规模经济与不完全竞争市场理论解释了贸易及其结构形成的原因,但正是跨国公司直接投资是形成这两个状态的最现实途径,而非本国特别不是发展中国家自身条件下的发展的结果。产业组织理论与企业内贸易理论所证明的正是国际投资所创造的新的贸易现象。新新贸易理论提出了异质企业贸易模型和企业内生边界模型。产生于本世纪初的贸易理论,同样基于国际投资即要素流动。这些理论本身就是研究公司内贸易即企业全球化生产模式,因而恰恰是投资决定的贸易。其解释了贸易发生的原因,证明了投资创造贸易,是要素流动机制下的贸易现象。

由此可见,贸易理论的发展都在日益接近于跨国投资即要素国际流动的客观现实,其对现代贸易现象的解释既否定了传统贸易理论,又证明了要素流动的基础性意义。问题是这些理论作为贸易理论是对贸易现象的解释,而这些贸易现象的形成正是跨国投资。可惜的是,这些理论都努力在推进贸易理论,却忽略了用现实世界实际真正发展起来的国际直接投资即要素流动理论来替代贸易理论。

当代世界经济是"要素合作型国际专业化","国际分工"这一传统概念已经不能确切表达这一事实。要素流动下的世界经济是要素合作型的国际专业化。分工概念中的"工"侧重劳动力不确切,其中的"分"也不反映他国流入生产要素。国际直接投资下的世界经济不能再用传统国际分工概念来描述。

### 1.2.4　跨国公司投资决策与要素国际流动的动因

跨国公司投资理论实质上指出了要素国际流动的动因与特点,指出了世界要素市场的机制。跨国公司是全球要素合作的组织者,从全球化生产及资源配置的意义上讲,跨国公司的作用就是主导要素流动的国际投资。跨国公司在现代世界经济中的各种决定性比重说明了其在世界经济中的地位,说明了其是全球化经济运行的主角。跨国公司全球战略深刻影响着当代世界经济运行的特点。

寻求廉价劳动力是当代国际投资的主要动因之一。这一投资决策决定了资本、技术等向发展中国家流动。统计表明劳动力成本的国际差异如何决定了跨国公司投资。这一类国际投资直接影响了相关产品的国际市场价格,从而使形成价格的机制从基于一国既定的要素成本转变为生产地国际转移。

各种不同的跨国投资理论都从企业决策的角度说明了投资的必要性和依据,其结果是不同意义上的要素国际流动。要素国际组合是跨国公司的各种投资决策的一般原理,因而跨国公司的投资经营决策决定了全球化经济中的要素配置。垄断优势论、内部化理论、国际生产折衷论、产品生命周期论和边际产业扩张理论等不同的跨国公司投资理论的共同点是由要素价格国际差异决定的要素配置。与生产要素一起,经济要素和全球化经济要素共同决定着要素流向进而全球化配置。

跨国并购是一种特殊形式的要素流动。在绿地投资下,要素发生了空间流动,而产权不流动,外商仍然是该要素的所有者。在国际并购情况下,要素未发生空间流动,但产权发生了国际转移,因而是另一种意义上的国际流动。

要素流动分析方法不仅使我们看到了全球化经济的微观基础,而且指出了全球化经济中的市场结构。产品市场、服务市场与金融市场是我们对市场的一般分类。事实上跨国并购的意义与货币、证券市场等金融市场有着重要区别,因为交易者所关心的不是买卖对象的货币价值,而是其所包含的各种生产要素的价值;不是为了通过金融市场过程实现盈利,而是为了未来使用所获得的生产要素而盈利;不是一种单纯的金融,而是一种借助金融手段实现的生产行为,因而要素流动才是本质。

## 1.2.5　要素价格与全球化经济中的收益分配

国际贸易与国际投资中各国的收益差异或利益分配是国际经济学与发展经济学长期探索的问题,但没有得出一般的原理与结论。但是要素价格决定原理却有效揭示了在全球化经济中的分配规律,从而能够有效说明不同类型国家参与全球化的收益差别,进而也启示了收益相对较低国家的战略取向。

稀缺性是经济学分析的基础性概念,商品的相对稀缺度决定了供求关系从而决定了商品价格。同样,要素的稀缺性决定了要素的供求关系,从而决定了要素价格即要素所有者的收益。在同一国家中不同要素具有稀缺性差异;在不同国家中同一要素也具有稀缺性差异。稀缺性在商品价格决定中的意义同样决定了要素价格,从而决定了要素收益。

全球化经济中的特殊性在于,要素的流动性差异影响着要素价格和要素收益。流动性强的要素能做出流动与否的选择,而流动性低的要素则相对处于被动地位,从而难以因流动而改变其稀缺度。技术从充裕国家向稀缺国家流动因其稀缺度提高而提高价格,而低端劳动力因无法跨国流动而只能接受低稀缺度下的低价。这一原理决定了发展中国家作为土地、低端劳动力等低流动性要素所有者,在吸收高流动性要素中处于收益必然低的不利地位。传统贸易理论没有回答发展中国家不利地位的真正原因,而要素流动原理却清晰地揭示了这一过程。

在如今的世界经济中,各种要素相对稀缺度是不同的。高级要素相对稀缺,低级要素相对充裕,这一总供求关系决定了全球化经济中国际收益差异的基本特征。不同类型经济体在人均资本、专利数等各种要素存量上的差异是全球化发展收益差异的基础性原因。在这里,即使没有垄断、国际不平等交换、信息不对称等因素,国际收益差异的结果同样会存在。

除了要素的自然属性对流动性差异外,经济要素与全球化经济要素也起着决定性的作用。一国经济要素的充裕(成熟的市场环境,完善的产业配套能力,高效的政府服务等)会成为对外部要素流入的引力。同时,一国经济的开放度则会减少要素流入的障碍。东道国尽管在不流动要素上处于不利地位,但同时却又可以通过经济要素与全球化经济要素获益:产业关联拉动了国内发展,税收提高了政府收入。经济要素与全球化经济要素经常作为公共产品而获得收益。贸易条件理论试图分析一国的贸易收益,然而在要素国际流动条件下已经不再适用,要素价格原理才是国民收益的基础性原理。

## 1.2.6 全球化经济中国家发展水平与经济实力的评估

要素流动的直接结果是,当代世界各国的国内生产总值(GDP)不再是本国生产要素的产物,而是多国生产要素共同的产物,由此导致了一切基于 GDP 统计分析的变化,尤其是国家出口竞争力、发展水平评估与国民收益的变化。

要素流动深刻影响了国民经济现有统计的意义。现行国民经济的各类主要指标都基于要素不流动条件,其中的两大问题一是不能反映要素流动实际情况,二是不能反映要素流动的影响。虽然资本流动本身可以反映要素流动,但资本流动统计也只反映货币意义上的资本流动,而不反映其中所包含的各类要素流动。当一个国家的生产在日益增大,同时又建立在外国要素基础之上时,传统的"国民经济"概念已经发生了根本性的变化。

从国际经济的角度讲,需要重新思考 GDP 国际比较方法及其意义。GDP 统计的内在意义发生了变化。由于增加值由各国生产要素共同创造,新创造价值的分配归各国要素所有者,因此 GDP 已不能真实反映增长对本国国民的福利意义。GDP 是地理上的产出概念,产出中包含所有要素的报酬,且稀缺要素价格更高,报酬率更高,资本流入国 GDP 增长更快,但相对国民净收入增长却不如 GDP 增长,事实上相对更低。相应地,要素流出国的 GDP 相对较低,但未计算其在境外的资本增值和财富增长。GDP 统计使两类国家实际的相对收入差距被掩盖。资本流入国增长更快,但国外要素要求获得相应更高收入。国民财富的实际差距在扩大,未汇回利润和未撤出资本不易看清这一问题。同时,流入国因更多要素投入中也包括本国要素增加投入。我们既不能把流入要素创造的 GDP 看作为本国的 GDP,把未汇出的收益看作为本国的收益,也不能简单否定流入要素对本国增长的作用。需要客观比较世界各国现统计的 GDP 中来自于非本国要素的比重,同时统计本国要素在境外创造的增加值,在此基础上分析一国国民真实的财富增长。因为我们需要分析基于要素所有权的 GDP 的结构,包括对未汇回本国的要素收益,因此,传统的国民生产总值(GNP)也不能说明问题。

要素流动使现行贸易统计的意义发生了变化。现行贸易统计体现的是商品与服务的跨境流量,反映了生产与服务提供者作为企业注册地的国家属性,却不能反映企业的要素结构及其国民属性。由此形成的贸易与要素不流动条件下贸易的性质不同,它不能反映一国的比较优势及各种意义上的分工地位。从进出口结构中体现的一国比较优势与分工地位是在要素流动条件下形成的,不再是本国要素禀赋结构或比较优势的表现。贸易规模和贸易顺差都不再反映一国从贸易中的利益,增加值贸易统计正确避免了出口规模不准确反映一国实际出口能力的现象,反映了当代世界经济的分工深度,为我们在属地分析基础上进一步进行属权分析创造了条件。

经济全球化要素流动要求我们重建国家竞争力的分析方法。传统方法中国家竞争力是基于产业结构、贸易结构等进行分析的。但如今一个开放型经济的贸易竞争力部分来自外资企业。一个跨国公司的竞争力是这个公司主要投资者所属国家的竞争力,而不是其所在地国家的竞争力。因此,一个开放型经济体的竞争力不能简单用其产业结构或贸易结构来评估,而需要分清产业及企业的国民属性。

对于跨国公司与东道国竞争力的关系,能否说"不为我所有,但为我所用"呢?从生产要素的产权及其收益归属上讲是不合理的,从国家竞争力的结构与来源上讲也是不合理的,但是从国家综合竞争力的形成,国民经济的增长从而收益增长上讲又是不应当否定的,因为跨国公司的进入通过产业关联和市场机制拉动了国民经济增长,提高了国民收入和综合竞争力。从要素流动与国民收入的变动趋势讲,由于高低端要素收益的差异,不同国家财富积累的速度形成差异,这一差异又构成培育高级要素的条件,从而形成正反馈,在缺乏正确战略的情况下可能拉大国家收入水平的差距。如果说要素流动是当代世界经济的基础性特征,那么一国吸收要素的能力就是国家的核心能力,即要素集聚能力。贸易竞争力不再是当代国家竞争力的标志,因为一国贸易出口是不同国家要素的组合。

## 1.2.7　开放型经济要素流动激励政策的经济效益

在以要素集聚作为国家核心能力的国际竞争下,要素流入激励政策即鼓励资本流入成为经济发展的政策重点。新兴经济体普遍有较高的外资流入量,且外资是出口的主力。发展经济学已经从出口激励政策研究向资本引进政策延伸。

由此产生的新问题是,开放型经济的要素激励所引起的要素扭曲。激励要素流入政策正效应是增加一国经济发展中的要素投入总量,是经济增长的条件。用生产可能性曲线表示是外移,但激励政策必然同时导致扭曲,在这里首先是资本价格的扭曲,生产中资本与劳动比更多使用资本。同时内资与外资得到不同激励,内资有被挤出效应。扭曲导致国民经济实际福利降低。但是这种扭曲是在全球经济条件下,与一国的扭曲不同。在一国扭曲导致生产可能性曲线内移,但在全球条件下看一国,资本总量增加,生产可能性曲线外移。但各国引资的竞争还是导致全球资本实际收入上升,劳动收入相对下降。

重要的是在以资本流入激励发展战略达到一定阶段时,应致力于扭曲的消除和发展政策的转型。政策激励下的扭曲对一国经济长期发展不利。激励政策的成本为东道国承担,劳动收入增长相对不足,社会支出增加。激励政策在产生增长效益的同时,也因为扭曲与负外部性提高了社会成本,降低了本国引进外资的总收益。

在全球范围内国家间的引资竞争会导致全球资本价格扭曲,在一国范围内各地区间的引资竞争也会导致对资本的加倍激励。这就形成了国内的扭曲。各地的发展中的政策竞争使中国付出了巨大环境成本,迅速消耗了土地资源,降低了财政收入,降低了引资的总收益。

从发展战略上讲,以激励政策增强要素流入的集聚能力只是发展的初级阶段,即政策性开放阶段。更高级的阶段是体制性开放阶段,即以体制的透明、高效、法制化、国际化等条件形成对要素流入的引力,以更强的国内市场购买力与配套能力吸引要素流入,形成在非政策差异下的非扭曲的高效增长。

## 1.2.8 要素流动与全球化经济的增长特征

全球化的要素配置带来了增长的规模经济与报酬递增。要素流动促进了全球经济增长,其成因是要素总投入量的增加,产生于闲置要素投入使用(如发展中国家的劳动力、土地),跨国公司母国充裕要素资本获得投资机会。20世纪末起,世界经济增长极大得益于资本流动量的增加。

由于要素流动导致生产的相对集中,一国一地的生产供应世界市场,形成规模经济。包括单个企业的规模经济,产业在开发区集中的产业规模经济。同时,价值链分工使分工深化,更因提高了专业化水平而提高了经济效率。

要素流动通过影响一个国家的要素结构而影响增长。要素流入国要素总量增加,结构发生变化,改变了可用要素结构从而产业发展结构。高端要素流入会增加本国该要素的总供给,从而降低该国原稀缺要素的价格与收益,不利于该国稀缺要素的成长。引进技术含量高的外资不利于东道国技术进步,低端劳动力得到更多就业机会,而同类技术收益下降。换言之,本国稀缺要素密集型产业实现了增长,却不利于发展。

要素流动使国际贸易、投资与全球可持续发展问题出现新的格局。全球化使可持续发展真正变为全球性问题,不再是一国局部的问题。当前已经显现的问题是,一批国家以开放形式实现高度发展,还有相当一部分国家未发展,世界自然资源的供给已经出现瓶颈,显现出不可持续性,资源价格上涨是标志。从现状看,世界其他发展中国家难以继续走新兴经济体道路。世界范围可持续发展的道路在于,只能以科技进步解决自然资源不足问题,而不同于单个国家确保外部供给。但是,要素流动可提高落后国家的技术水平使之向低消耗经济转变,有利于世界的可持续发展。

要素流动条件下,世界经济均衡发展也产生了新问题。2008 年的金融危机显示的世界经济失衡来自新兴经济体更快发展和贸易顺差;而流出国出现贸易逆差。新兴经济体承担了世界生产职责,供给全球消费,由于输出国没有发展起新兴产业和有效使用出口收入,必然导致贸易不平衡。这种失衡是不应当用汇率来调整的,因为如果做这种调整,那么也就是消除了要素流动的动力。流入国汇率升值使出口收益下降,从而降低了资本与劳动收入。资本流入国用两国要素生产,以出口供两国使用,所以出口必然大于进口。流入国同时开放国内市场又减少了进口需求。所以,当今世界经济增长的不平衡状态与国际直接投资单向流动之间存在着密切的关系。

全球不平衡也对国际货币体系改革提出了要求。危机后国际货币体系改革方案中有一条是关于对贸易不平衡国家汇率调整的要求,经常项目不平衡国家超过一定比例应进行汇率调整。这一方案是不合理的和不可行的。一国对多国贸易，两国间的不平衡调整可能造成对第三国的反向变化。特别是这种调整违背要素流动产业重新分布在一个时期内必然不平衡的基础，所以是反全球化的。

### 1.2.9　要素流动与全球化经济的制度安排

当前经济全球化的趋势明显表现出投资超越贸易成为全球化主题的趋势。从区域一体化看，合作主题已经从注重贸易自由化转向注重国际投资，即要素流动。区域经济一体化的谈判重点已经从货物贸易的自由化转变为更大领域的投资开放，转变为服务贸易开放即投资准入或要素流动。

双边投资协议谈判已经成为当代国际合作的主题。这些谈判不仅通过负面清单要求各国扩大准入领域，更通过对各国公平竞争和外资权益保护的协议来确保投资的真正开放，事实上是要求各国遵循制度意义上的透明、规范，以此构造开放的投资环境。

世界贸易组织（WTO）多哈发展议程的困难与该组织的决策谈判机制相关，也与全球化主题的深化相关。从关税与贸易总协定出发，WTO的主要功能是贸易自由化与相应的争端解决机制。知识产权问题与投资问题都由贸易问题延伸，但这一组织在已有体制下难以根本解决，无法适应新一轮全球化的需要。当前双边投资协议谈判聚集在投资的制度性开放和投资领域扩大的制度性安排，也正预示着未来全球性协议即全球性制度安排的主题。

### 1.2.10　引资战略、产业战略与要素培育战略的比较研究

发展中国家的发展战略必须基于时代特征，由此才能适应时代机制，利用外部条件。在发展经济学的最初探索中，比较优势战略被广泛认同为开放型发展战略的基本要点，发挥本国的比较优势以发展出口是解决双缺口、实现发展的关键。从历史经验看这一结论仍然是正确的，或者说对于不基于要素流动而可能发展起来的本国产业这一战略也仍然是正确的。

但是，在要素流动的当代条件下，忽略要素流入对发展的积极作用使传统比较

优势战略显示出局限性。因为比较优势战略是基于本国现有比较优势而制订的，其忽略了要素流入对形成与改变比较优势的影响。或者说，单纯依靠本国要素禀赋建立比较优势，战略上存在着很大的局限性，甚至因为缺乏资本与国外市场而无法启动。当注重引进外资发展出口时，那么这一战略的本质就已经发生了变化，已经不是比较优势战略了，而是要素引进战略了。在这种情况下形成的比较优势，如由此发展起来的资本密集型产业和技术密集型产业是不能称为本国的比较优势产业的；如果把把这些产业的发展思路称为"发挥本国廉价劳动力比较优势"战略，那么战略已经是要素成本战略，即靠低级要素吸引高级要素的战略，而不是比较优势战略原来意义上的基于本国要素的产业战略了。

当代新兴经济体的成功发展战略已经证明，开放的核心是在引进外资即要素流入下的贸易发展战略，而不是依靠本国要素的出口导向战略。从发展的本来意义即产业进步上看，要素引进战略事实上把发展分成了两个阶段。第一个阶段是建立由外资流入形成的产业，包括出口产业与内销产业。这一阶段的产业升级不是严格意义上的结构进步，因为这只是外资建立的在本国存在意义上的产业进步。这一阶段的资本积累为第二阶段发展准备了条件，那就是可能基于本国资本实现技术进步与产业升级，由此才完成完整意义上的经济发展。

这样也就提出了从第一阶段向第二阶段转变的关键，即要素培育。仅仅有第一阶段实现的资本积累是不可能直接进入第二阶段的。资本积累要转变为培育本国高级要素的条件，包括教育投资形成高级人才，技术创新形成自主专利与品牌等，这些都可称为要素培育，只有这种要素培育才能改变本国的要素结构，从而在要素合作的全球化中具有本国的产业主导地位，实现真正意义上的发展。因此，要素培育是要素引进战略升级的关键，也是发展转型的核心和发展的基础。

人们常把当代国际竞争称为科技竞争，是正确的但又是不完整的。先进科技是高级要素之一但不是全部。上述要素分类已经说明各种要素都有高低之分，而一国在国际价值链分工中的地位则取决于其要素水平。因此，当代世界的竞争是国家间的要素培育竞争。要素培育也可能采取要素获取模式，即不是完全依靠本国条件从零起点培育高级要素，而可能部分地通过国际并购迅速获得先进企业的品牌、技术与国际市场网络等高级要素，在此基础上实现发展。也可以采取部分购买并在此基础上进行二次创新的方式培育自己的高级要素，实现产业创新与分工地位升级。对已经引进的外资企业采用本土化战略，也是提升本国要素结构的可行路径。

上述分析表明，对要素流动是全球化经济本质特征的揭示，不仅可以使我们找到了分析当代世界经济的最优视角，从微观到宏观各个层面上看清各种新现象的本质，而且使我们看到了发展战略升级的方向与道路。

## 1.3 要素流动时代发展中国家的发展战略

在考察了世界经济整体意义上的增长与发展问题后，需要进一步分析要素流动对一国发展道路的影响。

### 1.3.1 发展政策主题的变化：从发挥比较优势到吸引要素流入

要素流动的时代特征决定了要素流入激励政策成为经济发展的主题。全球化发展后激励资本流入成为发展政策的重点，是一国迅速提升贸易出口能力的路径。统计证明：新兴经济体普遍有较高的外资流入量，且外资是出口的主力。贸易发展与引进外资在现代发展中国家发展中作用的分析也相应地成为发展经济学的主题。

对比要素流入战略，我们可以重新思考传统发展理论中比较优势战略的意义与局限。与要素流动创造贸易相比，比较优势战略有局限性，因为比较优势战略是从本国现有产业结构及相应的比较优势出发的，或者是基于要素不流入条件下形成的比较优势出发的，这就使对本国比较优势的确定造成了很大的局限性。在全球化条件下，正是要素流动改变了一国的比较优势结构，从而改变了一国参与国际分工的模式。

要素流入可以改变一国经济发展的道路。"发挥廉价劳动力比较优势"的战略在概念上是混乱的，因为其所指的实际上是绝对优势而不是比较优势，是要素优势而不是产业优势，没有其他要素廉价劳动力是无法使用的。以政策激励引进高级要素的战略是发展初期的一种选择,在于启动发展,包含着增长与收入提高的效果,但不包含要素培育的效应,因而不能实现以要素结构进步为内容的经济发展。这种发展模式是规模扩张性的,而不是要素结构进步性的,产业结构进步只是现象,因而不能带来高端要素的增加和收入的提高。

## 1.3.2　要素流入政策的影响

要素激励与要素扭曲成为发展的一个重要特征。激励要素流入政策正效应是增加一国经济发展中的要素投入总量,是经济增长的条件。用生产可能性曲线表示是外移。但激励政策必然同时导致扭曲,在这里首先是资本价格的扭曲,生产中资本与劳动比更多使用资本。同时内资与外资得到不同激励,内资有被挤出效应。扭曲导致国民经济实际福利降低。但是这种扭曲是在全球经济条件下,与一国的扭曲不同。在一国扭曲导致生产可能性曲线内移,但在全球条件下扭曲同时使一国资本总量增加,生产可能性曲线外移。但各国引资的竞争还是导致全球资本实际收入上升,劳动收入相对下降。

因此,扭曲的消除成为一定阶段上发展政策的主题。政策激励下的扭曲仍然对一国经济产生不利。激励政策导致的流入要素如资本、政策成本由东道国承担,劳动收入下降,社会支出增加。因此,发展经济学面对的新课题是,要素流入的增长效益与激励成本的比较,激励政策如何产生增长效益,同时如何付出社会成本和降低本国低端要素收入。除了全球国家间的引资竞争导致的全球资本价格扭曲,一国国内各地区间的引资竞争导致对资本的加倍激励。这就形成了国内的扭曲。

## 1.3.3　要素流入战略的转型与要素培育的道路

经济发展中的要素引进导致了全球经济中的要素竞争。在世界经济初期国家之间的竞争是以成本为基础的产品竞争。工业化以后国家之间的竞争是产业竞争,不同发展水平国家间的区别在于产业等级。在全球化经济中要素流动使国家间在产业上差别显著缩小,所有权意义上的要素结构差别才是国家间的本质差别,竞争转变为要素结构的竞争,即科学技术创新的竞争,而创新后的生产特别是低端生产可以交给其他国家。

与要素流入战略相对应的是,经济发展战略的升级在于要素培育。对要素流入的激励政策向要素培育政策的转型,是开放经济的第二个发展阶段,即基于前一阶段的资本积累培育高级要素,实现本国先进产业发展的要素基础。

在转型的路径与要素培育关系上,需要关注的是如何实现外资企业的本土化,即把引资获得的先进产业转化为本国所有,同时也获得了技术要素。加工贸易的转型升级也是一种要素升级,这可使本国的价值链延长,是一种培育本国稀缺要素的激进过程。

要素流动原理也说明,对发展中国家来说,要以要素结构升级战略替代产业结构升级战略。不能简单地提出产业结构升级战略,否则纯粹引进也达到了产业结构升级,但只是外部产业的转移,不是自身发展。关键是获得稀缺高端要素的战略。人才、技术、专利、品牌等是产业结构升级的基础。获得高端要素包括培育和购买两种基本方式。

发展战略的两个方面要实现并举。不能单纯依靠要素流入激励作为发展战略的全部,还需要素培育和要素购买。新兴经济体对外投资的战略重点,要以获得稀缺要素为发展战略。以投资控制技术和全球销售网络,对内回流。当发展进入较高级阶段时,以对外投资获得高级要素成为发展战略的新主题。新兴经济体对发达国家的投资不是利用这些国家的低端劳动力,而是通过投资实现技术回流,获得品牌、国际市场网络等高级要素。

总之,不同的学科以研究对象的差异性相区别。国际经济学以国与国之间的经济关系为研究对象,这些关系的高度发展产生了一个新的经济体,即"全球化经济"。世界经济学从世界市场出发,研究各国市场不断全球化、一体化的过程,而今天已经面对着一个因"化"而形成的新经济体。正如分子的化学性质不同于组成其的任何一种原子,对化合过程的研究不等于对化合物化学性质的研究一样,国际经济学和世界经济学的现有理论都不能直接回答全球化经济的问题,当然,全球化经济学又必须高度借助这两门学科的成果,特别是从对象本身的变化中建立新理论。

基础理论与研究方法的不同也构成了学科的差异。全球化经济学需要从生产要素出发,因为正是要素流动决定了全球化的深化及全部新运行机制。经济学从商品供求关系出发,国际经济学从商品贸易成因出发,其共同点是商品,而全球化经济学则向前退一步,即从构成商品的生产要素出发。当一商品生产的要素不再只来自一个所有者时,向前推的这一步不仅是必要的,而且是关键的。

从要素流动出发分析当代世界经济和建立全球化经济学并不只是一种理论上的推演,而是对现实世界新发展的解析;并不是纯粹建立理论体系的需要,而是基于中国等新兴经济体实践的总结;并不是为了对历史进程进行回顾和说明,而是为了寻找基于现实逻辑的战略取向。

# 第 2 章
## 要素的国际流动与开放型发展战略
### ——经济全球化的核心与走向

在过去的约 20 年中,经济全球化的历史潮流迅猛推进,从根本上改变了世界经济运行的方式和发展格局。进入新世纪,经济全球化呈现新的特点、新的格局,认识经济全球化的核心与本质特征,是参与经济全球化的前提,也是应对经济全球化的战略基点。

## 2.1 经济全球化机遇和挑战的本质

认识经济全球化首先需要认识这一新阶段上世界经济与此前的核心差别,只有这样,才能认识经济全球化的本质特征,也才能在这一基础上谈全球化对不同类型国家的影响及其战略选择。

### 2.1.1 生产要素的国际流动:经济全球化的本质特征

生产要素的国际流动是经济全球化的本质。这是因为:第一,生产要素的国际流动既包含了要素的流动,也包含了产品的流动,因为要素流动必然是生产地发生变化,进而又导致最终产品贸易量的扩大。第二,要素的国际流动从生产经营的源头起形成了国与国之间的经济联系,其深度要超越以最终产品为内容的国际贸易。

第三,要素流动是广义的,它包括了货币资本,也包括了技术、人才、经营管理、信息、市场营销网络等,正是其广义性深化了国际经济联系。第四,要素流动是产品流动的发展,因为跨境投资往往是为了跨越贸易障碍,包括关税等市场障碍和运输等自然地理障碍,从而发展了国际商品贸易关系。要素流动超越了商品流动,也主导了商品流动。

从现实国际贸易谈判主题的深化中我们也看到了世界经济从贸易为主到要素流动为主的变化,世界贸易组织的前身即关税与贸易总协定的前几轮谈判,主要是解决商品贸易中的市场障碍,而到开始于 1986 年的建立世界贸易组织的"乌拉圭回合"谈判起,内容扩展到了知识产权保护和投资政策等广泛领域,要求其他成员方开放投资的市场准入等。正是在这些成果的基础上,形成了经济全球化发展的阶段性标志——世界贸易组织。从这一组织功能的广泛性上,我们可以说它是全球化经济的载体。

## 2.1.2　生产要素国际流动的影响:发达国家与发展中国家的共赢

全球化作为历史机遇的原因在于要素流动,以及基于要素流动的市场开放。要素流动是生产要素的国际结合,不均衡分布要素的国际组合。

全球化对发达国家是一种历史机遇,因为其充裕的资本、技术和人才要素获得了更大的投资空间,从而获得更高的要素收益,正因为这样,发达国家成为经济全球化的主要推动者。全球化对发展中国家也是一种历史机遇,因为其可以通过国际直接投资而获得各种生产要素的流入,不仅在短期内增加要素尤其是高级要素的供给,而且因为高级要素的流入而使各种闲置的低级要素得以进入使用:自然资源得以开发,低级劳动力获得就业,闲置的生产要素投入使用。事实上,发达国家之间也形成更多的高级要素流动,从而使高级要素的配置更加合理,使用更为广泛,收益进一步增加。

跨国公司是生产要素国际流动的主体,跨国公司的发展是生产要素国际组合的表现,而 21 世纪 90 年代是跨国公司大发展的时期。在 1990 年初,全球有37 000 家跨国公司,17 万家海外分支机构,其中 33 500 家的母公司位于发达国家。到 2004 年底时,全球跨国公司总数上升到了 70 000 家,海外分支机构达到至少

690 000 家,这些分支机构有几乎一半坐落在发展中国家。①

跨国公司在发展中国家的投资促进了后者的经济发展。自从 2002 年以来,亚非拉广大发展中国家都进入较快发展时期。根据国际货币基金组织统计,1999—2008 年非洲经济年均增长 4.7%,亚洲发展中经济体年均增长 7.9%,中东欧年均增长 4.4%,发展中国家总体年均增长 6.4%,比 1989—1998 年的 3.8% 高 2.6 个百分点。②

然而,正是要素流动同时对两类国家都提出了挑战。对要素流出国来说,要素的流出也是就业岗位的流出,甚至产业的流出,从而导致就业压力增大,直至产业空心化。对要素流入国来说,流入要素也是产业的流入,本国的传统产业受到外来更强竞争的压力可能破产,未形成的新兴产业可能失去发展的空间,本国在获得经济规模扩张的同时也会给本国企业和产业的发展带来障碍,由此至少要改变发展路径。

### 2.1.3 从贸易自由化到生产国际化:全球化经济的形成及其内在结构

全球化经济形成的过程是一个从贸易扩大到生产国际化的过程。跨越贸易障碍需要跨国投资,而优化资源配置、降低生产成本更需要跨国投资。生产国际化是贸易发展的逻辑结果和历史归宿,而其核心与基础则正是要素流动。然而,要素一旦流动,生产一旦在世界范围重新配置,贸易的规模也就进一步扩大。生产国际化推动了国际贸易,一是因为更大规模的生产是更加面向全球市场的,全球化销售进一步扩大,二是因为跨国化的生产分工必然带来跨国公司内部贸易的需要。这是全球化使产品生产地与消费地进一步分离的结果,是跨国公司深化国际分工的结果,国际贸易发展速度超越 GDP 增长速度的内在原因就在于此。这就深刻体现了要素国际流动的影响。据世贸组织统计,2003 年从出口角度计算的世界贸易总额(包括货物贸易和服务贸易)达 9.5 万亿美元,相当于 1980 年的 3.9 倍。1980—

---

① 数据来源:联合国贸发会议(UNCTAD):《2005 世界投资报告》,中国财经出版社,2005 年版。

② 数据引自:"中国企业国际化战略"课题组、商务部境外投资管理处:《中国企业国际化战略报告 2007 蓝皮书》,2007 年 11 月 22 日。

2003 年,世界贸易年均增长超过 6%,始终快于世界生产的增长速度,前者的年均增长率要比后者高 50% 左右。[1]在 20 世纪 70 年代,全世界的商品出口占世界 GDP 的 10%,而到 2000 年,这个比例上升到了 20%。[2]这说明随着全球化的发展,世界经济对世界市场的依存度越来越大,各国的生产和消费越来越紧密地相互联系、相互融合。

生产的跨国化也带来了世界生产和贸易的不均衡。以引进跨国生产为主的国家不仅有生产资本的净流入,而且因为承担了国际化的生产而有产品的净流出,从而形成了双顺差。东亚地区国家就是典型。以美国为典型的投资和贸易逆差国则相反,由此形成了世界经济在传统意义上的失衡。这是全球化经济不同于以往世界经济的新现象,也是需要世界各国共同探索的新问题。

## 2.1.4 金融全球化:更多的机遇,更大的挑战

金融是经济的产物,也是现代经济的核心。随着经济全球化的发展,金融全球化也加速发展。金融的全球化为世界经济提供了更广泛的融资渠道与更多样性的融资方式,使全球化经济的资源配置更加优化,效率更高。因此,金融全球化是要素流动和要素配置全球化的要求,因而也必然随着要素全球流动的扩展而提升,形成更大的流量和更高的水平。与此同时,金融全球化也通过创造大量衍生金融产品而在国际金融中创造了更多的风险。世纪之交,金融全球化发展迅猛。在这个意义上可以说,一国的金融开放是获得更多全球化机遇的条件。

一个国家参与以要素流动为本质特征的经济全球化,必然在其高级阶段上参与金融全球化;参与金融全球化可为更有效地获得要素国际流动的效益创造条件。然而,金融全球化的风险也成为金融开放的最严峻挑战。国际金融市场风险的传递可能在一夜之间卷走巨额国民财富这一事实决定了金融开放至今仍然是新兴市场经济与发展中国家面临的最艰难的课题。世纪之交,国际金融危机的爆发一再向人们提出了警告:金融全球化条件下经济与金融风险也具有全球化的基本特征,

---

① 数据来源:世界贸易组织(WTO):《2004 国际贸易统计报告》,2004。
② 数据来源:Wind 数据库。

防范国际金融风险已是今天参与经济全球化的各国需要共同应对的重大课题。墨西哥金融危机、东南亚金融危机反映了新兴市场经济体金融的脆弱性。美国次级债券危机反映了衍生金融产品的风险性。但二者的共同点是在金融全球化条件下风险的国际传递。今天,稳健的金融开放战略已经成为一个国家成功开放战略的关键。

## 2.1.5 服务业分工全球化与服务贸易

服务经济的扩展是由经济发展的内在规律决定的,这一规律就是分工深化规律。而国际分工的深化则导致服务的跨国化,成为当代经济全球化的新趋势,特别是服务外包是全球化经济的更深刻表现。服务贸易既能通过跨境提供和境外消费形成,也能表现为商业存在和自然人流动形式,形式的多样性体现了国际经济联系的深刻与紧密。服务业与服务贸易的多样性生动体现了现代国际分工的深化,体现了经济的全球性。

事实上,服务业分工的全球化是劳动力要素多样化多层次的表现,这也再次体现了要素流动型国际分工的特征。从要素流动的意义上讲,服务贸易的不同形式只是服务这一劳动要素流动程度上的差别,而服务贸易的流向及形式又体现了不同国家要素禀赋的差别。服务贸易的高速增长是劳动要素在国际贸易中地位提升的表现,因而又历史性地向劳动力富裕国家提供了一次在参与国际分工中发展的机遇。

20世纪后半期,世界服务贸易总额迅速增加,增速超过了全球 GDP 与商品贸易的增长幅度。以现价美元计算,1980—2002 年间,服务出口总值增长了 3 倍,从约 4 000 亿美元增加到 16 000 亿美元。在世界服务贸易的增长中,发达国家占据了大部分的份额,但发展中国家,尤其是亚洲国家的增速也很显著。1980—2002 年间,发展中国家的服务贸易出口每年增加 9%,也要高于发达国家每年 8% 的增长。

除了一般意义上的机遇与挑战外,全球服务贸易的发展对发达国家来说在于能更好地利用其知识优势,而对发展中国家来说,则是既增加就业,又减少产业等级低消耗大的结构转型机遇。但是,可以说,服务业的开放和服务贸易发展的挑战绝不亚于生产制造业。知识型高端服务可能带来的国与国之间的收益差距比制造业更大,同时,高端现代服务业在现代经济中日益占据了关键地位,关系到一国的金融安全、信息安全等重大问题,成为一个国家开放中的敏感领域。

## 2.2　发展中国家发展战略选择的核心

发展战略的选择是第二次世界大战后的一个世界性课题。在过去的 30 年中,发展成为世界性的主题,然而发展的成就却各不相同。究其原因,其中核心的一条就是:是否积极应对经济全球化,如何有效应对经济全球化。可以说,发展中国家抓住经济全球化的机遇,有效应对经济全球化的核心问题归结为能否有效吸引要素流入,进而成功培育高级要素。

### 2.2.1　工业化发展的道路：吸引资本等稀缺要素的流入

从 20 世纪 50 年代起,新独立的发展中国家普遍进行了经济发展特别是工业化道路的探索。除了国内经济制度选择外,就对外经济关系而言,这一探索集中到一点,就是走开放型道路还是封闭型道路。许多发展理论认为,由于发展中国家新兴产业的低竞争力,因而实现工业化的道路只能是进口替代,即在贸易保护下的发展。这使许多国家采用了封闭式的发展道路,取得了有限的发展成果。这种战略选择并不是没有依据的。在长期的帝国主义和殖民地时代中,发达国家依靠其强大的经济实力和政治统治在落后国家和地区攫取了大量的利益,落后国家不可能在继续受掠夺中发展。但是另一部分国家和地区却利用世界市场,通过出口产业的逐步提升拉动了国内增长,取得了更好的发展成就。事实上,战略选择的差异很大程度上取决于对世界经济特点和机遇的判断。二战后相对稳定的世界经济环境和经济的持续稳定增长为落后国家的发展提供了良好的外部条件,包括出口市场和资金供给。这使更多利用这些外部条件的国家和地区获得了更好的发展机遇。开放型的发展不仅利用了国际市场和生产要素,而且也减少了国内经济中的扭曲,提高了资源配置效率从而实现了更快的增长。大量事实证明,开放经济比封闭经济的发展成效更为显著。图 2.1 引自 Sachs(1995)的研究,他证明在 1965—1990 年期间,40 个始终不开放的发展中经济体和 8 个始终开放的发展中经济体的平均年增长率存在着显著的差异。

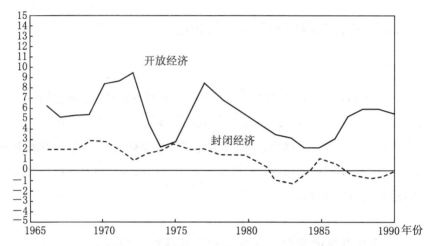

注:图中实线为开放型经济的平均增长率,虚线为封闭型经济的平均增长率,左标尺为增长率,时间从 1965—1990 年。

资料来源:Jeffrey D.Sachs, Andrew Warner, Anders Aslund, Stanley Fischer: Economic Reform and the Process of Global Integration, Brookings Papers on Economic Activity. 25th Anniversary Issue, 1995(1):1—118.

**图 2.1　8 个长期开放经济与 40 个长期封闭经济的增长率比较**(1996—1990,%)

表 2.1 显示,从 1980—2001 年间,发展中国家的平均关税从 20% 下降到了 10% 左右,下降了将近 50%。其中,亚洲地区的加权平均关税已经不到 10%。实际上到了 2004 年,发展中国家的平均关税已经降到了 20 世纪 80 年代中期的 1/3。这段时期内,发达国家的关税与非关税壁垒的降低幅度要小于发展中国家。关税的下降也伴随着更大范围的非关税壁垒的减除以及汇率下降。[1]随着贸易改革和区域贸易协定的订立,向出口导向型战略的转变使得相当一部分发展中国家降低了它们的市场准入门槛,并增加了从其他发展中国家的进口。

---

① 　资料来源:联合国贸发会议(UNCTAD):《贸易与发展报告(2005)》,第 136 页。

表 2.1　发展中国家最惠国待遇关税税率(加权平均)

| 地　区 | 1980—1983 年 | 1984—1987 年 | 1988—1990 年 | 1991—1993 年 | 1994—1996 年 | 1997—1999 年 | 2000—2001 年 |
|---|---|---|---|---|---|---|---|
| 发展中国家整体 | 19.7 | 22.2 | 17.9 | 14.1 | 11.4 | 9.9 | 11 |
| 非　洲 | 26.3 | 20.9 | 22.5 | 19.4 | 15.5 | 14.8 | 14 |
| 美　洲 | 24.7 | 28.6 | 20 | 12.4 | 11.9 | 14.1 | 13.5 |
| 亚　洲 | 16.6 | 20.9 | 17.1 | 14.2 | 11 | 8.2 | 9.7 |

资料来源:联合国贸发会议(UNCTAD)报告《发展与全球化:事实与数据》,第 71 页。

在对开放的传统认识和历史发展上,更多注重的是产品市场的开放。而在经济全球化条件下,更关键的是以资本为核心的各种要素的流入。全球的经济开放趋势使越来越多的发展中国家采用更加开放的政策。引进外资成为开放型发展战略的重要方面。

20 世纪的最后 30 年,发展中国家开始转变开放政策,积极吸引外资流入。发展中国家吸收外资的数量从 1970 年的 34.6 亿美元增加到 2002 年的 1 621.5 亿美元,增加了 45 倍多,年均增长率达到 12.7%,远远高于同期的经济增长率。其中,以亚洲的增长最为显著,2002 年吸收的外资是 1970 年的 117 倍,达到了 949.9 亿美元。

表 2.2　各国在 FDI 法规上的变化(1992—2002 年)

| 选　　项 | 1992 | 1995 | 1999 | 2000 | 2001 | 2002 |
|---|---|---|---|---|---|---|
| 在投资制度上引入变化的国家数量 | 43 | 64 | 63 | 69 | 71 | 70 |
| 发生变化的规则数目 | 79 | 112 | 140 | 150 | 208 | 248 |
| 其中: | | | | | | |
| 有利于 FDI[a] | 79 | 106 | 131 | 147 | 194 | 236 |
| 不利于 FDI[b] | — | 6 | 9 | 3 | 14 | 12 |

注:a 包括更自由化、旨在增强市场功能的措施或者激励措施。b 包括旨在对 FDI 增加控制或者减少激励措施。

资料来源:联合国贸发会议(UNCTAD):《2003 世界投资报告》,第 21 页。

这一期间,越来越多的国家采用了有利于国际直接投资的政策和管理规则,而采取相反措施的国家只是极少数例外(见表 2.2)。这些引资政策广泛涉及放宽对

FDI的限制,减少政府对企业的干预,放宽对外资投资比例和产业进入的限制,放松外汇管制,允许给外资提供更优惠的担保。

从20世纪70年代起,许多研究在于证明,开放的发展比封闭的发展更少扭曲,所以发展成效更好。以巴格瓦蒂为代表的发展中国家经济学家证明开放有利于消除对外扭曲,从而国家能够从资源配置的优化中得益。Sebastian Edwards (2002)分析了经济开放和国际资本流动对经济增长的影响,并指出,反全球化的观点是建立在不完全证据的基础之上的,是无视重要的历史事实的。根据经济学扭曲理论证明,控制资本的流动,包括流入流出会导致更高的资本成本,从而对经济增长产生负的影响。不开放下的市场扭曲不利于经济增长。①这类研究为发展中国家实行开放政策提供了理论依据。虽然扭曲有四种类型,但从要素的观点看,扭曲存在与否及其大小的关键是要素的价格和要素的有效使用问题。一个发展中国家经济减少扭曲也就是要使各种要素得到充分有效的使用。

### 2.2.2 面对产品与要素流动的竞争:参与全球化的规则体系

随着经济全球化的快速发展,对发展中国家来说,有效利用外部市场和资金的问题,又归结为积极加入经济全球化的体制。自从20世纪60年代起,以联合国贸发会议为标志,国际社会对发展中国家的发展给予了日益增多的关注,发达国家也分别单方面给予发展中国家各种优惠待遇,特别是在以公平竞争为宗旨的世界贸易组织中,发展中国家得到了特别的差别待遇,为这些国家积极参与经济全球化提供了缓冲机制和各种帮助。因此,发展中国家积极参与经济全球化在客观上有着多种有利的条件。

20世纪90年代起,发展中国家积极参加世界贸易组织以及各种双边贸易协定,主动融入经济全球化。世贸组织从其前身关贸总协定(GATT)成立时的23个缔约国发展到目前的148名成员国,其中,增加数目最多的是发展中国家,已由不

---

① Sebastian Edwards, Capital Mobility, Capital Controls, and Globalization in the Twenty-First Century: Annals of the American Academy of Political and Social Science, Vol.579; *Exchange Rate Regimes and Capital Flows*. published by Sage Publications Jan, 2002: 261—270.

足 20 个增加到目前的超过 100 个。与此同时,发展中国家也越来越积极地参与各种双边贸易协定。根据联合国的统计,截至 2005 年底,全球签订的双边投资协议(BITs)的总数已经达到 2 495 个,发展中国家占其中的 75%;避免双重征税协定(DTTs)达到 2 758 个,发展中国家占 58%;国际投资协议(IIAs)232 个,发展中国家占 81%。最不发达国家(LDCs)虽然只吸收了 0.7% 的金融资本,却缔结了 15% 的 BITs、6% 的 DTTs 和 15% 的 IIAs。同时,发展中国家间的双边协定也显著增加。比如,发展中国家间的 BIT 从 1990 年的 42 个增加到 2005 年底的 644 个。同时期,发展中国家间缔结的 DTT 从 105 个增加到 399 个,IIA 从 17 个增加到 86 个。与此同时,一大批发展中国家还积极活跃于规则制定过程中,并开展了越来越多的南南合作。经济全球化使得自由贸易和不同经济体之间的合作将会更加发展。[①]

J.Sachs et al.(1995)分析了各国经济改革与参与全球化的进程。他指出,1970 年时,世界分为显然不同的三个世界:资本主义为第一世界,社会主义为第二世界,而发展中的第三世界旨在走中间道路。其所指的第三世界国家的特点不只在于其人均 GDP 低,而且还在于其赋予国有部门在工业化中的统治地位,虽然这种地位不同于社会主义国家在所有权上的垄断地位。1970—1995 年,特别是后十年出现了世界历史上最显著的体制融合和各国经济的一体化。1995 年,一个具有支配地位的全球经济制度出现了。由 120 多个经济体组成的新的世界贸易组织标志着各国体制上的共同选择,而且其他国家还迫切要求尽快加入。与此同时,IMF 已几乎包括了全世界所有国家,各成员国承诺货币可兑换的基本原则。大部分经济改革计划正在发展中国家中推进,原计划经济国家已将本国经济与世界经济一体化作为其战略目标。一体化不仅增加了基于市场的贸易和金融流动,而且在制度的融合上还广泛涉及贸易政策、法律法规、税收制度、产权形式和其他各种调节制度。在这些领域的政策改革中,国际规范常常发挥了巨大的决定性作用。

---

① 资料来源:联合国贸发会议(UNCTAD):《2006 世界投资报告》,中国财政经济出版社 2006 年版,第 26 页。

## 2.3 新世纪经济全球化特点与矛盾的性质

进入新世纪,经济全球化展现出新的特点。经济全球化的新形势要求各国以新的战略升级推进予以适应,从而实现新的发展。这已成为经济全球化下挑战的新情况、新问题。全球化下的要素流动以及由此构成的全球经济运行,既导致了不同要素所有者收益的急剧调整,也冲击着与经济发展不一致的各种价值取向,从而导致全球化的矛盾。全球化发展中的困难,根源于各成员方不同利益集团即不同要素所有者利益大调整中的不平衡。这种不平衡突出地反映在要素流动扩大所带来的冲击。

### 2.3.1 跨国并购与经济全球化矛盾的性质

从世纪之交开始,跨国并购成为世界经济中的一个新特点,超越直接投资影响着经济全球化的运行方式。跨国并购的迅速发展也导致了相应的反弹,成为经济全球化中需要关注的新现象。

进入新世纪以后,跨国并购成为国际直接投资的主要形式,使经济全球化更加速推进。2006 年,跨国并购比上年增加了 23%,达到 8 800 亿美元,而交易数量上升了 14%,达到了 6 974 件。但这仍然低于 2000 年的高峰值。那时,由于网络泡沫,跨国并购的总值达到历史最高的 12 000 亿美元。资本市场的繁荣、投资者持续增加的购买力和跨国公司在全球竞争中抢占新增市场份额的动力,都使得 10 亿美元以上的大交易不断增加。跨国并购从 20 世纪 90 年代后期开始兴起。1999 年可以看作一条比较明显的分水岭,在这之前,超过 10 亿美元的并购案数量从未超过 100 个。1999 年以后,跨国并购经历了两次高峰:一次是 2000 年的网络高峰;另一次则在 2006 年,10 亿美元以上的并购案达到 172 起,接近了 2000 年(175 起)的历史高峰。近年来,跨国并购呈现出金额越来越大,大交易所占比例越来越高的趋势。2005 年、2006 年的大交易金额都占到了全部交易金额的 2/3 左右。①

　　然而,正如经济全球化面对反全球化一样,跨国并购遭遇了反弹,在一些情况下这一反弹被称为"经济民族主义",在法国被称为"经济爱国主义"。所谓经济民族主义,就是对本国企业或产品进行保护,阻止外国公司并购本国企业及进口外国产品的政策主张和社会思潮,包括因此而采用政府行政力量进行干预。

　　经济民族主义的思想基础与贸易保护主义是相近的,即主张保护本国产业,特别是具有重要战略意义的产业,维护本国的重要品牌和有民族特色的企业。在贸易保护主义的依据中,保护战略产业以实现国家经济安全、实现民族产业进步、具有民族自豪感等,都是正当合理的价值取向,在历史上有些国家也是靠保护发展起来的。进入新世纪以来,跨国公司以并购为手段的国际投资迅猛发展,使一些国家的重要企业处于被外国并购的威胁之下,于是出现了抵制。

　　与世界市场形成以后到第二次世界大战以前的保护主义相比,经济全球化下的保护主义有着新的内容与特点。在少数国家工业化时期,后进国家采取保护主义政策的主要原因在于实现本国的工业化,发展民族产业。也因为这一目的,保护主义更多出现在后进国家。但是,现代全球化条件下的保护主义却恰恰更多出现在发达国家。尽管发达国家的市场从总体上是开放的,允许资本流入,关税水平较低,但是却因其政治制度使一些利益集团,其中主要是代表传统产业的利益集团成为主张保护主义的主要力量。它们不时会掀起一些保护自己产业的运动。相反,在发展中国家却不存在着代表先进产业的利益群体,政府又往往用开放型的方式发展这些产业,因而保护主义的力量反而较小。吸引国际大企业的进入是开放政策的一个重要方面,往往是得到鼓励而不是限制。

　　跨国并购大发展对经济全球化产生的负面影响,同样可以从要素流动是经济全球化的本质特征原理中得到解释。经济全球化在 20 世纪后 30 年中大发展的重要原因在于各国都以吸引外部高级要素流入争取经济全球化的机遇,也通过本国优势要素的流出获得更大的要素收益。前者是发展中国家和转型经济国家积极引进外资的根本动力,后者是发达国家推动经济全球化的原因。二者相互促进,形成

---

① 　资料来源:联合国贸发会议(UNCTAD):《2007 世界投资报告》,中国财政经济出版社
　　2007 年版。

互动与合力,促进了绿地投资,加快了经济全球化的发展。但是跨国并购却不同。跨国并购是外国资本通过兼并收购达到对本国已有企业的控制,不但不增加新的要素流入,而且往往是本国的战略产业或代表民族品牌的产业产品被并购而控制,因此不但在经济上影响了本国的利益,而且往往产生政治影响,或对民族文化、民族成就感等形成冲击,因而引起反弹。

因此,经济民族主义有着两面性。从经济全球化发展和跨国经营的角度看,它具有反全球化的性质;但从要素跨国流动本来所具有的同时有利于流入流出国的性质看,它却改变了性质,而且其本身又往往并不包含着优势要素向东道国的流入,相反常常是东道国传统优势和发展成果的丧失。这就不难理解为什么会带来反全球化性质的抵制了。

必须指出,一方面,在发达国家已经在发展中国家和新兴市场经济体中形成强大的控制力的情况下,当新兴市场经济体开始全面进入经济全球化进程,并试图以跨国并购拓展参与全球化方式时,却遇到了来自发达国家的以维护国家经济安全为名义的严格管制,在这一点上是不平等的。[①]全球化应当是公平的,市场开放应当是对等的。另一方面,参与经济全球化不等于一切开放,发展中国家和新兴市场经济体的发展战略不应当简单地归结为引进,吸收外资是优势要素的引进,但接受并购除了某些情况下是资源配置的优化和融入全球化的方式外,在许多情况下则是发展成果和优势要素的流失。即使是发达国家也为国家经济安全与战略产业发展的需要严格控制外资并购,如此看来,新兴市场经济体更有必要维护自身的发展成果和经济安全。

### 2.3.2 服务外包与服务贸易的发展形成了要素国际流动新内容,也对发展中国家形成了新机遇新挑战

进入 21 世纪以来,随着互联网的普及,信息传递成本、交易成本大大降低,使

---

① 美国拥有一个制度化的、互相制约的体系维护国家利益。1988 年成立了美国外国投资委员会,目的就是为了保障国家安全。2007 年,美国还在《外商投资与国家安全法》中增加了国家安全方面的限制性解释,包括购并案件是否由外国政府控制,购并企业所在国在不扩散、反恐、技术转移等方面的记录以及购并对长期能源、关键资源需求的影响等。见《国际先驱导报》,2008 年 3 月 13 日。

得越来越多的原本属于不可贸易的服务类产品变得可贸易。跨国公司通过将非核心的生产、营销、物流、测试甚至是非主要框架的研发设计活动等业务分包给成本更低的发展中国家企业或是拥有比较优势的专业化公司,而自身则专注于核心竞争力的培育,来实行所谓的"经营业务归核化"。这一趋势不仅减少了固定投入成本,达到了在全球范围内利用最优资源的目的,而且巩固了跨国公司在全球产业链中的高端地位。目前,项目外包已广泛应用于产品制造、IT 服务、人力资源管理、金融、保险、会计服务等多个领域。伴随着经济全球化的深入发展,国际项目外包市场近年来迅速扩张,由单个项目逐步发展成了一个规模巨大的市场。这个市场正以每年约 20% 的速度增长。全球仅软件项目外包市场每年就有 1 300 亿美元的规模,其中 80% 以上是离岸项目外包。据有关机构研究,未来 15 年,美国将有工资值为 1 360 亿美元的 330 万个服务产业的工作机会转移到成本更低的国家和地区。[①]

服务外包是业务流程的全球化,从而带来承包国家中高级劳动以服务为载体的流出。因此服务外包是发展中国家产业升级的新机遇,特别是解决中高端就业的新机遇。与此同时,这又是对发达国家的新挑战,因为这意味着白领岗位开始流出,而在这以前,岗位的流出主要是制造业蓝领工人。但是,正如历史上的国际分工一样,这并不意味着发达国家在新的全球化中受损。在这里,不仅通过分工创造新的生产力从而是共赢的,而且发达国家也走到了更高端。

服务业发展的国际化和服务贸易是全球化以要素流动发展的新形式。在跨境提供的情况下,服务是社会分工的深化通过要素流动方式的创新加深了全球化,提高了企业的效率。商业存在和自然人流动是更高水平的直接要素流动,即外国服务企业核心要素和人才资源的流入,不仅为东道国提供服务,提升了其经济水平,而且为其中高端劳动力创造了就业。

### 2.3.3　多边贸易体制发展遇到障碍,双边和区域自由贸易区迅速发展,全球化前景不明,需要全球治理

从 2001 年 11 月开始启动的世界贸易组织多哈发展议程,在经历了近五年的

---

① 　王志乐等:《2005 跨国公司在中国报告》,中国经济出版社 2005 年版。

曲折以后,终于被宣告中止。多哈发展议程的中止是全球多边贸易组织的一大挫折,也是经济全球化进程的一大挫折。这一严峻事实向人们提出一个问题:全球化向何处去?客观地讲,全球化没有终止,已有的多边贸易成果仍然在执行,各种摩擦与争端是正常的情况。

与全球多边贸易体制发展受阻成对照的是各种形式自由贸易区的迅猛发展。迄今向世贸组织通报、仍然生效的自由贸易区有 197 个,其中 80% 是近 10 年缔结的。各国更加注重的是比世界贸易组织更优惠的区内贸易,全球贸易中有 50% 以上是在各区域集团内部进行的,欧盟内部贸易甚至高达 67.6%,北美自由贸易区也达到 55.7%。在区域性自由贸易区大发展的同时,跨区域的双边自由贸易区也在大发展。由于双方利益明确,对等减让易行,双边自由贸易协定比全球多边协定更具现实性,所以发展更快。

问题的关键是,区域与跨区域双边自由贸易区既是符合世界贸易组织允许的例外,却又违背了世界贸易组织的最惠国待遇原则。其大发展既为各国带来了巨大的利益,也对以多边贸易体制为平台的经济全球化提出了挑战。全球化将走向何方成为新世纪的新问题。

"多哈回合"谈判的中止,是经济全球化发展中的一大挫折,加上近年来各国保护主义的上升,经济全球化的前景受到严重关注。国际权威机构预测,在 2020 年前,全球化的发展可能出现四种前景(见表 2.3),其中保护主义得到控制,全球化逐步走上有管理的状态的概率最大,达到 65%,而出现各国家集团间的严重市场分割状态从而全球化出现严重倒退的概率则最小,仅为 5%。同时,也不能排斥出现发展停止和再度迅猛发展的可能。

2006 年底,世界银行在《2007 年全球经济展望:驾驭新一波全球化浪潮》的报告中预测了未来 25 年经济全球化的发展趋势。在全球贸易扩张、金融市场一体化、技术扩散效应增强和国际移民持续进行这四个因素的共同推动下,全球生产要素流动性和配置效率将进一步提高,从而在未来 25 年中全球化进程很可能将进入一个加速期。尽管降低农产品和服务贸易壁垒仍困难重重,贸易保护主义还可能以新的面目出现,但未来全球贸易自由化趋势仍十分强劲。据估计,世界商品和服务出口将从 2005 年的 10 万亿美元增至 2030 年的 27 万亿美元,出口占世界 GDP

表 2.3　经济全球化的发展趋势

| 前　景 | 特　点 | 几　率 |
|---|---|---|
| 有管理的全球化 | 尽管贸易自由化继续受到安全关切和保护主义的限制,但世界范围外国投资自由化将继续,贸易保护主义将得到一直,渐进式自由化的总体趋势仍可维持。 | 65% |
| 全球化停滞不前 | 由于对诸如禽流感等非传统安全问题的关切,对就业岗位外包新兴市场国家的担忧,美欧等西方国家的反全球化和贸易保护主义情绪明显加强,贸易政策趋紧。 | 10% |
| 全球化严重倒退 | 类似于第三与第四波全球化之间的二三十年,西方各国实施以邻为壑、高筑贸易壁垒的政策。 | 5% |
| 全球化无限制发展 | 随着科技进步加快,贸易壁垒很快消除,金融市场一体化程度提高,支持全球资本的有效配置,劳动力流动更加自由,带来更多的汇款和国际知识流动,有力促进发展中国家的经济增长。 | 10% |

　　资料来源:The Economist Intelligence Unit and Cisco System:Foresight 2020 Economic Industry and Corporate Trends,March 2006:17—20.

比重将从 25% 提高到 34%。中国和印度的经济发展在对日益一体化的全球劳动力市场产生压力的同时也将创造新的机遇,从而改变未来全球就业结构。尤其重要的是,环境风险将明显增大,从而损害全球化带来的发展成果。全球经济快速增长将带动能源消费急剧上升,相应加剧全球气候变化。据估计,如不采取新技术抑制排放,到 2030 年,年全球温室气体排放量将增加 50%。另外,跨国人员流动和物流的增加,带动大规模传染性疾病的爆发,不断增加食品需求等,也将加大对海洋资源开发的压力。

　　全球化发展面临障碍的根源,在于要素国际流动的不断扩大深刻影响了各国要素所有者利益的再调整。在农产品贸易和服务贸易开放等问题上反映出来的各国之间的分歧,证明了全球化向纵深发展必然深入触及各国要素所有者的利益。更广义地说,也包括影响到各国更广泛意义上的民族利益和国家利益。这也同样证明要素流动与要素所有者收益是观察全球化的一个关键视角。

　　当然,经济全球化的影响并非全是经济性的,它也同时产生着对各种非经济因素的影响,进而冲击着各国及不同集团的价值取向,使经济全球化的发展更加复杂。全球化呼唤全球治理,对各国来说,不仅需要有使自己从全球化中获得更大利益的开放战略,而且要有对全球化后果承担责任的措施。产业转移带来的环境破坏、初级发展造成的资源浪费、全球性温室气体排放产生的气候变暖等,都需要有全球治理的新体制机制予以回应。只有全球治理逐步成熟,才能在各国家各民族、各要素所有者和各类价值取向间实现平衡,从而实现全球化的平稳发展。

# 第3章
# 全球化经济学的理论基础：生产要素
# 国际流动内嵌下的国际贸易理论演变

## 3.1 全球化经济学形成的历史背景

　　党的十八大三中全会公报指出：为适应经济全球化的新形势,必须促进国际国内要素有序自由流动。根据联合国贸易与发展组织统计,1970—2010 年 40 年间全球以 FDI 为载体的生产要素国际流动增长了 92.5 倍,平均增速为 16.1%,分别是全球生产总值平均增速的 4.2 倍。

　　在经济全球化的背景下,要素流动的发展改变了一国的要素禀赋结构,进而改变了一国的出口结构。大量以 FDI 作为载体的技术、管理、品牌流入东道国,与东道国生产要素相结合,使得一些基于东道国自身要素禀赋基础上不具备比较优势的商品进入了国际市场。以中国近 30 年的对外贸易为例,从图 3.1 中,我们发现中国在工业制造品出口上的显性比较优势不断上升。按照人均收入判断①,中国是一个劳动力相对于世界其他国家而言多于资本的国家。根据经典比较优势理论

---

① 新古典增长理论指出人均收入与人均资本存量有关,因此人均收入一直以来被作为衡量一国人均资本存量的一个显性指标。根据 IMF 数据统计,2011 年,中国的人均收入为 8 382 美元,排名 92,低于世界平均人均收入(11 489 美元)。根据世界银行统计,2011 年,中国人均收入 8 442,排名 94,同样低于世界平均人均收入(11 640 美元)。

的推断,劳动力相对丰裕的中国在资本密集型产品的出口上应处于比较劣势地位。
但是从 1995 年开始资本密集型的工业制成品的 RCA 指数始终大于 1,显现为中
国出口中的比较优势产业。其中一个重要的缘由在于生产要素的国际流动,大量
国外直接投资进入中国制造业,改变了中国境内制造业中的生产要素存量水平,进
而改变了中国通过对外贸易所表现出的显性比较优势。大量境外要素流入本国某
一产业与本国要素合作生产后,提升了该产业的国际竞争力,扩大了出口规模,然
而这些产品的出口并不能真实体现一国的国际竞争实力。

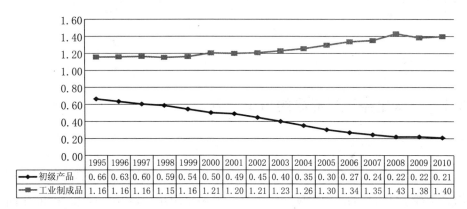

资料来源:联合国贸易发展组织数据库。

图 3.1 1995 年至 2010 年中国初级产品和工业制成品出口的显性比较优势指数

　　生产要素国际化背景下一国的贸易结构不再以本国属性的生产要素为基础,
一国出口产品是本国生产要素与流入生产要素合作生产的结果。传统贸易理论
中,一国的贸易结构往往反映了一国国民的要素禀赋。生产要素的跨境流动改变
了这一情况,生产要素国际流动下的一国贸易结构反映的是一国境内包含本国和
国外要素在内的综合要素结构。贸易结构更多体现了一国在全球生产要素流动下
的国际专业化生产状况(张幼文,2007)。生产要素国际流动所形成的世界经济新
现象构成了全球化经济学形成的历史背景,为全球化经济学的提出提供了现实
基础。

## 3.2　全球化经济学的初步探索

当今世界经济的特点是经济全球化。以生产要素国际流动为核心的经济全球化沿着贸易、生产和金融三个维度迅猛发展，这三个维度的全球化改变了世界经济的运行模式。因此，对应于经济全球化的全球化经济学研究应运而生。经济学理论作为对现实的解释，国际分工理论的发展反映了不同时期世界的生产力状况以及所处的时代特征。为了更好地描述当今要素流动下的世界经济，20 世纪 90 年代后，国际经济学者们开始试图提出不同的概念来刻画世界经济发展的新特征。Jones 和 Keirzkowski(1990)将世界经济的生产方式理解为"片段化生产"，意为产品的生产过程可被分割成不同的片段并被散布在不同的空间区位。"片段化生产"概念的提出第一次将国际分工的研究视角切入产品内，他们认为"比较优势"和"规模经济"是推动生产过程片段化的两大动力。Katz 和 Murphy(1992)，Krugman(1995)，Leamer(1996)分别从生产主体、产品附加值和生产区位角度对"片段化生产"进行了拓展。Arndt(1997)通过分析外包(outsourcing)与次外包(sub-outsourcing)之间的关系，提出了产品内专业化的概念。Hummels 等(1998)对产品内专业化的概念进一步细化，指出一国在具体产品的生产过程中使用进口投入品并将最终产品出口的产品内专业化称为垂直专业化。

在国内的经济学家中，张二震(2002)结合国际分工的发展历程与当前国际分工发展的新特点，创造性地提出了要素分工的概念，从要素的层面解析了国际分工的变化。而卢锋(2003)则认为目前国际分工的特点为产品内分工，是以工序、区段、环节为对象的国际分工体系。

以上概念的提出有助于我们理解当今世界经济的生产格局，从不同的侧面证明了生产要素国际流动对于全球化生产的重要影响，也说明了生产要素国际流动下全球化经济学正在逐步形成。

以 FDI 为载体的生产要素国际流动创造了跨国化的、一体化的生产，使传统的国际分工概念不再适用。一方面，分工这一概念中的"工"仅仅体现了劳动力一种要素,不能体现多种要素;另一方面,"分"也没有确切反映多种生产要素的国际组合,而这正是当代世界经济的重要特点。

生产要素国际流动下所形成的全球化经济学,其本质特征是"要素合作型国际专业化"(张幼文,2007),其中包含两层含义:第一,要素合作,世界各国提供自身生产要素,通过协同合作的方式实现产品的共同生产;第二,国际专业化,通过生产要素的跨境流动,各国将自身所提供的要素集聚在某国,针对某一产品实现专业化生产。经济全球化下的产品生产已经不再是各国利用本国生产要素独自专业化生产某种产品然后进行国际交换。而是国家作为不同生产要素的提供者,通过要素的跨境流动,促成各国要素之间的共同合作产生,从而形成某一产品的国际化生产。各国的生产要素经过国际流动实现组合,形成生产过程的合作,不同类型的国家创造和提供不同生产要素是这种合作的基础,也是生产地国际配置的成因和全球化经济运行的核心。

张幼文(2013)开创性地明确了全球化经济学的研究主体、范畴和理论框架,指出全球化经济学作为一个经济大系统的研究,既区别于国际经济学对国与国之间关系的研究,又区别于世界经济学对世界市场或各国经济总和的研究。

## 3.3 全球化经济学的理论基础

### 3.3.1 生产要素国际流动内嵌下的国家异质性贸易理论

基于本国要素特征所建立的古典和新古典国际贸易理论,强调的是国家的异质性。各国拥有不同的要素生产率和要素结构,正是因为国与国之间要素特征的差异,所以各国产品生产的机会成本不同,因此形成了国与国之间产品交易的套利空间。

古典贸易理论将国际贸易发生的原因归结为国与国之间劳动力生产率的相对差异,劳动力这一要素在劳动生产率上的差异决定了两国之间的分工模式,进而决定了两国之间商品的流量以及流向。新古典贸易理论将两国贸易发生的原因归结为两国要素结构间的差异。赫克歇尔—俄林模型中的关键假设是生产要素不可跨境流动,该假设保证了在两国要素需求相同的情形下,由于两国要素禀赋结构的不同,不同要素价格间的相对差异在两国间存在差异,进而使得两国在生产不同要素密集度的产品时机会成本不同,形成了两国商品贸易的套利空间。

古典和新古典贸易理论分析的逻辑起点是各国自身要素的生产率和要素结构,然而,生产要素的国际流动改变了一国国境内的要素结构和要素生产率,因此也相应改变了一国的贸易结构。需要注意的是贸易现象本身依然是各国相对不同生产率和要素结构的反映,但决定各国间贸易发生的原因是生产要素的国际流动。在生产要素国际流动的条件下,一国国境内的要素生产率不再反映本国要素的生产能力,一国国境内的要素结构也不再仅限于本国要素禀赋。

最早将要素流动与国际贸易理论联系在一起的文献是蒙代尔在 1957 年发表的《国际贸易与要素流动》一文。其基本模型建立在赫克歇尔—俄林的分析框架上,在该文中,蒙代尔认为当两国间商品贸易因政策性原因受限时,要素禀赋差异所形成两国要素间的相对价格差,将会使得生产要素实现跨境流动,一国的相对富裕生产要素从该国的出口部门流入另一国的进口部门,进而替代商品贸易。Karkusen(1983)的论文在要素流动对国际贸易的创造作用方面做出了开创性的研究工作,认为生产要素的跨境流动在产业间促进了商品的国际贸易。马库森假定两个国家拥有相同的要素禀赋,将生产函数设为：$Y^i = G(L_y^i, K_y^i)$，$X^i = \alpha^i F(L_x^i, K_x^i)$，$Y$ 和 $X$ 分别代表两种商品,上标 $i = f, h$ 代表代表两个国家,$\alpha^h > \alpha^f$，以上设定意味着两国在生产 $Y$ 产品上拥有相同的生产技术,但 $h$ 国相比 $f$ 国在生产 $x$ 产品上具有希克斯技术优势。因而,两国的资本和劳动的相对收益率不同,生产两种产品的机会成本也不同。一国出口其技术领先的产品,进口本国相对自身技术劣势的产品。但是由于两国生产技术上存在希克斯技术差异,所以即使商品贸易使得两国间产品的相对价格趋同,也不能让两国同类要素价格均等,相反会加大两国同类要素收益间的差距。由此,国际间的要素流动随之展开,生产要素大量流入两国的出口部门,生产要素的流动又会改变两国各自的要素禀赋,进一步强化各自国家出口部门的比较优势,带动商品贸易,最终形成其中至少一国进行专业化生产。因此,马库森认为国外要素流入与本国生产要素相结合共同生产,扩大了贸易规模。

生产要素国际流动的迅猛发展,在客观上改变了各国境内生产要素的种类和数量,进而改变各国产品生产的机会成本,从而也转变了国与国之间产品的分工,转变了原先的贸易流量和流向以及贸易的结构。生产要素国际流动的出现改变了各国产品生产的要素基础,但并没有改变古典和新古典贸易理论的逻辑结构和脉络。国际分工的逻辑依然遵循比较优势原理展开,生产要素国际流动改变的是各国的生产要素存量,各国生产要素存量不再仅有本国生产要素,而是由各国生产要素通过国际流动而构成。所以,一国出口产品中所含的生产要素将也不再仅由本国生产要素所构成,而是由不同国家生产要素协同生产而成。

### 3.3.2 生产要素国际流动内嵌下的产业异质性贸易理论

相比之前的贸易理论,新贸易理论更重视"产业"的概念,给出了产业的定义、边界以及特点。新贸易理论区别于先前贸易理论的关键在于其将产业组织理论融入国际贸易理论的分析框架,从产业的特点出发,对开放条件下微观企业涉外经济活动的特点及原理进行了分析(Vernon,1966;Krugman,1980)。

新贸易理论认为,生产厂商可基于产业的特点在全世界范围内配置生产要素。由此,国际贸易学家将以 FDI 为载体的要素流动作为一个研究变量进入了新贸易理论的研究范畴。新贸易理论继而在不同的 FDI 类型下开始研究微观企业的贸易行为。

Helpman(1984)从产业内贸易的角度探讨了要素流动与国际贸易之间的联系,从 FDI 不同的类型出发讨论了要素流动与国际贸易之间的关系。他认为垂直型对外直接投资将有助于贸易的创造。Helpman(1984)的工作建立在一个两国两类商品两要素模型的基础上,假定两国之间的要素禀赋存在差异;两种生产要素均不能跨境流动,一种要素为劳动力,另一种要素为一般用途投入品(general purpose input)($H$),这里需要指出的是模型假定 $H$ 本身不可流动,但由 $H$ 所形成的特殊资产(specific asset),例如:管理、研发、营销网络等,作为以中间品形态存在的生产要素却能实现跨境流动,赫尔普曼(Helpman)将承载此类要素国际流动的载体称为垂直型 FDI;赫尔普曼指出不同于以往的 H-O 模型,公司不仅会根据两国不同要素禀赋所形成的不同要素价格在两类商品间进行国际分工,形成产业间贸易,而且会依据要素价格的相对差将公司内的两类生产要素分别配置在要素禀赋不同的两个国家，与东道国生产要素合作生产，形成产业内贸易或者公司内贸易。由于存在差异化产品的市场结构特征和公司自身的规模经济效应，在要素流动所形成的内部化优势作用下，不同于 H-O 模型中完全竞争条件下的公司，跨国公司的经济利润为正。这也正是为什么本土公司愿意通过要素流动成为跨国公司的一个重要原因。赫尔普曼的模型告诉我们，只要两国间的要素禀赋差距越大，以垂直型 FDI 为载体的要素国际流动对贸易所起的促进作用就会越明显。

Horstman 和 Markusen(1992)认为要素跨境流动将会替代国际贸易。在他们给出的水平型 FDI 模型中，假定两个国家间的禀赋条件完全相同，本国和东道国分别专业化生产两种相互之间存在替代关系的产品，$X$ 和 $Y$，产品 $X$ 处于产量竞争型的寡头垄断市场且同时存在公司层面(firm level)和工厂层面(plant level)的规模报酬递增；产品 $Y$ 处于完全竞争市场且规模报酬不变。两国间存在运输成本；在需求函数设定中，假设两国消费者对这两种产品都有需求。为了满足海外消费者的需求，公司需要在出口或是通过要素跨境流动新建工厂中做出选择。不同于赫尔普曼模型中的要素流动类型，此类替代出口的生产要素跨境流动被称为水平型要素流动。Horstman 和 Markusen(1992)认为要素流动在降低了运输成本以及出口交易成本的同时，设立海外工厂也会带来相应重置成本；另一方面，如果东道国市场容量无法满足新设工厂生产 $X$ 产品时所需的生产规模，那么要素流动替代出口分流原有单个工厂产量，势必将牺牲 $X$ 产品原先的规模经济效应。因此，Horstman 和 Markusen(1992)指出只有出口的成本远大于效率的损失成本时，公司才会选择生产要素的跨境流动绕开贸易壁垒，水平型要素流动模型侧重于区位优势与规模经济之间的取舍，要素的跨境流动作为出口的一种替代形式，其目的在于与东道国要素合作生产并在当地销售。

新贸易理论放松了生产要素不可国际流动的前提假设，将模型中公司的定义由原先的本土公司扩展为跨国公司。跨国公司根据自身规模经济的强弱和产业的结构特征，通过垂直型和水平型的 FDI 对生产活动进行区位选择，将具体生产活动分配到了不同的国家，而同一产业内的不同产品则通过商品贸易实现了相互的衔接。国际贸易理论中生产要素国际流动的引入更深层次地解释了国际贸易的原因和逻辑脉络。

### 3.3.3　生产要素国际流动内嵌下的企业异质性贸易理论

新新贸易理论更重视经济学中的微观基础,其研究的起点不再是国家、产业,而是微观企业。新贸易理论研究的重心是在国际经济环境约束下的微观企业如何通过生产要素国际流动进而实现其利润最大化,分析的重点是不同生产要素在全球配置过程中所获取的收益。

Melitz(2003)将微观企业的异质性引入了国际贸易的分析框架,认为微观企业的贸易收益来自各个微观企业的异质性。Melitz(2003)认为生产率高的企业在进入国际市场时,可以承受高的沉没成本,在竞争过程中更容易存活。不同的生产率构成了企业的异质性,进而解释了为什么同一行业内有些企业选择出口,而有些企业却没有进行出口这一贸易理论无法解释的贸易现象。生产率的高低是微观企业是否能够出口获取贸易利益的关键,该理论被称为"异质性企业理论"。

Helpman、Melitz 和 Yeaple(2003)则进一步将企业间生产率的差异与以 FDI 为载体的水平型要素流动联系在了一起,指出相对于对外贸易而言,水平型的要素流动意味着更高的固定成本和较低的可变成本投入(减少了运输成本)。生产率高的企业将进一步有效地降低其可变成本,提高相对应的企业利润水平,当生产率超过某一临界值时,企业选择水平型要素流动所获取的利润将高于对外贸易所得的利润,因此,更高生产率的企业则更倾向于水平型要素流动,而不是对外贸易。

在此同时,新新贸易理论的另一支为:"企业内生边界理论"(Antras, 2003),其认为微观企业选择对外贸易的动因来源于涉外合同的不完全性(Grossman and Hart, 1986; Hart and Moore, 1990),并开始着手研究微观企业的对外经营模式:一体化或是外包? Antras(2003)将母公司与加工企业所提供的中间投入品之比作为重要的变量加以研究,提出了合约投入品密集度(contractual input intensity)的概念。Antras 和 Helpman(2004)进一步将合约投入品密集度和异质性企业两个概念融入同一模型。Antras 和 Helpman 认为微观企业选择一体化或是外包的关键取决于合约投入密集度,外包一般出现在组装密集型产品所处的产业中,而一体化则出现在研发密集型产品所处的产业中。而企业是否进行要素流动,则取决于企业的生产率。相对于运用本国要素进行产品生产的出口模式,在生产率条件满足的情况下，企业更愿意通过要素的跨境流动，推动本国要素与当地要素的合作，来实现产品的共同生产。在 Antras 和 Helpman 的研究框架中，国际贸易则成为微观企业寻求全球要素合作过程中所形成的货物流。

新新贸易理论不仅回答了微观企业选择对外贸易的原因，更给出了微观企业全球配置资源的充分条件。在此基础上，新新贸易理论进一步指出跨国公司生产要素与东道国生产要素合作的模式选择——外包或是一体化。生产要素的国际流动作为传导机制，在新新贸易理论模型逻辑演绎过程中起到了重要作用。

## 3.4　全球化经济学学理基础探索的启示

第一，以 FDI 为载体的生产要素国际流动不仅改变了生产的国家性质，而且改变了国际贸易流量与流向，是世界经济运行机制的一个历史性变化。投资跨国化从而生产一体化的意义超越了贸易自由化，是形成全球化经济更重要更深刻的原因。生产要素的跨境流动改变了一国国境内原先的要素禀赋，进而影响了一国的生产模式和贸易结构。与以往国际贸易的内容不同，生产要素国际流入所创造的贸易中，所含的生产要素不再仅为本国生产要素，而是既含有本国要素，又包括外国要素。贸易从原先由一国提供要素进行生产的商品交换，转化为由多国要素所参与生产的商品交换。要素流动的流向、流量和类型决定了一国国际贸易发生的原因，决定了一国贸易的流向、流量和结构。

第二，国际贸易虽然仍是各国间的主要联系，但已经不是根本联系。生产要素的国际流动不仅带动了各国消费者和生产者间的联系，而且促成了世界各国生产者间的联系，形成了生产要素国际合作下的产品专业化生产格局。生产要素的跨境流动优化了全球要素配置，为规模经济的形成和全球产业链的布局提供了平台，从生产经营的源头建立起了国与国之间的经济联系，其影响的深度和广度超越了以贸易为内容的国际联系。

第三，国际贸易理论仍然是解释当今世界各国经济联系的主要理论，但需要有新的理论创新：全球化经济学。在全球化经济不断推进的今天，正如前文分析，新贸易理论和新新贸易理论在阐述各国贸易发生的逻辑脉络中往往将生产要素国际流动作为先决条件、暗含假设或传导机制,其理论中所罗列的各国贸易发生的原因在很大程度上是生产要素国际流动的结果。由此,我们有理由,以生产要素国际流动为核心推进理论创新,为全面深化改革和构建开放型经济提供理论依据。

基于以上分析,可以发现生产要素的国际流动从生产经营的源头起建立了世界经济各国间的经济联系,为规模经济的形成和全球产业链的布局创造了可能。生产要素国际流动内嵌下的贸易理论演变脉络告诉我们,作为广泛联系世界各国纽带的国际贸易已然成为生产要素国际流动的结果。生产要素国际流动下形成的"要素合作型国际专业化"(张幼文,2007)是要素国际流动内嵌下国际贸易理论的基础性特征,也是全球化经济学研究的起点。生产要素国际流动内嵌下的国际贸易理论为全球化经济学的形成提供了理论脉络,为构建开放型经济新体制的理论建设提供了坚实的学理基础。

# 第4章
# 要素流动对世界经济增长的影响机理

自 20 世纪 70 年代以来,跨国公司直接投资迅猛发展,成为当代世界经济最重要的现象之一。跨国公司直接投资的本质是生产要素的国际流动。要素的国际流动提高了世界经济要素投入总量,改变了要素配置的国家与地区结构,从多方面改变了世界经济的增长机制。分析生产要素国际流动对世界经济增长的影响机理,是认识当代世界经济增长特点的基础。

## 4.1 当前世界经济的运行特征

从世界经济的发展史可以看到,在地理大发现前,在世界经济的运行中各国处于相对封闭和独立发展的过程中,仅通过丝绸之路、陶瓷之路等进行少量的贸易。从地理大发现到 19 世纪末世界市场形成,世界经济中出现了区域贸易,比如欧洲的地中海贸易区、北海和波罗的海贸易区、不列颠贸易区,亚洲的东亚贸易区、东南亚贸易区、南亚贸易区等。区域性贸易区虽然形成了,但是区域间并没有联系,直到 19 世纪末,随着科技革命和航海的发展,世界被更广泛地联系了起来,"一个由世界价格支配的世界市场第一次出现了"。这期间国际贸易在世界经济运行中的作用逐渐增强,而在世界市场形成后的一个世纪里,国际贸易也一直在世界经济中占有举足轻重的作用,是世界经济运行的主要特征。然而随着 20 世纪 70 年代出现的跨国公司的迅速崛起,国际直接投资日益频繁,世界经济由于跨国公司的参

与,联系更加紧密,世界经济的运行特征也出现了一定的变化,国际直接投资超越
国际贸易,成为世界经济的新特征。

跨国公司是国际直接投资的主体,国际直接投资活动是伴随着跨国公司的发
展而加剧的。从图 4.1 可以看到,FDI 流入量从 20 世纪 80 年代末开始大幅增加,
与此同时,跨国公司在二战后得到快速发展。根据联合国的统计,1980 年全球有
约 1.1 万家跨国公司,到 1995 年这一数字达到了 4 万,2008 年跨国公司数量增加
到了 8.2 万家,如果加上分支机构,跨国公司的数量更是庞大。

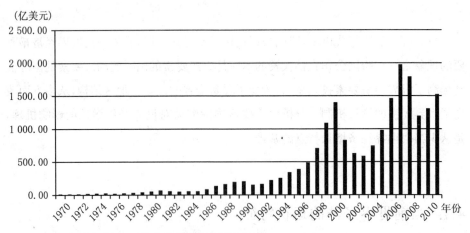

资料来源:根据联合国贸发会议数据库数据计算。

**图 4.1 FDI 流入量**

另外,从国际直接投资和国际贸易的增长速度上也反映了国际直接投资的重
要性。

从图 4.2 可以看到,自 20 世纪 80 年代随着跨国公司数量的迅速上升,FDI 的
波动幅度明显加快。FDI 在世界经济中的活跃度有了较大的提升。一方面是由于
投资本身的特征,它的波动要大于贸易,另一方面与跨国公司的数量增加密切相
关。同时图 4.2 也说明在整体趋势上 FDI 增长率快于国际贸易,FDI 与国际贸易
增长率趋势线间的差距从 20 世纪 70 年代起不断扩大,国际直接投资已经超越了
国际贸易。在分布区域上,根据《2012 国际投资报告统计》,2011 年发展中国家和
转型国家的 FDI 流入量分别占世界 FDI 流入量总和的 45% 和 6%,超过了流入发

达国家的总量,成为吸引 FDI 的主要地区。

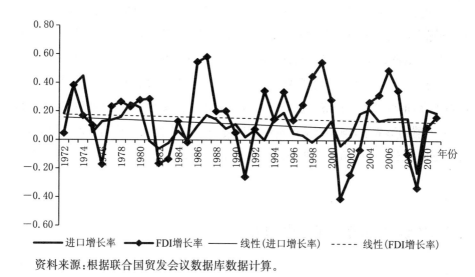

资料来源:根据联合国贸发会议数据库数据计算。

**图 4.2  FDI 增长速度与贸易增长速度对比**

当前世界经济出现国际直接投资超越国际贸易主要有以下几个方面的原因:首先,跨国公司成为国际资本流动的主体。跨国公司跨国界的企业组织形式能够利用其掌握的信息优势迅速发现盈利项目,并依赖于自身所具有资本优势、人才优势、技术优势、品牌优势等做出完整、科学的投资决策后付诸实施。正是在这个体系内,同时依托跨国公司庞大的国际网络,国际直接投资得以快速发展。其次,信息化为国际投资创造了技术条件。通信技术的发展使得信息传递速度大大增强,这不仅增加了信息透明度,缩短了对投资项目的考察时间,而且加快了资金的流动速度。再次,国际投资相关规定的陆续出台,为投资活动创造了良好的环境。世界贸易组织于 1991 年出台了《与贸易有关的投资措施协议》(TRIMs),该协议进一步消除了与贸易相关的投资障碍,促进了投资自由化。世界银行 1985 年通过了《多边投资担保机构公约》(MIGA),1992 年与国际货币基金组织共同发布了《外国直接投资待遇指南》。2011 年许多国家继续通过外资自由化政策推动经济增长,双边投资协议在减少,区域投资协议在增加。最后,国际合作也为推动投资自由化做着努力。国际投资自由化是国际合作的一个重要议题,通过双边或多边国际合作促进国际投资自由化。这些都反映了世界经济特征的变化对投资自由化的诉求。

国际直接投资带来了要素流动的加剧。一个企业在对外直接投资的过程中，流入东道国的不仅包括设备、资金，还包括技术人员、管理方法、品牌等要素。因此，国际直接投资承载的不是单一要素，而是多种要素组成的要素束。国际直接投资迅猛发展的实质是要素流动的加剧，跨国公司的大发展是要素流动加剧的微观基础，跨国公司是要素流动的重要主体。国际直接投资构成了要素的跨境流动与重新组合，形成了世界经济增长的新基础。它也是诸多增长特征的基础原因。因此，在当前的形势下，国际直接投资超越国际贸易成为世界经济运行的重要特征，有必要从要素流动的角度重新分析当前的经济增长问题。

## 4.2 传统经济增长理论中的要素观

经济增长是经济学理论中的重要组成部分。经济增长有利于提高人们的生活水平，有利于提高就业率，有利于稳固经济基础等。经济增长理论研究的基本问题是为什么一些经济体比另一些更富有？如何解释真实收入随时间的大幅提高？正是经济增长与人们生活的高度关联性，使得如何提高经济增长广受关注。经济增长问题虽然伴随着人类文明的发展，但是关于经济增长的理论体系和经济学的历史一样并不悠久。经典经济增长理论可以追溯到经济学鼻祖亚当·斯密，之后比较有影响的增长理论包括了新古典增长理论、内生增长理论等。经济增长的理论来源于经济发展的现实土壤，世界经济的增长机理也伴随着世界经济运行特征的变化而变化。

斯密的经济增长理论认为国际分工是推动世界经济增长的重要因素，国际分工的动力来自各个国家劳动生产率的差异。正如斯密在《国富论》中的描绘：一个对制造扣针不熟悉的人一天竭尽全力可能也生产不出一根针，几个熟练的扣针制造工人可以在一天内制造出数万根针，然而如果工人不进行专业的分工，将所有工序交给一个人处理，这个工人一天连几十根针也生产不出来。很显然，由于每个人专业于特殊工序，这种专业化通过反复的操作提高了效率，从而大大提升了针的产量。虽然在许多行业，劳动不能像制针如此细分，每项工序也不能变得如此简单，可是在每一种工艺中，只要能采用劳动分工，劳动生产力就能成比例地增长。各种不同行业和职业的彼此划分,似乎也是由这种好处造成的。在享有最发达的产业和效率增进的那些国家,分工也进行得最彻底。制针的例子也可以推广到各个国家,对于不同的国家,他们之间还存在劳动生产率的差异,这种差异产生了国际分工,每个国家从事一种专长的业务,从而使世界范围内的生产率提高,带动了世界经济的增长。但是斯密这种以分工为基础的增长理论仅仅从劳动生产率高低来分析,探索的是财富的来源,而没有涉及要素范畴。他强调分工的重要性,而国际分工是通过国际贸易进一步强化的,因此斯密的增长理论也为解释国际贸易自由化提供了理论基础,贸易不但可以实现一国的经济增长,还能带动世界经济的增长。

英国剑桥大学经济学天才拉姆塞 1928 年发表的《储蓄的一个数理理论》一文奠定了新古典分析的基础。20 世纪 40 年代,美国经济学家多马和英国经济学家哈罗德将凯恩斯的有效需求理论动态化形成了哈罗德—多马模型,1956 年美国经济学家索洛和英国经济学家斯旺分别提出了自己的经济增长模型,后来在他们模型的基础上,新古典增长理论逐渐完善起来。新古典增长理论假设市场是完全竞争的,价格机制发挥调节作用;资本和劳动可以相互替代;技术进步是外生的;规模报酬不变。然后,基于家庭、厂商最优化思想,通过道格拉斯函数分析得出以下结论:(1)经济无论从哪一点出发,都会收敛到均衡增长路径上;(2)储蓄率变动可以影响短期经济增长,但是长期经济增长由技术进步决定;(3)不同经济体间可能存在趋同。它强调资本和劳动对于经济增长在短期的重要影响,而长期的增长来自外生的技术进步。

正是由于技术进步外生对解释现实的一些缺陷,内生增长理论放松技术进步外生的假设,将技术进步进行细化作为研究的核心。认为技术进步来自研发、人力资本、干中学、技术的溢出效应等。例如,保罗·罗默假设规模报酬不变,将生产函数变化为 $Y=[(1-a_K)K]^{\alpha}[A(1-a_L)L]^{1-\alpha}$,其中,$a_K$ 和 $a_L$ 分别是资本存量和劳动力中用于研究和开发的份额,说明了研发对技术进步和经济增长的作用;而卢卡斯将生产函数表示为 $Y=K^{\alpha}\cdot H^{\beta}\cdot(AL)^{1-\alpha-\beta}$,强调人力资本对于技术进步的影响。该理论认为企业有目的的研发促进了技术进步,同时在资本积累的过程也能促进技术进步,并且这种技术进步带来了规模报酬递增。在内生增长模型中,经济中的消费、资本积累、产出路径的增长率也收敛到一个均衡值,由于技术的内生性,经济增长率也可以持续提高。此外,泰勒通过实证分析认为,除了要素积累外,要素的国际流动也可以使经济收敛到均衡点。

新古典增长理论和内生增长理论中,劳动力、资本、技术等都属于基本的生产要素。新古典增长理论假设技术要素是外生的,劳动力通过人口增长率可以发生变化,人口增长率升高劳动力供给增加,而资本积累受影响的因素较多,既有储蓄率的影响,也有资本收益率、折旧率等方面的影响。经济增长通过人均资本存量的提高,推动了人均产出的增加,将这个理论推向世界经济的范围就是要提高世界的人均资本存量。该理论体现了要素从量上的变动,从这个角度看,其比斯密的增长理论更进了一步。内生增长理论由于假设资本积累知识外溢、人力资本投资、研发具有促进技术进步的作用,能够实现经济增长的长期性与持久性,要素不仅有量变,还通过量变实现了质变,从要素变化上看也是对新古典增长理论的极大突破。因此,它不仅囊括了更多的要素,还更注重分析各个要素的不同特点及其相互间的作用,体现了更深层次的要素观。另外,根据国际经济学的分析,世界经济增长动力来源于国际贸易,国际贸易使得国际分工进一步扩大,分工使得生产效率提高,同时也扩大了市场。但是,它分析的是商品流动,而没有分析要素的跨境流动。发展经济学也同样在商品流动层次上强调国际贸易对世界经济增长的作用。综上所述,传统经济增长理论虽然注重要素的作用,但没有从要素的跨境流动入手分析世界经济的增长。

## 4.3  要素流动对世界经济增长的微观效应

1958 年英国经济学家尼古拉斯·卡尔多将经济增长归纳为六个方面的事实:(1)人均实际产出在相当长一段时间内以近乎不变的速度增长;(2)实物资本存量以一种或多或少的速度增长,且超过劳动投入的增长率;(3)实际产出与资本存量的增长速度大致趋于一致;(4)资本回报率比较稳定;(5)人均产出增长率在不同的国家间可以呈现出巨大的差异;(6)利润在经济中占有较高份额的经济,倾向于拥有较高的投资与产出比率。简单地说,经济增长即是人均实际产出的长期稳定增长。传统经济增长理论认为要素积累是增长的微观基础,但是,要素跨国流动对世界经济增长的微观效应是要素流动提高了要素的边际生产效率。

　　生产过程往往是由多种要素构成的,是各种要素相互配合、组合的过程。国际直接投资过程中的要素束中包括资金、技术、管理等(这里为了便于分析,将资金、技术、管理等要素统称为资本 $K$),因此,资本流动过程就是要素流动的过程。假设生产过程只包含要素 $K$ 和 $L$,$K$ 从一个国家流向另一个国家实际上就是要素束的流动。对于流入国而言:新流入的资本 $K$ 通过学习效应提高了劳动力 $L$ 的边际生产效率,同时由于新流入资本是与新的劳动力结合并没有降低原有资本的生产效率,反而由于新流入资本中有较高的科技含量、管理水平等对原有资本形成资本、技术溢出而提高了原有资本的边际生产效率。结果,所有劳动力的总和以及资本总和的边际生产效率比原来的状况都所提高,整个生产过程的边际生产效率获得了提高;对于流出国而言:$K$ 流出后剩余 $K$ 的边际生产效率提高,并导致劳动力 $L$ 向资本部门转移,有利于新 $K$ 的创造,同时劳动力 $L$ 的边际生产效率也由于国内的流动而提高。因此,综上所述,要素流动在流入和流出国都提高了要素的边际生产效率,在生产函数上表现为生产函数的向外扩张。如图 4.3 所示,初始阶段的生产函数为 $Y=F_1(X)$,在要素流动后生产函数变化为 $Y=F_2(X)$,由于要素的边际生产效率提高,在与原来资本存量相等的情况下,斜率上升即由 $k_1$ 增加为 $k_2$,增加单位资本能够获得更高的产出。

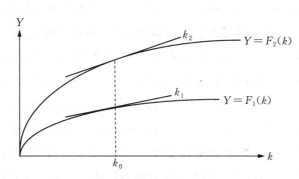

图 4.3　要素流动提高了要素的边际生产效率

　　要素流动从生产效率的角度上看,带来了要素边际生产效率的提高,要素流入与流出国的生产效率提高推动了世界经济的增长,因此,要素流动对世界经济增长的微观效应是提高了要素的边际生产效率。

## 4.4 要素流动对世界经济增长的中观效应

### 4.4.1 要素流动改变国家要素结构

国家要素结构是指一个国家的要素构成中,各类要素之间的相对比重,它由一个国家的发展水平所决定。要素结构决定产品结构,产品结构又通过国际贸易决定了一国的增长特征。因此,国家要素结构对于一国的经济增长有重要意义。国家要素结构对经济的影响既和要素的比例状况有关,又和要素总量有关。大国和小国可能要素结构相似,但是由于要素总量的不同,在世界经济增长中的作用也是不同的。发达国家在研发投入、技术人才比例、专利数量等方面比发展中国家有明显的优势,发展中国家在劳动力数量、耕地面积、森林面积等方面高于发达国家。

国家要素结构决定了一国经济增长的特征,各国的经济增长是和国家要素结构相适应的。在国际直接投资超越国际贸易,要素流动加剧的背景下,要素在国家间的流动导致国家要素结构长期内处在一个动态的变化中。国际直接投资是国家要素结构的形成路径,要素流动是通过国际直接投资实现的。国际直接投资带动了一系列的要素在不同国家间流动,造成各个国家要素的再分配,形成了不同的国家要素结构。一方面,由于要素在不同国家间的稀缺性不同,要素价格存在差异,要素的国际流动会改变各国要素的稀缺性,稀缺性又通过价格的变化表现出来。通过要素流动可以获得要素在不同地区的价格差。这种流动主要表现在发达国家向发展中国家的直接投资。另一方面,经济的发展会不断创造出新的要素需求以及新的要素需求结构,使得要素差异不可能被消除。要素差异的永久存在性,会导致一国的要素结构不断变化,这就需要相应的直接投资活动满足这种需求的变化,形成新的国家要素结构。例如发达国家间的相互投资,其收入水平相近,总的需求能力相当,但是需求结构存在差异,正是这种差异性,刺激了更多的相互投资。经济发展创造出了新的要素需求,同时要素需求又和本国的要素结构相匹配。因此,通过要素结构相近国家间的要素流动才能满足要素需求的差异。此外,国家间的要素结构差异还存在正反馈效应,要素结构通过产品结构进一步巩固了要素结构的差异。美国的高科技要素含量高,生产销售高科技产品,赚取的高额收益又投入高科技的研发,不断拉开与其他国家的差距,导致美国要素结构优势更加显著。

### 4.4.2　要素结构变化影响产业结构

产业结构反映了在社会再生产过程中,国民经济各产业之间的生产、技术、经济联系和数量比例关系。产业结构描绘了一个国家在生产过程中的各种产业之间的资源配置状态,揭示了国民经济发展过程中主导产业部门不断替代的规律,也体现了一个国家或者地区的发展程度。因此,产业结构的状态也体现了一国经济发展程度。产业结构的度量一般有两个方法:一是对每个产业的产值进行比较,二是用不同产业的就业人数进行度量。产值大或者就业人数多,则该国的产业结构以该产业为主。结构主义认为产业结构的变化是经济增长的一个重要动力,并且随着经济增长而进行调整。

产业发展受要素结构的影响,要素结构是产业结构的形成路径。劳动、资本、技术等要素在一定的产业结构中组织在一起进行生产,对于不同的要素结构会产生不同的产业结构,产业结构的变化又影响经济增长。因此,要素结构通过产业结构来影响经济增长。而要素结构受要素流动的影响,要素流动是影响经济增长的基本因素。要素结构变化对产业结构产生影响的主要动力在于要素结构导致要素收益在各个产业间的差异,要素向收益高的产业转移并形成一定的集聚能力。同时,产业结构的出现通过规模经济效应降低成本,进一步推动要素结构的变化。例如,中国是劳动力丰裕的经济体,是劳动力占主导的要素结构,中国的产业自然就体现出制造业为主。因为劳动力供给较充足,所以其价格(工资)相对较低,当制造业形成一定规模后又能通过规模外部经济降低产品的成本,相对于其他产业可以获得更多的利润,推动制造业的发展。这种状况又会导致其他产业逐渐萎缩,向密集使用劳动力的制造业慢慢转移,直至制造业和其他产业获得相同的利润率,其过程类似于要素价格的均等化。国际直接投资带来的要素流动会影响一国的要素结构进而影响产业结构,国际直接投资在产业结构的变化中也会相应变化。中国国务院发展研究中心(2001)测算了 1984—1999 年利用国际直接投资对中国三次产业增加值的影响,结果表明 FDI 对第三产业增加值的贡献高于对第二产业增加值的贡献,对第一产业增加值的贡献最低。这说明利用 FDI 是中国产业结构转变中第一产业产值比重逐年下降、第二产业和第三产业产值比重不断上升的重要影响因素。

从产业结构的形成路径上可以看到,要素结构与产业结构之间有明显的互动影响作用。要素结构与产业结构之间的密切关系使得一国在制定相应的经济政策时,不仅要考虑本国的产业结构还要考虑要素结构,产业结构的调整时间一般滞后于要素结构的调整。要素结构的变化是伴随着要素流动而形成的,同时产业结构反过来又能作用于要素结构,影响要素流动。要素流动后流入和流出国家的产业结构都可以得到升级,流入国由于高端要素的流入要素结构优化,产业结构升级;流出国的资源由于流向高端产业,促进产业升级。

## 4.5　要素流动对世界经济增长的宏观效应

要素禀赋指一国先天所拥有各种生产要素的总和,经济增长的先决条件之一即是否拥有那些能够参与到生产过程的要素,因此在要素不发生流动时,要素禀赋对于经济增长具有决定性作用。但是,要素流动使得国家要素结构发生了变化,经济增长的先决条件不仅仅是要素禀赋,更重要的是强调国家要素结构(存在于一国的要素总和,包括本国的和外国的)的作用。要素流动后要素结构变化带来的一方面是要素种类、数量和结构的变化,另一方面是将原来由于缺少某一要素无法构成生产活动的要素激发出来,使其参与生产过程中,也即要素流动激发了闲置生产要素。从长期看经济由供给和需求的平衡来决定,经济增长表现为供给的增加,生产可能性曲线的扩张。因此,要素流动对世界经济增长的宏观效应是激发了闲置要素。如下图 4.4 至图 4.6 所示,在要素流动激发闲置要素的情况下,无论要素是在发达国家和发展中国家间,还是发达国家间,抑或是发展中国家间的流动,都能使世界生产可能性曲线向外扩张。

在图 4.4 中,发达国家表示为 $DC$,发展中国家表示为 $LDC$,初始状况都为实线部分,世界生产可能性曲线是发达国家与发展中国家生产可能性曲线的总和。要素从发达国家流入发展中国家的量为 $\Delta K$,激发发展中国家的闲置劳动力,发

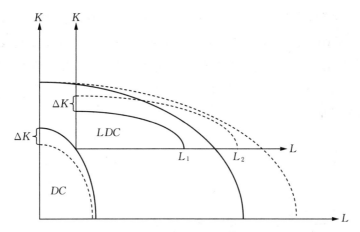

图 4.4　要素从发达国家流动到发展中国家世界生产可能性曲线扩张

中国家的劳动力从 $L_1$ 增加到 $L_2$。反映到世界生产可能性曲线中,资本端没有变化,劳动力端向外大幅扩展,导致总的生产可能性曲线扩张。这种扩张是因要素流动激发闲置要素,投入生产过程中的要素总量的提高产生的。

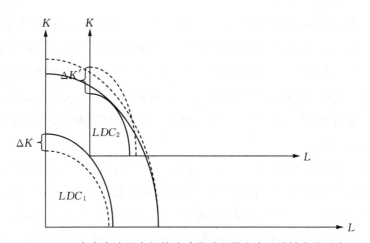

图 4.5　要素在发达国家间的流动导致世界生产可能性曲线扩张

图 4.5 中发达国家 $DC_1$ 的资本要素 $\Delta K$ 流动到发达国家 $DC_2$ 带了资本 $\Delta K'$ 的增加,这里由于要素差异,新流入投资能够激发国家 $DC_2$ 的闲置资本,因此 $\Delta K'$ $> \Delta K$。两国的劳动力没有发生变动,世界生产可能性曲线劳动力端不变,资本端向外延伸,整个曲线也向外扩张。

发展中国家间的要素流动如图 4.5 所示,由于发展中国家间的经济既具有互补性又具有相似性,因此,它们之间的要素流动不但能够激发闲置的劳动力,而且能够激发闲置的资本,从而推动世界生产可能性曲线在资本和劳动两个方向上向外扩张。但是,现实中资本主要集中在发达国家,发展中国家间的直接投资并不多,对世界经济增长的影响也不明显。

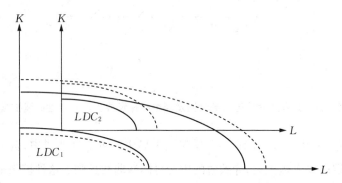

图 4.6 要素在发展中国家间流动导致世界生产可能性曲线扩张

世界经济增长的微观基础是要素流动,它提高了要素的边际生产效率,这也是国别经济增长的微观基础。但是,从全球的角度看,要素流动改变的是全球的要素配置,即生产要素在世界范围的重新布局,这种布局既包括要素种类在不同地区的分布差别,也包括不同种类的要素在数量上的差别。因此,从宏观上要素流动激发闲置要素,也有利于促进全球要素配置的变化,改善全球范围内要素的优化配置水平,促进经济增长。

在跨国公司快速发展,全球化加剧,国际直接投资日益旺盛的情况下,国际直接投资超越了国际贸易成为世界经济运行的主要特征,同时世界经济的运行机制也发生了一定的变化。"要素"参与到世界经济增长过程中的角色和地位由于经济全球化而发生了改变,要素流动对世界经济增长的影响机理通过微观、中观、宏观三个层次的效应表现出来。第一,微观效应,即要素流动提高了要素的边际生产效率促进经济增长。第二,中观效应,即要素流动改变了国家要素结构,进而产业结构发生变化,影响经济增长特征。第三,宏观效应,即要素流动激发了闲置要素,生产过程中的要素参与量增加,世界生产可能性曲线扩张。

# 第5章
# 全球化经济学的逻辑起点、理论主题与实践意义

对世界经济不断发展的最新现实研究表明,经济全球化的历史进程已经使世界经济形成"全球化经济"。这是一个既不同于国民经济,又不同于以往世界经济的新的经济系统。对全球化经济的认识需要以其形成与发展的最基本现象为逻辑起点,全面研究其不同于以往世界经济的运行机制,并在对现实深刻把握的基础上探索其当代主题未来趋势。研究表明,我们需要全球化经济学的系统理论,以揭示当今世界经济的运行规律,为开放型经济的战略选择提供理论依据。

## 5.1  全球化经济形成的核心机制与全球化经济学的逻辑起点

与许多社会科学新学科一样,全球化经济学的形成不在于研究者的思想火花、视角差别、方法不同或理论偏好,而在于经济社会现实变化发展的需要。全球化经济学的产生在于国际直接投资的大发展深刻改变了世界经济的运行机制,因而作为国际直接投资本质的生产要素的国际流动是全球化经济学的逻辑起点。

在过去的半个世纪中,起源于国际贸易的世界经济不断地向具有更广泛深刻国际经济联系的全球化经济发展。在全球化经济中,国际直接投资不仅替代着国际贸易,而且创造着国际贸易,以其所构建的生产一体化使各国经济形成了更紧密的联系,把经济全球化推进到了更高级的阶段。

国际直接投资核心并非货币的国际转移,而是以资本为载体的生产要素的国

际流动,生产要素的国际流动是当代世界经济即全球化经济的本质特征,是影响和决定当代世界经济运行机制的微观基础,因而是研究当代世界经济的逻辑起点。

国际直接投资(这里指绿地投资)是在跨国公司主导下母国生产要素向东道国流动,并通过这种流动与东道国生产要素相结合形成新的生产过程。以发达国家向发展中国家投资为例(发达国家之间的相互投资有所不同),母国流出的生产要素包括货币资本、技术、品牌、专利、经营管理方法、营销网络、高端人才等,东道国进入生产过程的生产要素包括土地、自然资源以及劳动力等。

国际直接投资与产品的国际贸易有着重大和本质意义上的区别。传统意义上的国际贸易是产品生产的国际分工,在生产分工与产品交换中各国经济的运行过程仍然是相对独立的,各自运用本国的生产要素进行生产,各国的生产能力与全要素生产率由本国的历史与现实条件所决定,国际贸易的作用在于扩大分工创造生产力,从而影响各国经济规模与结构。国际直接投资是生产要素的国际合作,要素流动使各国不同的生产要素在东道国组合起来,这就意味着各国经济从生产的起点上相互融合,跨国公司投资的新企业是母国与东道国共同构造的一个新的经济细胞,是母国与东道国经济优势的结合,从全部生产要素的来源上已经无法绝对地说这是哪一个国家的企业,而只能说是一个全球化的企业。国际直接投资使贸易形式下"生产的国际分工"转变为以投资为形式的"要素的国际合作",不论产品最终是否进入国际市场,生产过程本身就是国际化的,既不再是跨国公司母国的,也不再是东道国的。

国际直接投资不仅改变了生产的国家性质,而且改变了国际贸易流量与流向,是世界经济运行机制的一个历史性变化。投资跨国化从而生产一体化的意义超越了贸易自由化,是形成全球化经济的更重要和更深刻的原因。

国际直接投资创造了跨国化的、一体化的生产,使传统的国际分工概念不再适用。一方面,分工这一概念中的"工"仅仅体现了劳动力一种要素,不能体现多种要素,另一方面,"分"也没有确切反映多种生产要素的国际组合,而这正是当代世界经济的重要特点。把国际直接投资与要素流动称为"要素分工",在对各国具有不同的生产要素优势的认识上是有意义的,但在"分工"这一提法上仍然存在缺陷。国际直接投资下的世界经济是"要素合作型国际专业化",即各国的生产要素经过国际流动实现组合,形成生产过程的合作;不同类型的国家创造和提供不同生产要素是这种合作的基础,也是生产地国际配置的成因和全球化经济运行的核心。

由此可见,世界经济理论研究要深刻揭示全球化经济的特点、规律与影响,就需要深入研究国际直接投资,从生产要素国际流动的特点、规律与影响出发研究全球化经济是实现世界经济理论创新的突破口,从而是全球化经济学的逻辑起点。

## 5.2　世界经济规律的历史性变化与全球化经济学的理论主题

社会科学新学科形成的基础在于其研究对象的特殊性,全球化经济学形成的条件在于世界经济的历史性变化。这一变化决定了全球化经济与以往世界经济或国际经济关系的重大区别,形成了全球化经济学特有的理论主题。

生产要素的国际流动从微观层面上改变了世界经济的运行基础,从而深刻改变了世界经济的运行机制与结构特征,使以生产分工为基础,以国际贸易为纽带的世界经济发生了一系列重大变化,形成了当代全球化经济的新的运行机制,从而提出了全球化经济学的理论主题。

### 5.2.1　国际贸易的内涵发生变化

经济全球化的发展使国际贸易量迅速上升,其原因包括各国贸易障碍的降低和消除,各国经济规模的扩大,更重要的是要素流动对贸易的创造作用。就国际投资本身的目的而言,其可能是因为投资国企业为跨越贸易障碍,降低运输成本进入东道国市场,有替代贸易的作用,然而,国际直接投资更多产生的则是贸易创造的效应。一方面,要素流入使东道国闲置生产要素投入使用,推动了经济增长,从而扩大了贸易规模;另一方面,要素流动动往往是因为跨国公司寻求更低生产成本或更合理生产布局,从而把东道国纳入全球生产销售系统,其中包括构建价值链国际分工从而形成了产品内贸易。这些投资往往导致贸易规模的扩大。发展中国家和新兴经济体贸易规模的迅速扩大证明,要素流动的贸易创造效应大大超越了贸易替代效应。在贸易结构上,要素流动使发展中国家与新兴经济体获得了稀缺的高级生产要素,成为资本密集型和技术密集型产品的生产出口国,改变了按其要素禀赋结构只能生产出口劳动或资源密集型产品的结构,提高了其在国际贸易中的地位。与此同时,价值链分工性质的直接投资还形成了加工贸易等新型贸易方式,使此前以一般贸易为主体的贸易结构大大拓展。

### 5.2.2 国际分工收益分配的决定原理变化

长期以来,国际分工与贸易下的收益分配是世界经济理论分析中的难题。经济学家特别是发展经济学家总试图证明发展中国家在分工与贸易中的相对不利性,主要依据是发达国家的垄断地位和国际市场的不等价交换机制。这些分析也涉及不同类型国家的产业结构差异并认为产业结构差异是导致国际收益分配不平等的主要原因。但是,在国际市场不存在垄断或不等价交换情况下,这些证明又是乏力的,结构水平差异导致收益差异的根本原因在于国际市场上相对于需求供给水平的差异。用产品市场机制的分析更无法说明国际直接投资下的收益分配。事实上,全球化经济要素合作条件下的国际收益分配正是由要素收益规律所决定的:要素的稀缺性决定要素价格从而要素收益;决定国际收益分配的是要素市场而不再是产品市场。发达国家更多拥有高级稀缺要素,发展中国家更多拥有低级非稀缺要素,这一基本格局决定了前者必然获得更高收益,而后者收益则相对较低,这就是全球化经济中的国际分配规律。要素相对稀缺性差异决定的分配规律同样也可以说明传统国际贸易中的收益分配:高级稀缺要素密集型产品的收益率必然高于低级非稀缺要素密集型产品,因为前者导致较低的供给而后者导致较高的供给。在稀缺要素决定高收益率的同时,由于发展中国家东道国强烈的发展需求,注重以政策激励引进外资即高级要素流入,更增强了国民收入向跨国公司的转移或税收收入的减少。事实上,用"分配"一词来表述国际投资中各国的收益差异并不合适,因为要素的稀缺性决定要素价格即收益,并不存在一个决定分配比的第三种非市场力量;国际投资也往往会增加总产出,会使两类国家都提高收益,而不是一种基于定值的分配过程。

### 5.2.3 国内生产总值(GDP)统计的国家意义变化

国内生产总值作为一国在一年内新创造的增加值的总和,体现了一国的经济规模,也往往被看作财富增长的标志。然而,在生产要素国际流动条件下以地理(国家、地区)为基础的国内生产总值统计方式在很大程度上失去了其中"国家"或"国民"的意义。国内生产总值是一国(地区)所有生产要素收入的总和。如果以要素收入为基础分析国内生产总值就会发现,其中一部分是流入要素的收入,经济全球化的发展使这部分的比重日益提高。特别是对于开放度较高的新兴经济体来说,流入的是高级生产要素其相对收入更高,从而不属于本国要素所有者的这部分比重更高。从地理意义上看,国家的经济规模确实体现在国内生产总值上,但是,从本国国民即本国要素所有者的角度看,国内生产总值并不是新增收益与财富的真实表现,不能反映国民福利的提高。事实上由于新兴经济体流入的是高级要素,收益率更高,再加上政策激励因素,本国国民实际财富的增加与国内生产总值的差距更大。新兴经济体国内生产总值的高速增长往往掩盖这一点,使人们忽略劳动者的低收益率,忽略土地、资源与环境的成本。相反,发达国家投资国却因为资本和技术等要素在境外,其收益未计入本国国内生产总值,使人们低估其实际财富的更快增长,即使跨国公司利润再投资或一时未汇回也是这样,事实上增强了其未来财富获得的能力。以人均国内生产总值统计进行的国际比较严重扭曲了两类国家国民的实际富裕水平:要素净流出国被低估,要素净流入国被高估。

### 5.2.4 国家竞争力的主要标志变化

在一般经济分析中,一国的出口规模、出口产品结构、国际市场占有率和贸易顺差规模等常常被作为一国国际竞争力的标志。但是,由于要素流动,与出口相关的这些指标已经不再是国家竞争力的准确体现,甚至还可能给出错误的信号。在国际价值链分工条件下,最终产品生产国往往处于分工的低端,但却是该产品的出口国,并因为其加工成本低而以其价格优势显示出竞争力。同时,传统产业大量向劳动力、资源与环境成本更低的新兴经济体流动,迅速提高了这些国家的出口规模,其成本优势也转化为竞争力。然而,价值链分工中处于高端的发达国家才是核心技术与品牌的拥有者,是产品价值构成的主体。依靠低劳动力成本参与国际价值链分工的国家不论生产什么高级的资本密集型、技术密集型产品,实际上间接地都只是在出口劳动力。在新兴产业崛起和现代服务业不断发展的条件下,传统产品出口国在国际分工中事实上仍然处于被主导地位。当国内生产总值和贸易规模等被视作国际竞争力的标志时,要素净流入国特别是新兴经济体的竞争力被夸大了。事实上新兴经济体真正的竞争力仍限于劳动力、资源与环境成本,这些低成本构成了要素流入的引力,然而其低收益与负外部性却是被忽略的。相反,发达国家的出口竞争力虽然因产业转移而表面上下降,事实上高级要素却仍然是其国家竞争力的核心,并不断地创造着更高的收益。

## 5.2.5  国家核心能力的内容变化

主要国际组织如世界经济论坛和洛桑管理学院在国家竞争力排名的分析中,广泛涉及了经济规模、基础设施、市场制度与企业管理等多方面因素,将其作为国家竞争优势或核心能力,是科学合理的和全面的。然而从当代全球化经济的发展特征看,生产要素流入是开放型经济发展的重要因素,成功发展的新兴经济体的关键在于促进要素的大量流入。因此要素的集聚能力成为全球化经济中国家的一种核心能力。正是这一能力,使这些国家弥补了高级生产要素短缺的发展瓶颈,实现了各种稀缺要素不为我所有但为我所用的发展条件。构成这种要素集聚能力的是国内体制的优化,市场机制的形成,政府服务的效率,低端非流动性要素的低价以及产业配套能力等"经济要素"构建,同时还包括开放战略的规划实施,对外资外贸的政策激励,市场准入的不断扩大以及符合国际标准的市场规范的实行等"全球化经济要素"的构建。要素集聚能力在当代经济发展中的作用已得到普遍承认。然而,发达国家在全球化经济中处于更有利的地位在于其拥有另一种核心能力,即高级生产要素的生长发育机制与发达的市场机制、成熟的企业制度、雄厚的技术基础和庞大的人才队伍,使技术、专利、品牌和管理等各种高级生产要素不断自我生长,并在国际要素合作中得到更高的收益。

## 5.2.6　经济增长的成因变化

　　要素投入量的增加是经济规模扩大即增长的路径之一。全球化经济的特点是,要素流动增加了整个世界经济中生产要素的投入总量,从而推动了世界经济的增长。这一增长是通过多种机制形成的。首先,高级要素的流入将发展中国家东道国土地和劳动力等闲置生产要素纳入生产过程,或使原来低效使用的这些要素得到更高效的使用,推动了增长。其次,技术、管理等高级生产要素从发达国家流出并不会绝对减少这些国家的使用,而货币资本在这些国家本来又是充裕的而在发展中国家才是稀缺的,所以要素流动必然使世界要素投入总量增加,从而推动增长。再次,大规模的要素流入使东道国在参与国际分工的过程中出现生产集聚,形成企业规模经济和产业规模经济,加上管理水平的提高和国际市场网络的作用,导致国际全要素生产率的提升从而推动经济增长。最后,来自发达国家的直接投资还可能通过技术溢出和学习效应等推动发展中国家东道国的技术进步与管理创新,从而提高生产率。可见,正是生产要素的国际流动创造了要素投入量的增加和全要素生产率的提高,形成了全球化经济中特有的增长机制。

## 5.2.7　世界经济增长的格局变化

　　今天世界经济面对的一个严峻问题就是不平衡。不平衡集中表现在贸易的不平衡,即新兴经济体出口贸易的顺差和发达国家的逆差。贸易不平衡是世界经济增长格局变化的结果。不平衡形成的根本原因并非是因为新兴经济体更快速的增长或国际竞争力更快速的提高,而是以生产要素国际流动为基础的国际产业转移。由于发达国家跨国公司为寻求更低的生产成本,通过直接投资将大量传统产业转移到新兴经济体,或通过价值链分工将产品最终组装等低端环节转移到新兴经济体,致使新兴经济体开始承担起世界传统产业生产者的职能,而发达国家不仅需要进口和消费这些产品,又没有发展起足够多的新出口产业,于是贸易不平衡就形成了。可见,今天世界经济中的贸易不平衡不是一个短期的现象或个别国家国际竞争力变化的结果,而是全球化生产要素国际流动从而产业转移的结果。世界经济增长格局变化的意义是双重的,不仅包括两类国家经济增长率的差异,而且包括各自在国际分工中地位的变化,这是世界经济一次历史性的变化。正因为这样,减少和消除这种不平衡不可能依靠汇率调整,因为汇率一旦消除了贸易不平衡,也就消除了产业转移的基础。作为世界经济发展的一个历史阶段,世界经济再平衡的实现需要发达国家发展起一批新兴产业,而新兴经济体也将通过对技术、装备的进口和对外投资平衡国际收支。短期内各国的政策协调将缓解不平衡的矛盾,而从长期看,再平衡的过程将是世界经济的再一次历史性进步。

所有这些变化都是具有根本性的,提出了现有各种经济学理论难以解释的问题,需要理论的全面创新给予回答,这就是全球化经济学的学科对象。

## 5.3 中国和新兴经济体崛起的道路与全球化经济学的实践意义

发展经济学比较的不同发展道路的利弊,包括注重贸易的外向型战略。但是,当代新兴经济体特别是中国的崛起过程却远远超越了传统发展经济学的视野,突破了发展经济学的规律。抓住经济全球化的历史机遇是新兴经济体崛起的战略内涵,而其成功也为全球化经济学的实践意义提供了最有力的证明。

当代世界经济发展的一个重要特征是新兴经济体的崛起。通过贸易发挥比较优势实现经济增长与发展是发展经济学的一般原理,但是新兴经济体所走的不完全是这一道路。新兴经济体崛起的一个重要原因是其选择了开放型发展战略。这种开放战略包括贸易开放,引入竞争促进发展,但更重要的是引进外资,接受国际产业转移,以此拉动经济增长与发展,并在此基础上发展对外贸易。新兴经济体所选择的不只是传统意义上发挥本国比较优势的贸易发展战略,而是在引进外资基础上构建新的比较优势发展外贸的战略,生产要素的国际流动比在本国经济结构基础上发挥比较优势对发展具有更为重要的意义,尽管要素流入下外贸的发展仍然符合比较优势原理。除了经济全球化的宏观历史背景外,新兴经济体能够成功选择新的发展道路的客观原因在于生产要素国际流动的特征:不同生产要素的流动性差异决定了国际投资的方向:资本、技术、品牌、管理等易流动要素向土地、低级劳动力等不易流动要素的国家流动。生产要素自然属性决定的流向特征是新兴经济体战略选择的基础，也是新兴经济体在全球化条件下更快发展的条件与原因。

在要素流动机制上，中国的特点在于国内发展导向型体制对国际要素流入构成了强大的引力。由于战略的清晰和体制上的优越性，特别是各级地方政府发展的积极性，中国鼓励外资流入的开放总战略在各级地方政府发展经济的强大职能下成为吸收外资的巨大引力。进而外贸又在外资发展中得到有力推动，使中国深度纳入全球价值链分工体系。

回顾三十多年的发展道路，可以肯定地说，中国抓住了经济全球化的历史机遇，其具体内容就在于抓住了生产要素国际流动大发展的世界经济历史性变化的机遇。正是生产要素的国际流动，形成了产业的国际转移和价值链的国际分工，构造了中国开放型经济发展的基本路径，拉动了整个经济的高速增长。中国促进生产要素流入的关键是构造了开放政策下的全面系统的操作措施，这一切构成了与生产要素相对应的全球化经济要素。中国不断创造适合跨国公司经营发展的环境，包括更好的基础设施、政府服务、产业配套和国内市场等，这一切又构成了与生产要素相对应的经济要素。无疑，中国是在经济全球化进程中成功崛起的一个发展中国家，其发展路径也典型而全面地展现了全球化经济的运行特征。

中国的发展道路与经济全球化的关系体现了五个重要特点。第一，中国是抓住全球化发展机遇最早的大国。跨国投资大发展是 20 世纪 70 年代后的事，中国于 1979 年走上了改革开放道路，当时世界上有代表性的发展榜样是亚洲"四小龙"，其走的是出口导向型的发展道路，还不完全是要素引进式的道路。第二，中国采用的是以国内改革适应对外开放的总战略，以开放倒逼改革推进了国内的体制转型。从搞经济特区到加入世贸组织，以外部动力加快了国内的市场化。第三，中国的发展成为全球化加速与稳定的新动力。改革开放后中国迅速成为国际贸易投资的大国，入世使这一组织更加完整，全球化向前推进；高增长和内需战略使中国成为抵御全球金融危机和稳定全球化发展的重要力量。第四，中国为全球共赢及时做出战略调整。当高出口能力与资源高需求对其他国家形成竞争压力时，中国及时做出了科学发展的战略调整，提出了实现包容性发展的新战略，提出了互利共赢的新发展理念。第五，在全球化中崛起的中国又成为全球化体制建设的重要力量。当全球经济协调，应对气候变暖和防范金融风险等一系列全球性问题摆到世人面前时,中国明确提出并积极参与了全球经济治理,逐步成为全球化制度建设的重要力量。这些表明,中国的发展创造了利用全球化实现飞跃的成功范例。

从生产要素的国际流动分析方法出发深刻启示着发展政策选择的原理,并预示着发展战略的推进方向。在以要素引进启动发展的战略推进到一定阶段时,要素流动理论也启示着中国战略转型升级的关键。

一方面,要从为激励要素流入形成政策引致性扭曲向消除扭曲转型。面对国际直接投资大发展的经济全球化,在发展战略中进行政策激励成为扩大要素流入的核心。对于一个非市场化的经济体制而言,激励外资的各种政策措施既促进了要素的流入,同时也具有瓦解旧体制,推动市场经济形成的作用。营造适合外资企业的发展环境也就营造了市场,引进外资企业也就引进了竞争。但是,要素流入激励政策是通过制造政策引致性扭曲来达到上述效应的,因而随着发展进入一定的阶段,必然要求发展政策实现适时转型。对于一个市场机制逐步形成的经济体而言,国内企业逐步成长,市场在资源配置中的作用已经形成,在这种情况下,继续实行各种政策激励则会导致要素价格的政策引致性扭曲。偏向外资的政策激励抑制了国内资本投资,压低了国内劳动力价格,增加了政府公共支出或减少了财政收入。在开放发展的高级阶段上应改变片面对流入要素的激励,消除政策引致性扭曲,实行对国内外资本等种类要素公平的发展政策,通过消除要素价格扭曲实现更有效的发展。

另一方面,要从要素引进向要素培育转型。新兴经济体依靠经济全球化获得了卓有成效的发展,但是其发展中依靠低级要素的低收益规律也同样不可否认。因此,培育高级要素必然成为发展更高阶段上的核心目标。与发达国家不同的是,在新兴经济体中并不存在着完善成熟的高级要素成长机制,因此要素培育成为发展战略与政策的新的核心,要素培育能力成为继要素集聚能力之后的一个更重要的国家核心能力。一个国家只有真正拥有了大量高级要素,才能在这个"要素合作型国际专业化"的全球化经济中居于主导和有利地位。技术、产品、管理与经营方式广泛意义上的自主创新,尤其是优秀人才的培养就是高级要素培育的内容。这也证明了发展战略核心与全球化时代特征之间的紧密联系。要素培育和国内更完善市场机制的形成也将极大地有利于消除前一发展阶段上为激励高级要素流入而形成的政策引致性扭曲,公平的要素价格政策将为经济发展创造更高的效益。新兴经济体应有效利用在前一发展阶段上积累起来的货币财富,加快本国高级要素的培育,加快技术的自主创新,并在国际市场上购买各种高级要素,特别是购买技术,通过二次创新和集成创新,形成本国的技术进步。新兴经济体对外投资的战略重点要以获得稀缺要素为重点目标,通过投资获得技术和全球销售网络并对国内溢出,从而实现在高端水平上的国际要素合作。

## 5.4 世界经济学科体系的演变与全球化经济学的研究范畴

一门学科独立存在的理由在于其研究对象的特殊性与差异性。全球化经济学以其把世界作为一个经济大系统的研究,既区别于国际经济学对国与国之间关系的研究,又区别于世界经济学对世界市场或各国经济总和的研究。然而全球化经济学的对象又正是国际经济学与世界经济学对象历史发展的结果。世界经济理论及其学科体系的发展是随着世界经济自身的发展而发展的。比较与全球化经济学最直接相关的国际经济学与世界经济学的研究主题、基础理论与分析框架,可以明显地发现建立全球化经济学的必要性及其理论实践意义。

由西方经济学家创立的国际经济学是国际贸易理论、国际金融理论和跨国公司直接投资理论的综合。这一学科全面系统地分析了当代国际经济现象的经济学原理。研读各种代表性的国际经济学教材可以发现,国际经济学理论基本上是随着国际经济现象的发展而发展的,其基本上是学科经典思想与诸多独立理论的综合,集中于对各种国际经济现象的原理分析。对国际经济学发展的回顾可以发现,这一学科体现了人们对国际经济关系发展在认识上的不断创新。

国际经济学一般从比较优势论出发。比较优势论既是国际贸易理论的发展起点后思想经典,又是国际贸易发生最初原因的科学解释,是工业化以后国际贸易发展需要的产物。一方面,劳动价值论在国际经济分析中得到深刻的运用,另一方面,"比较的比较"这一科学发现和严密逻辑被视作经济学思想史上最精美的成果,这一理论可以用来解释任何一种贸易现象。要素禀赋论把劳动单要素理论推进到多要素理论,是国际贸易现象广泛发展,贸易产品要素结构差异日益显著的结果。

随着欧洲以外更多国家参与国际贸易,国家间在资本、资源和劳动力等要素的差异上日益明显,以产品的要素结构差异说明贸易比在理论上更抽象的劳动力单要素论更反映现实,也更能启示国家的贸易发展战略。当工业化国家之间贸易大量发展以后,用要素禀赋论又不能予以有效解释时,产业内贸易理论应运而生,再次证明理论产生于现实的发展,同时又不推翻原有的理论。

此后形成的产品内贸易理论、公司内贸易理论事实上是跨国公司直接投资的结果。然而由于国际经济学是沿着贸易理论而发展的,所以被作为贸易现象和贸易理论的进步来反映。进而跨国公司直接投资原理也被纳入国际经济学体系,反映了前半个世纪来国际直接投资的发展现实。

在国际金融方面,国际经济学最初关注的是汇率理论。在金本位制下,汇率理论最初揭示的是黄金输送点原理。在金本位制崩溃以后,购买力平价理论成为经典理论。由于贸易与投资关系发展,国际收支理论必然是国际经济学的主题。此后当代国际货币体系的形成原因、运行机制及其发展变化成为汇率理论的主题,其不断反映着这一体系的发展进程。从美元的国际地位的变化,到欧元的形成发展,国际经济学追踪着国际货币体系的演变,其间产生了大量经典理论。

在国际经济制度方面,国际经济学根据经济一体化进程分析其形成原因与运行机制,包括欧洲经济一体化、全球自由贸易体制的发展与各种自由贸易区的发展。在国家经济职能增强以后,对外经济政策理论也是国际经济学的一大主题。

国际经济学的学科发展进程充分体现了学科的时代性和创新性,其不断吸收着理论的最新成果。但是,诸多国际经济学家对经济全球化后的当代问题做了大量的研究,提出了许多新理论新思想,一旦这些理论成果综合成为新学科体系,现有的国际经济学因其对象成为历史就整体而言将成为一门思想史和学术史学科,但其中反映当代最新现象的理论将成为全球化经济学的基础理论。

世界经济学在马克思主义理论基础上开始探索创建。三十多年来,从认识世界适应对外开放需要出发,我国学者对这一学科体系的建立做了广泛的探索。世界经济学不是从"国际"(国与国)出发的研究,避免了与国际经济学对象的重复,注重从"世界"即整体意义上认识世界经济。因而,该学科的重点在于经济的全球化一体化,对世界经济制度与机制上的认识,并高度注重与我国改革开放相关现实问题与趋势性问题的研究。应当说,全国学者虽然未就这一学科形成一个公认的体系,但对于学科的范畴与定位基本上没有太大的分歧。然而,由于学科建设中缺乏适合且扎实的基础理论,缺乏理论体系,因而无法与国际经济学丰富的基础理论相比,学科在教学上有很大的需求,但在学术意义上基础却不够牢固。应当指出,这一现象的存在并非由于中国学者在理论上的浅薄或方法上的错误,根本原因是过去半个世纪世界经济本身处于迅速的变化与发展之中。当对象本身的整体性还未完全形成之时,以整体性为定位的学科自然就难以定型。世界经济的根本意义在于"世界",而非"国际";"世界"不只是各种国际组织和区域一体化现象的机械总和,而恰恰在于全球化。只有当全球化充分展现以后,世界经济学才有了一个相对成熟的对象,而这正是"全球化经济学"。

在学科的相互关系上,世界经济学是对全球化启动现象展开研究的全球化经济学,全球化经济学是对世界经济完成全球化进程后进行研究的世界经济学。国际经济学是研究经济边境如何影响国与国经济关系特征的全球化经济学,而全球化经济学则是研究经济边境消失后的国际经济学。当关税等制度安排不再影响商品与要素流动后,发展水平、要素结构与政策战略差异成为国家差异的内涵,全球化经济学面对发展了的世界经济研究对象,而国际经济学仍将有效地解释着全球化经济形成的历史过程及各个具体机制。

与经济学一样,全球化经济学需要包含微观与宏观两大部分。在微观部分,全球化经济学要研究生产要素的分类、特点及其流动原理,研究要素国际流动下的国际分工模式和国际贸易的新形式、新特点,研究要素合作型国际专业化下的国民收益。在宏观部分,全球化经济学要研究国民生产总值与国力的真实意义,研究新条件下的国际竞争力的内涵与国民财富积累,研究全球经济增长的新机制,研究全球增长不平衡的成因与协调。

如果说世界市场产生于国际贸易,世界经济产生于世界市场,那么国际直接投资所产生的就是全球化经济。前半个世纪里,各种区域一体化与全球化进程正是从世界经济向全球化经济发展的过程。全球化"化"成了,全球化经济学也有了形成的客观基础与条件。

然而,所谓全球化的"化"成只是指其机制的基本形成,而不是指世界经济的变化从此结束。相反,今天我们所看到的正是全球化向着一个更深层次、更高水平的历史性推进。今天世界经济体制变化的重要现象是大多数国家进入双边投资协议的谈判,美国主导跨太平洋战略合作伙伴关系的走向,以及大量区域自由贸易区谈判,等等。这些发展动态的一个共同内容是,以国内更规范透明的制度安排适应国际直接投资的发展。简言之,经济全球化在走过了降低关税、消除非关税措施等边境障碍以后,现在开始进入了规范各国国内制度安排的新阶段。这正是更高水平的全球化。正是这个意义上的全球化,将使要素的国际流动更为顺畅,更得到保障和规范,其结果无疑是国与国之间在经济体制上更加兼容,发展更加协同,从而全球经济运行的整体性更为显著。这是一个全球化的制度深化过程。面对这样一个重大的历史性趋势,我们无疑需要系统的理论准备,这就是建设"全球化经济学"。

# 第二篇
# 要素引进:适应全球化时代发展道路的启动模式

中国开放型发展道路的启动模式是要素引进。与国内改革相伴随对外开放是中国高速发展的基本原因。开放的内涵不仅是利用比较优势发展贸易,更重要的是引进外资创造贸易。中国的实践表明,仅仅注重在本国条件下发挥本国比较优势推动出口有不少困难,20世纪80年代初正是这样。而当中国开始采用了加工贸易方式发展出口,特别是90年代后大量引进外资时,外贸出口才获得了快速增长。前三十年中国走出的是一条外资主导型的贸易发展道路。

　　这条道路的核心是要素引进,即通过引进外资把一大批产品的生产引入中国。跨国公司带到中国来的不只是资金,而是包括先进技术、知名品牌、优秀管理和全球销售网络在内的各种高级生产要素。正是这些高级要素与中国具有成本优势的劳动力、土地等低级要素相结合,才形成了强大的高性价比综合竞争优势,出口才得到了快速发展。因此,在中国的出口发展上,比较优势只是现象与结果,要素引进才是本质与成因。

　　贸易发展的这一特殊性质也决定了出口规模不可能是中国从贸易中获得收益的直接体现,因为形成出口产品的生产要素为不同国家所有。对跨国公司与中国拥有的生产要素的差异的认识是我们认识贸易收益的关键。生产要素的价格是由该要素的再生产成本和稀缺性所决定的。要素流动下贸易的发展要求我们从生产要素的属权意义上研究贸易的收益,而不只是从出口产品的属地和规模意义上看收益。由此我们既能充分理解中国贸易高速发展的成因,又能清醒认识中国从这一模式贸易发展中相对收益的有限性。中国以适应和利用全球化经济的要素流动取得了成功,但这只是整个发展道路的第一步,即开放型发展的启动模式。

# 第6章
# 全球化经济的要素流动与
# 国际贸易理论的发展方向

经济全球化使一系列导致要素、中间产品与最终产品以及服务产品市场的经济活动跨越地理界限形成统一整体,并使跨国界价值链在国际循环中的地位不断上升。全球化的本质是生产要素的国际流动。因此,经济全球化的主要特征不仅是贸易自由化的提升,而且更重要的是生产要素国际流动的增强。要素流动深刻改变着全球经济运行的方式。传统贸易理论建立在要素不能跨国流动的理论假设之上,因此传统贸易理论不再能够解释以要素流动为本质特征的全球化经济的形成,以及由此产生的国际分工和国际贸易。

## 6.1 全球化经济的要素流动及其带来的影响

### 6.1.1 全球化经济的本质特征是生产要素的跨国流动

世界经济发展已逐渐从贸易性质的世界市场发展到以国际直接投资日益增加的世界生产及其经济运行,从而形成了从相互独立的国民经济发展到相互融合的全球化经济。国际直接投资本质上是以资本为载体的生产要素(包括技术、专利、管理、品牌等)的国际流动,不同于因贸易联系而形成的生产国际分工,因此,生产要素跨国流动超越传统的国际分工是当代全球化世界经济的本质特征。从现实情况看,20 世纪 70 年代以来,国际直接投资的规模不断扩大(如图 6.1 所示)。1970—2010 年,国际直接投资流出量从 141.5 亿美元上升到 13 233.4 亿美元,增长了 90 多倍。在增长速度上,除少数年份之外,1971—2011 年国际直接投资的增长速度已经超过国际贸易的增长速度(如图 6.2 所示)。2008 年金融危机爆发之前国际直接投资的年增速高达 14.5%,尽管受到金融危机影响,但 1970—2010 年间国际直接投资的年均增速也达到 12.1%,而同期国际贸易的增长速度为 8.8%。

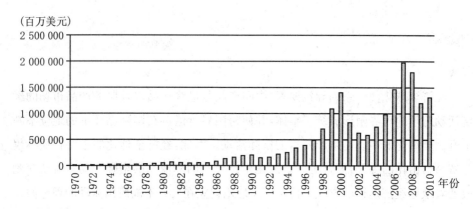

资料来源:联合国贸发会议数据库。

**图 6.1  1970—2010 年国际直接投资变化**

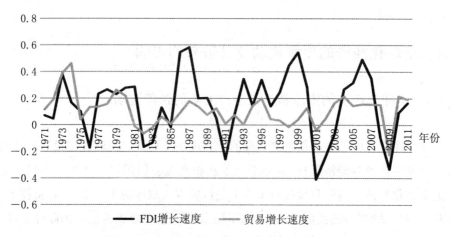

资料来源:根据联合国贸发会议数据库数据计算。

**图 6.2  全球 FDI 与国际贸易增长速度比较**

### 6.1.2　生产要素跨国流动影响各国的比较优势

传统贸易理论建立在对比较优势理论分析的基础上,新古典主义历来更强调要素禀赋的重要性。但生产要素的跨国流动使各国存在意义上的要素禀赋发生了较明显的变化,从而比较优势也发生了变化,但所有或拥有意义上的要素禀赋变化则相对较慢。因此讨论在全球化经济条件下以要素禀赋为基础的比较优势,必须充分注意生产要素跨国流动的影响。

B.Balassa(1965,1979)提出的显性比较优势指数(RCA)可以反映各国基于要素禀赋的比较优势,不过当时他没有将生产要素跨国流动带来的影响纳入分析。现实中,随着生产要素跨国流动特别是新兴经济体由于要素流入,其相关商品的出口显性比较优势迅速变化。比如,联合国贸发会议公布的《贸易与发展报告(2002)》中提供了 1997—1998 年中国主要出口商品(出口份额达到全国 1‰以上的商品)的 RCA 数据,以及与 1992—1993 年各类商品 RCA 的比值即比较优势变动指数(Cr)的数据。比较其中两大类商品(劳动密集型或资源密集型产品与高技术产品)的 Cr 值可以看到(见表 6.1),总体上中国的高技术产品出口显性比较优势提升较快,而劳动密集型或资源密集型产品的显性比较优势变化较小,且不少出现较明显的下降。观察同期中国高技术产品进口显性比较优势,(见表 6.2)也呈现类似幅度较快的增加。这一现象是跨国公司全球生产布局调整的结果,中国对外国直接投资的开放,使之快速地被纳入跨国公司主导的全球生产体系。而某类商品进出口同时大幅度增加,符合中国加工贸易的特征。这说明中国显性比较优势指数的迅速变化并不是本国要素禀赋结构改变所致,而是以资本为载体的要素流入的结果。

表 6.1　中国部分产品出口显性比较优势变化

| 产品类别 | 标准代码 | 产　品　组 | RCA | Cr |
|---|---|---|---|---|
| 劳动密集型或资源密集型产品 | 894 | 玩具与运动用品 | 7.0 | 1.1 |
| | 851 | 鞋类 | 6.6 | 1.0 |
| | 845 | 针织外套 | 4.8 | 1.1 |
| | 843 | 女士纺织外套 | 4.6 | 0.7 |
| | 842 | 男士纺织外套 | 5.4 | 0.8 |

<br>

续表

| 产品类别 | 标准代码 | 产　品　组 | RCA | Cr |
|---|---|---|---|---|
| 劳动密集型<br>或资源密集<br>型产品 | 846 | 针织内衣 | 4.9 | 1.1 |
| | 831 | 旅行用品 | 8.9 | 1.0 |
| | 848 | 服装及饰品 | 7.5 | 1.1 |
| | 821 | 家具及配件 | 1.4 | 1.3 |
| | 844 | 纺织内衣 | 4.9 | 0.6 |
| | 665 | 棉织物 | 4.1 | 0.7 |
| | 658 | 人造纺织品 | 5.3 | 0.7 |
| | 653 | 人造纤维织物 | 2.4 | 1.1 |
| | 651 | 纺纱 | 1.9 | 0.9 |
| 高技术产品 | 752 | 数据处理设备 | 1.1 | 5.2 |
| | 764 | 通信设备及零部件 | 1.2 | 1.4 |
| | 759 | 计算机部件、办公用品 | 0.8 | 1.8 |
| | 762 | 收音机 | 5.4 | 1.2 |
| | 776 | 晶体管及半导体 | 0.3 | 2.0 |
| | 885 | 钟表 | 3.4 | 0.9 |

资料来源：根据 UNCTAD：Trade And Development Report，2002，p.160，Table 5.6 数据整理。

表6.2　中国部分高技术产品进口显性比较优势变化

| 标准代码 | 产　品　组 | RCA | Cr |
|---|---|---|---|
| 752 | 数据处理设备 | 0.3 | 1.3 |
| 764 | 通信设备及零部件 | 1.8 | 0.8 |
| 759 | 计算机部件、办公用品 | 1.2 | 2.3 |
| 776 | 晶体管及半导体 | 1.3 | 1.6 |

资料来源：根据 UNCTAD：Trade And Development Report，2002，p.160，Table 5.7 数据整理。

## 6.1.3　要素流动促进并超越了以贸易相联系的国际分工

以贸易相联系的世界经济是全球化经济的前奏,此时贸易与生产的国际分工总体上以要素禀赋为基础的比较优势来展开。但以生产要素跨国流动为内涵的国际直接投资所带来的生产国际化所形成的国际分工明显不同于前者。跨国公司实施的国际直接投资从本质上看,是为了在全球范围内进行生产安排,以实现利润最大化或成本最小化,其大体可以分为三种类型,即资源寻求型、市场寻求型和效率寻求型。如果跨国公司的投资是资源寻求型和效率寻求型的,考虑的往往是生产成本节约,由此产生的中间品贸易和面向全球市场的最终商品贸易必然促进贸易的发展。如果是市场寻求型的,则更多考虑的是运输成本和交易费用,会替代按原有国际分工模式所产生的贸易。但不论何种类型,均存在着以资本为载体的生产要素的跨国流动。跨国生产所形成的分工已不再是原来意义上的国际分工,而是生产要素跨国流动所形成的"生产要素的国际组合",因此,要素流动必然超越以贸易相联系的国际分工。

与之相联系,要素流动使国际贸易流向与结构发生重大变化。主要表现为两个方面,一是贸易量与国际直接投资具有明显的正相关性,发达国家向发展中国家的国 际直接投资增加了两类国家间的贸易。二是起始于发达国家间的产业内贸易,随着国际直接投资的增加,日益扩展到发达国家和发展中国家间。

## 6.2　经典贸易理论的局限性和全球化经济带来的挑战

### 6.2.1　比较优势理论及要素流动带来的挑战

英国经济学家大卫·李嘉图(David Ricardo)1817 年在《政治经济学及赋税原理》中提出了比较优势理论,是对亚当·斯密(Adam Smith) 1776 年在《国民财富的性质和原因研究》中提出的绝对优势理论的深化和扩展。绝对优势理论的核心思想是,某两个国家之间生产某种产品的劳动成本的绝对差异,即一个国家所耗费的劳动成本绝对低于另一个国家,一国应该生产出口这类(具有绝对优势)的产品。比较优势理论的核心思想是,如果一个国家在本国生产一种产品的机会成本低于在其他国家生产该种产品的机会成本,或称具有比较优势,一国应该生产出口其具有"比较优势"的产品,进口其具有"比较劣势"的产品。

比较优势理论的成立需要诸多严格的假设前提,其中与全球化经济最不能适应的是要素不能在国家间自由流动。就理论本身的意义而言,比较优势理论与绝对优势理论均是以劳动分工进而产生分工效率以及由此引起贸易利益为逻辑起点的理论演绎。但比较优势理论强调各国相对劳动生产率,属于单一劳动要素观,不适合分析多要素跨国组合为基本特征的全球化经济。即使扩展到多要素两国模型,其核心思想仍然是基于两国全要素生产率的相对差异决定贸易,不包含要素流动对相对生产率从而对贸易的影响。当然,其"相对"即比例思想仍然是经典的,但现在这种比例却深受生产要素跨国流动的影响。因此,基于国别界限的出口商品的显性比较优势指数反映的已非本国真实生产率反映的比较优势。比如跨国公司全球生产布局,使得落后国家也可以进口原材料,并出口高技术产品。中国作为发展中国家,2010 年高技术产品出口占制造业出口的比重占到 27.5%,远高于当年世界 17.5% 的平均水平,也高于法国(24.9%)、英国(20.9%)、美国(19.9%)、日本(18.0%)等发达国家。自 2004 年以来,中国高技术产品贸易开始出现顺差并呈逐年扩大。但从贸易方式看,2011 年高技术产品出口中一般贸易只占到 16.4%,而加工贸易则占到 76.9%。从高技术产品出口企业类型看,超过 80% 出口是外资企业完成的,其中 2011 年外商独资企业出口占到 67.0%。说明高技术产品出口比重高、数量大并非中国全要素生产率为表征的比较优势的真实体现,更不是本国生产率水平反映的比较优势。

### 6.2.2 要素禀赋理论及要素流动带来的挑战

要素禀赋理论(H-O 理论)由瑞典经济学家赫克歇尔(Heckscher,1919)与俄林(Ohlin,1933)所创立。它继承了比较优势理论的思想精髓并扩展了比较优势理论。首先,理论从劳动一种要素的分析扩展为两种要素——劳动和资本。其次,把形成比较优势差异的原因归结到了要素禀赋的差异。理论认为,要素的市场供给即一国的要素禀赋决定着要素的价格,从而将生产的成本价格优势归结到了要素禀赋,结论是一国应该出口密集使用其充裕要素的商品,进口密集使用其稀缺要素的商品。

与比较优势理论一样,要素禀赋理论具有许多严格的理论假设前提,承袭了要素不能跨国流动假定。然而现实世界中全球化经济下的要素流动可改变一国要素禀赋结构从而改变生产贸易结构。基于要素禀赋理论的推理无法解释国际贸易的现实情况,如资本稀缺国家可能出口资本密集型产品。许多发展中国家仍然缺少资本,然而均在出口资本密集型产品,甚至像马来西亚、菲律宾这样的发展中国家出口的高技术产品占制造业出口的比重高于世界上大部分国家,2010 年分别达到了 44.5% 和 67.8%。

Samuelson(1948,1949)进一步发展的要素价格均等化定理认为,国际分工与贸易会导致各国同类生产要素获得相同的相对收入与绝对收入。这一过程在理论逻辑上可成立,而在实践中是一个长期过程。该理论的结论是自由贸易导致各国贫富差别消除。事实却并非如此,原因一方面是完全竞争和自由贸易条件不完全存在,另一方面,其假设前提——各国技术水平相同——也不存在,还有一方面是抽象掉了同类生产要素普遍存在着的异质性。今天世界发展差距减少的原因恰恰在于后进国家引进稀缺生产要素使充裕要素得到使用,从而增加了收入,而不是完全靠基于要素禀赋的国际贸易。而且要素跨国流动产生的收入转移,即外来要素的收入超过其在本国的收入部分正在形成新的国际收入差距。

要素价格均等化的推论是“商品的国际流动可以代替要素的国际流动”,而世界经济发展的实际正好相反,要素跨国流动只是部分替代了商品国际流动,更多的是要素流动扩大了商品流动即国际贸易。

## 6.3 “新”贸易理论与要素流动

### 6.3.1 新要素贸易论:拓展了贸易理论的要素观

Leontief(1953)引起了国际贸易理论界的很大震动,同时也掀起了国际贸易理论研究的高潮。其中被统称为新要素贸易论的各种理论通过赋予生产要素新的内涵,拓展了贸易理论的要素观。新要素贸易论主要包括自然资源要素论、技术要素论、人力资本说、研究与开发要素说、信息要素说等。新要素贸易论高度重视要素分析是正确的。因为现实中的生产要素并非只有劳动和资本两种要素,而且随着技术进步,参与商品生产的要素不断丰富,影响国家间比较优势或生产率差异绝不是简单的劳动和资本两种抽象的要素。就此而言,新要素贸易论通过对要素的分析说明现实世界的贸易超越了以前的贸易理论。但由于理论基石仍然是要素禀赋理论,因此它忽略了要素形成路径的差异,在这些理论讨论中更多注重的是本国条件下形成,而忽略了国际流动形成的路径。

### 6.3.2 新贸易理论:要素流动是其理论成立的重要条件

以 Krugman(1985)和 Helpman(1985)为代表人物的新贸易理论,运用规模经济与不完全竞争市场理论,解释了发达国家之间产业内贸易及其结构形成的原因。然而理论本身却没有说明规模经济形成的条件和原因。发达国家企业可能凭借国内成熟的市场经济条件和政策选择获得内部规模经济和外部规模经济,而发展中国家和不发达国家由于不存在这些条件,从而无法获得规模经济。

产业内贸易的形成可能是同样发达水平国家间企业的战略选择。但是在不同发展水平的国家间却正是由跨国公司投资下形成的。发展中国家和新兴经济体自身没有条件通过投资实现与发达国家的产业内贸易,而跨国公司投资却可能将其产业扩张,形成产业内和企业内贸易。现实中正是跨国公司投资才是形成规模经济与不完全竞争这两个状态的最现实途径,而非本国特别是发展中国家自身条件下的发展。因此,今天不同发展水平国家间产业内贸易形成的基础是要素流动。

与新贸易理论相关的理论,即用于解释跨国公司及其内部贸易的理论,即产业组织理论与企业内贸易理论,则更是证明了国际直接投资即要素流动是贸易发生的原因。

### 6.3.3 新新贸易理论:基于要素流动事实的贸易理论

Meliz(2003)提出的异质企业贸易模型,Antràs(2003)提出的企业内生边界模型,是新新贸易理论的起端。新新贸易理论本身就是研究的一个重要方面是公司内贸易即企业全球化生产模式的,因此从其理论的现实条件看,是基于国际直接投资的。因而该理论解释了贸易发生的原因,恰恰进一步说明了是投资决定的贸易,证明了投资或要素流动创造了贸易。

可见,贸易理论的发展都在日益接近于跨国投资即要素国际流动的客观现实,"新"贸易理论以来的发展可以说是在不断揭示国际贸易变形的现象,其对现代贸易现象的解释既否定了传统贸易理论,又证明了生产要素跨国流动的基础性意义。问题是,这些理论作为贸易理论是对贸易现象的解释,而这些贸易现象正是跨国直接投资形成的。然而这些理论在努力推进贸易理论,却忽略了用现实世界真正发展起来的国际直接投资即要素流动理论的构建来考察当代国际贸易。

## 6.4 用全球化经济理论整合国际贸易理论

在对传统贸易理论与生产要素跨国流动现实的矛盾及其发展演变分析的基础上,笔者认为未来的国际贸易理论发展必须充分注意生产要素的跨国流动,并以全球化经济理论整合国际贸易理论。至少应该充分关注并推进以下四个方面的理论认识。

### 6.4.1 深化对生产要素及其跨国流动的认识

从国际贸易理论的要素观发展看,经历了单要素到多要素的过程。这种演变一方面遵循着理论发展一般的逻辑,包括对假设前提的不断放松;另一方面也体现对不断发展演进的现实世界的回应。在古典贸易理论阶段,理论分析的是劳动单一要素,但它真正关注的是生产率(劳动生产率)。新古典贸易理论囿于分析工具和视角,以要素的相对稀缺程度——取决于要素的禀赋水平——作为理论分析的起点,忽视了对生产率差异更深刻的分析,但贸易理论的要素观得到了拓展。因此,要素禀赋理论所获得的理论视野更加宽阔,同时把比较优势和生产率差异归结到了要素禀赋的不同,使得这两者有了观测的途径:要素禀赋的差异。二战后,特别是里昂惕夫之谜的出现,学者们为对现实问题做出回应,进一步将要素拓展为多种,即 Vanek(1968)提出的所谓的多样化。

这里的一个理论问题是要素与生产率之间的关系。不同的要素组合带来的生产率差异。在要素不能跨国流动时,一国的要素禀赋或许可以反映一国的生产率水平,但在要素跨国流动下,一国的生产并不简单决定于本国的要素禀赋。因此,未来贸易理论的发展不但需要建立在对生产要素多样化的认识上,也要建立在生产要素组合对生产率和比较优势影响的基础之上,还要将生产要素跨国流动作为理论构建的基础。由于生产要素流动下的世界经济是各国要素合作下的国际专业化,国际直接投资下的世界经济不能再用传统国际分工概念来描述,应该用"要素合作型的国际专业化"作为分析视角取代前者。

对生产要素的认识需要进一步细分探讨,根据生产要素对生产率和生产的影响进行分类考察,形成新的分析分工的理论工具。对于要素组合的考察,必须结合生产要素的流动性,探讨生产要素跨国流动的原因、方向和影响因素,并在此基础深化对"要素合作型国际专业化"的分析认识,取代并超越传统国际分工理论。

## 6.4.2 探讨生产要素跨国流动与贸易结构的关系

传统贸易理论均基于生产要素不能跨国流动的基本假设,因此对贸易结构的讨论最终都可以理论性地归结为各国间要素禀赋的差异。诚然,在市场化状态下这一理论结论具有基础性意义,也是正确的。但生产要素跨国流动后的现实世界中,各国的贸易结构决不是简单地决定于各国初始的或静态的要素禀赋,而是决定于生产要素跨国流动后形成的"综合的"要素禀赋。因此,可以说全球化经济下的要素流动决定着贸易结构。未来的贸易理论在分析贸易结构时,必须把生产要素跨国流动纳入分析贸易结构形成及其影响的理论框架。理论分析需要解决的重点是,从生产要素的流动性特点和各类生产要素差异分析的基础上,找寻综合要素禀赋形成的一般性规律,从而形成对生产要素跨国流动下各国贸易结构形成的理论性认识。

## 6.4.3 探讨生产要素跨国流动与贸易方式的关系

古典和新古典贸易理论的前提决定了它们所解释的贸易方式只能是限于商品的一般贸易。新贸易理论和新新贸易理论结合跨国公司直接投资理论可以解释产业内和产品内贸易(企业内贸易),而这种结合所产生的"中间品贸易""生产片段化""价值链分工"等概念,本身就是对生产要素跨国流动这一全球化经济本质特征的反映。生产要素跨国流动情况下,贸易方式必定是多样性的,除了传统贸易理论所解释的一般商品贸易外,被中国称为加工贸易等的其他贸易方式必然普遍存在。全球化经济条件下,中间品贸易、加工贸易等这类贸易方式很大程度上将不断发展,成为主要的国际贸易方式。从这个意义上说,流动要素的内容决定着贸易方式。因此,生产要素跨国流动带来的贸易方式多样性与形成机理及其影响,也应是未来贸易理论发展必须关注的重要方面。这既是国际贸易的理论问题,也是经济全球化下世界经济的理论问题。解决这一理论问题的关键仍然在于对生产要素跨国流动的理论分析,并延伸到国际贸易理论的修正和发展中。

### 6.4.4　探讨生产要素跨国流动对贸易收益的影响

传统贸易理论的重点不在于讨论贸易收益,更多的是要说明贸易所带来的利益或自由贸易带来的好处。其对贸易收益的讨论基于生产要素均在各自国内使用,贸易收益归各贸易参与国所有。传统贸易理论认为贸易收益是不确定的,甚至可能出现 Bhagwati(1958)所称的"贫困化增长"的情况,并往往把贸易收益不确定的情况归因为市场垄断力量、政治因素、市场等级及供求关系等方面原因。因此,已有的贸易理论实际上没有确切地回答贸易收益的问题。全球化经济条件下,流动性生产要素所有者(也是收益获得者)与该要素参与生产的地方分属两个不同的国家,再运用传统贸易理论分析各国的贸易收益,即以各国要素合作所生产的最终商品按其出口国的国别讨论各国的贸易收益,显然是不合适的,并将是失真的。在全球化经济下讨论各国的贸易收益,必须区分参与贸易商品生产的生产要素的国别属性,必须深入到生产要素的层面来讨论各国的贸易收益,才能判断各国贸易收益的真实情况,回答贸易收益问题。这就需要综合生产要素跨国流动的理论,包括要素收益(价格)决定原理、生产要素流动和组合理论等,形成生产要素跨国流动下分析各国贸易收益的理论和计量测算方法。

# 第7章
## 要素跨国流动与比较优势变形：实证与理论拓展

## 7.1 理论回顾和评述

传统国际贸易理论起始于斯密的绝对优势理论和李嘉图的比较优势理论，赫克歇尔、俄林进一步发展为要素禀赋理论。绝对优势理论与比较优势理论均强调商品劳动生产率的差异，形成了单一劳动要素观。不同于绝对优势理论，比较优势理论的核心思想是"比较的比较"，但两者均可以称作比较优势理论，前者为绝对比较优势，后者为相对比较优势。要素禀赋理论只是将要素扩展到多种，并用各国要素的相对价格（稀缺性）差异作为比较的内容，把贸易原因归结到要素的稀缺性差异上，因此它实质上抛弃了比较优势理论的核心，而退回到了自然决定的绝对优势理论。正如张幼文认为，要素禀赋论比较的是两国某一要素的绝对价格差，这一理论对比较优势论的推进在于从单要素发展到多要素，但其比较结构却是绝对优势而不是比较优势。古典贸易理论的比较优势分析基于需求、供给和生产条件给定，生产要素不能跨国流动的基础上，它对贸易原因的分析是静态的和外生的。要素禀赋理论在新古典经济学框架下，采用了生产规模报酬不变和完全竞争假定，忽视了生产规模对劳动生产率的影响，隐含的要素同质性忽视了要素生产率差异，隐含的相同需求偏好忽视了商品差异性对需求的影响，进而忽视了对生产的影响。

新贸易理论的兴起基于传统贸易理论无法解释的国际贸易现象，如出现了"列昂惕夫之谜"、大量存在产业内贸易等。新要素贸易理论扩展了要素的范围,将技术、人力资本、研发、信息等作为生产要素,拓展了要素观,深化了从要素层面理解比较优势的认识基础。如新技术贸易理论认为,各国在生产技术上的差异是国际贸易发生的重要原因,技术优势来源于研究与开发所导致的发明、规模经济、产品特异等方面,形成了对国际贸易成因的新认识。新技术贸易理论突破了新古典贸易理论关于各国间生产函数相同和完全竞争的假定,注意到了要素质量和要素组合差异。赫尔普曼和克鲁格曼综合了各种新的贸易理论,形成了以规模经济和不完全竞争为前提的贸易理论模型,认识到了规模经济也是形成比较优势的原因。

然而,在实证研究中,以贸易商品层面的分析来检验比较优势理论,却得到了许多理论本身无法解释的结果。如特勒夫勒尔(Trefler)的经验证据表明,要素禀赋理论正确解释贸易现象的比例为 50%,正好同抛掷硬币的概率相当。究其原因,现实中不能不顾及要素跨国流动对贸易商品比较优势形成的影响。

## 7.2　外资流入对 RCA 指数变化影响的实证分析

要素跨国流动给贸易商品比较优势的变化带来了重要的影响,这可以通过分析外资流入与显性比较优势指数(RCA)的关系来说明。因为国际直接投资的核心并非货币的国际转移,而是以资本为载体的生产要素的国际流动。

### 7.2.1　比较优势测算方法

巴拉萨(Balassa)提出了用显性比较优势指数(RCA)测度比较优势。其计算公式为

$$RCA_{ij} = \frac{X_{ij}/X_{tj}}{X_{iw}/X_{tw}}, \tag{7.1}$$

其中,$j$ 指某国,$w$ 指世界,$i$ 指某类商品,$t$ 指全部出口商品。

### 7.2.2 "金砖四国"外资流入与 RCA 指数变化

"金砖四国"外资流入量在世界各国特别是新兴经济体中名列前茅(见表7.1)。

表 7.1 2011 年"金砖四国"外资流入量和存量占比及排名

| | 外资流入量 | | 外资存量 | |
|---|---|---|---|---|
| | 占比(%) | 世界排名 | 占比(%) | 世界排名 |
| 中 国 | 8.13 | 2 | 3.48 | 7 |
| 俄罗斯 | 3.47 | 9 | 3.28 | 8 |
| 巴 西 | 4.37 | 5 | 2.24 | 15 |
| 印 度 | 2.10 | 14 | 0.99 | 22 |

数据来源:UNCTAD 数据库。

本书以这四个国家为代表,分析外资流入对外资流入比例较高的制造行业出口显性比较优势指数改变的影响。计算各行业的 RCA 时借鉴盛斌采用的行业与国际贸易标准分类(SITC3.0)的对应方法。

1. 中国

中国历年外资流入中制造业占一半以上,最高曾达 70% 以上。2000—2010 年制造业中外资流入占比前 5 位行业的 RCA 均呈现逐步提升。特别是通信设备、计算机及其他电子设备制造业,交通运输设备制造业和专用设备制造业的 RCA 提升明显。

2. 俄罗斯

俄罗斯外资存量中,制造业累计利用外资占比为 31.7%。2000—2009 年累计利用外资量前四位的制造行业的 RCA 如表 7.2 所示。其中,食品制造业和机动车、拖车和半拖车制造业的 RCA 分别从 0.142 和 0.174 提升到了 0.257 和 0.767。

3. 巴西

巴西外资存量中制造业累计利用外资占比为 33.7%。2000—2009 年累计利用外资量前四位的制造业的 RCA 如表 7.3 所示。其中,金属制品业和燃料工业的 RCA 提升明显,分别提升了 7 倍多和 3 倍多。

表7.2　俄罗斯主要外资流入行业出口商品 *RCA* 变化

|  | 焦炭与精炼石油制品业 | 金属制品业 | 食品制造业 | 机动车、拖车和半拖车制造业 |
|---|---|---|---|---|
| 2000 年 | 4.199 | 0.941 | 0.142 | 0.174 |
| 2001 年 | 3.857 | 0.582 | 0.166 | 0.241 |
| 2002 年 | 4.703 | 0.389 | 0.178 | 0.243 |
| 2003 年 | 4.473 | 0.331 | 0.190 | 0.259 |
| 2004 年 | 3.794 | 0.284 | 0.197 | 0.207 |
| 2005 年 | 4.132 | 0.279 | 0.221 | 0.213 |
| 2006 年 | 3.870 | 0.286 | 0.226 | 0.179 |
| 2007 年 | 3.946 | 0.285 | 0.261 | 0.238 |
| 2008 年 | 3.524 | 0.229 | 0.235 | 0.291 |
| 2009 年 | 3.973 | 0.258 | 0.257 | 0.767 |

注:表7.2中自左至右各行业截至 2011 年累计利用外资占累计利用外资总额的比重分别为 10.2%、8.8%、3.7%和 1.6%。

资料来源:(1)*RCA* 根据 UNcomtrade 数据库整理计算得到。(2)外资数据来自俄罗斯联邦国家统计局网站(http://www.gks.ru/bgd/regl/b12_12/IssWWW.exe/stg/d02/24-10.htm)。

表7.3　巴西主要外资流入行业出口商品 *RCA* 变化

|  | 机动车制造与组装业 | 燃料工业 | 食品与饮料制造业 | 金属制品业 |
|---|---|---|---|---|
| 2000 年 | 0.890 | 0.946 | 4.336 | 0.023 |
| 2001 年 | 0.875 | 1.092 | 4.140 | 0.050 |
| 2002 年 | 0.884 | 1.435 | 3.806 | 0.054 |
| 2003 年 | 0.908 | 1.309 | 3.454 | 0.070 |
| 2004 年 | 0.929 | 2.091 | 3.320 | 0.047 |
| 2005 年 | 0.963 | 2.383 | 3.776 | 0.031 |
| 2006 年 | 0.921 | 3.933 | 4.406 | 0.053 |
| 2007 年 | 0.945 | 2.980 | 3.964 | 0.151 |
| 2008 年 | 0.906 | 3.779 | 3.667 | 0.180 |
| 2009 年 | 0.867 | 3.028 | 4.233 | 0.169 |

注:表中自左至右各行业以 2000 年为基期的外资存量占总外资存量的比重分别为 18.3%、17.4%、13.3%和 9.6%。

资料来源:(1)*RCA* 根据 UNcomtrade 数据库整理计算得到。(2)外资数据来自巴西中央银行网站(http://www.bcb.gov.br/Rex/Censo2000/ingl/CENSUS2000ListofTables.asp?idpai=CENSUS2000)。

4. 印度

印度累计利用外资量排名靠前的三类制造业 2000—2009 年的 *RCA* 如表 7.4 所示。印度各制造行业外资流入对行业 *RCA* 仍带来了正的影响,汽车制造业尤为明显,其 *RCA* 值提高了近 4 倍。

表 7.4  印度主要外资流入行业出口商品 *RCA* 变化

|  | 通信产品制造业 | 计算机制造业 | 汽车制造业 |
|---|---|---|---|
| 2000 年 | 0.053 | 0.050 | 0.099 |
| 2001 年 | 0.074 | 0.079 | 0.062 |
| 2002 年 | 0.071 | 0.106 | 0.071 |
| 2003 年 | 0.083 | 0.111 | 0.147 |
| 2004 年 | 0.071 | 0.073 | 0.209 |
| 2005 年 | 0.066 | 0.064 | 0.234 |
| 2006 年 | 0.081 | 0.069 | 0.217 |
| 2007 年 | 0.094 | 0.070 | 0.207 |
| 2008 年 | 0.083 | 0.063 | 0.296 |
| 2009 年 | 0.619 | 0.076 | 0.470 |

注:表中自左至右各行业 2000—2013 年累计外资利用额占总累计外资利用额的比重分别为 6.60%、6.13% 和 4.03%,在所有行业中的排名分别为第 3、4 和 8 位。

资料来源:(1)*RCA* 根据 UNcomtrade 数据库整理计算得到。(2)外资数据来自印度工业和商业部网站(http://dipp.nic.in/English/Publications)。

### 7.2.3  中国外资流入行业与 RCA 变化计量分析

"金砖四国"外资流入行业出口商品 *RCA* 短期内快速提升,不应该是自身比较优势自然演变的结果,而是要素流入的结果。为证明这一判断,考虑到数据的可获得性,本章对中国 5 个行业外资流入量与 *RCA* 进行计量分析,其中外资数量来自历年《中国外资统计》。总体上 5 个行业外资流入数量与出口商品 *RCA* 的相关系数达到 0.956,呈高度正相关;分行业看,专用设备制造业,通信设备、计算机及其他电子设备制造业和非金属矿物制品业外资利用与 *RCA* 之间呈现较高的正相关性,相关系数分别为 0.899、0.692 和 0.685。

进一步构建面板模型如下:

$$RCA_{i,t} = \alpha_{i,t} + \beta_{i,t}FDI_{i,t} + c_{i,t} + \mu_{i,t} \qquad (7.2)$$

进行两者关系的计量分析，其中下标 $i$ 代表截面，为 5 个行业；下标 $t$ 代表时间，为 2003—2010 年；$a_{i,t}$ 为随机变量（又称非观测效应），$c_{i,t}$ 为截距项，$\beta_{i,t}$ 为截面回归系数，$\mu_{i,t}$ 为随机扰动项。在回归分析时，先对变量原始数据进行对数化处理以消除异方差并平稳数据。

为便于比较，本书报告了三种实证模型假设下的回归结果（如表 7.5 所示）。结果表明，外资流入数量的系数为正，且具有很高的显著性水平。

表 7.5　外资流入对中国部分工业行业 *RCA* 影响的实证结果

| | 行业 *RCA* 指数 | | |
|---|---|---|---|
| | Pooled OLS | FE | RE |
| 外资流入数量 | 0.477*** (11.403) | 0.450*** (2.521) | 0.470*** (5.153) |
| 调整拟合度（$A-R^2$） | 0.77 | 0.87 | 0.40 |
| $p$ 值（F 统计量） | 0.00 | 0.00 | 0.00 |
| 观测样本数 | 40 | 40 | 40 |

注：Pooled OLS 为混合最小二乘模型，FE、RE 分别为固定效应和随机效应模型。括号内为 $t$ 统计量。上标 *** 表示 1% 置信水平。

## 7.3　比较优势理论在要素层面的展开

张幼文认为，全球化经济条件下，应该把一般要素概念加以扩大，以广义的"经济要素"代替"生产要素"。王岳平认为，比较优势的概念有狭义和广义之分。狭义概念是指要素禀赋差异及因此而形成的分工。广义概念还包括要素组合的能力和实现价值的能力，如技术、管理能力、营销网络优势、生产网络优势、制度优势及基础设施条件等。严谨地说，比较优势有着特定明确的含义，从李嘉图创立比较优势理论的原意理解，是指生产商品的劳动生产率。但劳动生产率的高低不仅取决劳动还取决于各类广义要素的质量及其组合能力，广义要素既包括各类生产投入的要素,也包括技术、管理(生产组织)、制度等,这便是现代经济学所称的全要素生产率,或称广义的劳动生产率。

### 7.3.1 要素层面比较优势的决定因素考察

#### 1. 比较优势与劳动生产率、机会成本

李嘉图创立的比较优势理论基于劳动生产率的比较。比较优势理论在逻辑上是自己与自己比较,然后才是与别国的比较,是谓"比较的比较"。自己与自己的比较在经济学中又可用机会成本来说明,这一比较才是比较优势真正的比较,具有相对性,而后的比较是各自机会成本的比较,这一比较仍是绝对的比较。以劳动生产率作为比较优势判定依据实质上是统一了机会成本的计量标准。然而,劳动生产率通常需要其他要素的配合和参与才能形成,因此,对于商品生产以全要素生产率作为比较优势的衡量更为合理。但单一要素很难形成商品生产,而商品的生产率又不是各参与要素生产率的简单叠加。这就是自要素禀赋理论以来,只能以要素价格作为衡量标准,进而以要素稀缺性为判断比较优势标准的原因。而在多要素情况下,用要素稀缺性又很难衡量不同要素的机会成本,因为商品生产需要有多种要素投入,这种投入可以有不同的选择。

#### 2. 比较优势与要素质量、要素数量

要素禀赋理论是比较优势理论在要素层面的展开,但限于理论分析的方法和前提,最后归结为要素稀缺性和价格,即要素的数量,实质上片面化了比较优势在要素层面的分析。但它提示了商品层面的比较优势(生产率)最终来自要素层面的比较优势。

要素质量往往与稀缺性构成反比关系,特别是演化发展形成的高级要素,如人力资本、技术等。一方面,这类要素的形成投入成本高,即机会成本高,供给较少了;另一方面,这类要素的相对需求则较大。要素质量对生产率的影响从而对商品层面比较优势的影响,可以从两个角度看:一是高级的主导要素总体决定商品生产率。某一商品生产往往存在一种或几种稀缺的具有高质量的高级要素起主导作用,大体可以从主导要素的质量来判断其生产率的高低,从而决定其比较优势。二是要素的质量决定着要素组合形成的生产率水平,高质量要素组合形成的生产率

高于同类低质量要素组合形成的生产率。

因此,要素质量是决定着商品生产率的基本因素,要素数量表现为稀缺性并通过价格反映其机会成本,限制着对要素质量的选择。两者共同决定商品生产的比较优势。

3. 比较优势与规模经济

规模经济形成一方面来自需求带来的规模化生产要求,但更为关键的是生产和供给。生产的规模经济形成,从广义要素或全要素视角看,本质上仍在于要素质量和要素的组合能力。要素的质量限制着要素的组合能力和组合水平,从而限制着规模经济的形成。要素组合水平改变要素在商品生产率形成中的作用,相当于间接地改变了要素的质量。在动态中,要素组合水平又影响着要素质量的提升。因此,规模经济形成及由此产生比较优势的过程中,要素质量和要素组合水平决定着要素的生产率,要素数量决定着成本,两方面共同作用决定着商品生产的比较优势。这就如同熊彼特所说的创新理论中的生产的"新组合"。由于市场容量的问题,规模经济的形成往往与不完全竞争同时出现,从而形成更高的经济租金,并形成竞争优势。

## 7.3.2　要素跨国流动对比较优势的影响分析

贸易商品比较优势的考察应深入到要素层面的要素质量、要素数量和要素组合。而全球化经济下,要素跨国流动必将影响各国的要素数量和要素组合,改变商品层面比较优势的形成。

1. 对要素机会成本或价格的影响

要素流动改变了各国形成要素价格的条件,即要素的供给水平。在封闭经济条件下,静态的要素供给水平是既定的,从而其相对价格或机会成本给定。要素价格的改变需要通过国际贸易传导才能实现,即使处于动态的要素数量改变之中,要素价格改变仍与国内使用的机会成本相对应。但要素跨国流动下,要素的供给水平以及相对需求而言的稀缺性改变可以迅速完成,要素参与生产的选择机会大幅增加,机会成本不再是一国之内的事情,而具有了跨国意义。但对于不同质量和等级的要素,其选择机会从而机会成本的改变是不一样的。一般情况下,由于流动性差异等原因,高级(高质量)要素的机会成本改变大于低级(低质量)要素。因此,对于以高级要素流入为主的发展中国家而言,更容易形成低级要素参与贸易商品生产的锁定,但贸易商品的比较优势却可能出现名义上的迅速改善。

2. 对要素效率(质量)的影响

要素跨国流动增加了要素参与生产的选择机会,在改变其机会成本或价格的同时,也影响着要素的使用效率。要素跨国流动使要素生产率的实现超越国界,在全球范围内获得最优。在动态中,要素间相互影响会促进要素生产率的提高。要素跨国流动使要素间相互影响呈现跨国性,即出现通常所说的跨国技术溢出,从而改变各国要素的效率。

3. 对要素组合的影响

要素流动增加了商品生产(要素组合)的可选方式。由于要素质量所决定的要素生产率与要素使用的机会成本两个方面共同作用构成商品生产的比较优势,要素流动实质上已经打破了以国界为界限的比较优势形成条件,而转化为企业通过跨国要素组合形成生产的比较优势并加以利用的基础。要素的流动性、各国要素的质量和要素使用的机会成本,是全球化经济生产和贸易格局形成的根本原因。

4. 对规模经济形成的影响

规模经济产生的比较优势基于生产成本的降低(商品生产率的提高),本质上仍取决于要素数量、质量和组合能力。要素流动改变了各国要素动态和静态水平的数量、质量,形成了要素跨国组合的多种可能。全球化经济下,易流动高级要素寻求最优生产组合,使得在发展中国家形成生产的规模经济成为现实,这种规模经济的形成更偏向于生产导向,不同于发达国家形成的需求导向的规模经济。

## 7.4 比较优势理论对中国的启示

比较优势理论的核心思想是经典的,但正确理解比较优势必须深入要素层面。贸易商品的比较优势是结果,其原因和基础是生产,决定于要素质量、数量和组合。在要素不跨国流动下,形成贸易商品比较优势的基础和结果是一致的。但全球化经济下的要素跨国流动导致一国商品层面比较优势的结果与形成基础相互分离。

　　比较优势理论对中国的启示包括：一是单纯以劳动力数量作为比较优势基础，是片面和错误的。应该综合考虑劳动力数量和质量。二是充分重视要素质量和数量的动态变化。着眼于要素升级培育，提升要素质量。三是充分考虑要素跨国流动的影响和机理，在全球范围内统筹考虑对各类要素质量提升的规划。四是根据全球化经济产业发展格局及其变化趋势，立足本国要素基础与动态变化方向，参与全球化经济。

# 第8章
## 中国开放型发展道路的特性
### ——质疑"廉价劳动力比较优势战略"

在对外开放战略取得巨大成就后的今天,从理论上说明这一战略的性质,即中国开放型发展道路的特征,是基础理论建设中的一个重大课题。长期以来,不少学者把中国开放战略称为"发挥廉价劳动力比较优势"战略,这一提法在理论上是不确切的,在实践上是不符合客观事实的。澄清其中的理论问题不仅使我们更深刻地认识我国开放战略的"中国特色时代特点",而且可以借此探索开放战略的推进方向,同时发现中国实践对发展经济学的重大创新意义。

## 8.1 "廉价劳动力比较优势战略"的理论错误

关于"廉价劳动力比较优势战略"的提法广泛见于我国学者的各类著述中,这里仅引证林毅夫、蔡昉、李周合著的《中国的奇迹——发展战略与经济改革》①为代表。在该书中,林毅夫等把中国对外经济关系发展战略定义为"比较优势战略",是我国学者中较具有代表性和影响力的。

在《中国的奇迹》一书的"比较优势战略"一章中,作者把东亚和四小龙的成功

---

① 林毅夫、蔡昉、李周:《中国的奇迹——发展战略与经济改革》,该书首次出版于1994年,1997年再版,2014年9月由格致出版社出版增订版。

赶超总结"比较优势战略"的成功,因为它们放弃了不符合其比较优势的进口替代战略,而按照"各自的资源禀赋条件,积极发展劳动密集型产业,从而增长了出口和经济外向型程度,达到了比较优势的充分利用"。如何充分利用比较优势在于立足于"资源禀赋结构",作者指出"资源禀赋结构是指一个经济体中自然资源、劳动力和资本的相对份额","政府的作用在于实行比较优势战略"。在该书的总结中作者又指出,中国的"比较优势"在"劳动密集型产业",正是"发挥资源比较优势效应"为中国经济带来了高速增长。(从前后文看,作者在这里所说的"资源禀赋"指的是"要素禀赋"。)在该书 2014 年增订版新写的长达 3 万字的序言中,作者又指出:"一个经济体所生产的产品和所提供的服务在国内外市场要有竞争力,其生产要素成本必须在国际上处于最低水平,这种竞争优势的前提是所在的产业和所用于生产的技术必须符合该经济体的要素禀赋所决定的比较优势。"这一论述再次明确地把"比较优势"与"要素禀赋"联系起来,是对中国依靠廉价劳动力实现发展这一战略的理论总结。

由此产生了一系列问题:廉价劳动力是绝对优势还是比较优势? 是要素禀赋结构还是比较优势所在? 要素价格优势就等于比较优势吗? 更关键的问题是:什么是中国廉价劳动力优势得以发挥的条件?

对"发挥廉价劳动力比较优势"的表述的分析需要从这一提法中的基本理论出发,从对经典贸易理论的严格分析可以看到,这一提法存在着严重的理论偏差。

### 8.1.1　比较优势论的经典内涵

众所周知,比较优势论是古典经济学李嘉图提出的,其证明了即使一国各个产业的劳动生产率都相对较低,仍然可能在贸易中获利。"两优相比取其重,两劣相比取其轻"是对这一理论的简要概括。比较优势论在理论上的重大进步在于突破了绝对优势论局限,其精彩之处是"比较的比较",而其历史进步性在于推动世界自由贸易。一国一产业的劳动生产率比它国落后仍然能够从贸易中获益,是这一理论的核心。

古典学派是劳动价值论,李嘉图在证明比较优势论时用的也是劳动力单要素方法。但是,如果我们把劳动单要素扩展为多要素,把劳动生产率扩展为全要素生产率,只要坚持"比较的比较"逻辑,那么比较优势论仍然是有效的。正是因为这个"比较的比较"的理论精华,保罗·萨缪尔森说比较优势论可以在理论选美中夺冠。

但是,在近年来学术界的表述中,比较优势论的运用出现了两种不确切情况。一种是把绝对优势与比较优势相混淆,"比较优势"的提法广泛地被按照"绝对优势"的含义使用;另一种是把要素价格优势与全要素生产率优势相混淆,似乎只要有一种要素(劳动力)的价格优势就自然有该要素(劳动)密集型产业的优势。在许多场合还是同时出现两种混淆。"发挥廉价劳动力比较优势"的提法被广泛使用就是其表现。

## 8.1.2 要素禀赋论与比较优势论的关系

要素禀赋结构是赫克歇尔—俄林要素禀赋论的核心概念,其核心证明的是贸易的要素密集性特征,而不再是"比较的比较"。由于比较优势论的理论正确性,所有贸易都会遵循这一规律(绝对优势只是其特例),要素禀赋论揭示的贸易现象也不例外。但是,一旦从要素结构视角分析贸易战略,它就只能是要素优势战略而不再是比较优势战略了。因为这一战略的核心是基于要素价格对某一要素密集型产业的选择,是产业的要素特征的选择,而不是产业的全要素生产率的选择;是"绝对"而不是"比较的比较"下的"相对"了。正如林教授等所说的"生产要素成本必须最低"从而形成"竞争优势"。

比较优势论与要素禀赋论作为国际贸易中的两个经典理论,它们的主题、方法与假定都是不同的。比较优势论指出的是贸易获益的必然性,而要素禀赋论说明的是贸易的要素密集性特征。比较优势论在其创始人那里是劳动力单要素,而要素禀赋论必须以多要素方法才能说明问题。当比较优势论推广到多要素分析时,它的本质仍然是全要素生产率的相对差异,而不是产品的要素密集性。比较优势论的假定是劳动力在国内充分流动,可在任何产业中使用,但要素禀赋论却假定产业的要素密集性是由产业本身决定的,产业的技术性质决定了所需的要素投入结构,人们不能用改变投入结构的方式去进行生产。因此,根据要素禀赋结构进行的贸易战略选择已经是"要素优势战略",而不再是比较优势战略了。

在比较优势论中,优势不必是绝对的而只要求是相对的;放宽假设理论前提正是比较优势论的精华所在。这一理论本身不回答贸易发生中的价格问题。事实上,在绝对劣势相对优势条件下,只有当汇率使其表现为绝对优势时贸易才可能发生;在金本位制下只有工资更低从而成本更低才能使其表现为绝对优势时贸易才可能发生。在要素禀赋论中,一国的要素相对富裕度必须表现为该要素的绝对价格优势,而要素价格本身又是以要素生产率为条件的,即一定产出下要素投入总成本。其区别如表 8.1 所示。

表 8.1　比较优势论与要素禀赋论的区别

| | 比较优势论 | 要素禀赋论 |
|---|---|---|
| 理论主题 | 主张自由贸易,针对保护贸易 | 分析贸易结构成因,不针对自由或保护 |
| 主要结论 | 各产业都落后的国家也能从贸易中获益 | 根据要素禀赋结构的贸易有益,不涉及国家先进性 |
| 所用模型 | 两国两商品 | 两国两要素 |
| 分析逻辑 | 比较的比较 | 直接的比较 |
| 采用方法 | 劳动力单要素,劳动生产率分析(原理可用于全要素生产率) | 多要素,要素的经济富裕度分析 |
| 假设前提 | 国家间、本国产业间都存在劳动生产率差异 | 本国产业间不存在差异,国家间存在要素结构差异 |
| 分析基础 | 要素的生产率差异 | 要素的经济富裕度及其价格差异 |
| 贸易利益来源 | 本国各产业的生产率差异 | 各国间的要素禀赋结构差异 |
| 从理论到现实贸易的路径 | 比较优势永远存在,但贸易的发生基于比较优势转化为绝对优势(通过工资、汇率) | 要素价格是前提,直接决定产品价格和贸易 |
| 战略内涵 | 选择扩大贸易即出口导向产业而不是保护贸易即进口替代;具体产业以全要素生产率为依据,不一定以要素密集性为标志 | 根据要素的经济富裕度按产业的要素密集性选择,不以产业的生产率差异为依据 |

上述比较表明,两个经典贸易理论中的核心概念不能同时采用。廉价劳动力国际比必须绝对优势,指性价比优势;按要素密集性决定的贸易依据的是要素禀赋论而非比较优势论。在廉价劳动力比较优势论看来,竞争力来自生产要素成本,要素禀赋决定比较优势。事实是,除了偶然情况,比较优势普遍存在,不决定于要素

禀赋;要素禀赋决定的是要素的经济富裕度结构,形成的是绝对优势而非比较优势。

因此,"廉价劳动力比较优势"这一概念违背了经典贸易理论的基本原理。第一,廉价劳动力是国与国相比,是指单位产出的劳动力成本,必须是绝对优势而非相对优势才有可能成为贸易的基础。第二,如果廉价劳动力是指一国更高的劳动力对资本的禀赋比,即劳动力要素的经济富裕,那么这种经济富裕高于他国也只能是绝对的而非相对的。第三,劳动力的经济富裕是一国生产出口劳动密集型产品的条件,这种分工模式依据的是要素禀赋论而不是比较优势论,所以廉价劳动力概念不能与比较优势概念同时采用。第四,如果一定要在要素价格上讲比较优势,那么必须采用两国两要素模型的逻辑,只能是一国对于他国其劳动力的价格优势大于资本的价格优势,或劳动力的价格劣势小于资本价格劣势,显然两个不同要素不能相比价格。第五,如果劳动力价格低于他国,资本价格高于他国,那么该国就具有劳动力廉价绝对优势,而他国具有资本廉价的绝对优势;劳动力价格远低于他国,资本价格略低于他国,那么才可以说是具有廉价劳动力的比较优势,但是资本价格低显然不符合对发展中国家的基本情况,不能作为假定。

对"廉价劳动力比较优势"提法的修改可以进一步说明以上看法。一种是改为"劳动密集型产业比较优势"。这一提法虽然避免了概念混乱,但仍然存在不足,就是比较优势产生于劳动力的价格而不是产业间生产率差异,仍不符合比较优势论严格逻辑。另一种是修改为"廉价劳动力优势"或"廉价劳动力绝对优势"。这避免了对"比较优势"概念使用上的错误,但仍然存在问题,因为进行贸易的不是要素而是产品,要素的价格优势并不就等于产品的价格优势,生产率是两者之间的决定因素。

### 8.1.3 比较优势论被泛化的不利性

《中国的奇迹》作者和其他一些学者对比较优势概念的泛化式使用也使各国各时期贸易发展战略的特点不能得到确切的揭示和定义。在《中国的奇迹》一书中,作者是在否定进口替代战略下提出:"四小龙"实行的是比较优势战略,事实上指的是出口导向战略,因为进口替代的是具有绝对劣势的产业,而出口导向所发展的是具有绝对优势的产业。所以"四小龙"战略的核心是以出口拉动增长实现赶超。用比较优势战略说明"四小龙"的发展赶超只表明了其注重发展贸易实现赶超,而没有说明其贸易发展的特点。

由于比较优势理论揭示了贸易发生和分工收益的必然性,因此它是一切贸易现象的内在机理,不论是产业间贸易、产业内贸易,还是产品内贸易,都遵循着比较优势的规律。因此对这一概念的泛化使用会使不同国家不同时代的贸易分工特征不能得到有效的揭示。

再进一步说,"廉价劳动力比较优势"这一概念把中国比较优势的形成仅仅归结于劳动力价格的绝对优势,而忽略了在我国全要素生产率提升中改革的作用,即体制等方面的积极作用。众所周知,在中国外贸的高速发展中,体制、政策、规划等政府的积极作用是其他许多国家所不能相比的,这是中国形成比较优势的更重要的原因。

## 8.2 中国开放型经济发展道路的特征

摆在我们面前的主题并非对经典贸易理论理解的争论,而是对中国增长奇迹的科学认识。正如《中国的奇迹》所要回答的,我们的任务是总结中国高速增长在对外经济关系上的战略本质。可以说,现存的任何一种学说都无法确切说明这一战略,需要我们从经济全球化的时代特征出发进行理论探索。

### 8.2.1 引进外资是利用廉价劳动力的前提

回顾中国对外开放 35 年的历程可以发现,中国的高速增长与外资流入有着密切的关系。外贸出口发展的最显著特点是通过引进外资实现出口高速增长,而吸引外资流入的最重要因素是中国的廉价劳动力,同时也包括廉价土地、环境与高效的政府服务。

外资流入是中国经济高速增长的重要原因。以 2012 年制造业的实收资本为例,全国实收资本为 12.6 万亿元人民币,其中外商投资企业和中国港澳台地区企业的实收资本为 3.83 万亿元人民币,占比为 30.3%。在带动就业方面,1995—2007 年,全国实现新增就业人数按历年正负数相加,总计为 −283.69 万人,而这一期间外商投资企业及中国港澳台地区企业新增就业人数为 1 052 万人(见表 8.2)。也就是说,如果没有外资,12 年中全国减少的就业人数将增加 3.81 倍。

表 8.2　新增就业人数全国与外资企业的比较　　　　　　单位:万人

| | 全国新增就业人数 | 外资企业及中国港澳台地区企业新增就业人数 |
|---|---|---|
| 1995 年 | 0.00 | 111 |
| 1996 年 | 59.00 | 104 |
| 1997 年 | −63.00 | 24 |
| 1998 年 | −177.00 | 38 |
| 1999 年 | −2 331.00 | −1 |
| 2000 年 | −564.00 | 22 |
| 2001 年 | −514.00 | 27 |
| 2002 年 | −467.00 | 30 |
| 2003 年 | −234.00 | 78 |
| 2004 年 | −66.00 | 99 |
| 2005 年 | 84.00 | 159 |
| 2006 年 | 274.00 | 209 |
| 2007 年 | 311.00 | 152 |

资料来源:国研网中国统计数据库。

外资流入是中国出口发展的最重要原因。1998—2013 年间,外商投资企业进口年平均增速为 17.41%,出口年平均增速为 18.90%,出口大于进口年均在 1.49 个百分点。按百分比的算术平均,外商投资企业进口占中国进口总额平均比重为 53.74%,出口占 52.54%;进出口总额平均占比为 53.08%。在我国的持续贸易顺差中,外商投资企业所占比重平均为 45.87%,其中 2011 年达到 84.12%(见表 8.3)。

外资企业生产出口劳动密集型产品是中国开放型发展战略的最重要特征。1997—2012 年间,加工贸易出口占中国出口的年平均比重为 51.99%,其中外商投资企业加工贸易出口占全国加工贸易出口的比重从 1997 年的 64.06% 上升到

表 8.3　外资企业进出口在全国的比重

| | 中国进口额（亿美元） | 中国出口额（亿美元） | 外商投资企业进口额（亿美元） | 外商投资企业出口额（亿美元） | 外商投资企业进口占中国进口额的比重 | 外商投资企业出口占中国出口额的比重 | 外商投资企业进出口占中国进出口额的比重 | 外商投资企业顺差额占中国顺差额的比重 |
|---|---|---|---|---|---|---|---|---|
| 1998 年 | 1 401.663 | 1 837.571 | 767.174 9 | 809.618 9 | 54.73% | 44.06% | 48.68% | 9.74% |
| 1999 年 | 1 657.18 | 1 949.314 | 858.836 1 | 886.276 6 | 51.83% | 45.47% | 48.39% | 9.39% |
| 2000 年 | 2 250.966 | 2 492.116 | 1 172.727 | 1 194.412 | 52.10% | 47.93% | 49.91% | 8.99% |
| 2001 年 | 2 436.135 | 2 661.546 | 1 258.629 | 1 332.351 | 51.66% | 50.06% | 50.83% | 32.71% |
| 2002 年 | 2 952.031 | 3 255.65 | 1 602.72 | 1 699.356 | 54.29% | 52.20% | 53.19% | 31.83% |
| 2003 年 | 4 128.365 | 4 383.708 | 2 319.143 | 2 403.375 | 56.18% | 54.83% | 55.48% | 32.99% |
| 2004 年 | 5 614.23 | 5 933.686 | 3 245.685 | 3 386.072 | 57.81% | 57.07% | 57.43% | 43.95% |
| 2005 年 | 6 601.185 | 7 619.991 | 3 875.13 | 4 442.093 | 58.70% | 58.30% | 58.48% | 55.65% |
| 2006 年 | 7 916.136 | 9 690.728 | 4 726.158 | 5 638.278 | 59.70% | 58.18% | 58.87% | 51.40% |
| 2007 年 | 9 558.185 | 12 180.15 | 5 594.081 | 6 955.189 | 58.53% | 57.10% | 57.73% | 51.91% |
| 2008 年 | 11 330.86 | 14 285.46 | 6 199.555 | 7 906.195 | 54.71% | 55.34% | 55.07% | 57.76% |
| 2009 年 | 10 055.55 | 12 016.63 | 5 452.069 | 6 722.304 | 54.22% | 55.94% | 55.16% | 64.77% |
| 2010 年 | 13 948.24 | 15 779.32 | 7 379.999 | 8 623.062 | 52.91% | 54.65% | 53.83% | 67.89% |
| 2011 年 | 17 434.58 | 18 986 | 8 648.252 | 9 953.296 | 49.60% | 52.42% | 51.07% | 84.12% |
| 2012 年 | 18 178.26 | 20 489.35 | 8 712.492 | 10 227.48 | 47.93% | 49.92% | 48.98% | 65.55% |
| 2013 年 | 19 502.89 | 22 100.19 | 8 748.203 | 10 442.62 | 44.86% | 47.25% | 46.13% | 65.24% |

资料来源：历年《中国经济统计年鉴》整理。

2012 年的 82.89%,上升了近 20 个百分点(见表 8.4)。在此期间,按百分比的算术平均计算,外商投资企业加工贸易出口占全国加工贸易总出口年比重为 77.85%。事实上内资企业以加工贸易模式出口体现的也是以廉价劳动力参与价值链分工,是我国的贸易发展特征,而外资企业占加工贸易的高比重更进一步表明外资流入是我国廉价劳动力得以使用和发展出口的前提。

表 8.4  外资企业加工贸易出口占全国的比重

| | 中国出口总额(亿美元) | 加工贸易出口(亿美元) | 外资企业加工贸易出口(亿美元) | 加工贸易出口占中国出口的比重 | 外商投资企业加工贸易出口占加工贸易出口的比重 |
|---|---|---|---|---|---|
| 1997 年 | 1 826.966 | 996.02 | 628.08 | 54.52% | 63.06% |
| 1998 年 | 1 837.571 | 1 044.71 | 691.81 | 56.85% | 66.22% |
| 1999 年 | 1 949.314 | 1 108.72 | 745.4 | 56.88% | 67.23% |
| 2000 年 | 2 492.116 | 1 376.55 | 972.3 | 55.24% | 70.63% |
| 2001 年 | 2 661.546 | 1474.54 | 1 065.97 | 55.40% | 72.29% |
| 2002 年 | 3 255.65 | 1 799.37 | 1 345.99 | 55.27% | 74.80% |
| 2003 年 | 4 383.708 | 2 418.49 | 1902.7 | 55.17% | 78.67% |
| 2004 年 | 5 933.686 | 3 279.88 | 2 663.53 | 55.28% | 81.21% |
| 2005 年 | 7 619.991 | 4 164.81 | 3 466.27 | 54.66% | 83.23% |
| 2006 年 | 9 690.728 | 5 103.75 | 4 311.59 | 52.67% | 84.48% |
| 2007 年 | 12 180.15 | 6 176.56 | 5 214.62 | 50.71% | 84.43% |
| 2008 年 | 14 285.46 | 6 751.82 | 5 721.96 | 47.26% | 84.75% |
| 2009 年 | 12 016.63 | 5 869.81 | 4 937.02 | 48.85% | 84.11% |
| 2010 年 | 15 779.32 | 7 403.34 | 6 205.4 | 46.92% | 83.82% |
| 2011 年 | 18 986 | 8 354.16 | 6 993.25 | 44.00% | 83.71% |
| 2012 年 | 20 489.35 | 8 627.79 | 7 151.4 | 42.11% | 82.89% |

资料来源:历年《中国统计年鉴》。

由外资企业进出口贸易形成的贸易顺差是我国顺差的主要来源。图 8.1 表明,进入新世纪以来,我国贸易顺差的 30% 以上来自外资企业,而 2005 年后一直在 50% 以上。由此可见,我国贸易竞争力的来源或所谓比较优势的结构。

通过引进外资实现的经济增长是一种外延式的增长模式,即扩大要素投入的增长模式。中国增长奇迹的成因在于不仅外资流入形成了资本投入的一个巨大增

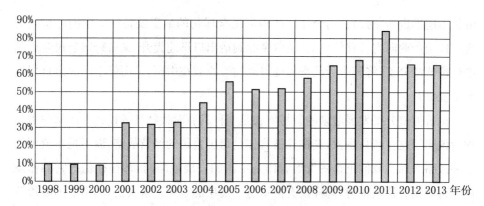

**图8.1　外资企业顺差占全国的比重**

量,而且其创造了就业和土地的集约使用。外资企业创造的就业一大部分来自农业释放的剩余劳动力,而其使用的土地则主要靠低效使用的农业用地转化为工业用地。

外资大量集中在出口产业的事实又表明,中国出口的高速增长是外资与中国廉价劳动力结合的发展模式。没有外资,中国不可能在短期内迅速发展起巨大的出口能力。这一模式是不能用"发挥廉价劳动力比较优势"的表述来概括的。因为这一表述没有说明廉价劳动力使用的关键前提即外资流入,比较优势理论并不假定外资即生产要素的国际流动,而且中国劳动力的高性价比优势是绝对的而非相对的(比较的)。

经典的要素禀赋理论也不能说明中国的贸易发展模式。因为要素禀赋理论的前提是无要素跨国流动,只有在此基础上才有所谓各国不同的要素禀赋结构。然而外资流入这一关键性的外贸发展成因从根本上改变了中国的要素存量结构(不是禀赋),以至于中国大量出口了技术密集型产品,出现了与要素禀赋相反的贸易现象。可见,离开了生产要素国际流动现象,就不能揭示中国外贸发展的本质特征。

## 8.2.2　参与全球价值链分工是外贸发展的主要模式

阐明中国外贸高速发展成因的另一关键是揭示经济全球化的影响。在贸易自由化迅速推进后,跨国公司全球生产布局是全球化的最重要特征。中国外贸发展既有传统产业向内转移的模式,民营企业制造出口迅速提升,又有跨国公司对产品进行价值链分工,将其中劳动密集度更高的阶段放在中国,从而使中国的出口规模大幅度提升。

由价值链分工发展起来的贸易增长是一种具有时代特征的模式。产品内贸易理论说明了这一贸易现象,其往往被看作是跨国公司的经营战略,而不是东道国的发展战略。而当我们把这一发展看作是中国的发展战略时,却往往仍把它称作发挥廉价劳动力比较优势,同样没有揭示这一现象的本质。事实上,利用本国廉价劳动力优势,接受和参与全球价值链分工,才是这一开放型发展战略的本质。其战略核心在于"要素"而不在于最终产品,是如何使要素优势得以发挥,而不是发展什么产品,现有贸易和投资理论都难以对此战略进行命名。

产品内价值链分工是当今经济全球化深入发展的结果,其具有显著的时代特征,以至于传统的以海关统计为基础的贸易流量已经不能准确反映一国的实际出口能力,增加值贸易的研究方法产生了。当我们在理论上承认这一方法科学性的同时,也发现了中国贸易发展战略从而赶超战略的时代特征——借助高端零部件进口实现的出口增长模式和参与产品内分工模式,中国从出口中获得的收益远远小于出口规模所显示的。这同样不是用"要素禀赋结构"这种宽泛概念所能说明的。

### 8.2.3 全球化时代特征下的发展模式不能用传统理论来表述

由此我们看到,对中国开放型经济发展模式的界定仅用现有传统理念是不够的。中国的发展是在充分利用经济全球化历史机遇的条件下实现的,解释中国模式的关键是认识经济全球化的核心与机制。

经济全球化从贸易自由化开始,但市场竞争的规律决定了企业不会满足于贸易竞争,而会采用投资方式进入对方国家市场,以实现更高的竞争力。同时,跨国公司在全球范围内组织生产与销售,形成了在产品各个阶段上的投资的分散化,同时形成产品生产总成本最低化和最接近于市场,而跨国公司自身始终控制产品的核心技术、品牌和销售网络等高增值阶段。

由此可见,经济全球化已经发展到了投资超越贸易的历史阶段:投资不但替代贸易,而且创造贸易;投资不但扩大贸易规模,而且改变贸易形式与内容。正是因为贸易产生于投资,投资决定贸易,我们再简单地用贸易的形式来界定一国的发展模式显然就不合适了。

那么投资的本质又是什么呢? 这是认识当代世界经济的关键。投资不是货币意义上的资本跨国流动,而是生产要素的国际流动。所谓生产要素,在传统意义上往往只分为劳动力、资本与土地,但跨国公司在对外投资时,所提供的首先是特定的创新产品、核心的生产技术、相关的知识产权、优秀的管理方式与管理团队,以及国际市场销售网络等,其次才是营运所需的货币资本。正是这些高级的易流动的生产要素向东道国流入,才形成了现代全球化意义上的生产与经营。[1]

因此,生产要素的国际流动是当代全球化经济的本质,当贸易分工乃至经济增长是由这一关键因素决定时,脱离这一基础对对外经济关系战略和赶超战略的任何定义,都可能离开了战略的本质与核心。

## 8.3  从"要素集聚"到"要素培育"——中国开放型发展道路的理论内涵

现在我们可以来分析中国赶超战略的性质与特点了。就对外经济关系而言,这一战略可以表述为"要素集聚"战略,即以开放政策吸引外部高级生产要素流入,借此动员起本国闲置与低效使用的低级生产要素,以这种要素的内外集聚参与国际贸易分工,并由此实现外汇的积累与资金的积累,在这一基础上通过推进创新培育国内高级要素,对外并购获取高级要素,进入更高水平的发展。

### 8.3.1  高级要素流入:中国道路第一阶段的理论内涵

中国的对外开放从一开始就注重参与国际分工,遵循比较优势原理是思想解

---

[1]  关于生产要素国际流动的系统分析参见:张幼文等著:《要素流动——全球化经济学原理》,人民出版社 2013 年版。

放的关键。然而,原有的发展基础出口能力难以快速提升,特区、开发区乃至整个国家全面吸收外商直接投资最终成为出口发展的最主要形式。吸引外资的重点最初只在于出口,以后逐步注重提升产品的技术含量。吸引外资大量流入靠的是四个方面:一是廉价劳动力,二是土地资源,三是政府高效服务与优惠政策,四是国内市场。显然,与上述技术等跨国公司投资的高级要素相比,中国所提供的是低级要素。高级要素向低级要素所在地流动的成因则在于经济全球化中的一个重要机制,即易流动要素向不易流动要素所在地流动。

在发展中国家中率先实现高速发展,在于中国改革开放所形成的"要素集聚"引力或向心力。坚持对外开放基本国策在国际上创造的信誉,各地各级政府的竞争性发展体制优势所形成的内在活力,改革形成的劳动力流动和土地开发制度提供的发展条件,增长正反馈所产生的国内购买力快速提升等,这些形成了对跨国公司高级要素的巨大引力,从而把中国纳入全球分工体系。这才是中国对外经济关系战略的内在逻辑。

## 8.3.2 要素集聚是中国道路的模式特征

要素集聚是中国道路的制度优势,也是中国发展的模式特征。在吸引外资上,人们往往更多注意到的是中国的廉价劳动力优势,而忽略了中国的制度优势。所谓制度优势,就是从中央到地方各级政府以发展为第一要务,在分税制利益驱动和科学必要政绩目标的动力下,全国形成了竞争性发展的良好机制,各地不断为优化投资环境而进行改革,推动基础设施建设,创造劳动力流动环境,特别是各种优惠政策,开发区的高效管理、配套能力与成本降低,为外资流入创造的日益完善的条件。改革在很大程度上弥补了中国一个时期中的市场缺陷与产业配套能力不足,优惠政策弥补了制度缺陷导致的企业经济成本提高,从而以制度优势推进了开放模式。

由此我们可以比较清晰地看到中国对外经济关系第一阶段上的特征了。改革以及由此形成的中国特色的经济体制是中国对外经济关系发展的前提。市场和要素价格不是吸引外资流入的全部因素,相反还是改革使这些因素真正成为优势。因此,要素集聚型的对外经济关系模式是一种政府发展导向型的模式,而不是直接由市场决定的分工模式,虽然政府的作用仍然是通过市场来实现的。如果说中国的经济体制是"区域发展导向型"体制(因地方政府的积极作用),那么中国的开放型经济模式就是"国家整体规划,地方竞争性发展的要素集聚模式"。

用"要素集聚"表述中国开放型发展模式的特征,其理论意义在于:第一,其体现了这一模式的时代特征即生产要素的国际流动,与不考虑要素国际流动的发展模式或理论形成显著区别;第二,其体现了改革是开放型发展的基础,即以改革形成对要素流入的引力与国内闲置要素的动员,较为全面地涵盖了中国道路的内涵;第三,其反映了中国开放型发展的空间结构,即沿海地区、开放城市、经济技术开发区等的聚焦式发展特点;第四,其避免了采用单一贸易投资理论只反映某一侧面的局限性。中国的经济发展是世界经济史上的奇迹,其本身就为时代性的理论创新提供了最坚实的依据,也提出了强烈的需求,要求我们不是简单地在现成的贸易投资理论中去寻找命名。

### 8.3.3　开放型发展的第一阶段为中国道路第二阶段准备了条件

今天,尽管中国已经成为世界第二大经济体,但中国并没有完成以赶超为目标的全部发展任务,而只是完成了整个发展的第一阶段,但这第一阶段却为进入第二阶段准备了条件。值得指出的是,沿着要素流动这一时代特征的思路,我们可以发现第二阶段的主题与目标。

要素集聚型的发展模式带来的经济与出口增长是规模意义上的。外资的比重决定了这种增长不是严格意义上的本国经济增长,更不是本国生产要素的收入增长,因为产出分配按照投入要素的所有权决定这一市场经济原则决定了中国不是全部增长的受益者,更不是全部出口的受益者。高级要素流入下的结构进步也只是存在意义上的——外商才是结构进步的主角和产权所有者。不论中国出口什么高新技术产品,都只是在出口低端劳动力从而获得较低收益。

从结构进步才是经济发展的意义上讲,中国还没有完成真正意义上的发展。但是,重要的是中国实现了增长,增长带来了巨大的资金积累,从而形成了巨大的投资能力、研发能力和产业结构升级基础,为进入第二阶段实现结构进步意义上的赶超准备了条件。因为正是这种资金积累,为人才培养创造了可能,为市场需求打下了基础,为企业家队伍的成长创造了机会。

发展理论以产业结构进步为对象和主题是完全正确的,结构进步是发展的核心内涵。但是,产业结构的先进性是以生产要素的先进性为基础的,没有与特定先进产业相适应的高级生产要素,产业升级只能是规划中的目标;以要素升级实现产业升级,结构进步才是现实的发展道路。

## 8.3.4 中国发展道路第二阶段的主题

在第二阶段上,中国发展的赶超正在通过以下途径实现,这些途径既体现了立足于第一阶段的客观现实,是延续性的而不是跳跃性的,又反映了如何利用好第一阶段所创造的条件。

一是加工贸易的结构升级。加工贸易是我国要素集聚发展模式的集中表现,也是发展升级的一大主题。随着加工贸易的不足逐步为国人所认识,逐步升级成为共识,也已经出现了良好的趋势,出口中加工贸易的比重已经明显下降,而国内供给的比重则不断上升。中国将日益成为现代高新技术产品的主要生产者,将仍然是价值链分工中的一员,但分工地位将逐步提升。鉴于分工低端的成因在于缺乏高级要素,因而培育高级要素必然是加工贸易升级的前提。

二是以投资高级要素推动新兴产业成长。要素集聚阶段的最大成就之一是消除了资金缺口而形成了资金充裕,巨大的资金积累为产业创新准备了关键条件。靠着起步于廉价劳动力的外资战略,中国完成了资本积累第一阶段,为自主的产业创新准备了条件。资金的积累特别为现代产业的基础即大规模研发投入准备了条件,打下了创新的基础。换言之,发展新兴产业的战略核心是研发投资即构造专利、技术、品牌等高级生产要素,政策重点是支持要素成长,而不是传统意义上的产业投资或引进式发展。

三是聚焦高端人才成长。社会财富的积累导致了人才成长条件的迅速改善,同时,以开放推动的市场化也使一大批企业家成长起来。加工型劳动力富裕是第一阶段要素引进的条件,也是低端分工的成因。改变国际分工地位的前提是知识型、管理型人才供给的扩大。新阶段的要素培育战略就是实现人力资源要素结构的变化。

四是通过国际并购快速获得高级要素。中国通过长期双顺差积累了世界最大的外汇储备。与国内投资能力的上升相结合,国际并购的能力迅猛提升。在排除了各种政治障碍以后,中国将通过并购迅速获得一批现代企业,从而获得其所拥有的核心产品、技术、品牌、供应链和国际市场网络等高级生产要素,并实现与国内企业的联动,为结构进步和在国际分工中地位的提升发挥关键作用。这将是中国利用资金外汇双剩余战略的一个重要方式,也将为发展中国家实现两阶段发展道路创造新鲜经验。从要素流动这一全球化时代特征上讲,这是另一种意义上的要素流动:在接受跨国投资时,出现的是要素流动而产权不流动:发达国家先进生产要素进入了中国,但产权仍然属于发达国家跨国公司。当中国进行国际并购并由此迅速获得高级生产要素时,是产权流动而要素不流动:要素仍然在跨国公司先前完成的全球布局中,但产权转变为中国所有。这将是中国开放型发展第二阶段的重要特征。

五是进口创造的产业补缺。出口发展创造了巨大的进口能力,在国内投资能力上升中,中国有条件通过进口解决一时缺乏的关键装备、零部件和技术,从而突破产业的整体创新中的难点,实现中国主导的结构进步。资金与外汇条件为这一战略准备了充分条件,而这种"补缺"式的引进方式是在中国企业主导下的发展,其结果是中国自己的产业结构进步。

这样内容上发展的第二阶段的核心是什么呢? 根据第一阶段"要素集聚"的性质及其不足,这第二阶段的核心就是"要素培育",即通过培育本国所稀缺的高级生产要素,来实现本国主导的产业发展和国际分工,从而实现本国投资的产业进步和国际分工地位的提升。

从理论总结上讲,历史上的贸易与分工理论都是从产品意义出发分析和定义,对国家战略也相应地以此而命名。然而,当我们发现了国际直接投资的发展是经济全球化的核心,而直接投资的本质是生产要素的国际流动以后,我们就发现了当代国际"分工"是基于生产要素的"分工",发展与结构进步必须区分资本的国民属性,因而从"要素集聚"到"要素培育"就构成了中国赶超式发展的全过程。

世界经济及相关贸易投资理论从产业间分工发展到产品间分工,又发展到产品内分工,要素流动是产品内分工的微观基础。基于这一时代特征的要素集聚发展战略也因此而启示着战略的动态推进,也同样避免了一个国家陷入"比较优势陷阱",而"廉价劳动力比较优势"正是这样一个陷阱。

# 第9章
## 双轮驱动：中国应对经济全球化的历史经验

中国 30 多年举世瞩目的成功发展是在经济全球化的历史潮流中实现的。经济全球化是机遇，也是挑战。中国的成功发展不仅在于抓住了时代与历史的机遇，而且在于正确实施了"双轮驱动"战略，国内改革与对外开放二者互相促进，在积极应对经济全球化的过程中走出了一条成功的道路。

## 9.1 要素流动：经济全球化的本质特征

正确认识经济全球化是抓住机遇与正确应对的前提。中国是在经济全球化的历史进程中崛起的，双轮驱动战略成功的根本原因在于，深刻把握经济全球化的本质特征，正确制定应对经济全球化的发展战略。

### 9.1.1 生产要素的国际流动：经济全球化的本质特征

世界经济起源于国际贸易。工业革命在欧洲国家创造了巨大生产力，涌流出来的产品要求寻找更大的市场和原料产地，这导致了国际贸易的大发展，成为世界经济发展的历史起点，即世界市场的形成。19 世纪末的跨国证券投资促进了资本主义生产方式的国际化，但它只是在主要工业国家间进行，落后国家与殖民地只是被纳入先进国家发展需要，而不是处于与主要工业国家平行的发展关系之中。20

世纪最后 30 年是国际直接投资的大发展时期，也正是在这时，以资本跨国流动为特征的新的世界经济完全形成，真正意义上的经济全球化开始发展。

生产要素的国际流动是经济全球化的本质。这是因为：第一，生产要素的国际流动既包含要素的流动，也包含产品的流动，因为要素流动必然是生产地发生变化，最终导致产品贸易量的扩大；第二，要素的国际流动从生产经营的源头起形成了国与国之间的经济联系，其深度要超越以最终产品为内容的国际贸易；第三，要素流动是广义的，它包括货币资本的流动，也包括技术、人才、经营管理、信息、市场营销网络等的流动，正是其广义性深化了国际经济联系；第四，要素流动是产品流动的发展，因为跨境投资往往是为了跨越贸易障碍，包括关税等市场障碍和运输等自然地理障碍，这在客观上发展了国际商品贸易关系。要素流动超越了商品流动，也主导了商品流动。

从现实国际贸易谈判主题的深化中也能看到世界经济从贸易为主到要素流动为主的变化。世界贸易组织的前身即关税与贸易总协定的前几轮谈判主要是解决商品贸易中的市场障碍，而到 1986 年开始的乌拉圭回合谈判，内容扩展到知识产权保护和投资政策等广泛领域，要求其他成员方开放投资的市场准入等。正是在这些关于生产要素谈判成果的基础上，建立了经济全球化发展的阶段性标志——世界贸易组织。在这一组织功能的广泛性意义上，我们可以说它是全球化经济的载体。

## 9.1.2　生产要素国际流动的影响：发达国家与发展中国家的共赢

要素流动是生产要素的国际结合，是不均衡分布要素的国际组合。全球化可能成为历史机遇的原因正在于，全球化进程中的要素流动以及基于要素流动的市场开放。

全球化对发达国家而言是一种历史机遇，因为其充裕的资本、技术和人才要素获得了更大的投资空间，从而获得了更高的要素收益。也正因此，发达国家成为经济全球化的主要推动者。全球化对发展中国家而言也是一种历史机遇，因为其可以通过国际直接投资获得各种生产要素的流入，这不仅可以在短期内增加要素尤其是高级要素的供给，而且由于高级要素的流入，各种闲置的低级要素得以进入被使用的状态:自然资源得以开发,低级劳动力获得就业,土地的使用更加优化。事实上,发达国家之间也形成了更多的高级要素流动,从而使高级要素的配置更加合理,使用更为广泛,收益得以提高。

跨国公司是生产要素国际流动的主体,跨国公司的发展是生产要素国际组合的表现,20世纪90年代正是跨国公司大发展的时期。在1990年初,全球有37 000家跨国公司,17万家海外分支机构,其中33 500家的母公司位于发达国家。2004年底,全球跨国公司总数上升到了70 000家,海外分支机构至少690 000家,这些分支机构有几乎一半坐落在发展中国家。

跨国公司在发展中国家的投资促进了发展中国家的经济发展。自2002年以来,亚非拉广大发展中国家都进入较快发展期。根据国际货币基金组织统计,1999—2008年非洲经济年均增长4.7%,亚洲发展中经济体年均增长7.9%,中东欧经济年均增长4.4%,发展中国家经济总体年均增长6.4%,比1989—1998年的3.8%高出2.6个百分点。生产要素国际流动的积极意义十分明显。

### 9.1.3 从要素流动的意义上来看经济全球化既是挑战又是机遇

经济全球化既是机遇又是挑战,从要素流动的意义上来看更加清楚。对流入、流出两类国家(在很大程度上就是发达国家和发展中国家)而言,要素流动都是既构成机遇又提出挑战。对要素流出国来说,机遇在于其资本、技术等优质生产要素有更多的投资机会和盈利空间。但是,要素的流出同时也是就业岗位的流出,甚至产业的流出,从而导致就业压力增大,直至产业的空心化。对要素流入国来说,要素流动和生产国际化使发展中国家能够在短期内跨越资本积累和技术研发所需要的漫长过程,直接发展一些现代产业,在短期内,这些产业在本国的现有条件下往往是不可能建立起来的。这就改变了发展中国家发展现代产业的路径,即不再是通过投资和研发,而是在学习过程和技术外溢过程中获得发展。但是,要素的流入同时也是产业的流入,传统产业由于受到外来更强竞争的压力可能破产,新兴产业可能失去发展的空间,也就是说,发展中国家在获得经济规模扩张的同时,也给本国企业和产业的发展带来了障碍,或至少使其必须改变发展路径。

## 9.2　要素引进：发展中国家应对全球化的战略核心

发展战略的选择是第二次世界大战后的一个世界性课题。在过去的 30 年中，发展一直是世界的主题，然而发展成就却各不相同。究其原因，关键在于如何积极有效地应对经济全球化。经济全球化的本质特征即要素流动决定了能否积极引进并有效利用外部生产要素为本国发展目标服务是发展中国家的战略核心。

### 9.2.1　发展的道路：是否积极引进外部要素

从 20 世纪 50 年代起，新独立的发展中国家普遍进行了经济发展特别是工业化道路的探索。除了国内经济制度的选择外，就对外经济关系而言，这一探索集中到一点，就是走开放型道路还是封闭型道路。许多发展理论认为，发展中国家新兴产业的低竞争力决定其实现工业化的道路只能是进口替代，即在贸易保护下的发展。这使许多国家采用了封闭型的发展道路，也取得了一定的发展成果。这种战略选择并不是没有依据的。经过长期的帝国主义和殖民地时代，发展中国家形成了对发达国家的依附地位，发展中国家不可能在依附中发展。但是，另一部分国家和地区却选择了开放型的发展道路，他们利用世界市场，通过出口产业的逐步提升拉动国内增长，取得了更好的发展成就。事实上，战略选择的差异很大程度上取决于对世界经济特点和机遇的判断。第二次世界大战后相对稳定的世界经济环境和经济的持续稳定增长为落后国家的发展提供了良好的外部条件，包括出口市场和资金供给。这使更多利用这些外部条件的国家和地区获得了更好的发展机遇。开放型的发展道路不仅使发展中国家利用了国际市场和生产要素，而且也减少了国内经济中的扭曲，提高了资源配置效率从而实现了更快的增长。大量事实证明，开放经济比封闭经济的发展成效更为显著。Jeffrey Sachs 等的研究证明，1965—1990 年，40 个始终不开放的发展中经济体和 8 个始终开放的发展中经济体的平均年增长率存在着显著差异，如图 9.1 所示，开放型战略与封闭型战略的差别也经历了一个历史性的变化。在世界经济形成后到全球化大发展前,两类战略的差别主要在于产品市场的开放性。但在经济全球化形成中,这一差别就集中表现为是否对外资实行市场准入即要素流入许可上的政策差别。因此,开放政策中更重要的问题是对外资流入的政策而不是产品进口的政策。

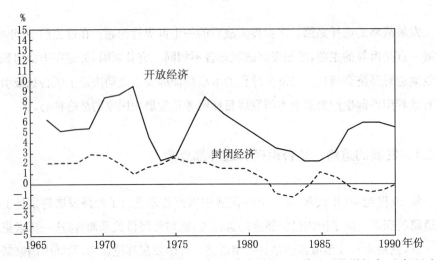

注:图中实线为开放型经济的平均增长率,虚线为封闭型经济的平均增长率,左标尺为增长率,时间从 1965—1990 年。

图 9.1　8 个长期开放型经济与 40 个长期封闭型经济的增长率比较(1965—1990 年)

表 9.1　世界范围引进外资的数量　　　　　　　　　单位:亿美元

|  | 1970 年 | 1980 年 | 1990 年 | 2000 年 | 2001 年 | 2002 年 |
|---|---|---|---|---|---|---|
| 全世界 | 129.4 | 549.6 | 2 086.7 | 13 929.6 | 8 238.3 | 6 511.9 |
| 发展中国家 | 34.61 | 83.92 | 369.59 | 2 460.57 | 2 094.31 | 1 621.45 |
| 非　洲 | 9.28 | 3.92 | 24.3 | 84.9 | 187.7 | 109.98 |
| 美　洲 | 15.9 | 74.9 | 97 | 953.6 | 837.3 | 560.2 |
| 亚　洲 | 8.1 | 3.96 | 242.6 | 1 420.9 | 1 067.8 | 949.9 |

资料来源:联合国贸发会议(UNCTAD)报告《发展与全球化:事实与数据》,第 33 页。

全球的经济开放趋势使越来越多的发展中国家采用更加开放的政策。引进外资成为开放型发展战略的重要方面。从表 9.1 可以看出,20 世纪的最后 30 年,发展中国家的开放政策集中体现在积极吸引外资流入。发展中国家吸收外资的数量从 1970 年的 34.6 亿美元增加到 2002 年的 1 621.5 亿美元,增加 45 倍多,年均增长率达 12.7%,远远高于同期的经济增长率。其中,以亚洲的增长最为显著,2002 年吸收的外资是 1970 年的 117 倍,达 949.9 亿美元。

这一期间,越来越多的国家采用了有利于国际直接投资的政策和管理规则,而采取相反措施的国家只是极少数(见表 9.2)。这些引资政策广泛涉及放宽对 FDI 的限制、减少政府对企业的干预、放宽对外资投资比例和产业进入的限制、放松外汇管制、允许给外资提供更优惠的担保。

表 9.2 各国在 FDI 法规上的变化(1992—2002 年)

| | 1992 年 | 1995 年 | 1999 年 | 2000 年 | 2001 年 | 2002 年 |
|---|---|---|---|---|---|---|
| 在投资制度引入变化的国家的数量 | 43 | 64 | 63 | 69 | 71 | 70 |
| 发生变化的规则数目 | 79 | 112 | 140 | 150 | 208 | 248 |
| 其中:有利于 FDI[a] | 79 | 106 | 131 | 147 | 194 | 236 |
| 不利于 FDI[b] | — | 6 | 9 | 3 | 14 | 12 |

注:"a"包括更自由化、旨在增强市场功能的措施或者激励措施;"b"包括旨在对 FDI 增加控制或者减少激励措施。

资料来源:联合国贸发会议(UNCTAD)报告《2003 世界投资报告》,第 21 页。

从 20 世纪 70 年代起,许多研究旨在证明,开放型的发展比封闭型的发展更少扭曲,所以发展成效更好。以巴格瓦蒂为代表的发展中国家经济学家证明开放有利于消除对外扭曲,从而国家能够从资源配置的优化中得益。S.埃德华兹(S.Edwards)分析了经济开放和国际资本流动对经济增长的影响。他指出,反全球化的观点是建立在不完全证据的基础之上的,是无视重要历史事实的。根据经济学扭曲理论,控制资本的流动,包括流入、流出,会导致更高的资本成本,从而对经济增长产生负的影响。不开放条件下的市场扭曲不利于经济增长。这类研究为发展中国家实行开放政策提供了理论依据。

## 9.2.2 发展的形式:是否参与全球化

体制随着经济全球化的快速发展,全球化体制也向纵深发展,其核心不再只是降低关税和各种贸易壁垒,而是为资本等要素的自由流动提供条件。种种多边与双边贸易协定更多提升到贸易投资协定,避免双重征税等成为国际协定的新主题。从20世纪90年代起,发展中国家积极参加世界贸易组织以及各种双边贸易协定,主动融入经济全球化。世界贸易组织从其前身关贸总协定(GATT)成立时的23个缔约国发展到目前的148个成员国,其中,增加数目最多的是发展中国家或地区,已由不足20个增加到目前的超过100个。与此同时,发展中国家也越来越积极地参与各种双边贸易协定。根据联合国的统计,截至2005年底,全球签订的双边投资协议(BITs)总数已达2 495个,发展中国家占75%,避免双重征税协定(DTTs)达2 758个,发展中国家占58%,国际投资协议(IIAs)232个,发展中国家占81%。最不发达国家(LDCs)虽然只吸收了0.7%的金融资本,却缔结了15%的BITs、6%的DTTs和15%的IIAs。同时,发展中国家间的双边协定也显著增加。例如,发展中国家间的BITs从1990年的42个增至2005年底的644个。同一时期,发展中国家间缔结的DTTs从105个增至399个,IIAs从17个增至86个。与此同时,一大批发展中国家还在规则制定方面非常积极活跃,并开展了越来越多的南南合作。经济全球化将使得自由贸易和不同经济体之间的合作发展更快。

## 9.3  双轮驱动:中国抓住全球化机遇的整体战略

成功应对经济全球化是中国在经济全球化中崛起的关键。这一成功可以归结为以国内体制改革适应经济全球化的要求,以积极应对全球化挑战推进国内改革,以国内改革形成参与全球经济竞争的体制优势,这是中国能够在全球化中崛起的根本原因。从要素流动的意义上看,开放为要素的流入创造了条件,而改革形成了流入的要素发挥作用的机制,增强了开放对要素流入的引力。因此,开放与改革平行推进、双轮驱动既构成了中国发展的正确道路,也形成了持续高速成长的强大动力。

### 9.3.1  从初级阶段的国情出发制定开放型发展战略

中国将长期处于社会主义初级阶段,认识初级阶段的基本特征并从这些特征出发制定发展战略，是中国在开放中成功发展的又一关键。30 多年前的开放，是从经济特区、劳动密集型产品的加工贸易、外资引进、资源开发、补偿贸易等方式开始的。这些方式是从当时中国低发展水平出发的现实可行的战略选择。在当时的条件下，不采用这类模式，中国就不可能启动外资引进，就不可能启动出口贸易。此后，城市的发展又采用了土地批租的方式吸引外资，同样是由初级阶段的国情所决定的。从经济学意义上讲，所谓初级阶段，就是只拥有一般劳动力、土地和自然资源等低级生产要素，没有自己的先进技术，不具有进入世界市场的竞争力，为工业化和现代化所需要的资本积累还刚刚开始。正是这些初级阶段的特征，决定了中国只能走以低级要素吸引外国高级要素的战略道路。这些基本认识是中国开放战略起步阶段模式选择的依据。

发展的一个关键因素在于资本的积累，进而是以资本为基础的广义生产要素的积累。在经济全球化进程中，中国能够有效地集聚全球生产要素而实现自身发展，其基础在于国内的体制转变。改革形成中国发展的强大动力，在于其释放了生产力，激发了社会各阶层的巨大积极性。从生产要素的意义上讲，改革就是将闲置的生产要素动员起来并使其成为吸引外部生产要素的引力。从对外开放的角度讲，改革的作用在于为开放创造了适应全球化的市场经济体制，为促进全球生产要素的集聚提供了体制基础和环境。

以改革与开放双轮驱动实现发展同样也是从中国国情出发而做出的战略选择。这是因为，中国的对外开放是从传统的计划经济体制中起步的，在这种计划经济体制条件下，不仅市场没有发育，而且旧的中央集权管理体制根深蒂固。因此，改革是培育市场的必要过程，也是开放即融入经济全球化的必要条件。

## 9.3.2　在全球化中崛起的关键：实现要素的高度集聚

要素流动是经济全球化的本质特征，实现要素的流入是应对经济全球化的关键，因此，大规模地实现要素集聚成为一国在经济全球化中崛起的根本条件。从企业层面上讲，生产要素包括资本、技术、劳动力和管理等，在经济全球化条件下，管理广泛涉及生产经营的企业制度、国际市场销售网络等，这些不属于传统意义即可计算为投入品的生产要素，但它们对现代国际企业的经营而言却往往是形成核心竞争力的基础,是经济全球化条件下企业的"经济要素"。从国家层面上讲,体制、机制,特别是金融体制及其所创造的融资能力等,都是经济要素;一国的经济环境也是经济要素,它是由该国的政府政策和发展水平造就的。同类要素还有低级与高级之分,如劳动力和技术都是有差别的。值得特别注意的是,要素的流动性是有差异的,有的要素流动性强,如货币资本、技术专利;有的流动性弱甚至完全不流动,如自然资源、土地;有的流动性强弱受国家政策影响,如尖端技术。劳动力的流动是世界经济中的重要现象,但在大多数国家政策中,往往是鼓励高级劳动力的流入,限制低级劳动力的流入。

要素流动性的这些差异决定了全球化条件下要素国际组合的特征,即流动性强的要素向流动性弱的要素所在国家流动而不是相反。这就决定了在其他条件相同的情况下,发达国家的资本技术向以土地、自然资源和低端劳动力为主要要素的发展中国家流动,这是经济全球化带给发展中国家的一种特殊的机遇。如果政府能够创造适合高级易流动生产要素向本国流动的经济环境,那么就会推动这种要素的集聚。从这个意义上可以说,对一个发展中国家来讲,是否真正抓住经济全球化的历史机遇,就在于能否使本国低级的低流动性的要素成为吸引高级的高流动性要素流入的有利条件。这些条件形成的关键是,政府创造对外国高级要素有利而有效的经营环境。

### 9.3.3  市场化改革:中国吸引全球要素集聚的基础

前文证明,在全球化条件下发展中国家发展战略的核心就是以本国低级要素形成对资本等高级要素流入的引力问题,这一点比历史上发展战略更多关注的如何实现本国产品出口更为重要和关键。改革的核心目标就是解决这一问题。J.Sachs等分析了各国经济改革与参与全球化的进程。他们指出,从 1970 至 1995年,特别是后十年出现了世界历史上最显著的体制融合和各国经济的一体化现象。1995 年,一个具有支配地位的全球经济制度形成了。由 120 多个经济体组成的新的世界贸易组织标志着各国在体制上的共同选择。与此同时,国际货币基金组织几乎包括了全世界所有国家,各成员国承诺货币可兑换的基本原则。大部分经济改革计划正在发展中国家推进,实行计划经济的国家将使本国经济与世界经济一体化作为其战略目标。一体化不仅增加了基于市场的贸易和金融流动,而且在制度的融合方面广泛涉及贸易政策、法律法规、税收制度、产权形式和其他各种调节制度。在这些领域的政策改革过程中,国际规范常常发挥决定性作用。

对中国来说,营造吸引外国高级生产要素流入的经济环境是开放的根本任务;而实现这一任务的根本手段则是改革,即创造一个对外资有吸引力的和熟悉规范的市场环境。在这里,我们看到了改革与开放的紧密关系。开放是战略的取向,而改革是实现这一战略的条件。改革的一大主题是将一个封闭型经济改造成为一个开放型经济,而开放又是促进国内市场化改革的巨大动力。通过改革实现了开放,又通过开放推进了改革,这就是中国过去 30 年所走过的路。

国内体制的转变,激发了中国经济的巨大潜力。改革开放特别是 20 世纪 90 年代初以来,中国已经成为世界要素集聚最多的国家之一,表现为全球大量资本、技术、品牌、优秀人才等高级要素的集聚。1979—2005 年中国 FDI 实际流入额累计达 6 224.3 亿美元,2005 年达 720 亿美元。从总体上看,中国 FDI 流入额约占全球 FDI 流入额的 10%,发展中国家的 25%,及东亚、南亚及东南亚发展中国家的 50% 左右。2004 年,这三个比重分别为 9.35%、26% 和 44.03%。FDI 大量集聚中国的趋势非常明显。要素的国际流动不仅局限于资本国际流动,FDI 也往往具有多维属性,可以将其看作一个"企业包",包含资本、技术、管理、信息、知识、品牌、海外销售网络等多种要素。在全球化经济中,跨国公司特别是世界 500 强跨国公司是国际投资的主体,也是技术、标准、品牌、跨国生产经营网络等高级要素的主要拥有者。跨国公司控制着全球 80% 以上的新技术和新工艺,是世界技术发明和技术传播的主要载体,同时也是全球研发的主要承担者。凯夫斯(A.E.Caves)也指出:在那些研发最为突出的行业中,研发与对外直接投资都集中于大公司手中,研发促进企业对外直接投资,而对外直接投资也反过来促进研发。伴随着国际资本的集聚,其他要素也随之集聚,这可从跨国公司对中国的投资中看到。截至 2005 年 12 月底,中国累计批准设立的外商投资企业达 552 942 个,全球最大的 500 家跨国公司已有 450 家左右来华投资。

从农村流出的廉价劳动力是中国吸引外资的重要因素。改革使农村释放了近乎无限供给的廉价劳动力,从而大大促进了中国参与国际要素合作的优势要素的形成。农村外出劳动力的数量不断提高,流动半径加速扩大,2003 年外出 1 个月以上的农村劳动力总和达 9 831 万人。另据统计,综合各方面因素,目前中国农民工已超过 1.8 亿,甚至有专家估计达 2 亿左右。大批的廉价农村劳动力涌入城市和沿海地区,极大地压低了劳动力成本。

开放政策是以改革的方式起步的。1978 年经济特区的建立是对计划经济和中央集权管理体制的一大改革。从形式上看,这是中央政府给予地方政府特殊权力;但是,从内容上看,这些权力的核心则是地方政府在其所管辖区域内拥有给予外资企业优惠政策的权力,拥有对外贸易管理的权力,以及拥有人员出入管理权力等,从而在不同程度上拥有自由贸易区意义上的各种权力。这种改革使特区从旧体制中脱离出来,形成了外资流入的引力,即要素的集聚,正是要素的集聚使特区迅速发展起来。从特区扩大到沿海城市,从南方延伸到东部,中国整个沿海地区的大发展就是外部要素流入从而要素集聚的结果。这种集聚不仅包括外资的流入,而且包括由此而带来的加工贸易即通过国际市场渠道要素的流入——新产品生产即技术、品牌、生产工艺等的流入,新企业被纳入全球生产经营体系即全球生产网络要素的流入,高级经营管理与技术人才要素的流入。这种巨大的引力来自政府提供的优惠政策,廉价的低级要素供给以及逐步规范、透明、高效的生产经营环境。

投资的市场准入和产品的市场开放都属于开放问题,然而二者都要求国内改革的推动。一些部门长期在产业保护和行政垄断的条件下发展,效率低下,投资的市场准入就是打破行政垄断,引进竞争,以竞争促发展。国内市场对外资企业开放在扩大吸收外资中起了决定性作用,事实上也是引进竞争、促进发展的改革。

### 9.3.4 以开放促进改革,开放为改革创造巨大动力

改革与开放互相促进,形成中国发展的双轮驱动。改革为开放创造了条件,反过来,开放又创造了改革的动力。中国以积极姿态顺应全球化推进国内改革,加入世界贸易组织的经历也证明了这一点。加入世界贸易组织的过程是中国改革与开放互动的生动实践,特别体现了开放对改革的促进。关税下降虽然是谈判的一大主题,但世界贸易组织的成员对中国提出的要求更多集中在市场准入、政府透明度

等体制问题上。从中国自身来说，在当时打破长期以来的行政垄断和地方保护主义已成为改革面临的紧迫问题，而"入世"则创造了一种巨大的促进中国改革的外部动力。"入世"后中国引进外资的飞跃证明了改革与开放的互动对要素集聚的巨大意义。

"入世"对中国建设规范的市场经济法制体系发挥了关键性作用。1999 年底，中央级法规制度的修改调整就开始了，截至 2002 年 12 月，制订、修改、废止法律、行政法规、部门规章和有关政策措施 1 000 多条。各地从 2001 年 9 月开始按照统一部署进行清理，到 2002 年 6 月底，31 个省、直辖市和自治区清理了 200 多万件，立、改、废 19 万件。到 2006 年 12 月中国"入世"五周年时，中国已经完成了立法的透明度和行政公共参与制度，建立和完善了法律、规章和规范性文件的备案审查制度。中国"入世"前后制订和修订的立法法、行政法规执行条例、规章执行条例、行政许可法以及其他一系列中央和地方的法规，都要求在立法过程中通过各种形式如研讨会、论证会、听证会等广泛听取各方面意见，包括立法和公众参与。此外，中国还全面推进依法行政工作，完善了监督和救济机制。2004 年 3 月，国务院发布《全面推进依法行政的实施纲要》。中国还在转换政府职能、理顺行政执法体制、规范执法行为、加强行政复议和行政诉讼工作方面取得了明显成效。1999—2006 年，各级行政复议机关受理 53 万件行政立案，对世界贸易组织规则的实施起了保障作用。

## 9.4 统筹国内发展与对外开放：新阶段双轮驱动的主题

在中国新的发展阶段上，深入贯彻落实科学发展观是全面建设小康社会的要求，也是提高对外开放水平的要求，对外开放也正开始走上以科学发展观为指导的开放。坚持邓小平对外开放的战略思想，要求我们在新阶段继续实施双轮驱动的战略，这一战略在新阶段的表现就是统筹国内发展与对外开放的整体战略。应对经济全球化的发展战略不仅在于实现更多的要素流入，而且在于如何更有效地利用流入的要素为本国的发展战略目标服务。这正是今天以科学发展观为指导和科学发展观所要求的对外开放的主题。

### 9.4.1 以国内改革提高开放的效益成为开放

近年来,对开放实际效益的关注已成为许多研究的重点。这些研究发现,在一些情况下,开放效益较低,甚至受到损失。大量研究证明,开放效益受损的根源不在于开放政策本身,而在于国内经济体制中的问题。

在外资效益上,低端外资甚至严重污染和资源消耗型外资的引进,并非中央开放政策所导致,而是地方由于错误的政绩观和不完善的政绩考核体制追求外资数量的结果。一部分外资对国民经济的效益低,原因在于地方政府过度让利的优惠政策,而过度让利的优惠政策又缘起于地区间的外资竞争。从体制上讲,中国形成了地方政府积极发展经济的新体制,但缺乏防止发展中的恶性竞争导致利益外流的有效机制。加工贸易的过度发展也是这样。开放之初,中国只能通过加工贸易打开国际市场,争取稀缺外汇。但是,当贸易数量特别是出口数量成为主要发展指标以后,加工贸易就成了主要的出口发展手段,至于中国从加工贸易中所获得的利益、加工贸易对国内产业的拉动作用却不再受到关注。由于发展加工贸易比发展一般贸易容易,加工贸易比重不断扩大。由此可见,地方政府的职能及开放型发展导向指标上的问题是影响开放效益的一大因素。从本书所谓的要素流动意义上来看,问题在于注重要素流入的同时,忽视了引进要素的目的和战略目标。

中国的经济体制是"区域发展导向型市场经济"体制,地方政府具有强大的经济职能,承担着全面的发展任务,对市场有显著的干预能力和参与能力。这一体制使中国获得了世界上少有的发展速度和活力。然而,从经济角度来看,政府的政策干预可能是正确和有效的,也可能导致市场的扭曲,经济效益下降。特别在出现各地区间发展竞争时,不仅会产生更大的扭曲,影响资源配置合理性,而且还会导致发展利益的外流。如果这时对地方政府的政绩考核又采用了不完全科学的指标,就更会加剧扭曲。这种扭曲的核心正是要素价格的扭曲。

中国经济中的另一个不合理现象是银行中沉淀着大量资金,国家有大量的外汇储备,但引进外资仍然是发展的主要动力。这就是说,国内要素未能与引入要素实现有效结合。国内资金难以形成资本的关键原因，一在于中国企业太弱，不具有技术与产品创新能力，缺乏国际市场渠道；二在于国内金融市场发展不足，融资机制未有效形成。由于国有企业存在的治理问题严重制约了企业发展，就连中国国内市场的发展机遇都大量留给了外资。企业改革的深化，民营企业的有效培育，都将有效提高国内企业的竞争力，与外资分享中国发展的机遇。

### 9.4.2　建设开放型经济体系

30 多年来，中国走过了一条从政策性开放到制度性开放的道路。在中国当代的语言体系中，"政策"一词具有特殊的含义。它往往不是指目标意义上的政府行为如产业政策（激励或抑制某种产业），也不是指手段意义上的政府行为如财政政策、货币政策（推动增长或抑制通货膨胀的工具），而是指针对特定地区、特定对象的差别待遇和特殊优惠，如特区政策、开发区政策、外资政策、加工贸易政策等。对外开放正是指后一种意义上的政策，即激励一切涉外的企业、地区和经济活动，使外贸与外资得到特别的优惠。这种优惠性的开放战略在使封闭型经济不断提高开放度中起了决定性作用，并使中国初步形成了开放型经济。但是，正是由于政策的上述含义，出现了各地区间政策优惠度的竞争，政府官员拥有很灵活的政策运行权力，开放形成了明显的官员个人与地区的特性，从而暴露出其不透明性、不稳定性以及由此而带来的不科学性。

政策性开放在使封闭型经济向开放型经济转轨中起了决定性作用，也在使中央集权的计划经济向地方分权的市场化经济转轨中起了决定性作用。但是，政策性开放的这种特点不仅不符合世界贸易组织规则的透明度要求，而且不利于中国自身实现开放效益最大化。政策性开放导致政策引致性扭曲大量存在，进而导致开放效益下降。

从政策性开放向体制性开放的转变是对外开放的必然趋势，也是开放在新阶段上发展的现实要求。体制性开放即建设开放型经济体系，其根本特征不是针对涉外经济活动的优惠，而是从制度上适应对外经济关系的发展。制度是相对稳定的、透明的、规范的，它不因地区和官员的特殊权力而使各地涉外经济活动有成本收益上的差异。开放型经济体系是一个大系统，它包含多个子系统，如开放的产业体系、开放的市场体系、开放的金融体系等。在开放型经济体系中,产品与要素的流动总体上没有障碍,在部分仍然存在着国家控制的领域中,开放型经济体系的政策是清晰的、稳定的和符合国际惯例的,这种政策不取决于激励对外经济活动的目的,而取决于国家的开放战略和进程。

# 第 10 章

## 要素收益与要素稀缺性——基于外资企业
## 会计利润表的实证研究

## 10.1　要素收益问题的提出

当今世界经济的基础特征表现为"要素合作型国际专业化"（张幼文，2007）。各国的商品生产已不再仅由本国要素所完成，而是各国生产要素在某国集聚的体现，是本国要素和流入要素合作生产的结果。外商直接投资企业作为本国生产要素和流入生产要素合作生产的组织形式和载体，其在一国经济中的地位愈发重要。以中国为例，2001—2012 年间，外资企业进口占中国进口总额的平均比重为 54.679%，出口占中国出口总额的平均比重为 54.662%，由外资企业所产生的贸易顺差额为年均 856.26 亿美元，占中国对外贸易顺差额的平均比重为 53.43%。目前鲜有研究区分生产要素的国别属性，分析外资企业生产经营活动对不同国别要素收益的影响。那么，从生产要素的国别属性角度看，外商直接投资企业生产规模的扩大是否意味着本国要素收益的提高？本国要素收益的相对高低又由何种因素所决定？

探究全球化经济中的生产要素性质和生产要素国际流动下生产要素收益决定机制及其影响，是正确认识全球化经济下世界经济的收益格局及其演变趋势的理论基础。本章将在张幼文（2005）的基础上，运用数理模型论述生产要素国际流动下要素收益与要素稀缺性的内在逻辑关系，并通过考察外资企业出口和内销对不同稀缺度、不同国别属性要素收益的影响，为要素稀缺性决定要素收益原理提供实证检验。

本章的组织结构如下,第二部分分析了生产要素国际流动下,要素的数量和层级稀缺性与要素收益之间的理论逻辑关系;第三部分考察了外资企业出口和内销对不同稀缺度要素收益的影响。最后为简短的结论。

## 10.2  生产要素流入下要素稀缺性与要素收益的理论分析

稀缺性是经济学分析的起点,生产要素的稀缺性是研究经济现象的关键之一(Walras,1926;Ricardian,1821),也是研究全球化经济中生产要素跨国流动的关键。

假设生产要素国际流动下外资企业的生产函数为:

$$Y = A\ [\delta_l L^{\frac{\rho-1}{\rho}} + \delta_k K^{\frac{\rho-1}{\rho}}]^{\frac{\theta\rho}{\rho-1}} \tag{10.1}$$

其中:$Y$ 为外资企业的产出量;$A$ 为外资企业的技术水平;$L$ 为外资企业雇用的东道国劳动力数量;$K$ 为外资企业资本要素的使用量。$\delta_l$ 为外资企业中劳动力要素的产出系数;$\delta_k$ 为外资企业中资本要素的产出系数,两类不同要素产出系数的关系为 $\delta_l + \delta_k = 1$;$\rho$ 为两类要素之间的替代弹性;$\theta$ 为齐次度参数,当 $0 < \theta < 1$ 时,外资企业的生产规模报酬随着要素投入规模的增加而递减,当 $\theta = 1$ 时,外资企业的生产规模报酬随着投入规模的增加而不变,当 $\theta > 1$ 时,外资企业的生产规模报酬随着要素投入规模的增加而增加。

### 10.2.1  当 $\rho \in (0, 1)$ 时

对式(10.1)中的劳动力($L$)和资本($K$)求偏导,可得要素市场的出清条件:

$$w = PA\theta\ [\delta_l L^{\frac{\rho-1}{\rho}} + \delta_k K^{\frac{\rho-1}{\rho}}]^{\frac{(\theta-1)\rho+1}{\rho-1}} \delta_l L^{-\frac{1}{\rho}} \tag{10.2}$$

$$r = PA\theta\ [\delta_l L^{\frac{\rho-1}{\rho}} + \delta_k K^{\frac{\rho-1}{\rho}}]^{\frac{(\theta-1)\rho+1}{\rho-1}} \delta_k K^{-\frac{1}{\rho}} \tag{10.3}$$

其中,$P$ 为外资企业产品价格。

当外国资本要素在东道国的收益($r$)大于其在国外获取的收益($r_w$)时,外国资本要素就会流入东道国,此时外资企业产品相应产量上升,在其他条件不变的情况下,进而产品价格下降,直至外国资本在东道国境内获取的要素收益与外国资本在境外获取的要素收益相同为止。

由此,可得劳动力与资本的相对收益为

$$\frac{w}{r} = \frac{\delta_l}{\delta_k}\left(\frac{K}{L}\right)^{\frac{1}{\rho}} \tag{10.4}$$

从式(10.4)中,我们发现劳动力要素与资本要素之间的相对收益取决于两类要素的产出系数比$\left(\frac{\delta_l}{\delta_k}\right)$和要素数量稀缺比$\left(\frac{K}{L}\right)$,$\frac{\delta_l}{\delta_k}$对应于要素的层级,波特认为生产要素的层级可分为高级要素和低级要素,高级要素的产出系数高于低级要素的产出系数,所以在一定程度上,两类要素的产出系数比也反映两类要素的相对层级。

另一方面,从式(10.4)中,我们看到$\frac{K}{L}$对应于一国的要素禀赋,当一国表现为劳动力相对富裕而资本相对稀缺时,劳动力要素相对资本要素所获取的收益就会相对较少,相反当一国表现为资本相对富裕而劳动力相对稀缺时,劳动力要素相对资本要素所获取的收益就会相对较多。

**命题 10.1**　在生产要素国际流动下,当要素间的生产关系为不完全替代时,劳动力与资本的相对收益差距随劳动力相对资本的要素层级稀缺度$\left(\frac{\delta_l}{\delta_k}\right)$的上升而上升;随着资本相对劳动力的要素数量稀缺度$\left(\frac{K}{L}\right)$的上升而上升。

### 10.2.2　当 $\rho \rightarrow 1$ 时

式(10.1)可写为:$Y = AL^{\theta\delta_l}K^{\theta\delta_k}$

相对应的生产要素市场出清条件为:

$w = P \cdot \theta\delta_l A n L^{\theta\delta_l-1}K^{\theta\delta_k}$ ;$r = P \cdot \theta\delta_k A n L^{\theta\delta_l}K^{\theta\delta_k-1}$

此时,劳动力与资本的相对收益为$\dfrac{w}{r} = \dfrac{\delta_l}{\delta_k}\left(\dfrac{K^{\delta_k}}{L^{\delta_l}}\right)^{\theta}$。

由上式可知,不同于不完全替代的生产要素间关系,当生产要素间的关系接近完全替代时,劳动力和资本之间的相对收益不仅取决于要素间的层级稀缺度,而且取决于要素层级与要素数量的复合稀缺度 $\left(\frac{K^{\delta_i}}{L^{\delta_i}}\right)^{\theta}$。

**命题 10.2** 在生产要素国际流动下,当要素间的生产关系接近于完全替代时,劳动力与资本的相对收益差距随劳动力相对资本的要素层级稀缺度 $\left(\frac{\delta_l}{\delta_k}\right)$ 的上升而上升;随着资本相对劳动力间要素层级与数量的复合稀缺度 $\left(\frac{K^{\delta_i}}{L^{\delta_i}}\right)^{\theta}$ 的上升而上升。

### 10.2.3 在 $\rho$ 趋向于 0 时

式(10.1)可写为:$Y_i = A_i \min(\delta_l L_i, \delta_k k_i)$

第一种情况,当 $\frac{L}{K} > \frac{\delta_k}{\delta_l}$ 时,$Y = \delta_k K$,劳动力要素为非充分就业状态,$w = \bar{w}$,资本市场的出清条件为:$r = P\delta_k$,

此时劳动力与资本的要素相对收益比:$\frac{w}{r} = \frac{\bar{w}}{P\delta_k}$,两类要素的相对收益比由资本要素的层级、外资企业产品价格和东道国政府所制定的最低工资有关。在劳动力存在失业其他变量不变的情况下,从上式中,我们看到,资本要素的层级水平越高,劳动资本相对收益比就越低。

**命题 10.3** 在生产要素国际流动下,当要素间的生产关系接近于完全不可替代,且存在剩余劳动时,劳动力与资本的相对收益差距随劳动力的最低工资的上升而上升,随外资企业产品价格和外资层级的上升而下降。

第二种情况,$\frac{L}{K} < \frac{\delta_k}{\delta_l}$ 时,$Y = \delta_l L$,资本要素为非充分就业,在经济全球化的背景下,资本将从东道国流出,直至 $\frac{L}{K} = \frac{\delta_k}{\delta_l}$,此时劳动力的要素价格为 $w = P\delta_l$;资本的要素价格为 $r = P\delta_k$,劳动资本相对收益比为:$\frac{w}{r} = \frac{\delta_l}{\delta_k}$,从中我们看到,劳动资本相对收益比的大小取决于两类要素的相对层级。

**命题 10.4**　在生产要素国际流动下,当要素间的生产关系接近于完全不可替代,且要素充分就业时,劳动力与资本的相对收益差距随劳动力与资本相对层级稀缺度 $\left(\dfrac{\delta_l}{\delta_k}\right)$ 的上升而上升。

## 10.3　外资企业出口和内销对不同稀缺度要素收益影响的实证分析

本节通过考察和比对外资企业出口和内需对不同稀缺度、不同国别要素收益的影响,试图厘定外资企业出口下的一国国际贸易收益。

第一,本节选取劳动力要素作为充裕要素的典型,从劳动力工资和就业人数两个方面考察了外资企业出口对劳动力要素的影响。样本选取的原因在于外资企业的对外贸易模式主要以加工贸易为主①,而隶属于中国的劳动力要素是参与外资企业加工贸易出口的主要生产要素,其收益大小从一定程度上也反映了中国在外资企业出口和内销中所获取的国际贸易收益大小。第二,本节选取了外国资本要素作为稀缺要素的典型进行剖析。张幼文(2002)将资本要素进一步广义地分解为渠道要素、管理要素、机器资本和货币资本等,由此,本节将从管理费用、渠道费用、资本折旧和资本利润等不同方面来分析外资企业出口和内销对外国资本要素收益的影响。

### 10.3.1　回归方程

本节首先分别考察了外资企业出口 ($export_{f_{i,t}}$) 对公司企业员工工资 ($wage_{i,t}$)、外企员工人数 ($employment_{f_{i,t}}$) 的影响,其中将外资企业当地销售

---

① 2005—2011 年间,中国外资企业出口中平均 64％为加工贸易出口,在加工贸易中平均86.87％为进料加工贸易出口。

($sales_{f_{i,t}}$)、企业产品出厂价格（$P_{i,t}$）作为回归方程中的控制变量加以考虑,下标 $i$ 代表行业,下标 $t$ 代表时间,$i = 1, 2, 3, \cdots, N, t = 1, 2, 3, \cdots, T$,回归方程如下:

$$wage_{i,t} = a_0 + a_1 export_{f_{i,t}} + a_2 sales_{f_{i,t}} + a_3 P_{f_{i,t}} + c_{i,t} + u_{i,t} \quad (10.5)$$

$$employment_{f_t} = b_0 + b_1 export_{f_t} + b_2 sales_{f_{i,t}} + b_3 P_{f_{i,t}} + c_{i,t} + u_t \quad (10.6)$$

其中,$c_{i,t}$ 为随机变量,$u_{i,t}$ 为随机扰动项。

进一步考察外资企业出口对其高级生产要素收益的影响,本节继续考察了外资企业出口对管理要素、渠道要素以及资本要素的影响:

$$MF_{f_{i,t}} = f_0 + f_1 export_{f_{i,t}} + f_2 sales_{f_{i,t}} + f_3 P_{f_{i,t}} + c_{i,t} + u_{i,t} \quad (10.7)$$

$$OF_{f_{i,t}} = f_0 + f_1 export_{f_{i,t}} + f_2 sales_{f_{i,t}} + f_3 P_{f_{i,t}} + c_{i,t} + u_{i,t} \quad (10.8)$$

$$DP_{f_{i,t}} = f_0 + f_1 export_{f_{i,t}} + f_2 sales_{f_{i,t}} + f_3 P_{f_{i,t}} + c_{i,t} + u_{i,t} \quad (10.9)$$

$$profit_{f_{i,t}} = f_1 export_{f_{i,t}} + f_2 sales_{f_{i,t}} + f_3 P_{f_{i,t}} + c_{i,t} + u_{i,t} \quad (10.10)$$

其中,$MF_{f_{i,t}}$ 为外企管理费用,$OF_{f_{i,t}}$ 为外企渠道费用,$DP_{f_{i,t}}$ 为外资企业固定资产折旧费用,$profit_{f_{i,t}}$ 为外资企业利润。

## 10.3.2 数据说明

本章使用的数据来自于国研网《工业统计数据库》和相关年份的《中国统计年鉴》。样本数据的类型为面板数据,时间跨度为 2003—2010 年,截面维度为 38 个①根据中国工业统计分类的行业。主要解释变量和被解释变量的取值分解于企

---

① 煤炭开采洗选业,石油和天然气开采业,黑色金属矿采选业,有色金属矿采选业,非金属矿采选业,其他采矿业,农副食品加工业,食品制造业,饮料制造业,烟草制品业,纺织业,纺织服装、鞋、帽制造业,皮革、毛皮、羽毛(绒)及其制品业,木材加工及木、竹、藤、棕、草制品业家具制造业,造纸及纸制品业,印刷业和记录媒介的复制、文教体育用品制造业,石油加工、炼焦及核燃料加工业,化学原料及化学制品制造业,医药制造业,化学纤维制造业,橡胶制品业,塑料制品业,非金属矿物制品业,黑色金属冶炼及压延加工业,有色金属冶炼及压延加工业,金属制品业,通用设备制造业,专用设备制造业,交通运输设备制造业,电气机械及器材制造业,通信设备、计算机及其他电子设备制造业,仪器仪表及文化、办公用机械制造业,工艺品及其他制造业,废弃资源和废旧材料回收加工业,电力、热力的生产和供应业,燃气生产和供应业,水的生产和供应业。

业的会计利润表。

外资企业出口（$export_{f,i,t}$）：为外资企业交给外贸部门或自营委托出口的产品价值。外资企业包括中外合资经营企业、中外合作经营企业和外资企业。

外资企业内销（$sales_{f,i,t}$）：为外资企业工业销售值减去外资企业出口值。外资企业工业销售值是指以货币形式表现的、工业企业在本年内销售的外资企业生产的工业产品或提供工业性劳务价值的总价值量。

企业产品出厂价格（$P_{i,t}$）：为对应于 38 个行业的产品出厂价格。

公司企业员工工资（$wage_{i,t}$）：是指报告期内外合资经营企业，中外合作经营企业和外资企业所雇用的工人一年内平均每人所得的货币工资额。

外企员工人数（$employment_{f,i,t}$）：是指报告期内外合资经营企业、中外合作经营企业和外资企业所雇用的工人数。

外资企业管理费（$MF_{f,i,t}$）：是指外资企业行政管理部门为组织和管理生产经营活动而发生的各项费用，其中包括总部管理人员工资、职工福利费、差旅费、办公费、董事会会费等，反映了管理要素所获取的收益。

外资企业渠道费（$OF_{f,i,t}$）：是指外资企业在销售产品和提供劳务等日常经营过程中发生的各项费用以及专设销售机构的各项经费，其中包括销售本公司商品而专设销售机构的职工工资、福利费、办公费、差旅费等，反映了以销售为主的渠道要素所获取的收益。

外资企业固定资产折旧（$DP_{f,i,t}$）：是指外资企业固定资产折旧在一定时期内为弥补固定资产损耗按照规定的固定资产折旧率提取的固定资产折旧，或按国民经济核算统一规定的折旧率虚拟计算的固定资产折旧。

外资企业利润（$profit_{f,i,t}$）：指外资企业在生产经营过程中各种收入扣除各种耗费后的盈余，反映企业在报告期内实现的盈亏总额，包括渠道利润、补贴收入、投资净收益和渠道外收支净额。

## 10.4　实证检验

本节将同时报告固定效应模型和随机效应模型所计算出的实证结果并报告混合最小二乘估计量（pooled OLS）作为敏感性分析。

表 10.1 外资企业出口和内销对劳动力要素收益的实证影响

| 被解释变量 | 公司制企业工人工资 | | | 外资企业工人就业人数 | | |
|---|---|---|---|---|---|---|
| 解释变量 | pooled OLS | FE | RE | pooled OLS | FE | RE |
| 外资企业出口 | −0.087*** (−6.32) | 0.0392** (2.898) | −0.036** (−3.136) | 0.48*** (17.088) | 0.04*** (1.986) | 0.09*** (4.956) |
| 外资企业内销 | 0.133 4*** (5.438) | 0.384*** (16.92) | 0.271*** (13.735) | 0.19*** (4.04) | 0.50*** (22.27) | 0.489*** (22.05) |
| 行业产品出厂价格 | 0.390** (2.320) | 0.023 (0.31) | 0.209** (2.922) | −1.59*** (−5.42) | −0.10 (−1.20) | −0.16* (−1.95) |
| 调整拟合度 ($A-R^2$) | 0.250 | 0.93 | 0.414 | 0.81 | 0.98 | 0.71 |
| $p$ 值（$F$ 统计量） | 0.00 | 0.00 | 0.00 | 0.00 | 0.00 | 0.00 |
| 观测样本数 | 151 | 151 | 151 | 299 | 299 | 299 |

注：OLS 为混合最小二乘模型，FE 为固定效应模型，RE 为随机效应模型。括号内为 $t$ 统计量。上标 ***、** 和 * 分别表示 1%、5% 和 10% 置信水平。

## 10.4.1　外资企业出口和内销对劳动力要素收益影响的实证结果

对式(10.5)和式(10.6)进行回归分析的结果见表 10.1。

从表 10.1 中左半边,我们发现在不同的实证模型前提假设下,外资企业出口对工人工资的变动在统计学分析上都存在显著影响。从表 10.1 的右半边,我们同样发现在不同的实证模型前提假设下,外资企业出口对工人就业人数的变动在统计学分析上都存在显著影响。

将劳动力工资和劳动力的就业人数联系起来分析,有助于我们客观地评价外资企业出口对劳动力生产要素收益变动所产生的影响。从实证回归的结果分析,虽然外资企业出口对工人工资和就业人数的影响都在统计意义上表现为存在显著影响,但是出口变动对工人就业人数的影响大于其对工人工资的影响。在中国农村存在大量闲置劳动力的情况下,外资企业资本流入产品出口对中国劳动力市场所产生的影响更多体现为数量效应,带动劳动力就业,而非提高劳动力的工资水平。值得注意的是,当实证模型假设不考虑截面效应或假设截面效应与解释变量无关时,外资企业出口对工人就业人数的影响为正而对工人工资的影响则为负,其背后的原因是外资企业出口上升带动了工人就业,在就业岗位上升的背景下,大量农村闲置劳动力涌向城市,形成了劳动力市场局部的供大于求,反而压低了劳动力的价格。

外资企业当地销售作为回归方程中的另一控制变量对外资企业工人就业和工人工资的变动同样在统计学意义上存在显著影响,其影响大于外资企业出口对工人就业和工资所产生的影响。从外资企业产品类型上分析,外资企业当地销售的产品类型大多为技术密集型产品,相对于外资企业雇用非技术劳动力进行产品简单装配为主的出口模式,外资企业在生产当地销售的产品时多为雇用技术型劳动力。因此,技术劳动力作为一种高级生产要素,其要素收益在外资企业当地销售中表现为量价齐升。

因为中国存在着大量的剩余劳动力,所以行业产品价格变化并不会对工资变动产生影响。从回归结果看,在不同实证模型的前提假定下,行业产品价格变化对工人工资变化形成的影响在统计意义上并不稳定,且多为不存在显著影响。在不

**表 10.2 外资企业出口变动对管理要素收益和渠道要素收益的实证影响**

| 解释变量 / 被解释变量 | 外资企业管理费用 ($MF_f$) | | | 外资企业渠道费用 ($OF_f$) | | |
|---|---|---|---|---|---|---|
| | pooled OLS | FE | RE | pooled OLS | FE | RE |
| 外资企业出口 ($export_f$) | 0.21*** (11.77) | 0.026* (1.791) | 0.051*** (3.88) | 0.27*** (3.893) | −0.03 (−0.491) | 0.065 (1.27) |
| 外资企业内销 ($sales_{fi,t}$) | 0.58*** (19.82) | 0.839*** (49.41) | 0.822*** (49.59) | 0.682*** (5.50) | 0.90*** (7.224) | 0.902*** (9.30) |
| 行业产品价格 ($P_{i,t}$) | −1.06*** (−5.86) | −0.029 (−0.453) | −0.077 (−1.21) | 0.30 (0.576) | −0.062 (−0.898) | −0.09 (−1.61) |
| 调整拟合合度 ($A-R^2$) | 0.89 | 0.99 | 0.92 | 0.78 | 0.99 | 0.72 |
| $P$ 值（$F$ 统计量） | 0.00 | 0.00 | 0.00 | 0.00 | 0.00 | 0.00 |
| 样本观测数 | 299 | 299 | 299 | 74 | 74 | 74 |

注：OLS 为混合最小二乘模型，FE 为固定效应模型，RE 为随机效应模型。括号内为 $t$ 统计量。上标***、**和*分别表示 1%、5%和 10%置信水平。

考虑截面效应影响的情况下,行业产品价格变化对工人工资的影响为正,然而在此情况下,工资水平的上升反而又使得外企业主减少用工量,降低工人就业人数。

### 10.4.2　外资企业出口和内销对资本要素收益影响的实证结果

对式(10.7)、式(10.8)进行回归分析的结果见表 10.2。

从表 10.2 中左半边,我们发现在不同实证模型假设条件下,外资企业出口对其管理费用的变动在统计学分析上存在显著影响。管理费用代表了管理要素的收益,在中国农村大量劳动力闲置的背景下,管理要素表现为相对稀缺。结合表10.1,我们将外资企业出口对管理要素收益的影响与外资企业出口对工人工资的影响相比,发现外资企业出口对管理要素收益变动的影响明显大于外资企业出口对工人工资收益的影响,这表明管理要素作为稀缺要素在外资企业出口增长的情况下获取了相对较大的收益。此实证结果也反映了高级生产要素相对低级生产要素在产品出口中获取了更多的收益。

从表 10.2 中,我们发现外资企业当地销售对管理费用的影响远大于外资企业出口对管理费用的影响。这其间可能的原因在于近些年相对于海外产品市场的低迷,中国国内经济的持续增长带来了巨大的消费能力,中国国内产品市场正值上升期。所以相对于出口,中国国内的产品市场对于外资企业而言更具吸引力。外资企业可凭借其拥有的稀缺生产要素在中国产品市场内获取更多的竞争优势,获取更大的市场份额,实现更多的利润。因此,外资企业当地销售对管理费用的影响大于外资企业出口对管理费用的影响。

从表 10.2 中右半边,我们发现只在不考虑截面非观测效应时,外资企业出口对其渠道费用的变动在统计学分析上存在显著影响,而外资企业当地销售对渠道费用变动的影响在不同实证模型假设条件下都具有显著的影响。渠道费用反映了渠道要素的收益。在会计科目的核算中,渠道费用主要覆盖了销售人员工资、渠道和销售渠道租金等高级要素的收益。从表 10.2 中,我们看到仅在不考虑截面非观测效应时,外资企业出口变动对渠道费用才存在显著正影响。其背后的主要原因与外资企业的出口模式有关。外资企业出口以加工贸易为主,在全球价值链分工下的加工贸易多表现为跨国公司内贸易,这种贸易的模式并不需要公司针对产品

表 10.3　外资企业出口和内销对机器资本要素和货币资本要素收益影响的实证结果

| 被解释变量<br>解释变量 | 外资企业固定资产折旧费用 ($DP_f$) | | | 外资企业利润 ($profit_f$) | | |
|---|---|---|---|---|---|---|
| | pooled OLS | FE | RE | pooled OLS | FE | RE |
| 外资企业出口 ($export_f$) | 0.128*<br>(1.946) | 0.053<br>(0.452) | 0.11<br>(1.396) | 0.073***<br>(3.45) | 0.101***<br>(2.98) | 0.047*<br>(1.75) |
| 外资企业内销 ($sales_{f,i,t}$) | 2.063***<br>(18.256) | 2.315***<br>(12.628) | 2.191***<br>(16.254) | 0.85***<br>(23.55) | 1.14***<br>(27.31) | 1.07***<br>(28.21) |
| 行业产品价格 ($P_{i,t}$) | −4.802***<br>(5.726) | −0.274<br>(−0.310) | −1.856**<br>(−2.35) | 0.33<br>(1.51) | 0.196<br>(1.34) | 0.25*<br>(1.74) |
| 调整拟合度 ($A-R^2$) | 0.866 | 0.936 | 0.76 | 0.86 | 0.96 | 0.824 |
| P 值（$F$ 统计量） | 0.00 | 0.000 | 0.00 | 0.00 | 0.00 | 0.00 |
| 样本观测数 | 187 | 187 | 187 | 297 | 297 | 297 |

注：OLS 为混合最小二乘模型，FE 为固定效应模型，RE 为随机效应模型。括号内为 $t$ 统计量。上标 *** 、** 和 * 分别表示 1%、5% 和 10% 置信水平。

进行市场营销。同样是由于加工贸易所形成的公司内贸易的原因,行业产品价格的变动对其渠道要素收益的影响在统计学意义上并不显著。

　　然而,从实证结果上看,外资企业当地销售的变动对其渠道费用存在着显著的正影响。外资企业产品在中国销售需要运用其渠道要素打开当地市场。在中国存在大量闲置要素的背景下,渠道要素作为一种稀缺要素,结合表 10.2 中外资企业当地销售对中国劳动力要素收益的影响分析:我们发现正如理论模型分析中指出,渠道要素作为高级的稀缺要素相对于劳动力这种闲置的低级要素而言,归属外资企业的渠道要素在生产经营活动中获取了较高的收益。

　　对式(10.9)、式(10.10)进行回归分析的结果见表 10.3。

　　从表 10.3 中左半边,我们发现只在不考虑截面非观测效应时,外资企业出口对固定资产折旧费用的变动在统计学分析上存在显著影响,而外资企业当地销售对固定资产折旧费用变动的影响在不同实证模型假设条件下都具有显著的影响。从实证结果上分析,外资企业出口的变动对固定资产折旧影响在统计学意义上并不显著。其背后的原因同样与外资企业的出口贸易有关。加工贸易出口模式的实质是外资企业通过中间品贸易将大量零部件集中到东道国进行装配进而形成最终品出口。此类出口多发生在跨国公司内部,公司内贸易的特点是通过调节出口品的价格,进而实现利润在不同子公司之间的调配。固定资产折旧作为资本存量转移到产品价值中的一部分,产品的定价与固定资产折旧的多少存在直接关系。跨国公司可人为调节固定资产折旧数量来最优化其产品的出口价格,因此外资企业出口变动对固定资产折旧影响不存在显著的统计学规律。

　　然而,外资企业产品当地销售对固定资产折旧存在显著的正影响。外资企业在制定当地销售产品价格过程中,需要充分考虑固定资本折旧在其产品价格中的比重,使得当地产品的销售价格足以弥补其成本,进而使其获利。这种市场化的定价模式不同于公司内贸易的定价模式,固定资产的折旧量将直接影响外资企业当地销售产品的定价,因此,外资企业当地产品销售的变动对外资企业固定资本折旧在统计学意义上存在显著影响。

　　我们发现,行业出厂价格的变动对外资企业固定资产折旧存在显著的负影响。行业出厂价格的变动将直接影响到外资企业当地销售产品的定价。随着行业出厂价格的上升,外资企业也会相应提高其产品当地销售价格。在其他因素不变的情况下,价格上升意味着销量的下降,两者共同作用下,外资企业产品销售中所含的固定资产折旧量可能相应下降。从实证结果上看,发现行业出厂价格对外资固定资产折旧量存在显著的负影响。

从表 10.3 中右半边,我们发现在不同实证模型假设条件下,外资企业出口、当地销售对外资企业利润费用的变动在统计学分析上存在显著影响。外资企业的利润量反映了外资企业货币资本的收益。在中国境内,资本相对于劳动力要素而言属于稀缺要素,从实证结果上看,外资企业出口和当地产品销售对外资企业资本所产生的正影响高于两者对劳动力工资所产生的正影响。这一实证结果检验了理论模型中的相关论述:稀缺要素相对充裕要素而言获取相对较高的收益。本章进一步发现,外资企业产品当地销售对外资利润的正影响多于外资企业出口对其利润的正影响。相比饱受金融危机拖累的国外市场,随着中国内需的不断上升,中国国内产品市场欣欣向荣,外资企业产品在中国市场能获取更高的市场份额以及市场利润。所以,外资企业产品当地销售的利润大于外资企业出口所获取的利润。

本章首先通过理论推导得出了生产要素国际流动下要素相对稀缺度决定要素相对收益的理论命题。在中国,相对于劳动力而言,广义资本要素不仅在数量上而且在层级上都表现为相对稀缺。因此,在中国,广义资本要素为相对稀缺要素,而劳动力要素则为相对充裕要素。本章通过面板模型,分别考察了外资企业出口和内销对劳动力要素和广义资本要素的影响,发现外资企业出口和内销对广义资本要素收益在统计学意义上产生了较大的正影响,而外资企业出口和内销对劳动力要素收益产生的正影响相对较弱。这一相关实证结论为生产要素相对稀缺性决定要素收益这一理论命题提供了实证检验。

在传统的贸易理论中,要素禀赋结构决定了产品结构,产品结构通过国际贸易决定了一国的收益分配。然而,生产要素的国际流动改变了一国国内原先的要素禀赋结构,一国生产的产品并不再仅有本国生产要素所提供,而是各国要素合作生产的结果。要素国际流动下,一国开放的收益由原先的一国要素禀赋所决定转变为由一国参与贸易的生产要素收益所决定。在生产要素国际合作过程中,从国别属性上看,稀缺要素多由外资企业所提供,而以劳动力为主的充裕要素则由中国所提供。本章通过实证分析,发现外资企业出口和内销变动对以管理、渠道为主的稀缺要素收益的影响大于其对以劳动力为主的充裕要素收益的影响。

# 第三篇
# 要素集聚:发展导向型体制的开放战略特征

以改革建立发展导向型体制是中国实现大规模要素集聚的体制基础。当世界各发展中国家同样面临着要素流动这一时代机遇时,中国的发展成就尤其显著,其原因就是国内的体制优势。正是这一体制优势形成了中国高速发展的决定性机制——要素集聚。

　　当技术进步尚缺乏条件时,要素投入的增加是经济增长的唯一途径。为什么中国能比其他国家速度更快,因为中国靠改革实现了要素集聚。改革首先是市场机制的引进。城乡土地批租制度的形成,劳动力从不允许流动变为鼓励流动,改革使这两种低级生产要素从国家管制转变为市场调节,从低效使用转变为高效使用,从变相闲置转变为有效投入生产过程,形成了生产要素的国内集聚。这一集聚一方面提高了国内增长率,使中国市场对外商投资构成了巨大的吸引力,另一方面,使劳动力、土地等要素的低价格优势形成了对技术等高级生产要素流入并与其相结合的巨大引力。在市场机制发挥作用的同时,外国高级生产要素向中国集聚的另一重要原因是中国的发展导向型经济体制。改革后的中国政府包括各级地方政府以经济发展为第一要务,从战略规划,政策制订到项目推进,不断创造更好的投资环境,甚至出现了地区间的发展竞争,对外资形成了强大的引力,使大量高级生产要素向中国集聚。中国的体制优势是其他国家所不能相比的,体制优势是中国经济的最大比较优势,因为其对国内外生产要素的强大的集聚能力是中国开放型增长模式中的决定性因素。

# 第 11 章
# 融入世界经济体系与中国要素集聚型发展道路

过去的 100 年记载着中华民族为崛起而进行的伟大探索。近十年来,世界目睹了中国的迅猛崛起,这正是中国百年探索特别是改革开放 30 多年来的成果显现。2001 年 12 月 10 日,中国加入了世界贸易组织。如果从"入世"这一角度来看这 10 年的发展,也可以使我们从一个侧面认识中国发展的道路;或者说,"入世"在当代中国崛起的道路上具有极其特殊的意义,是中国这 10 年迅猛发展最重要的原因之一。"入世"前,人们普遍担心中国经济会因为市场的迅速开放而被冲垮,然而 10 年后的今天,这种情况不仅没有发生,而且还出现了世界经济史上少有的腾飞奇迹,这是为什么呢? 笔者以为,回答这个问题本身具有重大的理论意义、战略意义与实践意义。答案其实就在于中国所选择的发展道路。这条道路是一个包含了"五个环"的严密的逻辑链,这就是"在融入世界经济体系中推进改革";"以改革释放体制动力与市场活力";"体制与市场的两种力量一起营造了巨大的对外引力,吸收了大量外资流入即集聚了全球生产要素,形成了各国共赢的发展格局";"在一个相互依存的世界中需要中国参与全球治理,承担大国责任";"而从大国走向强国,又应当进一步推进对外经济发展战略的升级"。中国未来发展道路成败的关键就在于后两点,即作为负责任的大国,能否积极参与到全球治理中,以及对外开放战略能否实现在现有基础上的升级。

## 11.1 在融入世界经济体系中推进改革

中国加入世界贸易组织的实践表明,中国在对外开放战略中选择了一条"接受规则,推进改革"的发展道路。中国的"入世"承诺远远超出了降低关税和取消非关税措施意义上的市场开放,实际涉及国内体制改革和市场经济规则的建立。"入世"不只是扩大开放意义上的挑战,而且是深化改革意义上的选择。接受各成员方的要价,意味着把开放的压力变成改革的动力,体现了改革开放发展的路径与战略。把"入世"作为中国开放型市场经济体制建设的动力,这也是中国改革开放进程中的重大抉择,这一抉择正是后 10 年体制转型加快、经济发展腾飞的决定性因素。"入世"后中国全面推进了涉外经贸法律环境的建设。从立法到部门规章的修订、废止或保留,至 2002 年 8 月,商务部共清理了 1 200 多个法规,出台了一系列配套规章;2004 年 4 月完成了《对外贸易法》的修改。各类立法一方面履行了对外承诺,另一方面也优化了中国自身长期发展的法制环境,特别是为了履行 WTO《与贸易有关的知识产权协议》,中国修改了一系列相关法规,形成了有利于知识产权保护从而有助于科学技术发展的法制环境。履行入世承诺对国家整个法制环境建设的意义还在于:更新了立法与政策制定的理念,增强了制定规章制度的合规性意识,并建设了一支法律人才队伍。

一个不守国际竞争规则的国家是不能参与国际竞争的,依据国际规则推进的国内法规建设也带来了中国参与国际竞争方式的重大转变,使中国参与国际竞争的方式从"基于劳动依靠资源"的纯粹低成本竞争转变为"基于规则依靠体制"的竞争。这是一个重大的历史性的转变。10 年的经验证明,在以国际规则维护自身权益的同时,以开放型市场经济的规范推进改革,是加快体制转型的一条成功道路,也是加快发展和提升国际竞争力的关键。

## 11.2 改革建立了有利于快速发展的政府主导的市场经济体制

中国改革所走的道路是政府主导下、政府培育市场的改革,而政府推进改革的指导理念是"发展是硬道理"。因此,由这一改革所形成的市场经济体制是一种"发展导向型"的市场经济,即政府有强大的引导发展功能的市场经济体制。"入世"后10 年对外履行承诺完成了这一改革的进程,也进一步强化了这一体制特征。

　　"入世"后的 10 年是中国"超常规崛起"的 10 年,经济持续高速增长,国际竞争力显著增强。笔者以为,强劲的增长动力首先来自巨大的体制活力。在中国的经济体制中,不仅市场机制和市场主体不断得到有效培育迅速成长,而且各级地方政府较强的经济职能也有利于高效进行重大战略规划和大规模的资源整合,从而使得发展环境得以优化。在"入世"后的 10 年中,各级地方政府抓住了开放机遇,在履行承诺中加速了政府职能转变和经济市场化的进程,从而构造了经济腾飞的"双引擎"。这一体制的特点与优势在于,在经济运行中有政府与企业两个主体,亦有政策与市场两种动力。由于政府有着引导和推动发展的强大职能,从中央到地方各级政府,在经济发展中的科学规划与高效行动层面,明显超越了世界上大部分国家。与此同时,在持续深化改革下,体制的市场化释放了整个经济社会内在的市场潜力,人民群众强烈的脱贫致富欲望转化为巨大的社会生产力,也明显超越了世界上大部分国家。可以说,这一体制特点与优势是其他国家不能比拟的。

## 11.3　体制动力与市场活力汇合成巨大的对外引力,构建了各国共赢的发展格局

　　体制动力与市场活力共同构建了中国经济强大的对外引力,各级地方政府紧抓发展第一要务,大大推进了有利于投资的基础设施建设,加快了开发区建设,优化了发展的政策条件,提高了公共服务水平。这些被营造出来的良好发展环境,加上中国社会中迸发出来的巨大的市场活力,这两大优势使世界跨国公司普遍认定中国为国际投资的首选。大批现代产业向中国转移,从根本上改变了中国在国际市场中的地位和竞争关系。在高端制造业中,中国的出口能力主要由外商直接投资形成,外资企业成为出口的主体,其实本身就是发达国家竞争力向中国的转移。在这一转移下,中国不仅经济增长得以加快,而且出口产业结构与竞争力也大幅度提升。以国内市场开放吸收外资形成的产业进步,在加快经济增长的同时也抵御了进口冲击,消除了国内产业因进口贸易产品大量涌入而无法生存的现象。在低端传统制造业中,中国劳动力的高性价比构造了巨大的成本与质量优势,也形成了

强大的国际竞争力,使得在新兴经济体中相对更早起步的中国首先赢得了国际市场。2010 年在华外资企业出口贸易占全国总出口的 54.65%,进口占 52.91%。也就是说,中国外贸总值超过一半是在华外资企业所进行的国际竞争。

可见,中国的开放型经济是与世界各国共赢的经济,已经超越了传统经济条件下贸易竞争"不是你死就是我活"的恶性业态,形成了各国共同发展的格局。由于"入世"后中国走的是一条在融入世界中增强相互依存的道路,这条路径决定了,中国越是发展,与各国的经济联系越是紧密,共同利益越是扩大,越是促进中国更快发展。这也是中国扩大开放而在竞争中立于不败之地的重要原因。"入世"的深刻内涵不只在于打开国门,正如这个词语的中文含义所体现的那样,其深意在于"融入世界",融入世界经济体系。作为一个新兴经济体,对于由发达国家在二战后建立的世界经济体系,是拒绝、挑战,还是承认、参与,乃是一个不可回避的重大战略问题。在当时"改革国际经济旧秩序"还是许多发展中国家口号的历史背景下,融入战略是一个现实而又大胆的选择,也是一个明智而有远见的选择。这一选择开辟了一条全新的发展道路,既不再是两大阵营的对抗,也不再是欠发达国家的口号。这条发展道路就是与世界各国合作共赢的发展道路。

## 11.4　在相互依存的世界中参与全球治理承担大国责任

中国"入世"增强了世贸组织的代表性,在这一组织中履行义务、遵守规则,又增强了这一组织的权威性。这清晰地表明,中国对世界经济的运行秩序和各国共同发展的贡献是积极的和重要的。在世界贸易组织中 10 年的中国,已经成为一名合格的成员:国内体制与这一组织兼容,即将获得完全市场经济地位,能够遵守这一组织的规则;同时逐步运用这些规则维护自己利益。但是,作为一个大国,今天仍然有一个在这一组织中如何发挥积极作用的大问题。与中国入世同时开始的是世贸组织多哈回合谈判,然而这一谈判 10 年无果,其反映了国际经济制度建设的进步放缓。

多哈回合谈判及其主题是经济全球化进一步发展的要求,也是全球治理进一

步发展的要求。贸易大国中国的利益与国际贸易规则密切相关;或者说,作为一个
负责任的大国,中国需要国际制度,需要全球治理,需要在 WTO 制度建设中发挥
积极作用。如果说 10 年前中国抓住了入世机遇实现了国力提升,那么今天中国应
通过在 WTO 新的制度建设中发挥作用而实现国际地位的提升。新兴经济体的崛
起改变了世界经济结构,但现行的国际规则和机制并未体现这一变化。中国应当
通过积极地参与规则制定,承担大国责任,发挥建设性作用,使新规则及时反映世
界的重大变化。除了 WTO 外,在国际货币体系的改革等领域中也是如此。10 年
的发展改变了中国与世界的关系。10 年前的问题是中国如何适应一个竞争的世
界,而 10 年后的问题已经转变为世界也需要适应一个崛起的中国。毫无疑问,这
是一个历史性的变化。金融危机后出现的贸易保护主义表明,世界经济的现行体
制机制不能适应以中国为代表的新兴经济体的迅猛发展。一些西方学者把危机的
原因归结为世界经济在这个意义上发展的不平衡,以及由此而出现的贸易不平衡。
一些成员方出于本国利益,滥用贸易规则,大打货币战争,推行保护主义,严重扰乱
了国际贸易秩序。作为出口贸易大国的中国已成为最主要的受害者。因此,中国
维护自身权益的根本途径不在于实施报复措施,而在于合法运用规则,维护世贸组
织争端解决机制的权威性。这是一个负责任的大国应有的立场。WTO 争端案例
也证明,10 年后的今天,在世贸组织规则的运行中,中国能够做到攻防兼备,运用
规则的能力不断提高,中国已经从被动转为主动,从适应规则上升到熟悉规则、运
用规则。更进一步的问题在于,中国应当在世界贸易组织和各种事关全球治理的
体制建设中,充分发挥一个大国的作用。

## 11.5　从大国走向强国需要推进开放战略

　　中国的发展已经完成了从一个贫穷落后的经济弱国转变为一个繁荣昌盛的经
济大国的历史性跨越。今天,改革开放发展即将迈上一个新台阶,由一个大国走向
一个强国的历史课题也提上时代议程。经济强国与经济大国的根本区别在于,科
学技术和以此为基础的产业结构。中国要实现从经济大国向经济强国的升级,就

要努力实现在国际经济中从垂直分工走向水平分工。10来,中国在世界经济中取得了最令人注目的发展,但是我们也要看到这样一个重要事实:在国民经济和出口贸易结构中,具有创新意义的高端产业和著名品牌基本都属于外资企业所有,企业及其生产尽管存在于中国但并不属于中国,即为我所用但不为我所有。

根本问题在于,资本、技术与品牌的所有权决定了经济发展收益的归属,低端劳动力的收益十分有限,而土地资源的供给最终将走向枯竭。外资流入拉动了中国土地、劳动力投入生产使用,创造了财富,扩大了中国的经济规模,提高了出口能力,同时也在极大程度上掩盖了中国自身技术、创新和高端产业投资能力的不足。今天出口贸易中一半以上是加工贸易,这表明中国巨大的出口本质上还是在出口低端劳动力。而事实上,中国不可能继续长期依靠土地、劳动力的投入和低端制造业来发展。因此,在经济全球化的今天,我们不能再简单地从一国出口的结构看该国的国际分工地位,而应从国际直接投资中各国提供的生产要素的结构看一个国家的国际分工地位,因为正是生产要素的结构在根本上决定了各国的收益分配关系。同样,我们也不能仅仅从产业存在的意义上看一国的经济发展成就,因为这只是跨国公司的全球生产布局,虽然东道国获得了就业与GDP,但土地与劳动力收益并不与GDP规模相一致。中国注定要承担大国责任,推进包容性发展。因为作为世界经济中一个重要成员,中国国内发展战略的选择对世界经济影响日益增大,中国的发展模式甚至直接影响到世界其他国家的发展。为此,中国要倡导包容性发展理念,注重在自身发展的同时不损害其他国家的发展,不对其他国家构成不利局面。为此,中国应以科技进步实现经济的结构升级,减少新兴经济体之间的同构竞争,以利于与世界各国实现错位竞争、互补发展。中国要改变粗放型发展方式,转而致力于建设资源节约型、环境友好型社会,以减少与世界各国的资源能源竞争,减少排放,改善环境。科学发展观是中国发展模式转型升级的指导思想,也是一个负责任的大国的包容性发展观。未来中国的发展道路是通过包容性发展使各国共享发展机遇,也共同应对发展中的挑战,求同存异,实现共同安全。因此,包容性发展观也是有利于世界共赢的和平发展观。从对外经济关系角度讲,中国需要实现五个意义上的转型与升级:一是从注重出口和引进外资的单向开放,向同时注重合理进口和对外投资的双向开放转型升级。二是从政策型开放向制度型开放转型升级。三是从注重规模扩张的外向型经济发展,向注重结构进步的开放型经济转型升级。四是从依靠土地资源与廉价劳动力,向依靠科技创新与体制优势转型升级。五是从与各国的竞争性发展向注重包容性发展转型升级。

　　总的来说,也就是要实现开放战略向国际战略的转型升级,即"实现双向开放、改善外部环境、维护合法权益、提升发展效益、参与全球治理、承担大国责任的国际经济战略",或"开放型经济发展的国际战略"。这就是一条从"大国"走向"强国"的发展道路。

# 第 12 章
## 要素集聚与中国在世界经济中的地位

## 12.1　要素集聚：全球化经济的基础特征

　　20 世纪 90 年代以来,经济全球化成为世界经济发展中一个最为重要的现象。众多国际组织和专家学者对经济全球化的本质进行了分析。国际货币基金组织(1997)把全球化定义为:"通过贸易、资金流动、技术涌现、信息网络和文化交流,世界范围的经济高度融合。"世界银行(2000)对全球化的定义是:"商品、服务、资本、信息、思想和自然人的全球流动。"Prakash 和 Hart(1999)认为:"经济全球化是一系列导致要素、中间产品与最终产品以及服务产品市场的经济活动扩越地理界限形成统一整体,并使跨国界价值链在国际循环中地位不断上升的过程。"

　　商品的国际流动早就存在,而各国经济联系的加强是经济全球化发展的结果,两者并非经济全球化的本质或核心特征。真正导致经济全球化的是要素的国际流动。正是要素的国际流动,才把各国独立的生产过程变为真正的世界性生产过程,并促进了跨国公司这一全球化企业组织形式的发展。因此,要素的国际流动才是经济全球化区别于世界经济以前发展阶段的本质。一些学者也强调了这一点。如罗肇鸿(1998)认为,经济全球化"是指世界经济的一种运动状态,主要是讲生产资源的配置已经超出民族国家的范围,在地区甚至全球范围内实现优化配置"。余永定(2002)也明确指出:"全球化的本质是生产要素跨国界的自由流动。在世界处于一种理想状态的情况下,全球化作为这一流动过程的终点,意味着资源的最优配置已经达到了它的空间极限,在全球范围内实现帕累托优化。"

　　要素国际流动的目标是要寻求要素在全球范围内的优化配置,但是,要素的国际流动并非意味着要素会对称地或均衡地在世界各国之间进行配置,恰恰相反,要素国际流动导致的是要素在某些国家和地区的集聚。也就是说,一些国家的资本、技术、标准、品牌、优秀人才、跨国经营网络等广义要素会集聚到另一些国家或地区,使这些国家或地区成为全球经济体系中的主要生产者。要素集聚是全球化经济一种特有的资源配置方式,它构成了全球化经济的基础特征,也是生产要素在全球范围实现优化配置的具体体现。要素的国际流动存在着结构性的偏向,主要表现为资本、技术、优秀人才等高级要素极易流动,而一般劳动力、土地、自然资源等低级要素的流动不充分甚至基本不能流动,由此导致要素流动主要表现为,高级要素拥有国家的要素向某些低级要素拥有国家流动。要素流动的结构性偏向导致了要素集聚的结构性偏向,主要表现为高级要素拥有国家的高级要素以资本形成等方式向某些低级要素拥有国家集聚,从而生产加工能力和出口能力向这些低级要素拥有国家集中。这一流动的核心特征是:流动性较强的要素向拥有流动性较低要素的国家流动。这些国家由于顺应了经济全球化的时代趋势而成为要素集聚地。因此,伴随着经济全球化的大发展,现实中我们看到的主要是美国等发达国家的资本、技术、标准、品牌、优秀人才和跨国经营网络等广义要素向以中国为代表的东亚国家和地区大量集聚,世界主要的跨国公司纷纷把生产基地、地区总部甚至研发中心向该地区转移。东亚地区特别是中国成为世界要素的主要集聚地,由此也成为世界工业品的主要生产基地和出口基地。[1]

　　作为全球化经济的基础特征,要素集聚极大地改变了世界经济的运行方式,推动了要素合作这一新型的国际分工形式的发展。20 世纪 90 年代经济全球化大发展之前,国际分工体系大体上经历了三个阶段:工业革命至第二次世界大战前的中心—外围阶段、第二次世界大战后到 20 世纪 70 年代的垂直分工阶段和 20 世纪 70 年代到 90 年代的水平分工阶段。尽管存在着分工形式和层次上的巨大差异,但这三个阶段都是典型的以产业或产品的国民差异为基本特征的国际分工。各国主要

---

[1]　"要素集聚"概念及其论证首次发表于张幼文、黄仁伟等著《2006 中国国际地位报告》,该书导论中的第二、三节由张幼文撰写。

使用本国的生产要素生产和出口,物质产品的流动而不是生产要素的流动构成了国际经济关系的主要内容。90 年代后,经济全球化获得了迅猛的发展,要素的国际自由流动促进了以生产要素为基础的国际分工的形成——不同国家的生产要素在某些国家集聚,形成某一种或几种产业,并面向世界生产和出口。此时,传统的贸易结构已不再是国际分工的主要标志,生产要素的国际差异才是国际分工的基础和核心。正如有些专家所指出,全球化经济中的国际分工是"要素分工"[1],这是完全正确的。要素集聚已经使得"分工"(division of labor)或"国际分工"(international specialization)失去了原来的意义,而更多地深化为一种"合作"或"参与",即各国以一种或几种特定要素参与全球化条件下的国际化生产。从一定意义上说,这是一种更为深刻的国际专业化,应该称为"要素合作"型的国际专业化。[2]国际分工是世界经济发展的基础,全球化条件下的要素集聚导致了生产从而出口在一部分国家集中这一新格局的产生,极大地改变了国际分工的性质,从而也改变了世界经济的运行方式。

## 12.2 中国要素集聚能力的形成及对世界的贡献

改革开放特别是 20 世纪 90 年代初期以来,中国成为世界要素集聚最多的国家之一。随着大量资本、技术、品牌、优秀人才等高级要素的集聚。1979—2005 年间,中国外商直接投资(FDI)实际流入额累计达到了 6 224.3 亿美元。[3]2003 年达到 535.1 亿美元,首次超过美国(297.7 亿美元),跃居世界第一。总体上看,中国 FDI 流入额约占全球 FDI 流入额的 10%、发展中国家的 25% 和东亚、南亚及东南亚发展中国家的 50% 左右。2004 年,这三个比重分别为 9.35%、26% 和 44.03%。[4]FDI 大

---

[1] 张二震(2005)认为:20 世纪 90 年代以来,国际分工的形式正从产品分工向要素分工发展。

[2] 关于"要素合作型国际分工",参见张幼文(2005a)。

[3] 数据来源于中国商务部统计,见 www.mofcom.gov.cn。

[4] 数据见 United Nations Conference on Trade and Development。

量集聚中国的趋势非常明显。要素的国际流动并不仅限于资本国际流动,FDI 往往也具有多维属性。[①]FDI 实际上是一个"企业包",包含着资本、技术、管理、信息、知识、品牌、海外销售网络等多种要素。在全球化经济中,跨国公司特别是世界500 强跨国公司是国际投资的主体,也是技术、标准、品牌、跨国生产经营网络等高级要素的主要拥有者。跨国公司控制着全球 80% 以上的新技术和新工艺,是世界技术发明和传播的主要载体,同时也是全球研发的主要承担者(杨丹辉,2004)。Caves(1982)也指出:在那些研发(R&D)最为突出的行业中,R&D 与对外直接投资都集中于大公司手中,R&D 促进企业对外直接投资,而对外直接投资也反过来促进 R&D。伴随着国际资本的集聚,其他要素也随之集聚,这可以从跨国公司对中国的投资中反映出来。截至 2005 年 12 月底,中国累计批准设立的外商投资企业达 552 942 个,全球最大的 500 家跨国公司已有 450 家左右来华投资。[②]

　　全球要素在中国的集聚,使中国逐步成为世界工业品的主要生产国和出口国,众多产品的产量及出口额在世界上名列前茅。相关研究报告显示,2001 年中国已成为世界第四大生产国,100 多种产品的产量跃居"世界第一"。这 100 多种产品囊括了家电制造业、通信设备、纺织、医药、机械装备、化工等十多个行业。伴随着要素集聚和生产集聚,中国的对外贸易迅速发展,众多出口产品在国际市场上的份额大幅提高。2004 年中国进出口总额达到 11 545 亿美元,成为世界第三大贸易国。2005 年更是达到了 14 221 亿美元,是 1978 年(206.4 亿美元)的 68.9 倍。[③]2004 年中国 IT 相关产品的出口额达到 1 887 亿美元,超过美国(1 631 亿美元)成为全球最大的 IT 相关产品出口国。[④]

　　众多学者在 FDI 意义上研究了中国要素集聚的影响因素。Cheng 和 Kwan(2000)以中国为例,探讨了影响 FDI 空间布局的系列因素,发现市场大小、基础设施好坏、教育水平高低等对 FDI 有正面影响,而且外商投资存在"区域性自我加

---

① World Investment Report 2002 年和 2005 年的相关数据计算得出。

② 关于 FDI 的多维属性,可参见 Johnson(1972)及 Balasubramanyam、Salisu 和 Dapsoford (1996)的相关分析。

③ 数据来源于中国商务部统计,见 www.mofcom.gov.cn。

④ 参见世界经济年鉴编委会:《世界经济年鉴》(2005/2006),经济科学出版社 2006 年版,第 328 页。

速"机制。Deichmann 等(2003)研究认为,人力和社会资本、改革和稳定、资源稀缺性及先天条件和金融市场状况是 FDI 的主要影响因素。Agodo(1978)发现,FDI与地方政府发展规划所创造出来的有组织的经济环境紧密相关。沈坤荣和田源(2002)的研究证实了市场容量、人力资本存量在决定中国区域 FDI 规模上的重要性。梁琦(2003)研究了 FDI 与产业集聚的相关性,发现地区的开放度和产业集聚所产生的关联效应是 FDI 区位集聚最主要的驱动力。贺灿飞等(1999)研究发现,就全国层面来讲,FDI 有自我加强的效应。鲁明泓(1999)研究了制度因素的影响,发现一个自由开放的经济体制和对外资持欢迎的态度在所有影响 FDI 流入的因素中最重要。

我们认为,全球化条件下国际要素之所以大量集聚中国,源于中国拥有比其他国家更为强大的要素集聚能力。要素集聚能力是一国创造和拥有的,以吸收外资为载体的,集聚资本、技术、管理、信息、品牌、专利等全球广义生产要素的能力。中国要素集聚能力的形成主要得益于中国 30 多年来的改革开放。正是对外开放的持续推进,消除了要素向境内流入的政策障碍,国内体制的不断改革创造了要素集聚的市场和体制条件,构成了集聚各国广义生产要素的强大的引力场。

改革开放对中国要素集聚能力形成的作用,主要表现为如下几个方面:

第一,改革打破了僵化的计划经济体制的束缚,确立了社会主义市场经济体制,激发了中国巨大的经济活力,使国家积极参与经济全球化具备了最为重要的国内经济体制基础。改革激发了劳动者强烈的致富欲望,并把这一致富欲望转变为改革的巨大动力,推动着国家体制向开放型市场体制转型。强烈的致富欲望和先富的示范效应成为改革深入推进的巨大动力。

第二,农村改革释放了近乎无限供给的廉价劳动力,从而大大促进了中国参与国际要素合作的优势要素的形成。农村外出劳动力的数量不断提高,流动半径加速扩大,2003 年外出 1 个月以上的农村劳动力总和达到了 9 831 万人(蔡昉,2005)。另据统计,综合各方面因素,目前中国农民工保守推算超过了 1.8 亿,甚至有专家估计在 2 亿左右(刘维佳,2006)。大批的廉价农村劳动力涌入城市和沿海地区,极大地压低了劳动力的成本。

第三,土地制度的改革使土地资源配置得到了优化。土地在中国长期不作为生产要素而无偿使用或低效使用,土地批租制度的改革使土地开始作为生产要素投资,农业土地的工业化使用大幅提高了土地的使用效率。改革不断释放出来的土地要素与劳动力要素一起成为吸引国外要素集聚的最为重要的因素之一。

第四,分权式经济管理体制的建立,使各级地方政府有了发展地方经济的巨大积极性和强大功能,从体制的内在动力上和政策的灵活性上形成了中国争取国际要素流入的巨大引力。中国经济管理体制改革的路径主要是从中央集权体制转向中央地方分权式体制。①1994 年分税制的改革则大大激发了地方政府发展经济的巨大积极性。各级地方政府高度关注本地经济发展的体制。在加快发展经济的迫切要求下,各级地方政府为吸引外资,竞相出台各种极为灵活的地方性外资政策条例,并身体力行大力招商引资,由此形成了中国争取国际要素流入的多极化的巨大引力源。

第五,稳定的、持续强化的开放政策促进了要素的流入。从创办经济特区到开放沿海地区再到实行全国开放②,从实行"三来一补"到大力招商引资,从"以市场换资本"到"以市场换技术",从以引进港澳台地区资本为主到引进世界 500 强跨国公司,从引进生产企业到引进研发中心,从引进跨国公司分支机构到引进跨国公司地区总部,从制造业开放到服务业乃至全行业开放,多层次、多领域、多方式的开放,中国持续推进的开放极大地鼓励了外国资本、技术和管理等要素的流入,促进了国际要素在中国的集聚。30 多年来,开放政策在保持稳定性、延续性、可预见性和可操作性的同时,不断加大了力度。超国民待遇的外资优惠政策,提供了流入要素在中国本地市场上的有利竞争地位。市场的透明度和规范性不断提高,创造了跨国公司熟悉的经营环境,特别是加入世贸组织(WTO)承诺的履行更加提高了市场准入透明规范的稳定性和法制化,有力地推动了要素的进入。此外,政府对外资的服务高度积极有效,投资软环境不断改善,综合投资发展环境不断发展。从经济发展、市场规模和潜力、劳动力价格和人力素质、政府的勤政和办事效率、政治稳定性等多方面分析,中国的综合投资发展环境优于许多发展中国家。③世界银行的一

---

① 关于中国市场化改革中的集权体制与分权体制的分析,可参见张宇:《集权、分权与市场化改革》,来自董辅礽等(1996)。

② 魏后凯、贺灿飞、王新(2002)的相关研究分析表明,中国外商直接投资的时空过程与开放政策的时空过程是一致的,随着开放政策在空间上的扩展,外商直接投资区位也相应扩展。

③ 关于中国与其他发展中国家投资环境的比较,可参见王永林等(2003)。

份调查报告也指出,中国的投资环境在过去的 30 多年中飞速发展,总体水平领先于巴西、印度等其他发展中国家,尤其是沿海城市的投资环境相当优越(陈净植、刘璐璐,2003)。综合投资发展环境优越,意味着中国相对于其他发展中国家拥有更强的要素集聚能力。

在中国的体制改革和经济发展进程中,国内经济效率的提高和外部要素的流入形成了具有发散型的正反馈机制:改革的推进解放了生产力,发展了生产力,由此导致了中国国内经济规模的日益扩大和经济效率的提高,国内购买力日益增强,进而引发了外部要素更多的流入,而外部要素更多的流入又促使中国经济规模更加扩大,购买力更强,从而外部要素流入更多。在这种正反馈机制作用下,由改革所推动的国内经济效率的提高和外部要素的流入相互影响、相互推动,使中国的要素集聚能力日益提升。

中国集聚现代经济中的生产要素,在促进本国经济快速发展的同时,也以特殊的方式对世界经济的发展做出了贡献。这种贡献包括:第一,优化了世界生产要素的合理配置,提高了世界经济的整体效率。相对于商品的国际交换,全球化下的要素合作与分工更能够直接改进世界范围生产要素的配置效率(薛敬孝、佟家栋、李琨望,2000)。以美国为首的发达国家的巨额资本和先进技术等高级要素在中国的大量集聚,与中国近乎无限供给的廉价劳动力相结合,在很大程度上实现了全球资源配置的最佳组合。产出是多种要素组合的结果,中国大量廉价优质的要素同西方发达国家的资金和先进的技术、管理的"联姻",从根本上有利于全球资源的有效配置,有利于世界经济整体效率的提高。第二,为各国生产要素提供了大量的投资机会,使世界生产要素分享了中国经济高速增长的成果。据中国美国商会 2004 年的调查显示,被调查的四分之三在华美国公司是盈利的,42％的公司在华的利润率超过了它们在全球的利润率(王义伟,2005)。日本对华投资企业中有 82.8％的企业盈利,其中销售利润率高达 9％以上的企业接近 30％,部分企业在中国投资所获的利润已经成为这些公司的支柱。[①]根据高盛公司分析,20 世纪 90 年代外商在华直接投资的收益率达到了 8％,比美国和欧洲的投资收益率高出很多(胡祖六、约翰·安德森,2003)。第三,为世界提供了大量优质廉价的商品,提高了各国居民的

① 记者专访:《中国经济发展是机遇而非威胁》,转引自新华网,2003201227。

福利水平。国际要素的大量集聚导致了中国商品出口贸易的大幅度增长。大量优质廉价的出口商品受到了全世界消费者的喜爱,抑制了世界物价水平的上涨,并大大改善了世界各国居民的福利水平。据摩根士丹利公司的一份统计报告显示,过去十年间美国消费者因购买中国商品总计节省了 6 000 亿美元。牛津经济预测机构指出,如果没有中国的商品,美国 2005 年的消费价格会上涨 0.5%,2010 年可能达到 0.8%(国纪平,2006)。1998—2003 年,仅童装一项,美国年轻父母就因购买中国商品节省了 4 亿美元。[1]第四,为世界各国提供了巨大的出口市场,拉动了全球经济的增长。在要素集聚与经济高速发展的推动下,中国进口的规模和速度也大幅提高,从而为世界各国的商品提供了日益广阔的出口市场。中国每年的进口总额从 1978 年的 109 亿美元增长到了 2005 年的 6 601 亿美元[2],进口年均增长率超过了 16%。另据世界银行(1998)预测,到 2020 年,中国的进口占世界进口总额的比重将由 1992 年的 2.18% 提高到 9.19%,仅略低于美国。据统计,2000—2003 年中国出口对世界出口的贡献率分别为 7.3%、19.8% 和 10.7%,进口对世界进口的贡献率分别为 7.5%、20.5% 和 10.9%。诺贝尔经济学奖获得者斯蒂格利茨指出,迅速增长的中国经济带给世界的绝非"零和游戏",中国的成功能够促进全球经济的繁荣与稳定。世界贸易组织总干事拉米认为,将会有更多国家从中国市场开放中受益。

## 12.3　要素集聚与中国的国家核心能力

在世界经济体系进入全球化的今天,要素集聚能力成为目前中国重要的国家核心能力。Prahalad 和 Hamel(1990)首次提出了核心能力的概念,认为企业核心能力是企业拥有的能创造经济效益的,而又难以被竞争对手模仿的独特能力。波特(2002)的国家竞争优势理论分析了一个国家赢得某些产业竞争优势的原因,提

---

[1]　参见法国《快报》周刊登载的《外国人眼中的中国之最》,转引自《参考消息》2004212221。
[2]　中国商务部统计资料,见 http//www.mofcom.gov.cn。

出了著名的"钻石体系"理论。王绍光和胡鞍钢(1993)认为,国家能力是国家(中央政府)将自己的意志、目标转化为现实的能力,它包括汲取能力、调控能力、强制能力和合法化能力。而周立(2004)将政府的动员和支配社会资源的能力定义为国家能力,认为强化国家能力就是强化国家动员和汲取社会资源的能力。结合企业核心能力或国家能力内涵,本章提出的"国家核心能力"是在经济全球化条件下一国拥有的特殊能力,这种能力使该国形成了相对于其他国家的竞争优势。这是一种综合的、不易为其他国家模仿的独特优势,不仅有利于本国的经济发展,为本国创造经济收益,而且确定了该国在全球化经济中的特定地位和为世界经济贡献的特定方式。要素集聚能力的合理利用不仅能快速增加一国的物质财富,提升一国的国际地位,而且能增强该国对世界体系和国际事务的影响力。

在经济全球化的历史进程中,要素集聚能力的形成是中国国际经济地位和国家能力持续提升的基础和关键,其具体原因有以下几方面:

第一,国际高级生产要素在中国得到使用,增加了中国的财富创造,扩大了中国政府公共产品的提供能力、国际事务的参与能力以及国际谈判的实力。资本、技术、管理等生产要素进入中国,参与并推动了中国经济高速增长的过程。这一过程在使发达国家的要素获得高额收益的同时,也增加了中国的财富创造,使中国政府获得了大量的税收。据统计,2004年中国外商投资企业共缴纳税收5 355.29亿元,占到了全国税收收入总额的20.81%。①由此,政府有了更高的能力提供公共产品,增加教育投入、加大农业支付转移,扩大国防支出;国家有了更多的财力进一步发展经济,加大重点基础设施的建设、扩大科研的投入;中国有了更大的能力参与国际事务并在其中发挥重要作用,参加国际维和活动,向最不发达国家提供巨额援助等。对流入的要素提供政府服务、市场环境服务和体制服务的收入是要素大量流入的主要原因,也是中国国力增强的来源之一。

第二,要素集聚激活了国内闲置要素,提高了国内要素的使用效率,从而使中国形成了新的生产能力和财富创造能力。中国集聚国际要素的特点是,以低级要素吸引国际高级要素,以闲置要素吸引流动要素。中国大量廉价供给的低级要素吸引了高级要素的参与,从而迅速提升了整体经济的结构水平。经济增长理论的

---

① 数据来源于中国商务部统计资料,见 www.mofcom.gov.cn。

基础之一就是要素投入总量的增加,中国要素投入总量增加的机制之一来自外部要素流入的拉动。因此,由要素集聚导致的本国要素投入的迅速持续增加及其使用效率的提高是中国国力增强的来源之二。

第三,中国整体经济规模得到迅速提升,从而大大增强了中国在世界经济体系中的重要性。中国经济结构的每一个进步都意味着国际企业新机遇的创造,对外开放政策的每一步推进都意味着国际企业投资与盈利空间的扩大。中国巨大的制造能力为世界提供着最基本的生活用品并影响着国际市场的价格,巨大的国内需求能力成为国际市场上举足轻重的购买者。尽管在中国这块土地上的要素不完全是这个国家国民的,但这不影响这个经济体在世界上的重要性。因为一旦要素流入这块国土,那么其作为这个国家经济的一个组成部分也就构成了该国对世界经济影响的基础。正如波特(2002)指出的那样:"人力资源、知识和资本是可以在各国间流动的。高级技术人才正如科技知识一样高度流动,这种人才流动随着国际通信的发达而更显著。当一国任凭它拥有的人力资源等生产要素离去时,这一部分生产要素也就不成为该国的优势。能有效应用这些流动的生产要素、提高配置生产率的国家,通常也是国际竞争中的赢家。"

第四,整体经济规模的迅速扩大日益为中国在国际格局中地位的提升建立了坚实的基础。巨大的经济规模从而产生巨大的购买力、竞争力和投资机会等使中国国家战略的每一步都具有世界意义,并以这种或那种不同的方式影响着世界格局的变化与运行。中国所支配的国家经济规模日益扩大,所支配的财力日益扩大,对国际事务发挥作用的能力日益扩大,从而对国际格局的影响也日益扩大。要素集聚成为目前中国在国际政治格局中力量提升的基础和关键。要素集聚使国际社会对中国产生了要素增值这一特定的依存性,离开了中国稳定的生产投资环境,这些要素的增值就会大打折扣甚至难以增值。由于要素集聚的市场开放程度以及与国内巨大的购买力和生产能力在很大程度上是中国政府可以调控的对象,这就使中国的要素集聚能力可以作为提升中国国际地位的重要力量。例如,中国在世界市场上的购买力迅速上升使政府采购在对外政策中的重要性大大提高。要素集聚能力是当前中国的核心能力所在,但是,要素集聚能力并非现代国家能力的全部,而只是它的一部分。在全球化经济中,除要素集聚能力外,国家可能还需要拥有两大经济能力——创新能力和购买能力。伴随着经济全球化发展的是知识经济的日新月异,由此决定了技术创新才是现代经济发展的核心。拥有技术创新能力,也就拥有了现代经济的主导权,进而拥有全球化经济中的主导权。进一步说,尽管技术要素可以通过流动在其他国家集聚和使用,但技术所有权和技术的收益仍然归母国所有,因此,自主创新能力才是更为重要的国家能力。另外,全球化经济又是市场经济,并且是一个大部分产品过度供给的市场经济。①对于稀缺产品是生产者主权,而对于过剩产品则主要是消费者主权。在这种情况下,消费者主权在全球范围内发生作用;对产品的吸收能力,即一国的购买能力具有决定性的意义。当然这种购买能力不限于消费购买,也包括投资购买。从总体上说,在现代国家的三大经济能力中,当前中国只拥有其中的一个半。目前中国在总体上缺乏自主创新能力,这是中国国家经济能力的最大弱点。这主要表现为中国的专利技术少,研发投入少。如在移动通信、集成电路、数字电视等核心技术领域,中国企业申请的专利数量不及国外企业的十分之一;在研发投入方面,2003年中国电子信息百强企业研发经费投入265.6亿元,不及IBM公司的60%。②中美科技水平总体差距估计有15—20年,集成电路、CPU、新材料落后6—10年,计算机、软件和信息安全等180项技术落后5年左右。在全球R&D投入中,美国、欧盟、日本等发达国家占86%,中国仅为1.7%;全球专利方面发达国家占90%以上,国际技术贸易发达国家占技术转让和许可收入的98%,而中国国内授权的发明专利仅为日本和美国的三十分之一和韩国的四分之一。中国拥有自主知识产权技术的企业仅为万分之三,而且99%的国内企业没有申请专利。③中国有巨大的购买能力,进口规模不断扩大,但对这种购买能力的理解应当全面。虽然中国经济规模庞大,但消费率却极低。1978年,中国的消费率为62.1%;2003年,消费率下降到55.4%;2005年,进一步下降到50%以下,低于同期世界平均消费率20个百分点。④而金融与企业体制的多种原因也使中国的高储蓄难以有效转变为国内投资,2005年,中国金融机构人民币

---

① 关于世界经济面临的产能过剩、需求不足的问题,可参见保罗·克鲁格曼(1999)和易纲(2002)的分析。

② 参见吕福明:《联想买到什么,"鼠标现象"揭示自主创新诱惑力》,转引见新华网 http://news.xinhuanet.com/it/2005-11/29/content_3849922.htm。

③ 数据来源于国家发改委经济体制与管理研究所国有资产研究中心主任高梁2006年3月31日在上海社会科学院所做报告,报告题目为"对外开放和自主创新"。

④ 数据来源:新华网 http://biz.163.com,2006年3月1日。

信贷存差达到了 92 479.13 亿元。①中国国内巨大的购买能力并不完全来自本国居民和企业。除了迅速增长的国民收入导致的国内投资需求之外,相当一部分购买能力本身是来自要素集聚。跨国公司在中国的投资导致了进口需求的增长,经济规模在要素集聚中迅速扩大,增大了本地需求和进口需求,特别是在华外国人及其商务活动的本地需求。由此说明,目前中国国内市场的购买能力主要不是内生的,而是在很大程度上依赖于中国的要素集聚能力。

需要指出的是,集聚国际要素形成的生产规模并非一国的真实国力。只有要素所有权意义上的国家产出而非地理意义上的国家产出才是一国国民能够支配和享用的财富,才更直接反映一国生产要素的财富创造能力,也才更真正体现一国的真实国力(张幼文,2005b)。如果不分清集聚国际要素形成的生产规模和国家真实国力的区别,就会严重高估当前中国的真实国力,从而既不利于中国国际战略的正确制定,也不利于中国真实国力的持续提升。如果在提升要素集聚能力的过程中,过度依赖政策激励而不是体制优化,那么其中就可能包含着大量的不必要的利益外流,从而影响真实国力的有效提升。

## 12.4　要素向中国集聚与世界经济失衡的性质

要素向中国集聚也导致了世界经济的新的特征,所谓"世界经济失衡"现象的性质,可以从要素集聚得以解释。近几年来,全球经济失衡成为整个世界面临的一大难题,而美国的双赤字和中国的双顺差则被看做集中的表现。就贸易差额看,根据中国海关总署的统计,2005 年中国对美贸易顺差为 1 141.73 亿美元,约占美国全球贸易逆差总额(7 665.61 亿美元)的 15%,但根据美国商务部的统计,美国对华贸易逆差 2005 年达到 2 016.26 亿美元,占其贸易总逆差的比例达 26.3%。②在某

---

① 中国人民银行统计数据,参见 http://www.pbc.gov.cn/diaocha2 tongji/tongjishuju/index2.asp。

② 数据来源于中国海关总署统计。

些言论中,全球经济失衡的主要原因被归咎为中国巨大的贸易出口和外资吸收能力。实际上,20世纪90年代以来,中国成为世界经济增长的明星,中国外资大量流入和产品净流出成为世界经济的一大特点,而其基础正是全球要素的集聚。一方面,全球化要素流动使中国及其他亚洲国家集聚了大量的国外要素,与其低成本劳动力相结合进行生产出口;另一方面,跨国公司构造了全球的低价供应平台,美国等发达国家从国际投资中更多获利,从而导致这些国家更高的消费和贸易逆差。具体来说,要素集聚导致了生产型国家的形成,要素和生产在中国等亚洲国家的集聚,必然导致其出口能力的迅速提高和贸易顺差的持续扩大,中国等亚洲国家迅速提升的出口能力实际上是美国等发达国家各类高级要素在这一地区集聚的结果。同时,要素集聚为美国等发达国家构建起了一个全球的廉价产品供应平台,它们在中国等亚洲国家的投资增加了其高级要素的收益,扩大了财富积累和进口能力,又因为进口产品的低价格抑制了通货膨胀。因此,当前全球经济的失衡在很大程度上源于要素集聚,是要素集聚这种全球化经济的特有资源配置方式发生作用的必然结果。

要素向中国集聚及其带来的生产与出口的集中导致许多国家的相关产业受到冲击,并在一定程度上加重了全球经济的失衡。要素的流动和集聚意味着产业的转移和就业的转移,而要素流出国新产业的产生特别是工人从旧产业到新产业的转移并非一蹴而就。同时,尽管要素集聚从根本上有利于全球要素的优化配置,有利于经济效率的提高,但在世界高级要素与中国廉价劳动力结合生产出来的廉价产品出口给各国消费者带来巨大福利的同时,不可避免地会对发达国家的相关产业造成冲击,也极大地抑制了原本有竞争优势的发展中国家相关产品的出口,从而对他国国内的某些产业和某些利益集团造成不利影响,进而引发许多国家与中国的贸易摩擦持续加剧。[①]据统计,中国已连续十多年位居全球贸易摩擦目标国榜首(邵芳卿,2005)。然而,如果我们看到中国产品对各国的冲击只是世界要素集聚到中国进行生产并出口的结果,从而是经济全球化要求的全球产业重新布局,那么我们也就不能简单地把它看做传统意义上的世界经济失衡了。某些学者将失衡的原因简单归结为中国的开放政策,特别是人民币汇率政策,并因此将这种由全球化历

---

① 关于政府政策会更多地反映贸易中受损利益集团的要求的缘由,参见保罗·克鲁格曼和茅瑞斯·奥伯斯法尔德(1998)。

史性变化所带来的失衡调整的责任完全归于中国一个国家,把调整的压力完全置
于人民币一种货币上,显然是不公正的。

　　我们不仅要看到中国发展模式与世界经济的摩擦与矛盾,也要看到产生这种
摩擦的必然性,即经济全球化下的要素集聚,尤其还要看到中国作为负责任大国以
科学发展观统领新发展阶段的世界意义。

　　对中国经济来说,大量要素集聚使中国承担了"世界工厂"的重任,使世界发展
的能源和生态环境问题也集中在中国。伴随着大量的国际要素集聚中国,原本在
其他国家的众多高耗能产业的生产也转移到中国。要素集聚使中国承接了相当大
份额的世界工业品的生产和出口,加重了中国的能源消耗。据统计,中国一次能
源、石油和煤炭消费量分别从 1994 年的 811.8、149.5 和 606.4 百万吨标油上涨到
了 2004 年的 1 386.2、308.6、956.9 百万吨标油,2004 年的消费量分别占到了世界
消费总量的 13.6%、8.2%和 34.4%。2004 年中国钢铁消费量为 312.3 万吨,比
2003 年增长了 15.12%,是世界上增长最快的国家。[①]中国的 GDP 只占世界 GDP
的百分之四点多,但消耗的能源、铁矿石、原材料已经占到了世界总消费量的 1/3
左右(路风,2006)。中国在保护环境问题上也面临着极大的压力。伴随着要素集
聚,外商投资企业将许多高污染的产业转移到中国,使我国的环境污染问题更为严
重。据统计,2000 年外商投资企业资产占全行业资产比重最高的 10 个行业中基
本上都是制造业,且一半以上为制造业中的污染密集产业(谭晶荣、张德强,2005)。
计量分析显示,FDI 与污染物之间存在着显著的正相关关系,FDI 对中国环境有较
大的负面影响(杨海生等,2005)。尽管中国资源紧张和环境污染等问题不能完全
归因于要素在中国的集聚,但要素集聚导致的大量高耗能、高污染产业向中国的转
移是显而易见的。中国的资源和环境为此付出了极大的代价,并因此也影响到中
国经济的可持续发展。因此,提出以人为本、全面、协调、可持续的科学发展观,是
中国经济社会发展中的一个历史性跨越。

---

① 　数据来源于世界经济年鉴编委会:《世界经济年鉴》(2005/2006),经济科学出版社 2006
　　年版,第 313—315 页。

# 第 13 章
## 改革动力的构建与发展结构的优化

"改革开放是决定当代中国命运的关键抉择"[①],而改革、开放与发展三者之间又存在着深刻的互动关系,互为条件和结果。在这一互动关系中,对外开放这一基本国策构建了改革的动力,明晰了改革的目标,同时也拓展了发展的道路,优化了发展的结构,在当代中国经济发展中具有特殊的战略地位。

## 13.1 开放战略的推进与改革动力的构建

30 多年来,在国内改革推进市场化的同时,开放倒逼改革以构建改革的动力,明确改革的目标,开辟改革的道路,是中国能够迅速摆脱传统体制束缚,成功建立起一个适应全球化竞争的市场经济体制的战略关键。

### 13.1.1 特区建设:以开放突破旧体制的起点

中国的对外开放是从建设经济特区开始的。特区建设作为开放战略的实施起

---

① 在法规制度上,中央层面的调整从 1999 年底就已经开始,到 2002 年 12 月,中央层面制定、修改、废止法律、行政法规、部门规章和有关政策措施共 1 000 多条。到 2002 年 6 月底,31 个省、自治区和直辖市清理了 200 多万件,立、改、废 19 万件。引自新华社:《加入世贸组织五年内中国展开最大规模"变法"》,2006 年 12 月 10 日,http://news.xinhuanet.com/fortune/2006-12/10/content_5465184.htm。

点,在于"杀出一条血路来",使中国走上正确的发展道路。所谓"杀出一条血路来",就是指突破旧的封闭型计划经济体制,走向开放型的市场经济体制,而突破的基本方式就是大力引进外资,充分利用国际市场,从而摆脱计划体制与中央集权的束缚,以实现发展。特区建设的成功及其经验的推广在瓦解传统体制中发挥了开拓性的作用。

开放与改革是相互促进,互为动力和条件的。以经济特区为标志的对外开放试点,扩大地方政府在外贸外资中的政策权力本身就是分权式改革的体现。开放促进改革的意义在于以发达市场的力量瓦解僵化的计划经济,以国际体制的规范塑造政府职能,以外部竞争的动力改造国有企业。

## 13.1.2　坚定不移争取"入世"以突破改革难点

从 1986 年申请"复关"到 2001 年正式"入世",再经历五年过渡期,"入世"这一主题在 30 多年对外开放中持续了 20 年以上。[①]中国扩大对外开放,进入经济全球化体系的道路相当艰难。然而,这一道路却成为中国以开放倒逼改革的历史进程。

国内计划经济及其相应的企业制度、价格体制、贸易管理制度、知识产权保护状态等都与关税与贸易总协定(GATT)之间不相容,使长达 9 年的谈判没有结果。随着 GATT 演进为世界贸易组织(WTO),对中国的加入提出的体制要求也变得更高。到 20 世纪 90 年代后半期,开放已经使中国经济紧紧地与世界经济联系在一起。国内市场的迅速扩大,经济增长的巨大空间,使各 WTO 成员尤其是发达国家成员对能否从这个新伙伴身上得到更多高度关注。他们不仅要利用中国加入WTO 的机会使自己有竞争力的优势部门获得市场,而且要使这一市场更加符合他们所熟悉的发达市场经济规则。中国越是发展,提供的机会越多,WTO 成员的

---

① 各省(区、市)对照国务院部门取消和调整的行政审批项目,从审批部门、审批对象、审批依据、审批内容等方面进行全面核对,根据不同情况对审批项目做了分类处理,并研究制定了配套措施和办法,防止管理上出现漏洞。引自国务院办公厅:《行政审批制度改革总体情况》,中央政府门户网站 www.gov.cn,2006 年 8 月 31 日,http://www.gov.cn/ztzl/yfxz/content_374183.htm。

要价也越高,"入世"谈判也就越艰难。中国不仅要做出产品进口更大开放与投资领域更加扩大的承诺,而且要明确国内体制向市场化转型的进程与规划。"入世"谈判也是中国用经济全球化的要求和发达市场经济规则对照自己体制,明确改革目标的过程。自主的改革道路出现了外部压力。面对来自发达国家成员方的巨大要价,中国所做出的不仅是市场开放的承诺,而且是体制改革的规划。①

市场开放的主要障碍与困难来自国内体制在计划经济下发展模式的转型。一是在从计划经济向市场经济转轨的过程中,政府的某些部门管理转变为企业化管理,其中有的形成了行业行政性垄断,阻碍了市场的发展和效率的提高。二是改革使各级地方政府走上了以经济建设为中心的道路,同时也出现了强大的地方保护主义,成为统一的国内大市场发展的重要障碍。在完成了前一步改革后的中国经济中,缺乏力量进一步推进自身改革。这时,采用WTO规则这一外部力量打破行业与行政垄断成为中国培育市场的最佳选择。"入世"谈判及承诺的巨大压力成为新阶段中国国内体制转型与改革的巨大动力。在很大的意义上,可以说"入世"不只是为了争取更加公平合理的开放环境,而且是为了构建来自外部的对改革的倒逼机制。

申请"入世"的过程也是中国加快改革的进程。在"入世"谈判的同时,中国进行了大量改革与结构调整。正如N.拉迪所指出的,国际上许多研究认为,中国要为履行"入世"承诺付出巨大的代价,这些预测都高估了中国"入世"后将面临的挑战,原因是这些研究大多基于中国20世纪90年代中期的情况,从而没有充分考虑中国在"入世"前夕所进行的巨大的经济结构重组。在"入世"前的几年中,中国对外大幅降低了关税,对内大大加速了制造业和国有企业的改革——②这一分析揭示了"入世"对中国改革的前期效果。

---

① 中国大幅度削减实行进出口配额许可证管理商品的品种和范围。"十五"期间,通过行政审批制度改革,减少了实行主动配额管理的出口商品品种和范围。有主动出口配额管理的商品数量从2002年的54种下降到2006年的34种。进口配额除关税配额管理的6种农产品外,其他配额管理全部取消。引自《我国外贸管理体制接轨国际规则》,载《国际商报》,2006-01-24,http://chanye.finance.sina.com.cn/sm/2006-01-24/275616.shtml。

② 中国着手打破非公资本进入垄断领域"玻璃门",2005-10-12,新华网,http://news3.xin-huanet.com/fortune//2005-10/12/content_3608451.htm。

### 13.1.3　以 WTO 规则转变政府职能的改革是"入世"后中国体制改革的首要方面

"入世"的挑战首先是对政府职能的挑战,政府改革成为"入世"后中国改革的最大主题。在 30 多年的改革开放中,中国政府的职能经历了两次大的转型。第一次是在中共十一届三中全会后,"以经济建设为中心"和"发展是第一要务"逐步成为共识,各级政府把工作的重心转到了经济发展上。分权式改革大大增强了地方政府的积极性。各级政府都致力于推动本地经济发展。在计划经济体制被瓦解、以经济建设为中心体制建立的过程中,中国出现了一个具有强大经济职能的政府。政府几乎是"公司化"的:以政策和土地等本地资源为成本,以国内生产总值(GDP)、外资外贸数量为经营的目标产出。这一转型给中国经济发展带来了巨大的动力,不仅有市场的动力,而且有政府的动力;不仅有国内脱贫致富的动力,而且有国外开发市场的动力。这就是为什么中国获得高速增长的原因。

然而,"入世"又意味着政府职能第二次转型的开始。市场经济逐步发展后,旧体制下的政府部门权力与市场的结合成为资源合理优化配置、经济健康有序有效发展的巨大障碍。由于中国的市场化进程是自下而上发生、由外到里推进的,计划经济体制下的审批制度只是被逐步瓦解的,有些审批权只是发生了转移和变形。"入世"提供的一个重要契机,就是以 WTO 规则为准则,以履行承诺为动力,进一步改变政府职能:从以行政方式和领导意志管理经济的政府,转变为以执行政策和维护法制服务经济的政府。不论是国家贸易体制统一管理的要求、透明度原则,还是对政府行为的司法审议,本质上都是关于政府行为的规范化、市场管理的法制化。这既要求以统一的法律、法规和其他措施取代不统一的和随意性政策下的行政管理,也要求实现在市场中内外企业的公平待遇。

### 13.1.4　以国际规范推进市场经济体制建设

开放促进了中国跨越式的市场规则建设,这在加入 WTO 中得到了充分的体现。中国要实现发展的赶超,需要赶超型的发展战略,也需要赶超型的市场体制建设战略,由此才能加快创造经济活力。WTO 规则本质上是发达市场经济规则,对于一个刚刚开始培育市场的国家来说,遵守 WTO 规则就是以发达市场经济规则作为自己的参照系,在与国际竞争规则接轨的基础上,建立自己的市场经济规则。

围绕"入世"进行的改革集中在加强依法行政。"入世"后的五年中,中国完善了立法的透明度和行政公共参与制度,建立和完善了法律、规章和规范性文件的备案审查制度。中国全面推进依法行政工作,完善了监督和救济机制。2004 年 3 月,国务院又发布了《全面推进依法行政的实施纲要》。至 2005 年 8 月,国务院各部门分三批共取消和调整审批项目 1 806 项,达到了国务院部门全部审批项目的 50.1%。

在贸易体制上,中国努力建立起符合 WTO 规则的进出口管理法律体系。"十五"期间,货物进出口法律法规体系进行了立、改、废,清理了各项法律、法规 2 300多件,先后出台了《货物进出口管理条例》和与之配套的 10 多个部门规章,涵盖了中国进出口管理体制的各个方面。2004 年,中国又颁布实施了新修订的《对外贸易法》,初步形成了外贸管理的三级法律框架体系,全面放开外贸经营权,形成了外贸经营主体多元化格局。

在营造开放型市场经济中,中国注重发展非公经济平等参与竞争,既加快了市场化进程,又使对外开放促进了国内企业发展。非公资本开始真正进入"全面准入"的新阶段。2005 年 2 月,"非公经济 36 条"是新中国 50 多年来第一个专门规划非公经济的政策性文件,鼓励和支持非公有资本进入基础设施、垄断行业、公用事业以及法律法规未禁止的其他行业和领域。

对于中国以"入世"推动改革战略的最好评价是 2006 年世贸组织在对中国进行的首次贸易政策审议。该审议指出:"2001 年中国成为 WTO 成员,为正在进行中的改革提供了更大的动力,对 WTO 的承诺为改革提供了'催化剂',并为可预见的未来更有力的增长开辟了道路。"

## 13.2 外部竞争的引入与发展结构的优化

30 多年来中国的发展不是一个模式的简单延续,而是随着开放的扩大而拓展。30 多年的发展表明,对外开放对于中国发展结构的优化有着基础性的重要作用,不仅决定了中国的发展速度,而且决定了中国的发展模式。发展结构的优化包括发展的生产要素来源与配置结构、企业所有制结构、地区结构、产业结构和市场结构等多个方面。

## 13.2.1　当代中国起步发展的动力：外部资源与外部市场

当代中国的发展依靠的是两个根本动力:一是摆脱贫困走向富裕的内在动力,这一动力由广大民众通过自下而上的改革而形成。二是发挥和利用比较优势的外在动力,这一动力由外部市场和资源通过持续扩大的开放而形成。

20 世纪 80 年代初,从经济特区到沿海开放城市的引进外资与加工贸易出口,使中国有效地利用了富裕的廉价劳动力,有效地利用了沿海地区的地理优势。作为开放的历史起点,这一战略使中国消除了资金与外汇两个"缺口",走上了发展道路。这一发展的起步形式在 30 多年中持续发挥作用,至今仍然是中国获得发展的外部动力的基础。

## 13.2.2　"入世"与发展的结构升级机制优化

从 1986 年申请"复关"时的历史背景看,当时中国的主要目的是推进外向型经济发展战略,即寻求更加公平、透明的出口市场。但是,随着 GATT 演变为 WTO,中国加入这一组织以开放促进发展的内涵也进一步扩展和提升。"入世"成为拓展发展道路和提升发展战略的路径。大幅度降低关税,全面取消进口配额,减少和规范政府补贴,是 WTO 成员的"要价",也是中国走上以开放型竞争促进发展道路的需要。

WTO 中的服务贸易总协定、与贸易有关的投资措施协议、与贸易有关的知识产权协议和贸易政策审议机制等新规则的形成,以及争端解决机制的完善,使中国加入这一组织的意义大大扩展。在长达 15 年的"入世"进程中,出现了一个奇特的现象:入世的难度越来越高,而中国的决心却越来越坚定。其原因在于,WTO 在发展,入世能使中国更好地利用 WTO 谈判以发展现代服务业,依靠保护知识产权以营造创新环境,在日益增加的国际贸易摩擦中维护自身的权益。入世意味着争取更加公平的国际环境,从而更有利于自身的发展。中国"入世"时,WTO 所覆盖的内容比 GATT 大大拓展,也意味着中国以开放促进发展战略内容的大大拓展。中国不仅要获得更大更稳定的出口市场,而且要以自己市场的开放引入竞争促进产业发展,以服务业市场的开放实现结构提升,以保护知识产权的更大努力推动技术进步,也以更加透明、规范、公平竞争的市场加快企业培育。简而言之,"入世"意味着中国发展结构的升级和发展机制的优化。

### 13.2.3 "入世"后中国经济发展的特点

2001—2007 年,中国国内生产总值从 109 655 亿元提高到 246 619 亿元,提高了 1.25 倍。[①]更重要的是,在经济整体规模扩大的同时,经济发展出现了一些新的特点。

第一,投资环境的改善使外资流入规模明显扩大,并成为拉动经济增长的重要动力。"入世"后的五年,外资年均流入量几乎为前十年的两倍。经济全球化的核心是生产要素的国际流动。中国"入世"的关键意义在于,通过深化改革营造了更加规范的环境,通过市场准入提供了投资机会,为生产要素的集聚创造了更为有利的条件,这是"入世"后高速增长的关键。外资的流入大大加快了中国产业结构的升级,也进一步改善了国内的资源配置,大量劳动力被吸收到经济增长之中,基础设施建设动力进一步加大。从出口看,外资企业进一步成为出口的主力,中国的市场化程度进一步提高,微观主体的活力进一步提升。

第二,外部市场对中国经济的拉动力进一步增强,中国获得 WTO 成员方市场开放的利益。中国出口总额从 2001 年的 2 662 亿美元提高到 2007 年的 12 180 亿美元,提高了 3.58 倍,同期进口从 2 436 亿美元提高到 9 558 亿美元,提高了 2.92 倍。[②]尽管

---

① 外资企业占总出口的比重从 2001 年的 50.6% 上升到 2007 年的 57.10%。同时,以私营企业为主的其他企业从 7.40% 上升到 24.44%,国有企业则从 42.54% 下降到 18.46%。根据商务部统计栏目数据计算而得。

② 数据来源:根据国家统计局网站历年统计公报计算而得。http://www.stats.gov.cn/tjgb/。从 2002—2006 年,中国实际利用外资数达到年均 580.44 亿美元,2007 年达到 747.68 亿美元,大大高于此前 1979—1991 年的年均 17.96 亿美元和 1992—2001 年的 370.2 亿美元。转引自张幼文等著:《探索开放战略的升级》,上海社会科学院出版社 2008 年版。

中国"入世"进一步开放了国内市场,但从外部市场获得的机遇更大,从而有效地实现了扩大贸易拉动经济的开放型战略。在外资流入的共同作用下,国家外汇储备持续增长,从 2001 年末的 2 121.65 亿美元提高到 2008 年 9 月的 19 055.85 亿美元。尽管储备的大幅度增长使中国面对人民币升值新压力和储备资产管理新课题,但它不仅是开放政策成功利用外部市场和外部资金的表现,是国家产业竞争力和国民经济吸引力的表现,而且实现了巨大的国民资本积累,从而为完成工业化、信息化,实现科技创新的技术进步创造了极为有利的条件。

第三,服务业市场开放加快了外资流入,推动了产业结构进步。在 20 世纪 90 年代引进外资的基础上,各地积极提升外资的产业结构,高新技术产业和服务业引进外资成为重点,由于入世对服务领域的开放,服务业外资迅速增长。在银行业方面,至 2006 年末过渡期结束时,已有 23 家境内商业银行引入了境外战略投资者,以交通银行、建设银行和中国银行成功上市为标志,中国银行业的对外开放取得阶段性进展。外资银行的进入可以看作中国银行业改革的动力,促进中资银行的现代银行制度转型。保险业是中国金融行业中开放最早、开放力度最大、开放过渡期最短的行业。[1]正如 N.拉迪指出,"加入 WTO 的承诺不仅使中国制造业高度开放,而且还使中国在服务业领域走向非常有意义的开放。在服务领域中国所承诺的扩大开放超过了大部分 WTO 成员。因此,国际竞争对中国技术变化和管理效率所产生的正面激励不只限于制造业,而且也日益扩大到服务业。"

第四,国际市场规则约束和"入世"承诺履行促进产业改变竞争方式,产品质量提高,档次提升。例如,纺织服装业是中国具有优势的产业,WTO 成员在中国"入世"时附加了一些限制中国出口过快增长的约束条件。如何在这一条件下实现中国纺织与服装业的发展是中国产业的关键问题。这些约束促使中国纺织业走上了一条技术创新、品牌开发、提高附加值和注重国际营销,改变单纯依靠廉价劳动力的发展道路。

第五,知识产权保护力度加大,为中国自身技术进步创造了良好环境。尽管中

---

① Nicholas R.Lardy: Trade Liberalization and Its Role in Chinese Economic Growth, Prepared for an International Monetary Fund and National Council of Applied Economic Research Conference "A Tale of Two Giants: India's and China's Experience with Reform and Growth" New Delhi, November 2003:14—16.

国目前大力保护的知识产权大多属于外国企业,但保护知识产权的根本利益在于有利于中国自己,因此,由"入世"而带来的这种国际规则约束从长期看正是促进着中国的技术进步。"入世"后,中国对知识产权保护的力度不断加大。知识产权案件的持续大幅增长和审判领域的不断拓展,不仅体现了我国知识产权保护事业的快速发展,而且反映出全社会对知识产权司法保护的强烈需求和充分信赖。对于"入世"对中国经济发展的积极作用,世贸组织贸易政策审议机构指出:"1978年以来中国人均GDP近9倍的增长和贫困人口的急剧下降,清楚显示了将更自由的贸易与投资政策与广泛的宏观经济与结构改革相结合在推动经济发展中的价值。"C. F.Bergsten等认为,30年来,中国的令人震惊的增长有5个关键因素:一是拥抱了市场的力量,二是经济开放发展贸易和引进直接投资,三是高水平的储蓄率和投资率,四是劳动力市场的结构转型,五是对基础教育的投资。毫无疑问,其中前三个因素直接与对外开放相关,后两个因素则间接相关。

## 13.3　新开放环境下的改革主题与发展内涵

过去的30多年中国获得了惊人的发展,国际经济地位显著提高,也在一定程度上改变了世界经济格局。因此,今天当我们再讨论中国的开放时,已经不再限于如何利用外部市场外部资源的问题,而且包括如何在全球经济体系中发挥更大作用的问题,这是更高意义上的对外开放。30多年后的今天,世界经济出现新的形势,中国发展的国际环境已经发生了重大的变化。适应新的国际环境,提升中国的国际经济地位,这一目标中蕴涵着新的改革主题与发展内涵。

### 13.3.1　开放战略的普遍化要求中国实现战略提升

20世纪70年代以前,东亚等为数不多的国家和地区依靠开放型发展战略取得了成功。这些发展明星成为广大发展中国家的榜样,开放政策从少数国家的选择转变为大部分国家的发展道路。80年代末"冷战"结束后,又一批国家走上了市场经济道路。进入 21 世纪,出现了"金砖四国"、"展望五国"和"新钻十一国"①等一大批发展新星。随着又一批发展中国家的崛起和中国沿海劳动力成本的上升,新一轮产业转移正在开始。受已有水平的约束,这些国家普遍采用的是鼓励外资流入和扩大劳动密集型产品出口的开放型发展战略,战略的相似性使中国开始面临发展竞争的挑战。一方面,劳动密集型产品正在流向成本更低的国家和地区,中国能否成功地将其向内地转移是开放战略的一个新主题;另一方面,中国能否使各种高技术产品的高附加值价值链进一步转入中国,也已成为新阶段上发展的核心问题。当中国大量劳动密集型产品已经构成对世界压力的时候,更低成本的生产开始在其他国家出现。当中国力图提升外资结构与效益时,更多国家提高了引进外资的力度。内部提升发展效益质量的需要和外部环境的变化从两个方面挤压着中国现行的开放模式。

面对新的国际发展环境,中国的新发展在于开放型战略提升,而不是低水平开放模式的延续。这不仅符合中国自身的发展要求,也能减少与后起发展中国家的低水平竞争。在改革上,改变单纯的廉价劳动力战略有利于提高劳动者的收益,使劳动者更多享受发展的成果。要通过深化政府职能改革以营造更规范透明、服务良好的投资环境吸引外资,而不是靠不断强化的政策优惠。要改革财税和汇率政策,使之既有利于增加就业,又能防止单纯使用廉价劳动力而抵制技术进步。要通过政府部门之间工作协调机制的改革促进服务经济的发展,发展服务外包产业,以创造就业。在发展结构上,中国需要以多样化方式参与国际分工,从而减少与其他国家的低端产品竞争,形成更广泛的产业内贸易与互补性分工。这将在较大程度上减少中国的贸易摩擦。巨大的迅速增长的出口能力为中国增加进口创造了难得的条件,中国应当通过扩大进口,为自己推进工业化、信息化建立更强大的基础,这也将同时减少来自贸易顺差过大的指责。在国际战略上,中国要通过建设一个公正合理的国际贸易体系为自己创造更宽松的国际贸易环境,推动自由贸易体制向更加公平的方向发展。

---

① 金砖四国(BRICs-4),是指巴西、俄罗斯、印度和中国;展望五国(VISTA-5),是指越南、印度尼西亚、南非、土耳其和阿根廷;新钻十一国(Next-11),是指墨西哥、印度尼西亚、尼日利亚、韩国、越南、土耳其、菲律宾、埃及、巴基斯坦、伊朗和孟加拉。

### 13.3.2 在外资流入与产业国际化中实现中国战略产业的发展

30 多年来,发达国家鼓励对外投资和发展中国家鼓励外资流入的政策使跨国投资从局部现象发展为普遍形式。跨国公司已经成为与经济全球化相适应的企业微观组织形式并被广泛采用。跨国公司的大发展产生了两个重要结果:一是其实力日益强大并对世界经济形成决定性的影响,不仅富可敌国而且强可敌国;二是产业国际化程度日益加深,各国的研发生产与经营只是其全球价值链中的一个环节。世界大跨国公司日益深刻地影响着东道国的战略与政策选择,使后者的所谓发展常常只是其全球战略的一个组成部分。这种影响不仅包括经济谈判,而且包括政治压力。其影响东道国的方式不仅包括绿地投资,而且越来越多地采用跨国并购。东道国的发展可能在很大程度上是 GDP 意义上的,而很小程度上是收入提高和产业进步意义上的。

发展结构的优化提出了中国自己现代化产业发展的新主题。30 多年来,中国从探索开放、吸收外资发展为全球跨国投资体系和生产体系之中的一员,利用外资也从补偿贸易等初级形式发展为大规模高技术外资项目和总部经济等高级形式,产业国际化程度大大提高。然而,中国的发展问题也相应地从如何启动发展转变为如何有效发展。可以说,没有外资的引进,也就没有中国过去 30 多年的发展。但是,在实现了发展的初期目标以后,发展起中国自己的现代化产业、在国际化产业中拥有高附加值的价值链,已经成为一个新的发展目标,也是摆在我们面前十分紧迫的发展问题。我们不能把中国国土仅仅作为世界大跨国公司竞技的舞台,而自己只充当配角和观众,尤其是今天当世界大跨国公司已经把控制中国市场作为目标,甚至采用并购等方式迅速消灭中国竞争者的时候,中国需要回答在开放中实现更高意义上发展的新问题,尤其是那些有巨大战略意义和收益前景产业的发展。必须清醒地认识到,高附加值的产业链的发展不可能完全靠跨国公司的转让,而要靠中国自己的研发。同时,现有的开放型发展为通过产业链的延长实现更全面的发展创造了有利的条件。

在改革与体制建设上,中国对付跨国公司全面控制中国市场的战略企图的根本原则不是简单的抵制,而是以反垄断法来维护中外资企业的共同发展环境,以开放推动公平有序的竞争来实现中国产业的进步。与此同时,对于事关国家安全和经济安全的重要产业,对于事关长期发展有重大利益的战略性产业,我们仍然需要一定程度和一定时间的保护,这不仅不与整体的开放战略相矛盾,而且是当前国际上各国的普遍惯例。中国需要健全外资并购安全审查机制,以切实维护国家战略产业的安全。

### 13.3.3　建立创新机制应对信息化与国际科技竞争

从技术的角度看,过去 30 多年世界发生的最大变化是信息革命与高科技产业的崛起,世界科技竞争日益激烈。信息革命不仅带来了一个全新而巨大的信息产业,而且导致了经济的信息化,改变了经济结构与经济运行方式。世界产业从工业化发展为信息化、高科技化。当发展中国家还未完成工业化的时候,发达国家已经开始了信息化,发展差距的拉大将成为时代性差距。

中国需要同时完成工业化和信息化两大历史任务,同时应对市场竞争与科技竞争两场竞争。在国际科技竞争的压力下,在高新技术产业崛起的快速变化中,中国追赶发达国家的任务从传统工业化扩展到高新技术产业的发展。世界科技进步有了重大突破,国际科技竞争向廉价劳动力战略提出了疑问。如果单纯以依靠廉价劳动力作为基础战略,将导致经济结构的整体落后。当前中国发展的主题在于实现工业化和信息化的同时推进,并通过强化自主创新,在高新技术产业发展上走出一条从制造向研发扩展的道路来。回顾过去,畅想未来,中国的发展结构的优化可能会走出这样的一条道路来:前 30 年中国靠廉价劳动力辛苦劳动,也付出了可贵的环境与自然资源,积累起了一定规模的货币财富,这使我们有可能通过进口获得一部分技术,为从今以后自己的二次创新和集成创新提供更好的条件。在改革上,中国需要从目前单纯有利于使用廉价劳动力的政策与体制结构,转变为既有利于创造就业,又有利于鼓励科技创新的新的体制机制;从目前单纯有利于引进国外技术与产品的政策与体制结构,转变为同时有利于国内技术开发与新兴产业形成的体制机制。解决鼓励创新与鼓励创造就业的矛盾是改革的核心。

### 13.3.4 突破资源环境的约束实现可持续发展

30多年来,由于世界各国普遍走上发展道路,资源环境约束与经济可持续发展问题成为突出矛盾,引起全球关注,气候变暖已是摆在全世界面前的严峻问题。资源和能源的紧缺是世界各国普遍走上发展道路的必然结果,而保护地球资源环境实现可持续发展也是人类自身进步的表现。这一变化使中国今天发展所处的国际环境比开放初期要困难得多。中国因经济规模大、以制造业为主的发展模式、工业化的初期性、发展阶段初级性等而成为这些全球性问题的焦点。由于全球普遍的增长与发展,资源紧缺,油价上涨,中国发展的外部成本不断提高,长期表现为国际贸易中相对利益缩小,财富积累速度降低。

面对世界实现可持续发展的新要求和中国发展的资源环境约束,中国必须优化发展的产业结构与要素结构。要以科技进步优化产品结构、产业结构和生产消耗结构,从根本上改变发展模式。要与各国共同建设一个可持续发展的世界经济体系,来回答这个人类的共同问题,同时也从根本上改善自己发展的外部环境。在国内体制上,需要建立有效的资源节约与环境保护体制机制,从行政体制的改革深化上消除粗放型的发展模式的成因,特别是地区间无资源环境约束的发展竞争状态。外资偏向型的发展战略,出口数量型的发展战略都在一定程度上加剧了资源能源与环境矛盾,而其背后则有体制机制原因。因此,在实现可持续发展的开放型经济体系中,中国不仅需要提升开放战略,而且需要进行政策调整和体制改革。

### 13.3.5 建立应对国际经济风险的开放体制与发展模式

在过去的30多年中,国际资金流量显著扩大,金融产品大量创新,一再引发全球性金融危机。20世纪90年代的墨西哥金融危机和亚洲金融危机表明,新兴市场经济尽管生产能力迅速增强,但金融体系依然十分脆弱,难以应对国际经济冲击和金融投机。2007年开始的美国金融危机及其产生的金融海啸又表明,现代发达国家的金融体系中存在着更严重的风险,并会产生巨大的国际影响。金融危机表明,美国过度发展金融衍生产品,失去有效监管的模式是有害的,虚拟经济的过度膨胀也是有害的。

对中国来说，30 多年来的开放成就主要体现在生产与贸易领域中，而国内金融体系的成长还刚刚开始，货币与金融市场的开放仍然没有完成。在国际热钱的巨大冲击和国际金融市场剧烈动荡影响下，开放面对新的风险因素，对国内金融业的发展既提供了发展结构的教训，也提出了开放模式的警示。中国需要在金融业乃至整个虚拟经济的发展上更加谨慎有序，稳步建立起一个开放型的金融体系，相应地需要建立更加有效的监管体制，包括国际监管合作体制。金融业在开放中的健康有序发展与金融管理体制的改革，已经明显成为中国未来发展中的一大问题。

今天我们还看到，国际社会对中国在抵御这场金融危机中发挥更大的稳定作用寄予厚望。这意味着中国的开放和发展已经到了这样一个阶段，维护中国实体经济的稳定健康发展对世界抵御这场危机具有关键意义。同时，中国需要关注的已经不再只是如何防范外部冲击的影响，而且需要发挥一个大国的作用，与世界各国合作，建设一个能够容纳不同发展水平国家的有序的国际金融体系，这也是一个更有利的国际金融环境。

中国正在加快"走出去"的步伐。在这一新的意义上的开放型发展，已经成为一个与东道国特别是发展中国家的共同发展问题。中国要与世界各国合作，建立一个公平有效的全球发展体系。在对外投资和援助的实践中，中国需要继续探索和推进与发展中国家东道国互利共赢的发展模式，提高这些国家自身发展的能力。在继续履行联合国千年发展目标责任中，包括在继续探索自己国民脱贫的道路中，中国需要为世界做出更大贡献。总之，在经济全球化中崛起的中国，面对全球经济的新格局、新形势，需要以体制改革的深化去赢得新的挑战，以发展结构的优化去实现新的发展。

# 第 14 章
## 中国在世界发展竞争中的比较优势

面对实现两个百年宏伟目标,面对与世界发达资本主义国家的发展竞争,实践证明,30 多年来中国迅速崛起靠的是改革开放;理论证明,未来中国实现全面小康和中等发达也必须靠改革开放。

## 14.1　国际分工与竞争中的比较优势原理

比较优势原理是英国古典经济学家李嘉图提出的经典理论。这一理论指出,任何一个国家不论其发展水平如何,都存在着比较优势,可以通过参与国际分工而获益。比较优势原理是主张自由贸易的国际分工理论,也是国际竞争理论,因为它证明了一国具有比较优势的产业才具有更高的国际竞争力。比较优势原理基于产品生产成本分析,因而是微观经济学理论。然而比较优势原理也启示了我们在宏观意义上的国际竞争。今天我们处于和平与发展时代,和平的条件使发展的竞争成为第一主题。发展竞争是经济意义上的,同时也是社会与民生意义上的。什么是一个国家赢得发展竞争的比较优势呢? 在微观意义上,国际竞争是产品的成本竞争、技术竞争,然而在宏观经济和综合国力意义上却是一场制度竞争、战略竞争,并且直接影响着企业的微观竞争力。

贸易理论通常用资本和劳动力两种生产要素分析方法,证明资本充裕国家在资本密集型产业上具有比较优势,而劳动力充裕国家则在劳动密集型产业上具有比较优势,各自分别在一类产业上具有更高的竞争力。借鉴这一分析方法,我们可把一国的生产力水平和经济体制作为经济发展的两类基本因素,分析一国可能靠什么优势赢得国际竞争。即使一个国家生产力水平落后,它仍然可能靠创造经济体制的优势赢得国际竞争。

社会主义国家与发达资本主义国家的显著区别就在于生产力落后,与此同时,在传统计划经济模式下经济体制也没有优势,不能有效促进资源配置。那么社会主义靠什么才能超越资本主义呢?

事实上,比较优势原理中还有一个最重要的逻辑要点,那就是"两优相比取其重,两劣相比取其轻"。这一原理指出,当一个落后国家两个产业都落后时,必然会有其中一个产业相对劣势较小,这个产业也具有比较优势。在一定的条件下,这一劣势较小的产业能发展成为具有绝对优势的产业,这同样是比较优势原理的表现。

由此我们可以理解,社会主义中国走上改革开放道路,就是在经济体制仍然低效,生产力水平更加后的条件下,通过改革开放形成经济体制比较优势,在与资本主义发达国家竞争中体现出更强的竞争力。即使今天中国的生产力水平仍低于发达国家,但依然显示出强大的竞争力,这就是来自体制的比较优势。

习近平总书记指出,中国靠什么"在与资本主义竞争中赢得比较优势?靠的就是改革开放"①。我们知道,改革就是体制的优化,开放就是建设开放型经济新体制,二者都在于构建体制优势,并改变生产力落后的劣势,从而最终赢得国际竞争。

可见,靠改革开放赢得与资本主义竞争的比较优势战略思想,成功借鉴了比较优势原理的逻辑结构,把微观分工与竞争理论拓展为宏观战略与国家体制竞争理论,使改革开放与国家综合实力竞争战略更为清晰,具有更坚实的理论依据。

## 14.2　中国在国际竞争中比较优势的构建

30 多年来成功赶超发达资本主义国家的实践证明,中国靠改革开放构建了体

---

① 习近平:"关于《中共中央关于全面深化改革若干重大问题的决定》的说明"。

制上的比较优势。正是这一比较优势，中国才克服了生产力发展基础水平低的劣势，赢得了发展速度与综合国力提升的国际竞争。

改革就是消除不适合生产力发展的体制和机制，使人民群众的创造力竞相迸发，使市场经济的活力得以释放，使资源配置更加合理。开放就是强化与国际经济的联系，使中国经济运行更得益于国际环境。开放也是一种改革和体制构建，因为开放使封闭型经济体制转变为开放型经济体制，从而更有效地利用全球市场与生产要素，更适应了全球竞争机制与竞争规则。

邓小平为中国指明了建设有中国特色的社会主义道路。在这一理论指导下，中国稳步推进了以社会主义市场经济为方向的改革开放，形成了其他国家无法比拟的体制比较优势。

从国内经济体制上讲，中国抛弃了计划经济体制，坚定而稳健地推进市场经济建设。在市场化改革的道路上，中国不是简单化地、一步到位地搞完全市场化，而是从价格改革、企业制度改革等开始，逐步引进市场，从利用市场到发挥市场在资源配置中的基础性作用，直到今天走上让市场起决定性作用的改革新起点。中国改革道路的特点是市场本身就是由政府培育的，而不是自发盲目生长的。这样的改革不仅加快了市场化的进程，而且有效地发挥了政府的积极作用。与发达资本主义国家显著不同的是，在今天中国的经济体制中，有着两个主体，一个是企业，另一个是政府，而发达国家只有一个主体即企业。政府强大的经济职能是发达国家所不能比拟的。中国政府有着强大的经济发展战略规划与推进能力，同时又坚持不断地改革，以推进企业的成长，相应地，中国经济运行中有着两种力量，一种是市场，一种是政策。一方面，改革不断培育市场，另一方面，政策持续引导市场，激励市场主体。政策是国家实现发展目标的工具，也是推进体制改革的手段，因为政策的基本取向是使市场更快成长。在短短30多年中，中国的市场体系基本形成，各类企业主体全面成长，功能差异又各具所长，这是世界经济史上所罕见的。尤其值得指出的是，中国是一个大国，改革构建的是一个各级地方政府都有较强经济职能的经济体制。各级政府以发展为第一要务，下级对上级负责，全党对中央负责。这种地方有着巨大发展职能和积极性的经济体制，就像高铁或动车一样，多节车厢都有动力，而不仅靠一个车头的动力，因而实现了整个列车的高速运行。这一经济体制区别于其他国家，可称为"区域发展导向型"市场经济。这是中国经济体制比较优势的特征。

　　对外开放以另一方式构建了中国经济体制的比较优势。30 多年来,特别是新世纪以来,中国外资大量流入,外贸高速增长,成为世界第二大资本流入国和第一大贸易国,对经济高速增长和国际竞争力的提升发挥了关键作用。积极加入世界贸易组织扩大市场开放,不断增强了中国经济的开放性优势。尤其需要指出的是,外资大量流入推动发展的模式正是中国体制比较优势的表现。经济全球化发展到今天,国际直接投资已经超越了一般商品贸易成为最重要主题,投资替代着贸易又创造着贸易,并直接决定着经济发展。国际直接投资的本质是生产要素的国际流动,即发达国家跨国公司以投资为载体,将技术、品牌、产品、管理、市场网络等带到发展中东道国,形成生产和贸易出口。那么,为什么中国能如此大量地吸收要素流入实现发展呢? 答案就在于中国通过改革形成了一种“要素集聚”能力:有效吸引了外部要素的流入,同时又使国内闲置的生产要素被纳入使用,从而形成了高速经济增长。这种要素集聚能力来自改革。正因为改革,劳动力和土地等要素从不流动变为流动,使低级要素以高性价比吸引了外资。政府不断创造和优化投资环境,有效运用政策手段并改善对外商的服务,为要素流入构建了超越其他国家的强大引力。经济增长理论指出,要素投入增加和技术进步是两个最主要的增长原因,而中国的体制比较优势则既为前一类增长创造了可能,又为后一类增长准备了条件。

## 14.3　深化改革扩大开放创新比较优势

　　生产力生产关系的矛盾运动规律决定了不断发展要求不断改革。向两个百年目标迈进要求发展方式升级。致富不同于脱贫,强盛不能靠规模。已经推进的改革开放实现了其相应发展阶段的主题,新的发展目标要求新的改革开放来推动。所以改革没有完成时只有进行时,只有不断推进改革,才能始终保持在与发达国家竞争中的体制比较优势。“摸着石头过河”就是以不断探索搞渐进式改革开放,中国以此实现了国际竞争的比较优势,也必然要以持续的不间断的改革开放不断创新比较优势。比较优势原理决定了,只有比较优势不断发生动态变化,才是可持续的比较优势。

　　全球化新趋势要求我们创新比较优势。中国入世以来,经济全球化进入了新阶段,投资准入超越贸易开放,成为全球化的最大主题,跨太平洋战略合作伙伴关系谈判和双边投资协定的广泛签订表明,新一轮全球化要求各国从边境开放上升到体制开放,对外资企业管理必须规范化、法制化。这对政府改革提出了明确的标准与要求。外资不仅对市场准入的领域要求更宽,而且对权益保护要求更高。投资环境的概念从低土地价格、政策优惠等转变为公平、透明、公正、高效等制度要求,地区间围绕引资的政策竞争要消除。国民待遇从准入后延伸到包括准入前的全过程,负面清单开放模式下的事中事后监管对政府监管能力要求更高。既要放宽市场准入,又要加强市场监管,维护国家经济安全,扩大开放呼唤着政府改革。面对国际竞争新态势,创新体制比较优势的核心是通过政府自身改革提高治理能力与监管能力,从而使开放型的市场效率更高。

　　今天,中国对外经济关系已经从不断扩大引进来延展到大规模走出去的发展新阶段。需要改变地方经济发展的 GDP 指标导向,构建有利于对外投资的金融外汇体制与企业成长环境,以促进对外投资的体制优势创造对外竞争优势,为国家开辟发展新空间。

　　以改革开放构建体制比较优势是创造产业比较优势的基础。改革开放使市场更加有效,也就是资源配置更合理高效,消除各类扭曲可以使产业比较优势正确体现和发挥。政府有为在于推动发展战略升级,以培育高端人才和创新机制实现生产要素结构升级,创新比较优势提升分工地位。目前国民经济中产业结构水平低且不合理,科技创新能力不足,在国际竞争中劳动力成本低的优势已经消失,要重建国际分工中的比较优势就要创新要素优势,要靠体制机制创新。在与发达国家的发展竞争中,我们要的是有质量的发展,不以损害生态文明为代价的发展,而今天影响这一发展模式实现的正是体制上的问题,需要靠深化改革来解决。

　　公平与效率是经济学中的永久命题,但它绝不是简单的替代关系。改革就在于实现二者的效用最大化。当前的改革就是要使市场在资源配置中的决定性作用得以真正实现,这就为效率提供了根本保证。这对政府的作用提出了更高的要求,即更好地实现公平,使发展成果为全体人民所共享。社会各群体间和地区间利益的调整不是一场零和博弈,而是实现公平与效率的总效用更大,利益调整的意义是社会的进步。只有振奋民心才能凝聚力量,才能充分发挥人民群众的创造力,从而形成经济效率,提升国家体制竞争力。只有社会的更加和谐进步,社会主义制度优越性才真正得到体现。

中国体制的最大比较优势在于中央集中规划和地方的积极有为,在科学决策下强大的执行力成为发展的巨大动力,有效避免了西方民主制下为反对而反对的制度低效。由此可以看到,我们有充分的理由增强理论自信,正是建设中国特色的社会主义理论使我们摆脱了教条,根据实事求是的思想路线成功地进行了探索。我们有充分的理由增强道路自信,正是 30 多年来这条道路上的成就举世公认,而这条道路的鲜明特点就是不断推进改革开放。我们有充分的理由增强制度自信,正是靠不断构建在体制上的比较优势,我们在与发达资本主义国家的竞争中实现了赶超。我们的制度有着良好的自我完善功能,能够不断根据发展的需要推进制度建设,这就是坚持改革开放。

# 第 15 章
## 政策引致性扭曲的评估与消除

进入新的历史阶段,中国对外经济关系的发展也进入了一个新时期。提高对外开放效益的主要手段已不再是强化政策的优惠力度,而是健全体制建设。随着社会主义市场经济体制的逐步完善,消除市场中存在的政策引致性扭曲已经成为开放型经济体制建设的主题。

## 15.1 扭曲理论与开放效益的评估方法

近年来,关于对外开放效益的研究,已成为我国对外开放理论研究的主题。这些研究广泛涉及外资外贸对国民经济的贡献,包括对中国经济增长、就业扩大、技术进步、收入提高等各方面的作用,大量研究得出了积极的结论,证明对外开放作为基本国策在中华民族的伟大崛起中起了决定性的作用。

在充分肯定外资外贸贡献的同时,一些研究也注意到了中国在开放式发展中,在环境破坏、资源消耗和社会不和谐等方面所付出的代价。这些研究运用了计量分析方法,以实证分析证明了外资外贸与国内发展指标之间的相关性,也以事实证明了中国在利用外资和发展外贸的同时付出了巨大代价。其中某些数字是令人震惊的。因此,对提高开放效益的高度关注是中国发展进入新阶段的需要。

对外开放的成就是举世瞩目和史无前例的,中国国力的迅速提升和人民生活水平的巨大提高有力证明了开放政策的效益。关于对外开放效益的研究体现了我们认识的深化。现在的问题是,影响开放效益的原因是什么? 如何消除这些影响开放效益的原因? 提高开放效益的关键在哪里?

## 15.1.1　现代国际经济学扭曲理论的意义

与国内广泛采用的计量经济学相关性分析方法不同,现代国际经济学的扭曲理论为评估开放效益提供了另一种有效的分析工具。扭曲理论证明了,由于经济中存在着的扭曲或政策不当引发了的扭曲,会影响开放效益的充分实现,甚至扩大开放反而受损。因此,揭示中国当前开放中存在着的扭曲现象也就为提高开放效益提供了一个基本思路。扭曲理论证明,扭曲响了开放经济的效益,因而扭曲存在的证明也就说明了开放效益的受损。可见,即使以实证方法进行的相关性检验证明了开放的效益是显著的,消除扭曲仍然为进一步提高开放效益提供了依据和路径,具有现实的政策意义。

## 15.1.2　扭曲理论的形成与扭曲的分类

开放经济扭曲理论的发展可以追溯到 20 世纪 50 年代,70 年代以后得到了较系统的发展,80 年代以后广泛地被用以分析开放经济的效益问题,被认为是现代国际经济学的主要理论成果,特别是发展中国家在开放中进行政策选择的重要理论依据。

扭曲理论从帕累托最优市场状态出发,即市场为:

$$DRT = FRT = DRS$$
$$MRS = MRC$$

其中,$DRT$ 为生产的国内边际转换率,$FRT$ 为国外的边际转换率,$DRS$ 为国内消费边际替代率。$MRS$ 和 $MRC$ 分别为商品 1 和商品 2 中资本与劳动的边际替代率。

如果存在

(1) $FRT \neq DRT = DRS$,则存在着对外扭曲;

(2) $DRT \neq FRT = DRS$，则存在着生产扭曲；

(3) $DRS \neq DRT = FRT$，则存在着消费扭曲；

(4) $MRS \neq MRC$，则存在着要素扭曲。

在这里，尽管只是第一类称为对外扭曲，但事实上在开放经济条件下后三类扭曲同样会导致开放效益的损失，即国内市场失灵原因或政策不当导致对外扭曲。扭曲导致效益损失的原因在于它使经济离开了最优生产点，或不能通过开放达到最优贸易点，甚至在生产可能性边界线之内生产，从而导致了社会总效用水平的下降。以对外扭曲为例，关税扭曲了国内市场价格，使国内进口品的生产大于没有关税的情况，从而导致了效率的损失。扭曲可能产生于市场的失灵，即"内生性扭曲"，也可能产生于不当的政策干预，从而形成"政策引致性扭曲"。

在开放条件下，由于要素的大量流动和国际市场价格的影响，特别是传统体制下价格的影响，可能出现各种类型的内生性扭曲。更值得关注的是，在中国地方政府具有强大的政策驱动发展职能的情况下，既形成了巨大的体制转型与经济发展动能，又导致了普遍的政策引致性扭曲。政策引致性扭曲是当代中国经济中存在着开放负效应的主要原因。

### 15.1.3 扭曲理论的实证价值与政策意义

扭曲理论具有显著的实证意义，因为它可以通过扭曲的存在及严重程度判定开放经济是否达到了最佳状态，实现了最好效益。

Jene K.Kwon 和 Hoon Paik(1995)运用可计算的一般均衡模型计算了韩国劳动力和资本市场中扭曲导致的福利损失。论文对市场扭曲经济效益敏感性论断的一般性提出了质疑。他们的研究证明，消除劳动力市场的扭曲可提高基年的 GDP 水平将近 1%，消除资本市场的扭曲可提高基年的 GDP 约 3.2%，消除这二种扭曲可提高国民福利 5.6%。扭曲理论指出了扭曲对开放效益的影响，因此，相应地导出消除扭曲是提高开放效益的原则。同时，这一理论还指出，直接消除扭曲产生的原因是最优的政策选择，否则只会导致以一种扭曲取代另一种扭曲的次优选择。

## 15.2　中国开放经济中的扭曲

中国的改革开放超过了 30 个年头。运用扭曲理论来看,改革前的计划经济是一种高度扭曲状态的经济,因为价格高度扭曲,资源配置由计划决定从而背离最优状态,社会经济效用不可能达到最大化。改革开放以后,市场因素逐步引入,从 20 世纪 80 年代初到 90 年代初,中国经济是一种以双轨制价格为标志的"双重体系",扭曲普遍存在,而由于经济已经走向开放,这种扭曲就导致了开放效益的下降。双重体系中的扭曲出现了一系列特殊现象,如果说 20 世纪 80 年代中国的对外经济扭曲主要表现在外贸领域的话,那么,进入 90 年代,随着全国各地大量利用外资,扭曲也就同时表现在外贸与外资两个领域,并且呈现出更多种形式了。

由于市场初步形成,当今中国经济中广泛存在着内生性扭曲。但是,由于强大的政府职能,中国经济中更多存在着的是政策引致性扭曲,即由政府不适当干预而造成的扭曲。进一步的分析还表明,这些政策引致性扭曲又根源于现行的经济体制,因而,事实上是一种"体制引致性扭曲"。消除体制引致性扭曲是开放型经济体系建设的核心。

### 15.2.1　外部性、资源价格与生产扭曲

在微观经济学中,成本指的是企业的个别成本或私人成本。在扭曲理论对国民经济效益分析中,成本是包括个别成本在内的社会总成本。企业生产的负外部性是生产扭曲的表现。

环境污染是负外部性的典型,也是社会成本大于企业成本的典型。在企业没有为环境污染支付必要费用的情况下,企业成本低于社会成本,企业以较低价格获得国际市场竞争优势,而事实上国家和社会为之付出的代价并未计算在内。由于没有计算社会成本,一国的比较优势可能是夸大的,甚至是虚假的,因而,由这种方式发展外贸或吸引外资所产生的效益是夸大的和不真实的。

在中国近年来的经济增长中,环境付出了巨大的代价。2004 年,全国行业合计 GDP 为 159 878 亿元,虚拟治理成本为 2 874.4 亿元,GDP 污染扣减指数为 1.8%,即虚拟治理成本占整个 GDP 的比例为 1.8%,从环境污染治理投资的角度核算,如果在现有的治理技术水平下全部处理 2004 年排放到环境中的污染物,约需要一次性直接投资 10 800 亿元(不包括已经发生的投资),占当年 GDP 的 6.8%。利用污染损失法核算的总环境污染退化成本为 5 118.2 亿元,占地方合计 GDP 的 3.05%。实际和虚拟治理总成本为 3 879.8 亿元,实际治理成本只占总成本的 26%,可见环境污染治理投入存在巨大欠账。

环境退化成本较接近于本章运用扭曲理论分析的社会成本与企业个别成本之间的差,高达 GDP 总量 3.05% 的社会成本体现了生产的巨大外部性。其中开放度较高的东部地区这一数值为 2.85%,可见,其中相当一部分与外资外贸相关,表现为在开放中生产扭曲的损失。更值得注意的是,如果要对当年的污染进行治理,那么所需的投资占当年 GDP 总量的 6.8%,即使从沿海地区的高增长率看,这一代价也已占了增长成果的一半。

资源价格的扭曲从另一面导致了生产扭曲。长期以来,中国资源价格实行国家定价,并且定在低于国际价格的水平上,这种价格扭曲直接导致了经济效益的下降,特别是在开放条件下效益的下降。由于资源低价,资源消耗型产业必然大量引进,外资获得低成本生产和出口,中国资源日益紧缺,却仍在外资流入条件下形成资源密集型产品的出口。由此形成的高出口水平中事实上隐含着额外的资源成本。全面推进水价改革、积极推进电价改革、完善石油天然气定价机制、全面实现煤炭价格市场化、完善土地价格形成机制,已成为中国价格改革的重点。重要的是要从政府定价转变为反映成本和供求关系的市场价格机制。

资源类价格国家定价不合理且偏低不仅导致价格扭曲,而且还导致寻租现象。自然资源的使用权存在着价格双轨制,获得审批开采权的企业事实上是只缴纳了象征性的费用,这也就为获得巨额利润创造了条件,也为寻租留下了巨大的诱惑力与活动空间。向外资企业低价提供自然资源开采权的现象也就出现。与此同时,自然资源又存在着市场价格,部分企业是通过购买获得资源使用权的。地方政府事实上把自己作为当地资源的支配者,只是在中央政府政策控制的范围内才有所节制。于是又出现了地方政府向中央政府的寻租活动,争取对本地资源更大的支配权。

## 15.2.2　土地、劳动力价格与中国的要素扭曲

对要素市场扭曲的研究是关于发展中国家开放效益评估的重要内容,通过发现扭曲的存在以证明贸易福利的下降。以 20 世纪 90 年代后的几项研究为例,Papagergiou 通过定量分析证明,贸易自由化本身并未导致生产结构上的显著改变和要素跨行业的再分配,严重的要素市场扭曲在一定程度上将影响其通过贸易自由化改善自身福利的效果。Rodrik 通过测度贸易自由化的影响,比较了东亚和东欧各国劳动市场的扭曲程度;Lindbeck 使用瑞典的案例,分析了其早期贸易自由化进程中要素市场存在的扭曲对经济的影响;Seddon 和 Wac-ziarg 发现,贸易自由化在大多发展中国家引起的要素跨行业再分配效果是不显著的,同时又发现,在讨论劳动分配与贸易自由化关系的问题上行业分类越细,贸易自由化的要素分配效果就越显著;Curri 和 Harriso 发现国有企业在贸易自由化过程中对要素使用的市场调整远远低于私营企业,说明发展中国家要素市场的扭曲在很大程度上受制度的影响。

要素扭曲是中国开放经济扭曲中最重要的一种现象。首先是土地价格扭曲。由于地方政府在争取更多外资项目中的指标导向和相互竞争,协议转让土地价格远远低于招拍挂方式形成的市场价格(见表 15.1),土地价格存在着显著的扭曲现象。

表 15.1　中国近年来土地出让价格的分类情况

| 年份 | 土地出让面积(万公顷) | 总价款(亿元) | 均价(万元/公亩) | 招拍挂出让面积(万公顷) | 招拍挂出让价款(亿元) | 招拍挂出让均价(万元/公亩) | 其余土地出让均价(万元/公亩) |
|------|------|------|------|------|------|------|------|
| 2002 | 8.74 | 1 938.36 | 2.22 | 1.31 | — | — | — |
| 2003 | 18.68 | 5 411.64 | 2.89 | 5.19 | — | — | — |
| 2004 | 17.87 | 5 894.14 | 3.30 | 5.21 | 3 253.68 | 6.25 | 2.09 |
| 2005 | 16.32 | 5 505.15 | 3.37 | 5.72 | 3 920.09 | 6.85 | 1.50 |

资料来源:来自历年《中国国土资源公报》计算所得,其中 2003 年的土地出让总价款及均价由 2005 年 3 月 29 日《中国财经报》的文章《对中国地产市场土地所有者与土地使用者之间地租分配问题的分析》中的数据计算所得。

通过表 15.1 我们可以看到,以招拍挂方式出让土地的比重在 2002 年极低,此

后有所上升,但仍只不到三分之一。2004 与 2005 两年中,以招拍挂形式出让的土地每公亩平均价格为 6.25 万元和 6.85 万元,而以其余方式出让(主要是政府协议转让)的分别仅为 2.09 万元和 1.50 万元,相当于市场价格的 33.44% 和 21.90%。协议转让土地的低价使获得土地的企业以粗放方式使用土地,形成了在中国这一土地高度稀缺国家对土地要素滥用,也形成了引进外资中企业成本的扭曲,协议转让的土地大部分是为了吸引外资进入。土地要素价格的扭曲形成了财富流失,影响了国民福利。以 2005 年为例,如果其余方式转让土地均采用市场形式,则每亩将提高 5.35 万元,总价款为 3 060.2 亿元,高达目前转让总价款的 55.6%,相当于当年 GDP 136 515 亿元的 2.24%。劳动力价格扭曲是中国经济中的另一个重要扭曲。中国的低劳动力价格长期被认为是国际竞争力的主要来源,因为这是中国产品低价格从而使市场迅速增长的基础。但问题是,作为中国出口特别是加工贸易主要劳动力来源的民工,其工资长期处于低水平状态。作为要素,劳动力价格是由市场供求决定的。但是作为特殊的生产要素,劳动力价格不能只由供求决定,而取决于多个因素,包括劳动力再生产的成本,繁衍后代、接受教育和培训的需要;也包括社会进步因素,即劳动者的收入应随着社会的进步而有相应的提高。然而在过去的十多年中,中国的社会取得了巨大的进步,农民工的工资水平提高却远远落后于此。产生这一结果的原因之一是过大的地区差别和城乡差别导致民工大量涌入城市及沿海地区寻找工作,劳动力的过度供给使劳动者在劳动力市场上处于不利地位,而政府在维护劳动者合法权益上长期缺位。低工资扭曲现象降低了中国从外贸高速发展中获取的实际利益。

在要素价格扭曲的条件下,国内生产无法使本国通过贸易开放实现合理的国际分工,而可能出现分工不足或过度分工。对外开放的作用不仅在于引进本国稀缺要素,而且在于引进市场机制,使本国产品及要素价格合理化,从而达到更合理的资源配置。但是要素价格的扭曲就破坏了这一过程的实现。在比较优势得到最真实反映的情况下,要素的使用是最充分和合理的,也包括劳动力要素在内。但是不合理的资源配置会导致福利下降,因为劳动力过度供给的部门收入下降,而其他部门则就业减少。农村流向城市的劳动力接受低工资就业,而城市劳动力却出现闲置,其中的福利损失很明显。中国劳动力不合理使用的状态部分来自国内的发展不均衡。由于中西部和农村发展的滞后,大量劳动力流向沿海地区,从而导致了沿海地区劳动力的过度供给。沿海地区劳动力结构性不平衡是与低端劳动力过度供给相关的。由于简单加工贸易只需要低端劳动力,城市的技术性工人就不能获得相应的岗位,城市工人不接受低端岗位不能归结为不服从就业需要,而正是就业市场结构性问题的反映。农村劳动力大量流出的原因,也在于金融市场的扭曲不能提供充足的农业投资,提高农业生产率和收入。

要素市场的扭曲还导致本国比较优势的失真,从而影响国家的长期发展。例如,劳动力市场扭曲使中国长期依靠廉价劳动力,并发展劳动密集型产业。这将在长期中影响中国产业结构的进步。要使贸易发展与引进外资更有效提高中国的经济福利,就要减少和消除经济中存在着的要素扭曲。

在高端人才市场上也存在着扭曲。外资企业可以用比国有企业高得多的工资待遇吸收优秀人才。除了其本身较高的效率之外,也由于其所享受的优惠政策有条件提供更高的人力成本。中资国有企业因内在制度原因不可能高薪聘用高端人才。这种工资差异反映了高端人才市场中的严重扭曲,其结果是人才流向外资企业,对国有企业发展和创新不利。体制原因导致了人才不公平竞争从而产生了扭曲。

外资政策还产生了资本市场的要素扭曲。在所得税的不同情况下,企业因为使用不同属性的资本而承担不同的税负,导致更多企业用外资而不是内资。经营税负条件的不同使合法的国内资本在同样的市场竞争力下不能得到有效使用,形成了资本市场配置的扭曲。一方面是国内银行沉淀大量资金,另一方面却又是大量外资流入。

对 1998—2001 年中国要素市场的扭曲研究证明,按照面板数据计算平均扭曲程度达到 21.15%。各行业间扭曲程度差异较大。扭曲在很大程度上是由行业特征(如垄断)引起的。扭曲程度最低的烟草加工业(1.50%)与扭曲程度最高的煤气生产和供应业(63.52%)之间在要素使用效率上相差 62.02% 以上。要素市场扭曲严重的部门主要分布在公共服务业和一些初级产品加工行业,程度较低的主要分布在制造业的高附加价值行业中,特别是那些具有比较优势的行业,平均要素市场扭曲程度在 10% 以下,基本达到或接近发达国家的要素市场扭曲程度。就行业分布而言,要素市场扭曲程度较低的行业主要集中在中国具有比较优势的行业。从地区结构角度讲,中国要素市场扭曲程度的地区分布主要与其经济发展水平正相关,越是经济不发达的西部地区,要素市场的扭曲程度就越高;相反,越是经济发达的东部地区,要素市场扭曲的程度就越低。

### 15.2.3 汇率、出口激励与中国的对外扭曲

在存在着关税与配额的情况下,对外扭曲是明显的,国内外价格差异即扭曲的表现。这种现象在中国仍然存在,原油和成品油价格是一个例子,国际市场价格变动往往导致国内市场的异常现象。

更值得关注的是汇率扭曲及其所导致的对外扭曲。中国是在经济全球化条件下发展起来的。中国抓住了经济全球化的历史机遇,接受了大量国际产业转移,形成了世界生产制造基地的分工地位。由产业转移导致的外资净流入和由生产国际分工地位导致的出口高顺差,两者共同决定了中国外汇储备的持续快速增长。巨额的储备使人民币承受了巨大的升值压力,人民币低估成为中国对外经济关系中的一大主题。处于发展的初级阶段,中国必须继续完成大规模工业化和现代化所需要的资本积累,在上述开放格局下,双顺差是必要的。如果通过人民币汇率大幅度升值来实现国际收支平衡,就意味着中国在全球化中上述地位的消失,这将既不利于中国,也不利于世界。因此,汇率的低估是现阶段必要的政策选择。实现国际收支的基本平衡不应当通过人民币汇率的升值来实现,而应当通过积极的进口,特别是进口现代化装备和先进技术来实现。

汇率低估下的对外扭曲表现为更低的出口成本和更高的进口价格,从而更高的出口能力和相对较低的进口能力。低汇率在鼓励出口的同时也抑制了进口。由于国内需求不足而对外产品价格相对较低,中国产品大量寻找国外市场。过度集中的出口生产导致了中国地区与企业之间的相互削价竞争,这就是生产向贸易部门转移超越均衡点必然带来福利下降的现实表现。特别是加工贸易部门,虽然进口中间产品和出口最终产品的价格都受汇率同一影响,但低汇率使劳动力等国内生产成本维持在很低水平。事实上,外资加工贸易部门常常采用高价进低价出的方式获取更大利润,导致了另一种损失。由此可见,低汇率政策既是由中国在全球分工中的地位和国内资本积累所要求的,也相应地包含着对外扭曲从而效益损失。

出口退税政策是中国长期采用的鼓励出口方式。这一政策鼓励了企业更多出

口,因为这使国外价格比国内价格更便宜。这就导致中国形成了一种出口偏向型的经济结构,各类生产要素更多转移到出口部门,出口产品生产过度竞争而价格下降。扭曲理论的经典研究证明,在某些情况下,发展中国家的技术进步和生产要素积累并不能导致福利的增加,因为贸易条件恶化从而实际国民收入下降,这就是所谓"不利的成长"(imrniserizing growth)。Bhagwati 证明了大国在出口部门要素供给的增长会导致贸易条件的恶化,经济成长反而带来不利。这就是出口退税下政策引致性扭曲的福利损失。

## 15.2.4 地方政府寻租的福利损失

扭曲理论表明,寻租(rent-seeking)是导致扭曲的重要原因,因为寻租通过对直接非生产性利润(directly unproductive profit-seeking, DUP)的追求影响了资源配置。Kruger 对租的存在做了著名的研究,她通过计算进口配额的价值得出所存在着的租的数额,说明了寻租行为的极限。为了获得这些"租",人们会投入各种政治经济资源(在西方国家是院外活动),从而导致经济上的浪费甚至政治上的腐败。人们也可能为了获得某种特许和垄断经营权而展开寻租活动。这种活动是非生产性的,一旦获得某种特权,也就直接获得了利润。

中国经济体制中的一个重要现象就是地方政府寻租。向开放型市场体系转轨过程中的寻租有着某种特殊的性质。一是寻租主体不同,不仅有市场经济中的企业和利益集团,而且还有地方政府。二是寻求的内容不同,产业部门寻求的是各种形式的垄断特权,而地方政府寻求的则是行使特殊政策的权力(例如,创设开发区,从而由地方政府行使政策权),因而是一种租的创设和分配的权力。各地方政府都希望获得一种比其他地方领先一步的权力,以在发展资源的竞争中处于有利地位。事实上,从经济特区、沿海开放城市到全面开放,是一个中央政府将权力下放到地方的过程,也是地方政府获得租的过程。

寻租活动不可避免的是社会福利和开放效益的损失。地方政府行使特殊政策,必然导致资源的政策引导性流动,这种配置不是最优的。特别是在引进外资的竞争中,这些特殊权力直接导致了对外的竞争性过度让利和放松监管,从而导致了开放福利的损失。

## 15.3 消除扭曲与开放型经济的体制建设

在中国开放型经济发展的新阶段,消除扭曲成为提高开放效益、提升国民福利水平的重要环节。同时,深化体制改革,消除体制中导致扭曲的因素成为关键。这就是"统筹国内发展与对外开放"主题的深刻内容。

### 15.3.1 消除开放经济中的要素价格扭曲

中国经济的发展特征被称为"要素驱动"性增长。要素的大量投入是中国发展初级阶段上的必然特征和必经阶段,特别是 30 多年前当中国在极度贫困条件下起动发展时所必须经历的过程。但是,一方面,作为发展战略,一个国家不能长期依靠低级要素的投入来发展;另一方面,随着发展初期目标的突破,发展阶段的上升,要素稀缺性的提高,继续以降低要素价格的"要素驱动"政策和体制安排就开始因为更大的扭曲而使福利显著下降。劳动力对提高收入要求的上升,土地、自然资源和环境资源稀缺度的上升,都使地方政府不能再靠降低要素价格来实现增长。

消除要素价格扭曲是消除扭曲的重点之一。中国现行的产业结构,特别是外资企业的产业结构,是由中国的要素价格决定的。消除要素价格扭曲将带来中国产业结构的重构。由廉价劳动力与土地、自然资源价格引进外资的发展格局,将被更能反映成本的价格所取代,中国的产业结构将得到新的升级。

劳动力价格的扭曲不仅导致了对外贸易效益的下降,而且损害了发展的利益由全民共享的民生目标。这些年来,中国劳动者工资上升有限,甚至在一些地方不但没有上升反而下降,其中的政策原因是各级政府仍然高度依赖以廉价劳动力作为发展的比较优势。

因此,制定最低工资标准,从制度上提高劳动者福利待遇,是消除劳动力价格扭曲的正确方向。

人力资本的增长,以创新驱动发展,将是新阶段的特点。消除要素价格偏低的扭曲既要通过消除产生这种扭曲的政策来解决,也要靠激励新要素的形成和使用的新政策来取代。这将加快经济的转型。从扭曲理论上讲,这同样是消除扭曲的最优政策选择。"征税或补贴"原理表明,对要素1的征税与对要素2的补贴是等价的。一方面,要对过度使用土地和自然资源严加限制,对劳动者工资要提升;另一方面,也要对使用新要素即技术予以补贴,从而鼓励创新。改革出口退税政策,依产业差别而不同,可以达到鼓励更多使用技术,消除技术要素得不到合理补偿的扭曲,促进一部分技术含量高的产品的出口;抑制高能耗、高资源消耗产品的出口,将会减少出口发展中的负外部性。

要素价格调整的政策选择事实上也回答了人民币汇率升值的选择问题。国际社会对中国汇率施加了巨大的升值压力,强调中国的高额储备是人民币汇率低估的结果。如果说汇率扭曲确实是由汇率政策或政府对汇率的操控所致,那么,根据扭曲理论的政策原理,就确实应当调整汇率,消除扭曲。但前面的分析表明,中国的汇率扭曲根源于要素价格扭曲,是过低的工资、土地和自然资源价格导致大量出口和大量外资流入,而且还由于这些要素价格低鼓励了企业大量使用,从而降低了进口高级设备和技术的需求,使出口高顺差不能通过进口技术和设备来平衡。因此,调整汇率不符合扭曲理论的政策直接针对性原理,不是中国当前的最优政策,而最多只能是次优政策,即不能达到最优政策时的选择。中国企业的劳动生产率提高迅速,因此,应当提高劳动者的实际收益。

## 15.3.2 向开放型市场化的改革与政策引致性扭曲

扭曲理论是一种基于市场经济的理论。其假定市场应当是完善的,而与这种完善市场经济的背离即产生扭曲;扭曲产生于市场失灵。同时它又基于这种可能完善的市场认为,经济政策如果不是消除扭曲,那么它就造成扭曲,从而产生政策引致性扭曲。

从扭曲理论来看,政策引致性扭曲并没有积极意义。但是这对于转型经济来说却并不尽然。在从计划经济到市场经济的转型过程中,由于前一体制中存在着严重的扭曲,而市场性政策对计划性体制具有积极的瓦解作用,因而,市场性政策具有十分积极的作用。在中国的开放进程中,地方政府与中央政府进行谈判,不同地方获得不同的政策权限,这种一一谈判过程是地方政府向中央政府寻租的过程,同样的过程也发生在基层政府与地方政府之间。寻租是产生扭曲的重要原因。从市场机制角度看,这必然导致各地政策不对称从而产生政策引致性扭曲。同时,各级政府又不断放松对企业的控制,赋予企业特别是民营和外资企业更多的权力,不同企业之间在获得社会经济资源上处于不同的竞争地位和经营条件,其中也必然带来扭曲。但是从中国经济体制的转变路径看,所有这些都是从中央集权式计划向地方分权、企业自主权方向的改革,是从高度的扭曲状态走向低度扭曲状态的过程,因而,这些改革和政策既是政策引致性扭曲形成的原因,又是瓦解旧的高度体制性扭曲的改革。

由此可以发现,地方政府的寻租行为有着促进体制转轨的开放型市场化改革的功能。它推进了非市场决策经济向市场决策经济的转轨。虽然地方政府获得的特殊政策在很大程度上仍然是非市场决策,但却有利于建立和培育市场和推动开放的权力,有益于向市场决策转轨的权力再配置。

与西方市场经济的重要不同点在于,中国转型期经济中的寻租具有两重性,一是非生产性,二是生产性。内外资企业从地方政府获得了租,也就获得了非生产性利润,而地方政府获得的特殊权力却只有借助企业新的生产过程才能实现,从而生产与贸易过程被扩展。租的非生产性不具有这种功能,它只是对现有生产利润的再分配,租的获得者可得到的是"非生产性利润"。在市场经济中,租是"直接非生产性利润","直接"在于直接产生于权力而不是借助于生产过程,非生产性在于它不能扩大社会生产规模,甚至还会因垄断而缩小生产规模,所争夺的是现有的生产利润。与此不同,转轨期经济中的租既有生产性,又有非生产性,相应地有"间接生产性利润"和"间接非生产性利润"。其所以是间接的,在于从权力的获得到利润的获得之间必须有一个生产过程,非生产性利润之所以也有间接的,是因为它常与生产性利润结合在一起,生产性寻租与非生产性寻租常常是同一过程。当然,由于市场的成长,转轨期经济中同时还有对"直接非生产性利润"争夺的寻租行为。

对于地方政府寻租行为两重性的分析,客观地说明了分权式改革的效益来源与福利损失。其效益来自生产的扩大,即生产可能性曲线的外移;其福利损失来自企业的寻租和地方政府租的分配中资源配置的扭曲。

由于转轨期经济中租的生产和非生产两重性,简单地谈消除寻租行为是不正确的。应当消除非生产性租而保留生产性租。当转轨平行推进,行政过程在权力分配中的作用降低到最小程度时,非生产性租接近消除,而生产性租仍然存在。这时生产性租不是通过行政渠道获得的,而是通过要素使用的优化获得的。消除地方政府寻租行为损失的途径在于消除租的创设,即任何地方政府不具有比其他地方政府更多的政策权力。这种权力的统一化将消除开放与发展中的政策竞争,从而消除这种竞争中的福利损失。在许多情况下,政府政策运用的成本为零,包括税收减免和土地转让,这必然导致了政策竞争走向极限。

### 15.3.3　从政策型开放向制度型开放的转变

当今中国的对外开放正处于又一个关键的转型时期,这一时期的核心是从政策型开放向制度型开放的转变。中国的开放是从经济特区建设开始的,给予特区以特殊政策是开放的最关键路径选择。随着开放的扩大,特殊政策普遍化,中国也从政策型开放转变为制度型开放。从一定意义上说,这一转变可以定在 2001 年12 月 11 日中国加入世界贸易组织(WTO)的那一天。但是这一天并非开放型经济的建成,而是它的开始。中国对 WTO 所做的各种市场开放承诺,包括国内体制改革的各种承诺,实质上都是按照现代市场经济的要求建设开放型市场的承诺。

"入世"过渡期结束后,中国履行承诺的情况得到了 WTO 成员的积极评价。但是从中国来说,仍然不意味着开放型市场经济体制的建成。"提高开放型经济水平"是新时期制度建设的主题。

从建设一个更高水平的市场经济体系来说,制度建设的基本方向是消除扭曲,而消除扭曲的关键在于消除对特殊政策的寻租,建设一个内外统一的透明规范的市场体系。近年来制订的一些新法规,如内外税收统一、反垄断等,都是使开放型市场经济更加完善,使扭曲更少的表现。地方政府以外资为主导的发展政策是这种政策引致性扭曲的根源。引资(包括外资与内资,事实上更多是外资)以实现地方经济的发展是各级政府的首要职责。为实现这一目标,地方政府必须发挥自身的优势,即政策让利、减免税收、提供优良投资环境(其实是提供社会成本)与影响土地、劳动力价格(降低要素价格)的职能,由此形成对外资的引力。由于中国经济规模巨大,各地发展需求强烈,这种引资需求又必然导致相互之间的政策竞争,从而使企业生产的社会成本更高,要素价格更加扭曲。因此,这些扭曲不是市场内生性扭曲,而是政策引致性扭曲,更确切地说正是体制引致性扭曲。

至于导致地方政府外资主导型发展模式的原因,又广泛根源于现行的体制与机制。国内金融机制的不健全、企业制度的不完善、外部市场开辟的低水平,都要求地方政策借助于外资的发展。同时,政绩观和对地方政府的考核标准也起了决定性的作用。但必须指出的是,对把解决当地就业和经济发展作为首要任务的地方政府来说,在缺乏其他方式推动经济发展的时候,只能是更多地偏重于引进外资,因为其能掌握的政策工具与土地资源价格使其有可能达到这一目的,然而正是这样导致了要素价格扭曲。

消除体制引致性扭曲的政策原理与消除政策引致性扭曲是一致的,那就是针对产生扭曲的原因,消除这些原因。因此,严格控制地方政府对土地资源的粗放使用,控制环境破坏与自然资源开发,是消除这些扭曲的必要政策。但是,最终有效消除体制引致性扭曲的途径,必然是形成一个适应于开放的内外协调的经济体制,这就要求以统筹国内改革与对外开放来进行体制建设。

扭曲理论指出,政府对一些非经济目标的追求会导致对资源配置的不合理干预,形成扭曲,从而导致经济效率的损失。为民族自豪感而维护某些产业的发展会影响经济效率。在中国,地方政府为政绩观、搞形象工程是非经济目标在中国的典型例子。值得进一步分析的是GDP指标和外资外贸数量指标。这些指标本质上都是经济指标,而不是非经济指标。但是,这些指标却并非总是与资源的有效配置相一致的。外资数量是开放度指标,而不是增长与发展指标。外贸数量可能通过加工贸易的方式迅速提高,可能创造就业,但除此之外效益可能很低。外资和外贸两者都可能带来GDP的增长,于是GDP增长中的福利效应就是高估的,以这种方式实现的GDP增长就包含着资源配置的不合理性,因为在促进外资外贸增长中包含着社会成本。从这个意义上可以说,在中国地方政府追求这三大指标中,事实上部分地是非经济目标。

中国的政策引致性扭曲主要是来自地方政府之间对发展的过度竞争,而发展又以三大部分具有非经济目标性质的指标所引导。因此,消除政策引致性扭曲的核心是消除发展中的过度竞争,本质上是一种体制问题,即消除体制引致性扭曲。将地方政府对非经济目标或包含着非经济目标因素的目标的追求转变为纯经济目标的追求,将改变由此产生的扭曲现象。在这里,关键之一就是以体现科学发展观的指标体系替代现行的一般意义上的各种规模性指标。

## 15.3.4　经济政策在高速发展中的作用

在经济发展过程中,政策起着关键的作用,其通过催生新的机制,引导资源配置加快了经济发展。政策可能引致扭曲,但这并非是拒绝一切政策的理由。在正确的发展战略下,产业政策和地区政策通过政策引致性的要素扭曲,造就了产业或地区特殊的发展条件,实现了发展战略。这就是政策引致性扭曲在发展特殊时期的积极作用。Jene K.Kwon 和 Hoon Paik 的研究检验了资本市场扭曲的结果,认为扭曲会引导更快的资本形成和更高的资本存量的集中,而在韩国产业政策结构条件下,金融激励比财政激励会产生更多的扭曲效应。

必须强调指出,在初级发展阶段上,特别是在市场尚未能完全承担起资源配置作用的条件下,政策对资源配置的动员和引导仍然是必要的。即使从完善的市场看是扭曲,但这种扭曲是可能由发展的成果所补偿的,也是从资源闲置到资源有效配置转变的必经阶段。

必须正确处理好消除政策引致性扭曲与发挥中国体制优势的关系。中国的经济体制是发展导向型市场经济,政府特别是地方政府有强大的发展导向功能是中国经济高速发展的重要原因之一,建设开放型的规范市场经济体系不应当消除这一体制优势。

在消除体制引致性扭曲的同时,政府在经济发展中的积极作用仍然需要继续发挥,强政府不应当在一般原则上加以否定,转变政府职能不等于在所有意义上消除政府在发展中的作用。中国各级政府承担着巨大的发展责任,包括发展的规划、资本的组织、有效体制的建设、为实现发展目标的政策引导,以及发展社会目标的协调等等。

这促使我们考虑一个新的理论问题。政策引致性扭曲必然导致效率下降,但如果这种扭曲是由于为实现某个发展项目或目标而实施的,就可能以发展的收益补偿扭曲的损失。对像中国这样的发展中国家,要在短期内实现艰巨的脱贫、发展与崛起的历史进步,没有政府的作用是不可能的。一个未发育的市场不能以发达市场的最优均衡状态的背离为标准来谈扭曲,因为中国还没有达到这种均衡,特别是还没有把潜在的生产要素组合到经济活动中来。中国政府承担着重大的职责,要把潜在的土地、劳动力和资本动员起来进入生产过程,争取更多的外部资金、技术等进入中国,这一切都需要政策激励。这种激励所带来的不是扭曲,而是生产可能性曲线的下移。而扭曲则发生在各地政府在履行这一职责中为非经济目标所开展的政策竞争。

还必须指出的是,非经济目标也并非总是不可取的,因为它虽然没有经济价值,但却会有一定的社会价值,甚至很高的社会价值。随着经济发展水平的提高,社会发展的要求也将提升,各种代表社会和谐目标的价值更加显现。这就说明了一项政策旨在实现某种非经济社会经济目标,会导致扭曲即经济的负效用,但是非经济目标在许多情况下却具有社会效用。

# 第 16 章
## 从政策性开放到体制性开放

经过 30 多年辉煌的对外开放历程,中国从一个贫穷落后的国家成长为一个在当代世界经济中颇具影响力的新兴大国。当前对外开放所要实现的目标和所待探索的主题已经不同于 30 多年以前。从学术方法而言,扭曲理论分析方法既显示了中国 30 年经济转型的道路,也显示了开放效益中存在的问题,从而启示了对外开放战略调整要求与政策取向。

## 16.1 政策引致性扭曲、体制性扭曲与改革开放的意义

关于开放经济的扭曲理论证明了扭曲的存在导致了开放效益的下降。因此,关于开放经济扭曲存在与否的研究成为开放经济效益分析的基本方法。

### 16.1.1 政策引致性扭曲和体制性扭曲

开放经济扭曲理论把扭曲分为四种类型,即:(1) $FRT \neq DRT = DRS$,存在着对外扭曲;(2) $DRT \neq FRT = DRS$,存在着生产扭曲;(3) $DRS \neq DRT = FRT$,存在着消费扭曲;(4) $MRS_{LK}^1 \neq MRS_{LK}^2$,存在着要素扭曲。其中,$DRT$ 为生产的国内边际转换率,$FRT$ 为国外的边际转换率,$DRS$ 为国内消费边际替代率。$MRS_{LK}^1$ 和 $MRS_{LK}^2$ 分别为商品 1 和 2 中资本与劳动的边际替代率。

以产生扭曲的原因而论,以上四种类型的扭曲可能是内生的,即在经济具有市场不完善时产生的;也可能是政策引致性的,即在体制或政策影响下所产生的扭曲。政策引致性扭曲又包括自发的政策引致性扭曲和工具的政策引致性扭曲,前者在实行封闭经济或者某些非经济目标时形成,后者则产生于税收或补贴等干预政策(Bhagwati,1971)。政策引致性扭曲也被称为"间接扭曲"、"二次扭曲"(Williamson,1987)。扭曲理论是发展中国家经济学家对国际经济学的重要贡献,具有显著的政策意义,因为它可以通过扭曲的存在与否及其严重性判定开放经济是否达到了最佳状态和实现了最好的效益,因此相应地得出消除扭曲是提高开放效益原则的结论。

体制既可能是一种基本经济制度,也可能是一种国民经济的管理方式。在后一种意义上,体制也具有了政策的意义,是一种体制性政策(社会主义市场经济就被看作一种体制政策)。自发的政策引致性扭曲也是一种体制引致性扭曲。体制引致性扭曲来自计划经济向市场经济的转型过程。对经济的计划化管理导致了资源配置的失调,是扭曲的最根本原因。计划不仅阻碍了生产要素依据合理价格的流动,而且因直接规定产品和要素价格,从而导致生产、消费和对外扭曲。

## 16.1.2 扭曲对开放经济效益的影响

当代发展经济学和国际经济学的扭曲理论通过对扭曲存在的证明从而分析研究了其对贸易福利的不利影响。Papagetgiou 等(1991)通过定量分析证明,贸易自由化本身并未导致生产结构上的显著改变和要素跨行业的再分配,严重的要素市场扭曲影响了贸易自由化改善自身福利的效果。Rodrik(1995)通过测度贸易自由化的影响比较了东亚和东欧各国劳动市场的扭曲程度。Kwon 等(1995)运用可计算的一般均衡模型计算了韩国劳动力和资本市场中扭曲导致的福利损失,证明消除劳动力市场的扭曲可提高基年的 GDP 水平将近 1%,消除资本市场的扭曲可提高基年的 GDP 约 3.2%,消除这两种扭曲可提高国民福利 5.6%。Lindbeck(1997)使用瑞典的案例,分析了其早期贸易自由化进程中要素市场存在扭曲对经济的影响。Seddon 等(2002)发现,贸易自由化在大多发展中国家引起的要素跨行业再分配效果是不显著的。Curri 和 Harrison(1997)发现国有企业在贸易自由化过程中对要素使用的市场调整远远低于私营企业,说明发展中国家要素市场的扭曲在很大程度上受制度安排影响。Krishna 等(2002)证明了要素市场扭曲在不同体制条件下贸易效益的差异,他们认为贸易既有影响贸易条件的价格效应,又有产出效应,在无扭曲的经济中,两者都提高了福利;而在一个有扭曲的经济体中,价格效应有助于改善福利,而产出效应却减少了福利。一个扭曲大的经济体还会因为有利的价格效应较低而在贸易中实际受损。Krishna 等(2005)证明了在工资与能力关系被切断的劳动力市场扭曲情况下,尽管成本提高但扭曲部门的产出仍可能提高,这种扭曲会导致一国经济在贸易扩大中受损。如果没有结构改革,贸易自由化会在转型经济和发展中国家中产生不利的影响。由此可见,要素扭曲是影响开放经济效益的基础和主要原因,需要特别关注和重点研究。

## 16.2 对外开放政策下扭曲的消除与形成

改革开放促进了经济的增长与发展。改革形成了市场机制,提高了要素配置的效率;开放促进了要素的流入,提高了要素投入的总量;改革释放了闲置的生产要素,提高了投入要素的总量;改革促进了要素使用效率的提高,提高了全要素生产率;出口增长提高了总需求。运用扭曲理论分析,改革开放的这些增长效益都可归结为扭曲的减少和消除。计划经济存在着普遍的扭曲,所有的要素按照计划要求配置,产品与要素的价格由计划价格决定,对外贸易与要素流动严格控制,这些都导致了普遍的生产与要素扭曲,而封闭又决定了对外扭曲。改革开放的每一步都意味着对扭曲的减少与消除,要素价格决定要素配置,产品价格由市场决定,国内价格受国际影响。但是,由于改革开放是一个长期过程,在转型期的双重体制下,扭曲依然是普遍存在的。更重要的还在于,由于对外开放是在政策激励下推进的,因而在消除计划经济的体制性扭曲的同时,也不断创造着新的政策引致性扭曲,并成为当前中国开放型经济的重要特征。

### 16.2.1 政策激励在经济转型中的作用及扭曲的消除

政策激励是中国从计划经济走向市场经济的主要动力,也是从封闭型经济走向开放型经济的主要动力。各种特殊政策以不同方式推动了发展,同时也形成了新的政策引致性扭曲。

中国的对外开放是从特殊政策开始的。特殊政策在对外开放的历史进程中对于打破旧体制有着明显的必要性。特殊政策主要指三种类型。一是兴办经济特区和开发区,特区是开放探索试验的产物,而开发区则成为全面开放下普遍的管理模式。二是贸易发展政策。鼓励外贸出口是开放政策的重点之一。在开放初期,特别通过对"三来一补"的鼓励,促进了出口的快速发展。同时,外汇的双价制通过低汇率鼓励出口。出口退税成为鼓励向外销售的主要政策工具并长期使用。三是引进外资政策。政策优惠是针对外资的,只要企业的资本结构符合三资企业的要求,就可能享受外资政策的优惠。在实践中,为了引进外资,各级政府又在中央统一政策上不断加大优惠力度,通过各种追加的减免税收、土地转让等优惠政策吸引外资。外资政策经历了几个阶段,从只允许出口,到自求外汇平衡,再发展到开放国内市场,力度不断加大。

三类特殊政策的逐步扩大与优化,构成了中国开放30多年的发展轨迹。特殊政策在中国从封闭经济转向开放经济中起了根本性的作用。特区政策突破了认识束缚和体制障碍,使中国在对世界经济不了解的情况下有控制地开始对外交往,防范了经济与政治风险,迅速学习到了世界的先进管理方式与市场运行方式。贸易激励政策使中国迅速消除了外汇短缺状态,创造了大量就业,使外部市场成为增长的强大动力。外资激励政策不仅迅速解决了中国的资本短缺问题,而且与外贸相结合,成为中国出口产品的主要来源,特别是促进了国内竞争性市场环境的形成。

运用扭曲理论分析,特殊政策既打破了计划经济极其严重的扭曲,也创造了政策引致性扭曲。特区和开发区是一种地区差别性特殊政策。特区的主要作用在于探索试验,同时也因为改革与开放的领先而形成先发效应。开发区的主要作用在于发展的空间集聚,起到了土地相对集中使用,产业集群式发展的效果。从发展政策上看,特区与开发区也是一种产业区位战略。这种战略使要素向某一地区集中,形成更高的生产效率,因而具有显著的发展意义。区域性特殊政策缩小了对外扭曲,在特区中价格机制逐步发挥作用,价格更加接近于国际市场。在开发区中,产品和要素价格得以体现,也减少了对外扭曲。

出口鼓励政策是一种市场差别性特殊政策。鼓励出口的必要性在于国家外汇资源短缺,政策使经济资源向出口产业集聚,国家快速形成出口能力的增长,获得外汇和进口能力,对国民经济整体来说,政策成本是可以通过进口的收益来补偿的。出口激励政策通过以财政补贴引导要素向出口行业转移,使廉价资源与劳动力优势得以在国际市场实现,优化了资源配置,同时减少了外汇的稀缺性,使在严格控制下的外汇扭曲得以缩小。

外资政策是一种要素差别性特殊政策。对外资的优惠不但使外资因收益更高而被吸引,而且国内闲置要素得到了动员,进入了生产过程。由于缺乏资本,大量自然资源和劳动力闲置,价格为零。引进外资的意义在于消除了闲置生产要素的扭曲,形成生产并产生收益。

20 世纪 70 年代发展起来的经典的扭曲理论主要集中在对贸易扭曲的分析,并没有包括对国际资本流动的分析。事实上这可以用统一的扭曲理论来回答。资本在全球配置的优化消除了资本价格扭曲,从而产生更高的效益,而这种效益是要在全球范围中分配的。更重要的是,资本流入国对内外资本要素制造的政策引致性扭曲成为开放经济扭曲的新的重要形式。

## 16.2.2　激励性开放政策中的扭曲的形成及效益损失

以中国各个方面的巨大发展证明 30 多年开放的成就无疑是正确的,但对开放中存在着的效益问题的揭示大部分也是有依据的。二者看起来是矛盾的,但关键在于,改革与开放政策在消除旧体制扭曲从而创造发展成果的同时也制造了新的政策引致性扭曲,影响了开放效益。

1. 外资激励政策下的要素扭曲

外资优惠政策是对外开放中最重要的优惠政策。这一政策既激励了大量外资的流入,也形成了对内资使用的不利格局。在中国资本稀缺度发生重大变化后,在将中国高速发展的机遇让外资分享的同时,也使内资处于相对不利的地位,使国内资本闲置,出现了大量不合理现象。一方面是以优惠政策让外资分享发展的高额收益,另一方面又闲置大量外汇资源或购买美国国债获取低收益。一方面,政策激励外资继续流入,另一方面,国内银行系统中又沉淀大量资金,从而使资金得不到有效利用。外资优惠政策是典型的资本要素扭曲政策:同样的投资因资本性质不同,所得税等各种政策不同,从而经济必然更倾向于使用外资而不是内资。

要素价格扭曲中的一个突出现象是土地价格扭曲。由于地方政府在争取更多外资项目中的指标导向和相互竞争,协议转让土地价格远远低于招拍挂方式形成的市场价格,土地价格存在着显著的扭曲现象。在 2004 与 2005 两年中,以招拍挂形式出让的土地每公亩平均价格为 6.25 万元和 6.85 万元,而以其余方式出让(主要是政府协议转让)的分别仅为 2.09 万元和 1.50 万元,分别相当于市场价格的 33.44% 和 21.9%,协议转让土地的低价形成了引进外资中企业土地成本的扭曲。扭曲也形成财富流失,影响了国民福利。以 2005 年为例,如果协议转让等方式均改用市场形式,则每公亩将提高 5.35 万元,总价款为 3 060.2 亿元,高达目前转让总价款的 55.6%,相当于当年 GDP 总值 136 515 亿元的 2.24%。

2. 资源要素的价格扭曲与资源产品出口

过度的资源密集型产品出口是中国开放型经济粗放型发展的特征之一,而导致这一现象的原因又在于资源价格的扭曲。长期以来,我国资源价格实行国家定价,并且定在低于国际价格的水平上,这种价格扭曲直接导致了开放条件下效益的下降。资源低价导致资源消耗型产业大量引进,外资获得低成本生产和出口,高出口水平中事实上隐含着额外的资源成本。

在价格扭曲的条件下,企业的个别成本高于社会成本,企业的低成本优势出口实际上包含着社会为其付出的隐性成本,因而出口的效益是不真实的。根据国际能源组织有关资料,我国工业电价水平为 5.1 美分/千瓦时,是日本、意大利等发达国家的 62.5%,是阿根廷、韩国等发展中国家的 83.3%,是加拿大、澳大利亚等资源型国家的 76.9%。我国城市水价仅为国际水价的 1/30。有学者估算,因为生产要素价格低估,国内企业至少不合理地节省了 20%—40% 的生产成本(李文锋,2007)。因此,中国企业出口的实际成本是低估的,从而出口收益是夸大的。

3. 劳动力要素价格扭曲与出口的不利性

廉价劳动力是中国参与国际经济合作的主要优势,因此也形成了以劳动密集型产品出口和加工贸易为主的贸易特征。但是,由于各种政策综合形成的沿海开放地区劳动力供给过度,也导致了劳动力价格长期走低,既影响了劳动者的收益,也导致了国家在分工格局中过度依赖于劳动密集型产业的不利格局。

从 20 世纪 70 年代末以来,我国工资总额占 GDP 比重逐年走低,如 1989—2005 年 16 年中有 12 年的工资比重比上年低。到了 20 世纪 90 年代中后期,该比重下降的速度更快,20 世纪 90 年代末比 80 年代下降约 5 个百分点。1989—2005 年,工资总额占 GDP 比重的平均值为 12.56%。2005 年职工工资总额仅有 19 789.9 亿元,仅占 GDP 的 10.81%,而西方发达国家的工资收入一般占 GDP 的 50%—60%(陈秀梅,2007)。与发达国家相比,我国第二产业的劳动生产率相当于英国的 1/16,但工资仅为其 1/27;相当于美国的 1/18,但工资仅为其 1/21;相当于日本的 1/15,但工资仅为其 1/22。与新兴市场经济体相比,我国的劳动生产率相当于韩国的 1/7,而工资水平为其 1/13。与发展中国家相比,我国的劳动生产率相当于马来西亚的 1/3,而工资水平为其 1/4;相当于印度的 3 倍,而工资则大约是其 2 倍多一些。据日本通商白皮书发表的数据显示,亚洲国家和地区平均劳动力成本在产品中所占的比例为 4%,而中国为 3.5%(陈俊,2006)。

劳动力价格的扭曲不仅导致了对外贸易效益的下降,而且损害了发展的利益由全民共享的民生目标。这些年来,中国劳动者工资上升有限,甚至在一些地方不但没有上升反而下降,其中的政策原因是各级政府仍然高度依赖以廉价劳动力作为发展的比较优势。因此,制定最低工资标准,从制度上提高劳动者福利待遇,是消除劳动力价格扭曲的正确方向。

在劳动力价格扭曲的条件下,国内生产无法通过贸易开放实现合理的国际分工,而可能出现分工不足或过度分工。对外开放的作用不仅在于引进本国稀缺要素,而且在于引进市场机制使本国产品及要素价格合理化。本国劳动力过度供给的部门收入下降,而其他部门则就业减少。农村流向城市的劳动力接受低工资就业,而城市劳动力却下岗,或沿海地区失地农民成为新的闲置劳动力,其中的福利损失很明显。中国劳动力不合理使用的部分原因是国内发展不均衡。中西部和农村发展滞后导致大量劳动力流向沿海地区,形成沿海地区劳动力的过度供给,促使了沿海地区劳动力结构性不平衡。农村劳动力大量流出的原因也在于金融市场的扭曲不能提供充足的农业投资,影响了农业生产率和收入的提高。劳动力市场的扭曲还导致本国比较优势的失真,使中国长期依靠廉价劳动力,并发展劳动密集型产业,这将长期影响中国产业结构的提升。

4. 出口激励政策下的贸易效益流失

开放政策的一大重点是鼓励出口,出口退税等政策和低汇率政策既实现了出口的高速增长,也导致了这种增长中的效益损失。强有力的出口退税政策是中国出口高速增长的动力之一。在这一政策下,出口外部市场比在国内销售更为有利,大大促进了经济外部拉动性增长特征。

实际汇率低估形成了汇率扭曲下的对外扭曲。这些年来,我国企业的劳动生产率提高迅速,因此应当提高劳动者的实际收益。我国实际汇率低估,原因之一是生产率提高的因素。过去 20 年,我国制造业全要素生产率年均提高 6% 以上,高于发达国家 3%—4% 的水平,更高于发展中国家 1%—2% 的水平。据国际劳工组织的报告,2000—2005 年,中国的人均产出增长了 63.4%,超过印度的 26.9%。据国际商业组织"大企业联合会"的研究报告,2006 年我国劳动生产率增速全球第一,达 9.5%,高于印度的 6.9%、美国的 1.4%、欧盟的 4.1%。因此,人民币实际汇率升值具有内在的动力(李文锋,2007)。

但是,汇率升值却并非是中国消除对外扭曲的有效政策。如果说汇率扭曲确实是由汇率政策或政府对汇率的操控所致,那么应当调整汇率消除扭曲。但是,中国的汇率扭曲根源于要素价格扭曲,是过低的工资、土地和自然资源价格导致大量出口和大量外资流入的,而且还由于这些要素价格较低而鼓励了企业大量使用,从而降低了进口高级设备和技术的需求,使出口高顺差不能通过进口技术和设备来平衡。因此,调整汇率不符合扭曲理论的政策直接针对性原理,不是中国当前的最优政策,而最多只能是次优政策,即不能达到最优政策时的选择。

5. 生产负外部性没有得到充分补偿导致损失

生产性扭曲的一个重要来源是企业个别成本大于社会成本,负外部性是导致效益损失的主要原因。对出口与外资企业负外部性补偿的不足直接导致了开放效益的下降。环境污染是负外部性的典型,也是社会成本大于企业成本的典型。在企业没有为环境污染支付必要补偿费用情况下,企业成本低于社会成本,企业以低价格获得国际市场竞争优势,而事实上国家和社会为之付出的代价并未计算在内。由于没有计算社会成本,比较优势是夸大的,由这种方式发展外贸或利用外资所产生的效益是不真实的。

在中国近年来的经济增长中,环境付出了巨大的代价。2004 年,全国行业合计 GDP 为 159 878 亿元,虚拟治理成本为 2 874.4 亿元,GDP 污染扣减指数为 1.8%,即虚拟治理成本占整个 GDP 的比例为 1.8%。从环境污染治理投资的角度核算,如果在现有的治理技术水平下全部处理 2004 年排放到环境中的污染物,约需要一次性直接投资 10 800 亿元(不包括已经发生的投资),占当年 GDP 的 6.8%。利用污染损失法核算的总环境污染退化成本为 5 118.2 亿元,占地方合计 GDP 的 3.05%。实际和虚拟治理总成本为 3 879.8 亿元,实际治理成本只占总成本的 26%,可见环境污染治理投入存在巨大欠账(国家环境保护总局、国家统计局,2004)。①更值得注意的是,如果要对当年的污染进行治理,那么所需的投资占当年 GDP 总量的 6.8%,即使沿海地区的高增长这一代价也已占了增长成果的一半。

## 16.3　消除政策引致性扭曲与建设开放型经济体制

因此,中国现行的扭曲既来自经济转型未完成,也来自开放与改革下的政策激励,从而有政策引致性与体制性双重原因。消除现有扭曲的根本道路在于建设开放型经济体制。

### 16.3.1　区域发展导向市场经济体制中的政策竞争

中国开放经济中的扭曲是与"区域发展导向型"的市场经济体制相联系的(张幼文、陈林,1998)。在这个体制中,各级地方政府有强大的经济职能和发展动力,政策激励成为发展的主要手段,吸引外资是发展的主要途径。这一体制是中国在过去 30 多年中实现高速发展的秘密所在,同时也是政策引致性扭曲的主要来源。

中国地方政府有强大的经济职能和发展经济的动力,这是中国长期持续高速

---

① 　国家环境保护总局、国家统计局:《中国绿色国民经济核算报告 2004(公众版)》,2004 年。

增长的关键因素之一。但是过强的地方经济职能导致各地方政府之间形成了对外的政策竞争,从而导致了不必要的过度优惠以及国家利益的流失,并使中国政府和企业在与跨国公司博弈中处于被动弱势地位。中国的开放战略是正确的,而开放效益受损的重要原因是国内各方面的体制问题。

地方政府以外资为主导的发展政策是政策引致性扭曲的根源。引资以实现地方经济的发展是各级政府的首要职责。为实现这一目标,地方政府必须发挥自身的优势,即履行政策让利,提供优良投资环境(提供社会成本),与影响土地、劳动力价格的职能,由此形成对外资的吸引力。由于中国经济规模巨大,各地发展需求强烈,这种引资需求又必然导致相互之间的政策竞争,从而使企业生产的社会成本更高,要素价格更加扭曲。因此,这些扭曲不是市场内生性扭曲,而是政策引致性扭曲,或更确切地说,正是体制性引致性扭曲。

特殊政策现象既是中国改革开放的路径选择,也是其典型现象。在进入全面开放以后,特殊政策不仅表现为外资与内资的区别,而且表现为地方政府吸引外资和推动经济发展的主要模式。这时,设租和对外资外贸进行租的分配成为开放政策的实现形式。地方政府的优惠政策权力是中国特殊条件下的一种设租与寻租现象。寻租是导致扭曲的重要原因,因为寻租通过对直接非生产性利润的追求影响了资源配置。Krueger(1974)对租的存在进行了研究,她通过计算进口配额的价值得出所存在着的租的数量,使租得以量化,说明了寻租行为的极限。为了获得这些租,人们会投入各种政治经济资源,从而导致经济上的浪费甚至政治上的腐败。人们也可能为了获得某种特许和垄断经营权而展开寻租活动(Buchanan, et. al.,1980)。这种活动是非生产性的,一旦获得某种特权,也就直接获得了利润(Bhagwati, et. al., 1980; Bhagwati, 1982; Bhagwati, et. al., 1984)。寻租活动不可避免的是社会福利和开放效益的损失。地方政府行使特殊政策必然导致资源的政策引导性流动,这种配置不是最优的。特别是在引进外资的竞争中,地方政府的设租与分配租的特殊权力直接导致了对外的竞争性过度让利和放松监管,从而导致开放福利的损失。

当然也需要指出,中国转型期经济中的寻租具有两重性,在非生产性的同时有着其生产性。内外资企业从地方政府获得租也就获得了非生产性利润,而同时又只有借助生产过程才能实现,从而生产与贸易过程被扩展。对于地方政府寻租行为两重性的分析,客观地说明了分权式改革的效益来源与福利损失。其效益来自生产的扩大,即生产可能性曲线的外移;其福利损失来自企业的寻租和地方政府租分配中资源配置的扭曲。由于当前中国经济体制中租的生产及非生产两重性,简单地谈消除寻租行为是不正确的。应当消除非生产性租而保留生产性租。当转轨平行推进,行政过程在权力分配中的作用降低到最小程度时,非生产性租接近消除,而生产性租仍然存在。这时,生产性租不是通过行政渠道获得的,而是通过要素使用的优化获得的。

## 16.3.2 从封闭经济向开放经济转型中扭曲的变化特征

从封闭经济向开放经济转型中扭曲的变化是一个否定之否定的过程。政策引致性扭曲打破了旧体制,使经济走上了从封闭向开放,从计划向市场转型的轨道。但是,只有政策引导的资源配置并不可能达到帕累托最优,市场在资源配置中的基础性作用仍然需要培育,而且只有在政策配置资源力量真正退出以后才会更加有效。也可以说,政策引致性扭曲完成了它的历史使命,也到了需要退出的时候。

过去 30 年,中国经济的发展特征可被称为"要素驱动"型增长(汪丁丁,2005)。要素的大量投入是中国发展初级阶段的必然特征和必经阶段,特别是 30 多年前当中国在极度贫困条件下起动发展时所必须经历的过程,以加工贸易为代表的贸易起动发展,以补偿贸易为典型的利用外资,都说明了中国只能靠资源和廉价劳动力实现发展的起步。但是,一方面,一个国家不能长期依靠低级要素的投入来发展;另一方面,随着发展初期目标的突破、发展阶段的上升、要素稀缺性的提高,继续以降低要素价格的"要素驱动"政策和体制安排就开始因为更大的扭曲而使福利显著下降。随着劳动力对提高收入要求的上升,土地、自然资源和环境资源的稀缺度上升,地方政府不能再靠降低要素价格来实现增长。

消除要素价格扭曲是消除扭曲的重点之一。我国现行的产业结构,特别是外资企业的产业结构,是由中国的要素价格决定的。消除要素价格扭曲将带来我国产业结构的重构。由廉价劳动力与土地、自然资源价格引进外资的发展格局,将被更能反映成本的价格所取代,中国的产业结构将得到新的提升。人力资本的增长,以创新驱动发展,将是新阶段的特点。消除低级要素价格偏低的扭曲既要通过消除产生这种扭曲的政策来解决,也要靠激励新要素的形成和使用的新政策来取代。这将加快经济的转型。这也同样是消除扭曲的最优政策选择。一方面,要对过度使用土地和自然资源严加限制,对劳动者工资要提升;另一方面,这种要素价格政策也就是对使用新要素即技术要素的鼓励,从而有利于创新。

### 16.3.3 开放型经济体制的基本特征与政策取向

开放型经济体制的基本特征是:经济开放格局由稳定的法律、法规所确定,不存在经常变动的政策安排,更不存在地区间的政策竞争,区域特殊政策差别逐步消除;对内外资企业和内外市场政策一致,既不存在保护国内市场,也不存在对外的政策倾斜,政策差异主要体现在产业政策与地区发展政策;统一规范的市场体制是开放的制度引力;政府的管理体制符合 WTO 的要求,包括开放承诺与透明度。

开放型经济体制建设的核心就在于消除政策引致性扭曲,实现以市场配置资源的要求,开放成为体制的本质特征而不只是其政策取向,从而形成开放型的最优资源配置。开放型经济并不排斥特殊政策。从要素差别政策向发展差别政策的转变,以产业政策、地区政策替代外资外贸政策,是开放型经济体制的政策特征。对特殊政策历史作用的评价并不意味着彻底否定政策在发展中的地位与作用,而是要以发展政策取代要素政策。要素政策是特殊政策的本质所在,即政策在于激励要素的流入与集聚,在于根据要素所有者的差别激励稀缺要素所有者。对特殊政策的否定在于否定其作为要素政策,却不应当排斥其作为发展政策,即以发展目标为导向的政策。

发展政策的根本特征在于不是以要素所有者作为政策差别依据,不是采用要素差别政策,而是以发展目标决定政策的差别,包括有利于稀缺要素培育的政策。只要符合发展的目标导向,不同性质要素所有者将得到同样的激励。产业政策与地区政策是最基本的发展政策。政策指向重点发展的产业,如战略产业、高新技术产业;指向特定的地区,如重点产业园区、落后地区。在这样的政策体系下,政策不因要素的所有制性质而不同,而只以具体的发展需要为准则。

经典的政策引致性扭曲理论认为,政策引导资源配置会导致扭曲,因而其并不主张对要素配置的政策主导。但需要指出的是,这一理论的前提是市场是完善的,具备有效配置资源的能力而本身不存在扭曲,因而任何政策干预市场的行为都将导致扭曲和效益损失。然而,发展理论同时也证明了,市场并不始终具有这种能力,因为一个产业或地区的长期发展并不能确保短期的获利,故而发展只能是政府的战略选择而不可能总是市场的自发选择。由此,发展政策必然具有这样的特征:政策以超越市场的力量调节资源配置,实现发展目标。这在短期内可能会制造扭曲和效益损失,但在长期发展中,这种损失是可以由发展的成果来补偿的。在经济发展过程中,政策起着关键的作用,其通过催生新的机制,引导资源配置加快了经济发展。在初级发展阶段上,特别是在市场尚未能完全承担起资源配置作用的条件下,政策对资源配置的动员和引导仍然是必要的。政策可能引致扭曲,但这并非是拒绝一切政策的理由。在一个正确的发展战略下,产业政策和地区政策通过政策引致性的要素扭曲,造就了一个产业或地区特殊的发展条件,实现了发展战略。这就是政策引致性扭曲在发展特殊时期的积极作用。Kwon 等(1995)的研究检验了资本市场扭曲的结果,他们认为扭曲会引导更快的资本形成和更高的资本存量的集中,而在韩国产业政策结构条件下,金融激励比财政激励会产生更多的扭曲效应。

产业政策的这一原理在外贸政策上也要体现。要以产业政策主导外贸,取代市场偏向政策。出口退税政策要改变,要依产业差别而不同,而不是普遍一般地鼓励出口。这就可以达到鼓励更多使用技术,消除技术要素得不到合理补偿的扭曲,促进一部分技术含量高的产品的出口;抑制高能耗高资源消耗产品的出口,从而减少了出口发展中的负外部性。

本章从扭曲理论的视角提出,新阶段的对外开放归结为以深化国内改革来提高开放效益,而不是开放政策的强化。政策激励型的开放模式应当结束,开放政策的稳定,开放型体制的规范已经是当前阶段的关键问题。要依靠体制、政策与行政管理上的规范化来营造更好的投资环境,切实地从依靠政策优惠转变到依靠体制规范的轨道上来,从依靠激励措施转变到依靠投资发展环境建设上来,从依靠更多让利吸引外资转变到依靠产业集群和发展机遇上来,实现从封闭型体制转型到开放型体制建设的阶段性进步。总之,提高开放效益的战略重点要从开放政策的自身优化拓宽到以改革深化来促进开放,实现从政策性开放到制度性开放的转变。

# 第 17 章
## 要素集聚与对外开放新阶段的主题

在过去的 30 多年中,经济全球化迅猛推进,从根本上改变了世界经济运行的方式和发展格局。中国准确地把握了这一历史潮流的走向,及时实现了发展战略转型,顺势而上,综合国力由弱变强。在今天新的历史起点上,中国对外开放面临新的环境,新的主题,开放型发展战略需要新的升级和调整。

## 17.1 把握经济全球化本质特征的开放战略

30 多年来,中国的开放道路的成功在于把握了经济全球化的核心,以改革与开放的双轮驱动实现了要素集聚,从而走出了一条正确的开放型发展道路。

### 17.1.1 以要素流入为特征的对外开放:抓住经济全球化的本质

第二次世界大战后的全球市场开放、20 世纪 70 年代起跨国投资的兴起、90 年代开始的大批国家参与全球化,是过去半个多世纪经济全球化进程中的几个阶段。中国没有像一些新兴市场经济体那样赢得 20 世纪 70 年代前的发展机遇,但是却因为及时而坚定地对外开放,实现了后来居上。这一战略转型成功的关键还在于,开放战略的重点是抓住经济全球化的核心,实现了生产要素的向内集聚。

生产要素的国际流动是经济全球化的核心与本质特征。正是这一本质特征,使 20 世纪最后 30 年的世界经济从根本上区别于此前以国际商品贸易为纽带和以贸易自由化为主题的世界经济。1990 年初,全球有 3.7 万家跨国公司,17 万家海外分支机构,其中 3.35 万家的母公司位于发达国家。到 2004 年底时,全球跨国公司总数上升到了 7 万家,海外分支机构达到至少 69 万家,这些分支机构有几乎一半坐落在发展中国家。流入发展中国家的国际资本从 1970 年的 34.61 亿美元上升到 2002 年的 1 621.45 亿美元,增加了 45 倍多,年均增长率达到 12.7%,远远高于同期的经济增长率。跨国公司分支机构的分布格局和向发展中国家资本流动的增长表明,经济全球化以要素向发展中国家流动的趋势规定了后者的发展道路。全球化对发展中国家之所以是发展的历史机遇,就在于其通过国际直接投资而获得各种生产要素的流入,不仅在短期内增加要素尤其是高级要素的供给,而且因为高级要素的流入而使各种闲置的低级要素得以进入使用:自然资源得以开发,低级劳动力获得就业,闲置的生产要素投入使用。事实上,发达国家之间也形成更多的高级要素流动,从而使高级要素的配置更加合理,使用更为广泛,收益更多提高。

## 17.1.2　改革与开放的双轮驱动:实现要素集聚的战略架构

全球的经济开放趋势使越来越多的发展中国家采用更加开放的政策。引进外资成为开放型发展战略的重要方面。实施更开放的外资政策是全球化的一个基本特征。20 世纪 90 年代各国法规变化中绝大多数是向着有利于 FDI 流入的。根据从 1992—2002 年的统计,在投资制度上引入变化国家从 43 个扩大到 70 个,发生变化的规则数目从 79 项上升到 248 项,其中有利于 FDI 的占 236 项。这些引资政策广泛涉及放宽对 FDI 的限制,减少政府对企业的干预,放宽对外资投资比例和产业进入的限制,放松外汇管制,允许给外资提供更优惠的担保,采用更加自由化和增强市场功能的措施或者激励措施。

在中国,更有利于外资流入的制度转型既是开放政策的选择,也是国内体制改革的安排。改革与开放形成参与全球化的"双轮驱动",使中国走上了在全球化中的高速增长道路。中国的道路可以归结为,以积极应对全球化挑战推进国内改革,以国内改革形成积极参与经济全球化的体制优势,这是中国能够在全球化中崛起的根本原因。

　　双轮驱动战略是从初级阶段的国情出发的开放型发展战略。从经济学意义上讲,所谓初级阶段,就是一个国家只拥有一般劳动力和自然资源等低级生产要素,没有自己的技术,不具有进入世界市场的竞争力,为工业化和现代化所需要的资本积累还刚刚开始。正是这些初级阶段的特征,决定了中国只能走以低级要素吸引外国高级要素的战略道路。这些基本认识是中国开放战略起步阶段模式选择的依据,即发展加工贸易为主和接受产业转移引进外资为主的开放型道路。

　　对中国来说,营造吸引外国高级生产要素流入的经济环境,是开放前30年的根本任务;而实现这一任务的根本手段则是改革,即创造一个对外资有吸引力的和熟悉规范的市场环境。开放是战略的取向,而改革是实现这一战略的条件。改革的一大主题是将一个封闭型经济改造成为一个开放型经济,而开放又是促进国内市场化改革的巨大动力,二者共同促进了要素集聚。

　　改革开放特别是20世纪90年代初期以来,中国已经成为世界要素集聚最多的国家之一,表现为全球大量资本、技术、品牌、优秀人才等高级要素的集聚。1979—2005年,中国FDI实际流入额累计达到了6 224.3亿美元。总体上看,中国FDI流入额约占全球FDI流入额的10%,发展中国家的25%和东亚、南亚及东南亚发展中国家的50%左右。FDI大量集聚中国的趋势非常明显。要素的国际流动并不仅限于资本国际流动,FDI往往也具有多维属性,可以看作是一个"企业包",包含着资本、技术、管理、信息、知识、品牌、海外销售网络等多种要素。在全球化经济中,跨国公司特别是世界500强跨国公司是国际投资的主体,也是技术、标准、品牌、跨国生产经营网络等高级要素的主要拥有者。跨国公司控制着全球80%以上的新技术和新工艺,是世界技术发明和传播的主要载体,同时也是全球研发的主要承担者。Caves指出:在那些R&D最为突出的行业中,R&D与对外直接投资都集中于大公司手中,R&D促进企业对外直接投资,而对外直接投资也反过来促进R&D。

## 17.2　新阶段对外开放战略的内外环境

　　要素集聚实现了中国开放型发展道路起步阶段的目标,也改变了中国在全球政治经济体系中的地位。30 多年后的今天，中国发展进入新的历史阶段，对外开放面临新的历史环境。科学发展道路与中国国际地位的变化向中国开放战略提出了新问题。

### 17.2.1　科学发展观的发展模式对开放的要求

开放是发展的必要条件，发展是开放的根本目的。发展目标决定了开放政策，发展模式决定了开放结构。在新的发展阶段上，对外开放的战略与政策是由发展的要求所决定的。科学发展观的第一要义是发展，核心是以人为本，基本要求是全面协调可持续，根本方法是统筹兼顾。科学发展观的这些指导方针如何在对外开放中得以有效实践，是中国开放战略与政策调整的核心问题。

发展不同于增长，增长是规模的扩大，发展是结构的进步。在全球化条件下，利用外资和外部市场对经济增长起了关键作用，经济规模迅速扩大，增长率持续保持高位。增长是有广泛意义的，增长中也可能包含着发展，但增长不必然包含发展，更不直接等于发展。规模扩大型的增长就是没有发展的增长。当国家完全以廉价劳动力为主参与国际分工时，就是增长不包含发展的典型表现，因为这只是要素投入扩大带来的增长。因此，科学发展观要求下的对外开放的进步，核心是以结构进步为内容的发展。必须澄清的是，要素集聚可以实现增长，也可能为发展创造基础和条件，但却不直接等于发展。外资结构的提升是有利于中国结构进步的，也是中国外资政策的要求之一，但又并不等于中国因此就实现了发展。只有当中国资本、中国企业自身实现了产业结构的进步时，才是中国真正意义上的发展。

以人为本是发展的核心，要求发展的成果体现在人的身上，包括人的教育、卫生和实际福利水平的提高。中国不能长期停留在低端劳动力参与国际分工的格局上，而要使劳动者自身得到发展，对外开放要成为促进劳动者实现人的全面发展的过程。全面协调可持续的发展是科学发展观的基本要求，也是对以开放促进发展模式的基本要求。沿海地区在高速推动开放中，严重忽略了环境保护，造成了巨大的资源消耗，粗放式土地使用已经使土地成为继续扩大开放的重要瓶颈，对外资的优惠政策已经到了中方完全无利可图甚至付出环境和健康代价的地步。创新利用外资方式首先是指改革靠优惠政策和不顾环境、资源、土地等代价盲目引进外资的做法。诸多事实证明,20 世纪 90 年代以来沿海地区竞争性利用外资的方式是不可持续的,需要有一些根本的改变。

### 17.2.2　综合国力的提升要求中国承担更多的国际责任

30 多年来,中国的经济规模获得了超越其他大部分国家的切实提升。国际地位的变化使中国的开放战略不再只是本国自己的事,而成为关系到世界其他国家乃至整个世界格局的事。这一变化既改变了中国在世界经济中的地位,也相应地要求中国承担更多的国际责任。中国不仅成为世界市场中低端产品出口的有力竞争者,而且成为世界资本和资源产品进口的有力竞争者,对一些国家构成压力。

自从佐立克代表美国提出中国是国际社会的"利益攸关者"以来,关于中国国际责任的讨论广泛展开。从总体上讲,虽然中国并不完全接受美国提出的"中国责任"的全部实质内容,但中国并不拒绝承担一个负责任大国的应有作用(特别是承认随着自身实力的不断增强,中国承担的国际责任也将与日俱增)。

从经济意义上讲,中国责任的履行将通过互利共赢的开放战略来实现。中国要以自己的发展促进地区和世界共同发展,扩大同各方利益的汇合点,在实现本国发展的同时兼顾对方特别是发展中国家的正当关切。中国要与各国在经济上相互合作、优势互补,共同推动经济全球化朝着均衡、普惠、共赢方向发展。全球化既使产业重新布局,分工进一步深化,同样也使消耗和污染重新配置。中国被放在以传统工业分工参与全球化的地位,这不可避免地使其成为污染与高消耗的集中地。但是,作为一个负责任的大国,中国没有因为这种"必然性"而宽容自己,而是及时地提出了"增长方式转变"的科学发展观。科学发展观既意味着中国经济成长的一个新阶段的到来,也意味着中国致力于创造自身经济成长与世界经济更大的和谐。

对知识产权的侵犯是中国当前经济发展中的严重问题之一,也成为中国与主要发达国家摩擦的重要领域之一。对外开放新战略中加强的知识产权保护,不仅有利于中国自身加快走上知识经济轨道、促进科技创新和技术进步,而且有利于中国与发达国家之间建立起更加和谐的关系,是中国对人类文明成果的尊重,是中国和谐世界理念的具体体现之一。保护知识产权是来自外部的压力,也是中国自主培育知识与技术要素的动力和中国责任的表现。

### 17.2.3　互利共赢成为开放战略的新基点

走和平发展道路，推动建设和谐世界，这是中国近年来提出的基本国际战略。科学发展观和作为负责任大国共同归结为要实施互利共赢的开放战略，决定着开放的政策取向和发展环境。

中国互利共赢的开放战略至少包括两个方面，一方面是遵守国际规则和国际承诺，通过公平竞争和有序竞争争取自己更大的利益，同时也关注其他竞争国的利益；另一方面则是在更大范围、更广领域、更高层次上参与国际经济技术合作与竞争，而不是集中在少数劳动密集型产品上，通过多层次地参与国际分工，既有利于提高自身在国际分工中的利益，也充分考虑其他国家的关切，从而与各国共享全球化的利益，共创竞争中的和谐。

中国需要探索成为世界生产出口大国后的发展战略。随着中国成为世界制造业的生产出口大国，中国对世界市场的影响日益增大。一方面是总量上升和产品领域扩大引起世界的关注；另一方面是单个产品市场份额的提高和价格优势对其他国家形成竞争压力。中国巨大的出口能力不但对发达国家同类产业形成了竞争压力甚至取而代之，而且使其他发展中国家难以竞争，在许多场合出现了中国的低价格作为价格基准的现象。市场的多样化与产品的多样化已经成为中国出口战略调整的方向，其目的既在于提高自己的出口层次，也在于为其他相对后进的发展中国家提供发展空间。

反倾销反补贴日益成为中国出口发展的障碍。积极应对保护主义的压力、善于运用国际规则特别是 WTO 机制处理国际贸易争端、维护公平贸易，是中国需要不断熟悉的新课题。加强出口市场预警机制、建立行业积极应对机制、及时发现可能的贸易摩擦从而及时采取措施是中国需要加快建立的新机制。从根本上说，解决问题还在于国内的体制改革，以此消除地区与企业间的恶性竞争，消除政策的对外偏向型。

中国的产品质量在近年来多次成为国际上关注的热点。个别产品质量问题成为国际炒作的热点是在中国出口能力迅速提高、中国产品市场迅速扩大的背景下形成的，而在某些情况下成为保护主义势力企图借此抵制中国产品的机会。一方面,中国企业必须以对进口国国民负责的态度不断提高产品质量,特别是与安全相关产品的质量标准,加强行业自律,以不断提高中国产品的整体国家形象;另一方面,中国也需要更善于运用国际规划维护自身权益,应对突发事件。

进出口贸易的协调发展已经成为近年来中国外贸战略调整的重要内容,这一调整不仅体现了以出口拉动经济增长的单一道路的提升,包含了对进口与国民经济增长关系的重新认识,也包含了中国旨在通过市场的进一步开放促进世界各国的共同发展。对外开放以来,以出口拉动经济增长、追求贸易顺差以积累外汇是贸易战略的基本点。进出口的平衡发展不仅是应对国际社会指责中国大量出口、人民币汇率低估的积极回应,也是开放型经济发展战略中对进口作用的重新定位。这一调整既有利于中国自身发展的提升,也有利于发达国家先进技术、设备、软件等知识密集型产品的出口,扩大中国与发达国家之间的经济技术合作。

## 17.3 对外开放战略的新主题

在新的历史环境中和中国发展新的要求下,中国对外开放面对着一系列新的主题。要素集聚使中国启动了发展,中国仍将继续集聚国际高级要素以实现新的发展。但同时也要看到,要素集聚阶段的发展不仅改变了中国高级要素的供给,也改变了中国培育高级要素的条件。今天,中国更需要以体制建设实现自身高级要素的培育,创造全球合作与竞争的新优势,并履行负责任大国的国际责任。

### 17.3.1 培育高级要素,创造参与全球化的新优势

以低级要素吸引高级要素启动了发展,相应地,培育高级要素就成为发展新阶段上的新主题。只有改变依靠廉价劳动力吸引资本技术的格局,中国才能进入发展的新阶段。对外开放以来,中国基本上靠的是廉价劳动力优势参与国际分工与合作,这一道路是正确的,不可避免的,也是成效显著的。但是,从长期看,唯一依靠廉价劳动力优势又是不可取的。今天的世界经济按产业链分工,单纯依靠廉价

劳动力只能长期处于国际分工的末端,获得相对较小的收益。在科技发展日新月异的条件下,真正的优势来自科学技术。创造新优势的根本在于科技创新,只有这样才能使国家从国际分工的末端走向高端。当代国际竞争也是国家之间的制度竞争,具有更强制度优势的国家就可能获得更多更高级要素的集聚,形成更多更高级的主导性要素,创造更高的全要素生产力,赢得更高的国际地位。简而言之,中国应当以体制创新为平台,以科技创新为内容,从科学技术的微观层面和制度效率的宏观层面这两个方面争取参与国际经济合作和获得竞争的新优势。

培育高级要素的核心是自主创新。20 世纪 90 年代以来,我国在利用外资、扩大外贸上取得了长足的进展,对外开放在创造就业、扩大出口和建立现代产业等方面发挥了广泛而积极的作用。但是,引进外资与自主创新相脱节,外资企业向国内的技术溢出有限。在提高外资质量与水平的要求下,引进的外资本身产业技术水平确实在不断提高,但是其对我国技术进步的作用却不容乐观。

扩大开放领域,优化开放结构,提高开放质量是中国发展新阶段上的重大主题,核心是发挥利用外资和发展外贸在推动自主创新、产业升级和区域协调发展等方面的积极作用。高级要素的培育是在开放中进行的,是在集聚要素的基础上实现的,这就是在开放中实现自主创新。在这一问题上,至少需要关注以下几个战略环节。首先,要将单一注重靠外资带来技术扩大为同时关注由本土企业引进技术。要用好过去十多年开放与发展的财富积累,把通过廉价劳动力和土地批租获得的收入转变为实现技术进步的财力,为长期可持续发展创造基础条件。要克服利用外资在推动科技创新中的问题和障碍。要强化诱导跨国公司技术转移的政策激励,形成技术转移的竞争性市场。其次,要努力延长加工贸易在国内的产业链,要努力增加国内投入的比重,提高国内原材料零部件的供应能力,从而强化对国内发展的拉动力。在今后引进外资中,要减少纯粹加工贸易的项目,注重加强一般贸易在出口总增长中的比重,减少单纯加工贸易的比重;注重出口产品的增加值,注重自主品牌的培育。再次,要完善开放中实现自主创新的体制机制。政策支持要切实有利于帮助企业克服发展中的瓶颈,政策重点是加强对高级人才引进与培养的激励。要积极培育核心领域的核心技术,以重大产业技术的突破来带动整体科技实力的增长。要注重公共服务平台和公共服务体系的建设,要构建金融担保机制支持企业创新,特别是要推进风险投资和金融资信平台的建设。此外,还要加强知识产权的保护,以保护创新者的利益。

### 17.3.2 以改革的深化促进开放效益提升

近年来,对开放实际效益的关注已成为许多研究的重点,这些研究发现了在一些情况下开放效益较低,甚至受到损失的不利现象。大量讨论表明,开放效益的受损恰恰不在于开放政策本身,而在于国内经济体制中的问题。

中国的经济体制是一种"区域发展导向型市场经济"体制。在这一体制中,地方政府享有强大的经济职能,承担着全面的发展任务,对市场有显著的干预能力和参与能力。正是由于这一体制,中国获得了世界上少有的发展速度和活力。然而,政府的政策干预可能是正确的和有效的,也可能导致市场的扭曲,从而带来经济效益的下降。特别是当各地区间出现发展竞争时,不仅会产生更大的扭曲,而且会导致发展利益的外流。在外资效益上,低端外资甚至严重污染和资源消耗外资的引进,并非国家开放政策所要求,而是地方上追求外资数量的结果。而这种追求又源于错误的政绩观和政绩考核体制。一部分外资对国民经济的效益低,原因在于地方政府过度让利的优惠政策,而过度优惠又起因于地区间的外资竞争。地区间的引资竞争降低了国内劳动力与资源的价格,提高了引进的资本、技术和管理等要素的价格,损害了开放的效益。深化改革在于消除这种对引进高级要素的过度竞争体制。

改革的深化也在于更好地利用国内要素,特别是已经积累起来的资本要素。中国的银行体系中沉淀着大量资金,国家有大量的外汇储备,但是引进外资仍然是发展的主要动力。国内资金难以形成资本的关键原因在于,一是中国企业太弱,不具有产品创新能力,缺乏国际市场渠道;二是国内金融市场发展不足,融资机制未能有效形成。国有企业存在着的治理问题严重制约了企业的发展,从而把中国国内市场的发展机遇大部分留给了外资。事实上,企业改革的深化,民营企业的有效培育,都将使国内的资本和技术要素得到更好的使用。

### 17.3.3 建设开放型经济体系

要素配置的优化在于市场,建设开放型的市场经济体系是优化资源配置的基础。30 多年来,中国走过了一条从政策性开放到制度性开放的道路。优惠性的开放战略在使封闭型经济不断提高开放度的过程中起了决定性的作用,并使中国初步形成了一个开放型经济。但是,由于政策的激励性含义,各地区间形成了政策优惠度的竞争,地方政府官员拥有较为灵活的政策运行权力,带来了要素的扭曲和要素收益的下降。

政策性开放在使封闭型经济向开放型经济转轨中起了决定性作用,也在使中央集权的计划经济向地方分权的市场化经济转轨中起了决定性作用。但从政策性开放向体制性开放的转变也是对外开放新阶段上的现实要求。体制性开放即建设开放型经济体系,其根本特征不是针对涉外经济活动的优惠,而是从制度上适合对外经济关系的发展。制度是相对稳定的、透明的、规范的,并不因地区和官员的特殊权力而使各地涉外经济活动有成本收益上的差异。产品与要素的流动总体上没有障碍,在部分仍然存在着国家控制的领域,政策是清晰的、稳定的和符合国际惯例的,且这种政策不在于激励对外经济活动,而是取决于国家的开放战略和进程。开放型经济体系以较小的扭曲实现更高的要素配置效益,也实现更平等的国内外要素收益。

### 17.3.4 寻求突破资源能源的发展瓶颈

随着中国成为制造大国,中国已经成为世界的资源能源消耗大国,不但在某些情况下影响了价格,而且增加了温室气体的排放,并因此而引起国际社会的高度关注。

要素集聚使中国承接了相当大份额的世界工业品的生产和出口,然而相应地也使中国的发展面对资源能源要素瓶颈的严重约束。这一情况的出现既是由中国作为一个大国且处于工业化的初期所决定的,也是发达国家跨国公司将大批传统产业向中国转移的结果。中国需要在一些场合说明这方面的客观原因,但同时又需要从发展道路包括开放模式上进行调整。建设资源节约型、环境友好型社会目标的提出是发展战略的调整,也是开放战略的调整。除了系统的国内战略调整和技术进步外,中国需要以此改变引进外资的产业导向与促进贸易的产品导向。

"走出去"是中国深入参与经济全球化的重大战略。中国需要从经济全球化的现实出发,通过"走出去"推进自身发展的全球规划,以跨国经营适应现代经营的需要。而在"走出去"战略中,解决资源及能源供给问题是一个战略重点。在推进这一战略的过程中,需要与外交战略相结合,倡导新能源安全观,以外交为国际经济合作开辟道路,从而建立稳定的资源与能源供给。与此同时,中国也需要本着与东道国互利共赢的原则推进合作,以这种有效的合作回应国际上少数人所谓的"新殖民主义"的指责。

### 17.3.5 积极应对跨国公司对中国企业的并购

以引进外资实现要素流入是抓住全球化机遇的基本表现。但是,当国际直接投资以并购方式出现的时候,情况并不简单。进入新世纪以后,跨国并购成为国际直接投资的主要形式,使经济全球化更加速推进。与此同时我们也看到,发达国家跨国公司为了获得中国市场的长期战略利益,正在加强以并购方式进入中国,而中国长期发展起来的一些重要企业和品牌已经被外资收购。

作为国际直接投资的绿地投资是要素的流入,但同样作为国际直接投资的跨国并购却并非完全如此。并购是货币资本的流入,然而往往意味着本国优势企业、重要发展成果、品牌、资源或事关国家经济安全的战略产业的被控制。跨国并购是外国资本通过兼并收购达到对本国已有企业的控制,不但不增加新的优势要素的流入,而且往往是本国的战略产业或代表民族品牌的产业产品因并购而被控制,因而在某种意义上是"优势要素的流出",不但在经济上影响了本国的利益,而且往往会对本国发展成就、民族文化和国家经济安全等形成冲击。就中国而言,在某些情况下,通过跨国公司对国有企业的并购促进改革,减少亏损不失为改革的道路之一,但是在更多的情况下,跨国公司并购中国企业不是为了帮助中国改革,而是为了控制中国市场,实现行业垄断,迅速将中国的优质企业、产品和技术控制在自己手中。当中国单纯以引进外资的数量(在这里不是绿地投资而是并购)作为开放成果来衡量时,必然会使发展成果大量流失,其中包括一些具有核心竞争力的企业要素的流失。

因此,在开放中高度关注自身的真实发展,而不是用引进外资数量来衡量发展已经成为中国发展的新主题。在这里,外资不再意味着优质要素的流入。在这一点上并非主张不扩大开放,搞经济民族主义,而是要求在开放中的自主发展。这是针对经济全球化最新发展动态的清醒反应,也是中国自身发展目标的内在要求。中国要通过创造公平竞争的市场环境,促进效益,反对垄断,抵制跨国公司的恶意并购,维护产业与企业的发展成果。

# 第 18 章
## 全球经济制度深化下中国改革的突破

### 18.1 要素流动是制度深化的根源

    1973 年美国经济学家 E.S.Show 在《经济发展中的金融深化》提出了金融深化 (financial deepening)，同年 Ronald Mckinnon 在其《经济发展中伙伴和资本》一书中提出了"金融抑制"与"金融深化"，他们都认为，通过金融自由化政策可以促进发展中国家实现经济发展。金融自由化有深浅之分，深度自由化刺激经济发展，浅度自由化则不利于经济发展。金融深化的提出开启了从深浅的角度分析经济行为与制度的研究。在国内，也出现了一系列关于金融深化与市场深化的研究：张幼文、干杏娣(1998)将金融深化理论推广到国际范畴，提出国际性全球化，并研究了国际性金融深化的发展过程。韦森(2005)从法制与诚信角度分析了中国的市场深化过程与中国社会法治化道路，指出信任缺乏和社会腐败伴随着中国的市场化过程并阻碍经济增长的持续性。张军、金煜(2005)研究了我国的金融深化与生产率的关系，认为二者具有显著的正相关关系。此外，贾春新(2000)认为中国金融深化过程中通过储蓄效应和投资效应促进经济增长；赵奇伟、张诚(2007)分析认为金融深化程度对 FDI 溢出效应有重要影响。但是，随着全球化的深入，经济全球化出现了新的特征，传统的金融深化和市场深化已经不能完全解释经济的发展现状，尤其在全球层面上更缺乏相应的深化理论对经济全球化做出科学解释。本章在此基础上，尝试进行突破并对中国经济改革提出相应建议。

经济深化理论不仅体现在市场层面和金融层面,随着国际直接投资的快速发展,经济全球化出现了新变化,国际直接投资超越国际贸易成为世界经济运行的主要特征,全球经济制度不断深化。国际直接投资在渗透性、流动性上都比国际贸易要求高,需要更多的标准予以规范,传统的以国际贸易为核心的经济制度安排需要相应调整,必然要求全球经济在制度层面上的深化。从 WTO 到 TPP、TTIP 是全球经济制度深化的两个阶段性标志,全球化的形势从市场开放向制度开放过渡。因此,准确分析当前全球经济制度深化的特点、趋势,对于适应经济全球化新形势,破解中国经济改革困境具有重要的意义。

## 18.2　全球经济制度深化的特征与要求

世界贸易组织、世界银行和国际货币基金组织是世界经济制度的三大支柱,发挥着统筹全球经济规则的作用,其中,世界贸易组织主要涉及商品市场(实体经济),后两者主要涉及货币市场(虚拟经济)。虚拟经济与实体经济发展的不平衡是世界经济不平衡的重要特征之一。在新一轮经济全球化下出现了以国际贸易为基点的全球市场深化,世界贸易组织本应随着市场深化而进行制度深化以适应世界经济的变化,但是,多哈回合迟迟没有进展,严重阻碍了全球经济制度一体化的推进。因此,各国试图寻求新的制度框架以规范当前的市场行为,为世界经济的健康快速发展提供制度保障。全球经济制度伴随着这个过程进行着深化,出现了新特征与要求。

### 18.2.1　双边投资协定(BIT)发展迅速,要求市场深化加剧

双边投资协定起源于针对外资的国有化运动。第二次世界大战之后,发达国家的对外投资增加,但是刚刚获得独立的发展中国家在 20 世纪五六十年代对外资进行了国有化运动,发达国家为了保护对外投资,开始与其他国家签署双边投资协定。然而,随着跨国公司的迅猛发展,国际直接投资空前高涨,对投资的保护也越

来越受到重视。20世纪80年代末开始,每年新签订的双边投资协定数量快速增加,双边投资协定的总数量也在国际投资协定中占有绝大多数。双边投资协定的迅速增加适应了国际直接投资的增长,是伴随着全球市场深化而进行的。

当前各国所缔结的双边投资协定一般包含投资定义、批准、待遇、代位权、征收条件和补偿以及争端解决程序等条款,其内容往往是资本输出国和资本输入国利益平衡和互相妥协的结果。投资保护协定首先是规范投资行为,规范其是否可以进入东道国市场。根据克鲁格曼的理论投资和贸易具有替代效应,两国签订双边投资协定从制度上看是在规范第一线的投资市场。其次,跨国公司在进入东道国后,将生产的商品在东道国内进行销售,这一方面冲击了东道国国内的市场,促使其市场深化,另一方面也要适应东道国的相关法律制度。因此,双边投资协定是一个不但能进入东道国进而还可能影响其国内市场甚至制度的投资协议。双边投资协定的快速发展即是全球经济制度深化的表现,同时又进一步推动了全球经济制度深化。

制度与市场是相互促进、相辅相成的,好的制度能够规范市场,推动市场的良性发展,不好的制度则阻碍市场的发展。经济制度要得到多方的认可,关键在于对各方利益的协调。世贸组织协定是全球性的贸易规则,多哈回合的停滞一方面与世贸组织的谈判框架有关,在该框架下的协议要求适用于所有成员,这就为协议的达成天然制造了障碍;另一方面与其制度成就性①有关,世贸组织作为世界经济秩序的主要构建方,已有的一些规则已经对世界经济的运行产生了深刻影响,由于存在制度上的路径依赖,要改变原有的规则困难比较大。在全球市场深化的过程中,要求建立新的制度以适应并规范市场的深化,但是,世贸组织并不能与时俱进,不能有效地发挥作用。而双边投资协定能够发挥自身的优势,根据市场的深化衍生出更多的制度规则以适应市场的要求,制度与市场形成良性循环,从而进一步推动全球市场深化、拉动经济增长。但是,在这个过程中,仍然会存在冲突,会遭到一些国家的抵制。然而,在新的制度框架下,这种冲突并不是不可调和的。双边投资协定根据参与国的不同可以签订出不同协议,各国的投资准入和负面清单都可以不

---

① 制度成就性指旧制度曾对经济发展起到过作用,得到了一定程度的认可,改变制度的难度加大。

同;同时它的协调机制相对于世贸组织更加灵活。双边投资协定能够直接解决两国在投资贸易方面存在的具体障碍,可以最有效地推进两国的经济往来,双边投资协定的达成有利于促进两国的市场深化。然而,双边投资协定的基础也是两国的市场深入,如果没有市场深入为前提,双边投资协定就形同虚设。双边投资协定可以随着时间的推移而进行相应的调整,因此,双边投资协定的迅速发展必然要求市场深化不断加剧。

## 18.2.2　区域合作进一步深化,要求新制度框架形成

国际投资协定虽然以双边投资协定的数量居多,但是,在经济意义上,却是以区域合作占优。区域合作既包括贸易自由化,又包括投资保护和规范服务等,通过这些协定、措施以推动贸易、投资、服务等领域的自由化,带动区域合作,拉动区域内经济发展。诸如欧盟、东盟、APEC 以及目前正在积极推动的 TPP 和 TTIP 等都属于不同层次的区域合作。

在当前经济全球化背景下,区域合作得以进一步深化主要有两个层次的原因。第一,区域合作相对于双边投资协定包含了更多的参与方,经济合作的效果更好、意义更大。第二,区域合作比多边的国际合作具有更高的灵活性,例如世界贸易组织针对协定采取的是一揽子承诺,很难协调各国的基本情况和利益,而区域合作对于商谈的条款可以根据各国的国情部分地接受。区域合作在制度设计上兼有双边合作与多边协定的优势,是高度全球合作的过渡形态。美国主导推出 TPP 和 TTIP 既有国家战略需要,又是对全球经济制度深化的适应。TPP 和 TTIP 涉及的两大区域几乎涵盖了全球所有主要的贸易区和国际直接投资活跃区,从地理位置上看,这两个协定已经具备成为国际规则的条件。另外,美国在推动这些区域合作的过程中,既吸取了世贸组织框架下的部分已有条款,又根据全球化形势提出了新的标准和要求。各国的参与区域合作都往往要参考世贸组织协定和本国的双边投资协定范本,所以在这些区域合作中,同时也包含了双边投资协定相关的内容。TPP 作为一个开放式的合作框架广泛接受新成员,TPP 的内容不仅包括贸易自由化,还包括服务贸易自由化、政府采购、知识产权、战略合作等以及劳工和环境标准。因此,区域合作相对于双边投资协定在全球经济制度深化上又进了一步。

在国际投资迅速发展的情况下,这种区域合作推动制度形成走向了新阶段。从迅速发展的双边投资协定到 TPP、TTIP 再到联合国贸发会议的可持续发展投资政策框架,投资政策从各国的独自发展向全球规范的方向上前进,其中,我们可以看到 TPP 和 TTIP 是以美国为主导的,跨太平洋和跨大西洋的投资伙伴关系,它们的发展内在地受环太平洋和大西洋这两个地区内经济联系日益紧密的影响。联合国贸发会议 2012 年出版的《世界投资报告》认为新一代投资政策正在出现,它试图在维持总体有利的投资环境下,追求更广阔和精细的投资决策议程。该报告指出随着发展中国家和转型经济体的发展,全球投资者总体情况发生了变化,发展中国家不仅是重要的 FDI 接受国,也逐渐成为投资国,同时各国政府在经济中作用日益加强,全球协调的重要性提高,促使新一代投资政策诞生。新一代投资政策以包容性增长和可持续发展为核心,并体现了三个重要特点:一是认识到投资在经济增长和发展中的关键推动作用,投资政策是发展战略的核心部分。二是通过负责任的投资将社会和环境目标置于与经济增长和发展目标同等重要的地位。三是用综合的方法解决投资政策中长期存在的、可能妨碍政策有效性和造成投资不确定性的问题和缺陷。除以上三个特点外,新一代投资政策推出了具体的可持续发展投资政策框架,希望该框架能够为国内和国际的投资政策争议和合作提供参考。因此,从这种全球经济制度深化的过程,我们可以看到这种深化伴随着世界经济从贸易领域向投资领域深化,新的制度框架亟待形成。

### 18.2.3 国际国内规则的协调性提高,要求国内经济制度改革

多哈回合停滞的根本原因就在于 WTO 的国际规则和各个国家的国内规则存在冲突。在世界经济发展的同时,各国的经济也出现了不同程度的发展,国内的制度随着经济的发展也在发生着一定的变化。以出口导向为发展战略的国家,在积累了资金后,谋求贸易收益的提高,更加注重进出口对本国产业升级的影响,原本的补贴政策可能取消,原本鼓励发展的产业现在可能面临着限制甚至禁止。一国经济在受到国际经济规则影响,融入世界经济的过程中,反过来也影响了该国的经济制度。发达国家一直在世界经济中扮演着主角,发达国家在影响世界经济的同时也受世界经济的影响。发达国家经济结构的变化,要求国际规则进行适当的调

整。现行的国际规则越来越不适应于发达国家参与全球化经济,他们提出了新的更高的国际规则,与其国内规则对接。类似的过程也体现在了从 GATT 到 WTO 相关条款从无到有的变化中。

美国主导的 TPP、TTIP 的高标准性、多国家性就深刻体现了国际新规则对国际与国内规则的融合上。目前,这两个协定进程之所以缓慢,很大程度上是由于其容纳了不同发展程度的国家,而各国国内经济制度与 TPP、TTIP 的规则存在冲突,如何将国际规则与国内规则相融合是能否达成协议的关键。而这个框架一旦达成,新加入的国家就必须改革本国的国内经济制度以适应新规则,这对于后加入国家是不利的。但是,国际国内规则协调性提高的趋势是不变的,改革国内经济制度为全球经济制度深化做出调整,化"危"为"机"是多数国家参与新一轮全球化的选择。

## 18.3 中国经济改革的困扰与突破

纵观全球经济制度深化和我国国内经济发展现状,中国经济改革的主要困扰主要体现在以下三个方面:

第一,在外部以发达国家主导的全球经济制度不利于中国从下一轮全球化中获益。随着布雷顿森林体系的瓦解、欧盟的成立、新兴经济体的快速发展,另外又受 2001 年的"9·11"事件影响,美国在全球制度上的主导力有所下降,欧洲与新兴大国的影响力逐渐增强。世界经济格局的变化对全球经济制度产生了重要的影响,出现了由美国一国主导向多国主导发展的趋势。然而,这些形势仍然是发达国家主导。在世界经济的特征从贸易主导向投资主导的过程中,世界经济制度也将发生深刻的变化。在欧洲和新兴经济体还不足以支撑建立国际新规则的背景下,美国推出了重返欧洲和重返亚太战略,其分别以 TTIP 和 TPP 为抓手,布局跨大西洋与跨太平洋经济圈,以期占领新一轮全球制度安排的制高点,继续主导新一轮全球经济制度。Jay Mazur 指出全球贸易和投资规则的制定权控制在发达国家手中,且又完全为掌握资本要素的跨国公司服务。但是,这一趋势不利于中国经济外部发展。

第二,以出口拉动为主的增长方式进入瓶颈。在传统的对外开放中,中国降低关税、招商引资,甚至为了达到吸引外资的目标,对外资实行超国民待遇。但是,在中国的经济实力和国际地位发生变化,在全球市场深化、制度深化的情况下,中国的对外开放也应相应地变化。在上一轮的全球化中,国际贸易得到了长足的发展,通过贸易自由化推动经济增长的空间已经有限。从1978年的改革开放开始,中国经济实现了30多年的快速增长,出口拉动对于中国经济增长具有重要作用。通过引进外资,外资与中国的廉价劳动力相结合,造就了加工贸易的大发展,加工贸易在中国出口中的份额常年处于50%以上。但是,近年来中国的出口增长逐渐下滑,出口增速从2001—2010年的年均22.7%,下降到当前的7.8%,而人口结构不断向老龄化迈进,2000年以后,我国的劳动年龄人口增长率迅速减缓,一直维持在1%左右。在出生率下降、死亡率基本不变的情况下,人口自然增长率从1978年的12‰下降到4.92‰,依靠加工贸易模式的出口拉动来实现保增长存在质疑。

第三,市场体系的建立困难重重。随着全球市场深化,投资超越贸易成为世界经济运行的基本特征,投资自由化成为全球化的新趋势。投资对市场的冲击更直接,对政府的市场监管要求更高,中国在参与全球化的过程中出现了诸如国际金融风险监管、服务贸易自由化、温室气体排放、环境产品与低碳经济、大宗商品价格、粮食安全、国际技术转让、竞争政策等一系列市场监管问题。而中国的市场监管体系严重滞后,在与美国及其他国家进行双边或多边投资协定谈判的过程中,往往由于考虑到国内市场监管能力不够而举步维艰。市场监管体系的不完善也制约着让市场发挥资源配置决定性作用的功能。

中国经济的发展离不开世界,没有一个国家可以关起门来搞发展。在全球经济制度深化的背景下,中国经济改革要实现突破走出困扰,还要从兼容性寻找出路。从改革开放开始,中国经济每一次飞越式发展都与兼容性的提高密切相关。在改革开放初期,对外开放政策集中表现为吸引外资,给予外商超国民待遇,外资的流入与廉价拉动力结合解决了中国经济发展缺资金缺外汇的"双缺口",实现了政策扭曲下的要素兼容。2001年中国加入WTO,以开放倒逼改革进入了新阶段。为了履行入世承诺,国内进行了广泛的改革,包括法律、行业规范等多个方面,实现了国内市场经济规则与国际规范的兼容。这一兼容拉动了10年经济的快速发展。

当前,全球经济制度深化要求中国政府从管理职能上与国际通行标准进行兼容,通过完善监管体系增加政府透明度。中国复杂的审批制度与多部门的重复管理,给不熟悉潜规则的外资企业在中国的准入和发展带来了麻烦,与国际规范存在很大冲突。因此,必须改革市场监管体系,实现政府监管职能的兼容,建立开放型的市场监管体系,融入全球化并带动中国经济进入新一轮发展期。

建立开放型的市场监管体系的核心任务是回答对内外资企业实行负面清单制度,取消前置审批后如何进行事中事后监管的问题,也是构建开放型经济新体制的重要组成部分。根据现代信息化条件和发达国家的经验,这一监管体系应当是"一个信息平台,三个行为主体,明确法律责任,社会共同监管"的系统。在这个系统中,政府、独立第三方与企业三者的行为与责任由法律规范限定,三者提供的信息对接于一个平台,所有利益相关方从中获得信息,也通过其形成社会化的监管;法律明确各自提供信息的真实性及惩罚机制,形成一个各主体相互制约、同置于社会监管之下的体系。

监管体制改革创新的核心在于:政府从对企业监管一切转变为只对事关社会公共利益与国家经济安全问题监管负责;行业协会成为自律性社会组织,专业性服务机构从政府中分离出来成为独立第三方,负责采集企业信息并提供有法律效力的证明;企业从被动接受监管转变为主动提供信息接受社会监管,承担相应法律责任。其中,信息公开、各方均受社会监管是整个体制改革的关键。

这一体系的建设关系到政府职能与市场主体行为规范的各个方面,不是一般意义上的操作政策或技术措施,需要严格的制度约束,以规范政府、社会组织、专业服务机构以及企业的行为。因此,需要围绕各主体的行为准则进行法律法规的制订、废除或修改。这是制度创新的核心。建立开放型市场监管体系可以从以下几个方面进行突破:

第一,建设完善的经济信息系统,为政府与社会对企业全面监管创造前提条件。

借助现代网络技术实现信息公开是社会经济系统运行的必要条件,对企业来说是受到有效监管的前提,对政府来说则是提高透明度的前提。现代技术进步为建设一个完善的社会经济信息系统创造了条件,要把在现代技术基础上建立一个完善的信息系统作为监管体制创新的关键切实抓好。

适应高水平监管的经济信息系统是企业发布信息、独立第三方鉴定信息、政府监管信息和社会评价信息的综合。首先,企业必须保证信息的公开、真实。除了经营机密外,企业应当提供一切相关信息,并对信息的真实性承担法律责任。其次,社会组织和专业服务机构提供的企业信息,包括由法律授权进行的对企业的各类技术性认证或鉴定。最后,政府要提供监管信息,包括对企业是否合法经营的一切正面负面信息,直至红黑两类名单。这些信息的完整公开构成了社会监管的基础,社会尤其是与企业交易的利益相关者可能做出对该企业的评价,从而使一企业被置于整个社会的全面监管之下。

在建立这一网络化的信息系统中,当前的核心问题一是信息的搜集要减轻企业负担,避免各部门重复分头要求企业申报;二是政府各部门信息共享,改变部门分割状态。信息共享是统一执法体系建设的前提。要通过立法与制度建设严格规范年检制改为年报制后企业信息的披露,确保政府各部门在统一信息系统建设中的责任与共享,消除部门间信息隔离状态。

第二,理顺监管体制创新中三个主体的相互关系,政府、独立第三方和企业三个主体的相互关系是监管体制创新的基本架构。

首先,要建立统一执法体系为实现高效监管进行政府改革。改变九龙治水现象是监管改革的主题,关键是解决对外一口式受理,内部跨部门合作的高效体制建设。一口式受理致力于对企业提供高效服务,减轻企业负担;各部门在专业分工基础上的统一执法是制度建设的核心。要在精简现有政府机构的基础上形成统一执法的新机制。

监管创新要求多方面的政府改革,一是机构改革。要精简机构,最大限度地便利企业,把一部分事业单位转变为行使特定职能的专业服务机构。二要减少审批,明确制订政府权力清单。从国内市场到对外开放全面实行负面清单制度,使前置审批阶段的监管转变为事中事后监管;年检制改革为年报制后更带来了监管的紧迫性。在这一新条件下,一要形成政府搜查制度配合年报制,二要着力加强企业诚信制度建设。

政府对企业的监管要从当前的什么都管转变为聚集于事关经济安全问题的监管上来。在开放型经济中有两个意义上的经济安全,一是政治军事意义上的国家经济安全,二是市场运行秩序和公共利益上的社会经济安全问题。

取消前置审批后的监管并非简单把事前监管延伸为事中事后监管,而是从政府把守入口的"严进单管"体制转变为"宽进共管"体制。体制创新的核心问题是:通过减少审批,把政府监管聚焦在事关经济安全的问题上,授权独立第三方承担技术鉴定等信息搜集功能,以法律约束确保企业主动提供信息的真实性,接受社会监管。

其次,加强独立第三方建设,为社会监管提供技术支撑。由现在的大政府监管向技术支撑社会化,部分职能从政府转移到行业性社会组织和专业性服务机构是体制改革的方向。在对企业监管中,政府相关部门是执法主体。在最大限度取消审批改革的同时,要把相关的技术支撑职能向独立第三方转移。要通过立法和政府监管形成行业自律,形成行业规范和技术标准,约束企业经营。行业组织要成为政府监管企业的中介与平台。认证、检验和测试等技术支撑性事业单位要转变为独立第三方专业性服务机构,进一步完善法律法规以规范其业务行为,严惩作假渎职行为。

再次,建设企业诚信体系为市场有效运行监管严密有力奠定了基础。企业从在监管下被动守法向在自律下主动守法,是市场经济走向成熟的一大标志,也是监管机制的根本性转变。企业诚信体系建设是实现这一转变的路径。在完成了年报制改革以后,要进一步通过政府、独立第三方和企业三个主体的信息建设企业诚信系统。要强化企业信息公开制度,企业对信息的真实性承担法律责任,形成社会化监管机制。

# 第四篇

## 要素培育:适应全球化竞争发展战略升级的主题

要素培育是全球化经济时代一个发展中国家以开放求发展的战略主题。要素流动是全球化经济本质特征,决定了适应这一时代的发展战略必然是要素培育。

　　在没有要素国际流动的时代,贸易是国际分工的基本形式,一个产品的生产要素绝大部分来自出口国自身。虽然资源、能源等不可避免地会有部分进口,但其本身就是商品贸易,而决定一国产品比较优势的还是该国的生产要素及其比较优势。贸易收益是由产品价格机制决定的,而本国要素的相对价格则决定了比较优势,出口收益全部为本国要素所有。在全球化经济时代,一国出口产品成为多国生产要素组合的产物,一个产品的贸易收益要在各国要素间分配,其决定因素是要素价格。决定要素价格的是该要素的相对稀缺性。在一个发展中国家中,先进技术等高级要素的稀缺性和一般劳动力等低级要素的过度供给,决定了贸易收益在跨国公司投资者与东道国之间的分配。因此,在要素合作的经济全球化时代,提高本国贸易收益只能靠提升本国的要素结构,即培育高级要素。

　　要素培育是比自主创新在内容上更宽的战略,它不仅包括在技术和管理等各种意义上的创新,而且包含了最重要的要素即知识型劳动力的培育,高级劳动力是各类创新的基础。创新环境是一种制度安排,是一种不同于生产要素的经济要素。今天,当经济发展不断呼唤新技术、新产品、新业态、新商业模式时,高级劳动力在创新环境中的有效发挥成为一切产品与服务创新的核心,这也是互联网时代与工业化时代的重大差别。

　　要素引进(即开放型发展道路的第一阶段)为要素培育(即第二阶段)创造了条件。第一阶段的发展解决了温饱,积累了财富,教育与研发投入有了资金保障。贸易发展积累了外汇,为进口技术实现二次创新、集成创新提供了可能。显然,要素培育是一种开放型的战略,但是它区别于继续靠外资流入实现的存在型产业创新或产品创新。当互联网与制造业、服务业深度融合时代到来之时,开放式的要素培育要比引进式的要素合作更直接地推动着创新。

# 第 19 章
## 要素价格扭曲对中国出口的影响：
## 来自中国制造业的实证分析

## 19.1 要素价格扭曲的原因

中国出口导向政策推动贸易持续快速发展。中国对外贸易从 1995 年的 2 808.6 亿美元增长到 2012 年的 38 671.2 亿美元,并在 2013 年超过美国成为世界第一大贸易国。中国出口导向性政策扭曲国内要素市场,将要素的成本优势转化为出口优势,并不断强化这种出口优势。中国要素价格扭曲的测度及其对出口的影响成为学界研究的一个重要主题。

在完全市场条件下,要素的价格等于边际产出,市场在这一价格条件下实现均衡。这是主流经济学理论的基本原理。但在现实中,市场是不完全的,存在着各种扭曲。Bhagwati(1968)认为市场不完全,主要包括四种类型:第一,要素市场不完全,部门之间存在工资差异;第二,产品市场不完全,产品存在外部性;第三,消费不完全,消费存在外部性;第四,外贸不完全,外贸领域存在垄断力量。Bhagwati(1971)进一步指出,扭曲按引致原因可分为两种,一是内生性扭曲,指在自由放任政策下由于市场本身的不完全导致的扭曲;二是外生性扭曲,指由于政策(如关税、生产税或补贴、消费税等)导致的扭曲。Magee(1973)则认为要素价格差异会导致要素市场价格扭曲,并指出要素价格差异可分为两种情况,一是所有行业的要素价格是一样的,但要素的边际产出与实际回报在一个或多个部门之间存在差异;二是要素在各个行业的边际产出与实际回报相等,但不同行业间要素的价格存在差异。

要素价格扭曲由多种原因引起。第一,政府干预。政府干预是要素价格扭曲的主要原因。Kornai(1980)从"预算软约束"的视角研究指出,政府为了支持国有企业投资或解救处于亏损状态的国有企业,往往实施财政补贴、贷款支持等措施,而这种措施又会导致要素市场扭曲和经济低效率。第二,市场分割。Tobin(1972)从市场分割的角度分析要素市场的扭曲,认为市场分割形成要素流动的壁垒,要素不能自由流动,导致劳动力价格偏离市场出清价格。Dickens 和 Lang(1988)从实证角度证明,确实存在主要劳动力市场和次要劳动力市场,而且一些非经济壁垒因素阻碍劳动力从次要市场向主要市场流动,劳动力市场的分割是导致工资水平出现差异的关键。第三,工会的影响力。Defina(1983)认为,工会的存在使得工资的实际水平高于完全竞争的均衡水平,工会的势力越强,对劳动市场扭曲的影响越大。Fisherand Waschik(2000)实证分析加拿大工会影响力导致的福利损失发现,如果工会没有谈判能力,将使总就业提高近 2.6 个百分点。但在工会势力的影响下,工人工资高于竞争性水平,造成不少于 GDP 总量 0.04 个百分点的净福利损失,还将导致工会人员的收入降低 1.5 个百分点,使非工会人员收入提高 0.67 个百分点。

中国市场广泛存在内生性扭曲和政策引致性扭曲。中国市场初步形成,必然存在诸多的内生性扭曲。同时,中国政府职能强大,经济中更多存在的是政策引致性扭曲,即政策干预造成的扭曲(张幼文,2008)。中国不同经济类型企业之间、不同行业之间要素市场的分割普遍存在,而且资本要素价格的扭曲程度高于劳动力要素。非国有经济部门比国有经济部门获得资本要素的成本较高,所以非国有经济部门中资本要素和劳动力要素之间的扭曲程度相对较低,资源的配置效率比国有经济部门要高。Hsieh 和 Klenow(2009)利用企业数据实证分析发现,中国劳动和资本市场存在扭曲,这种扭曲降低了企业效率。如果中国劳动和资本的配置效率达到美国的水平,那么中国制造业的全要素生产率将提高 30%—50%。金融抑制是中国银行体系的一种重要特征。在计划经济时代,低利率体系被用来向重工业优先发展战略提供资金;而改革开放以来,金融抑制依然存在,官方利率一直比非正式信贷市场低 50%—100%(卢峰、姚洋,2004)。中国的金融抑制扭曲了资本要素的价格,非国有经济部门获得的银行贷款不到 20%,但对中国 GDP 的贡献超过 70%，贷款的 80% 以上都流向了国有部门(Garnaut et al.，2000)。经济转型过程中，庞大的国有经济通过金融抑制、歧视和效率误配的途径对整个国民经济产生拖累效应(刘瑞明，2011)。

中国要素市场扭曲促进了出口，但是降低了贸易收益。中国生产要素价格低估扩大了其使用者的收益，有助于刺激投资，而且低廉的要素价格是中国产品在国际市场中竞争力的主要来源(张曙光、程炼，2010)。张杰、周晓艳、郑文平(2011)研究发现要素市场扭曲对中国本土企业和外资企业的出口都有激励作用，要素市场扭曲程度越高的地区，两类企业出口的总体动机都相对增强。踪家峰、杨琦(2013)利用中国省级行业数据实证分析要素扭曲对出口技术复杂度的影响机制指出，要素扭曲对出口技术复杂度存在显著的倒 U 形效应，而且要素扭曲通过阻碍 FDI、R&D 投入的正向效应，抑制了出口技术复杂度的提升。耿伟(2013)实证分析指出，要素价格扭曲总体上提升了中国企业出口的多元化水平，特别是产品多样化水平，这一促进作用对新出口企业、私营企业、大规模企业、政府补贴企业作用更为显著。但是，要素价格扭曲将国内生产要素应得收益通过低价出口形式转移给了国外消费者(施炳展、冼国明，2012)。

本章从不同企业性质的角度考察要素价格扭曲对出口贸易的影响。本章在现有文献的基础上，力图做以下拓展：第一，将能源作为一种要素，引入传统的资本、劳动两要素生产函数，测度资本、劳动、能源三种要素的边际收益，进而计算三种要素的扭曲程度，并实证分析其对出口的影响。第二，在计算资本要素的成本时，将投资者对市场风险的预期也作为资本成本的一部分。已有文献有关要素扭曲的研究，不考虑市场风险，所计算的资本扭曲程度都超过 10，也就是资本的边际收益是资本成本的十几倍甚至二十几倍(史晋川、赵自芳，2007；施炳展、冼国明，2012)①。

---

①　史晋川、赵自芳(2007)通过估计超越对数生产函数来测度要素的边际收益，并用财务费用/负债总额表示资本成本，用行业数据实证分析要素价格扭曲程度指出，资本要素价格存在负向扭曲现象，但不同所有制企业的扭曲程度不同。在整个样本期间，国有企业的资本价格扭曲程度最低，为 15.66，外商投资企业的资本价格扭曲程度最高，达到 25.35。施炳展、冼国明(2012)通过估计 C-CD 生产函数来测度要素的边际收益，并用利息支出与负债总额的比值及贷款年均利率综合衡量资本的实际成本，利用微观企业数据实证分析要素价格的扭曲程度指出，资本价格的扭曲程度 1999 年为 11.042，2007 年则提高到 15.772。

这意味着资本要素的价格扭曲导致中国投资严重不足,扩大投资可以大幅度提高企业的收益水平。而近年来,中国制造业的利润水平维持在较低水平,多数制造行业存在严重的产能过剩。显然,这些研究结论和中国实际情况有较大差距。在这类研究中,通常用固定资本存量作为衡量资本的指标。鉴于固定资产是企业承担风险的主要载体,而固定资产主要由投资人投资,企业在市场上的各种风险实际上通过固定资产(如沉没成本、市场波动引起的固定资产价格的变化等)由投资人承担。因此,本章假设投资人在做投资决策时,会将其对市场风险的预期也作为资本成本的一部分,将风险因素纳入资本成本的计算范畴,并参考金融领域的做法,用波动率来衡量其风险。

本章由三个部分组成:首先测度要素扭曲程度——通过构建、拟合三要素生产函数,计算要素的边际收益及其价格的扭曲程度;其次测度要素扭曲对出口的影响;最后是结论及启示。

## 19.2 要素价格扭曲的测度

生产要素价格扭曲是指由于政府干预、市场不完全等导致的生产要素资源在国民经济中的非最优配置,在现实中具体表现为要素的市场价格与其机会成本之间的背离。具体有两种情况:一是绝对扭曲,即生产要素的价格与其边际收益之间的偏离;二是相对扭曲,即部门之间的不同要素价格比的差异。本章用行业数据来测度要素价格扭曲程度及其对出口的影响,因此,本章仅测度要素价格的绝对扭曲。

要素价格扭曲程度测算最常用的方法是生产函数法。生产函数法分为两步:第一步,构建生产函数,对其进行估计后,计算各生产要素的边际收益。第二步,比较各要素的边际收益和实际成本,计算各要素的扭曲程度。如果各要素的边际收益大于实际成本,说明要素价格被负向扭曲,反之,则说明要素价格被正向扭曲。

## 19.2.1　生产函数构建及数据说明

常用的生产函数有 C-D 生产函数，CES 生产函数和超越对数生产函数等。C-D 生产函数形式简单，但它有单位替代弹性的强假设，使用 C-D 生产函数进行分析可能产生估计上偏误。CES 生产函数虽然放松了单位要素替代弹性的假设，是 C-D 函数的一般形式，但它存在函数非线性所导致的参数估计困难问题。超越对数生产函数是投入和产出的对数二次形式，相对于不变替代和转换弹性而言，允许更多的替代和转换模式，更具一般性。因此，本章采用超越对数生产函数形式。在大多数对要素价格扭曲的研究中，仅考虑资本和劳动力的投入。而实际上，能源是制约生产活动的重要因素，与能源消耗密切相关的碳排放问题已经成为全球治理的一个重要议题。能源价格是影响产品的价格及其国际竞争力的重要因素。因此，本章将能源作为一种生产要素，纳入生产函数，构建一个包含资本、劳动和能源的三要素超越对数生产函数。

三要素超越对数函数：

$$\ln Y_{it} = \alpha + \alpha_k \ln K_{it} + \alpha_l \ln L_{it} + \alpha_e \ln E_{it} + \alpha_{kk}\frac{1}{2}\ln^2 K_{it} + \alpha_{ll}\frac{1}{2}\ln^2 L_{it} + \alpha_e\frac{1}{2}\ln^2 E_{it}$$
$$+ \alpha_{kl}\ln K_{it}\ln L_{it} + \alpha_{ke}\ln K_{it}\ln E_{it} + \alpha_{le}\ln L_{it}\ln E_{it} + I_i + \varepsilon_{it} \tag{19.1}$$

其中，$Y$ 表示实际产出，$K$ 表示资本存量，$L$ 表示劳动投入，$E$ 表示能源消耗，$i$ 表示行业，$t$ 表示时间，$I$ 表示行业虚拟变量，用来控制行业差异，$\varepsilon$ 表示残差。

本章利用制造行业数据，估计规模以上全部企业以及不同性质企业即国有企业和外商投资企业的生产函数。烟草制造业为国家垄断产业，本章剔除了该行业；另外，"石油加工、炼焦及核燃料加工业"属于能源产业，其投入的能源仅小部分作为能源等消耗，大部分则是作为原材料，加工后作为新的能源产品提供给其他经济部门使用。但中国能源统计年鉴仅统计各行业的能源使用总量，而没有进一步对消耗的能源和作为原材料进行区分统计。因此，本章也剔除了这个行业。故本章包括 26 个制造业行业。模型中各变量说明如下：

实际产出 $Y$ 用工业增加值衡量。由于 2008 年和 2009 年两年工业增加值数据缺失,需要依据其他指标进行估算。观察工业增加值与工业总产值的变化趋势发现,在整个样本区间,分行业工业总产值和工业增加值比值比较稳定。因此,本章用 2006 年、2007 年工业增加值与工业总产值比值的平均值作为 2008 年、2009 年工业增加值与工业总产值的比值,根据该比值和 2008 年、2009 年的工业总产值估算其工业增加值。

资本存量 $K$ 用固定资产净值年平均余额衡量。资本的价格通常用利率来衡量。利率计算常用的方法有两种:一是根据银行贷款利率确定,另一种是根据企业实际的资金使用成本,即企业利息支出与负债总额之比计算(史晋川、赵自芳,2007)。这两种方法均忽略了市场风险这一因素。在现实中,企业总是面临一定的风险,而这一风险主要由企业投资者承担。固定资产作为投资者对企业的投资主要部分,成为企业风险的主要载体,而且,对于投资决策而言,不可控的市场风险远比资金成本重要。一名理性的投资者在做投资决策时,必然会将其对市场风险的预期作为资金成本的一部分。因此,本章综合考虑企业风险和银行贷款利率来计算资本的价格。借鉴金融领域的做法,企业风险用固定资产存量的波动率来衡量。固定资产存量波动率即每年的实际值对增长趋势的偏离,用 HP 滤波分离后的同期波动值的绝对值与趋势值之比衡量。贷款利率用金融机构一年期的法定贷款利率来表示。本章资本成本用贷款利率和固定资产存量三年波动率的加权平均值[①]之和来表示。

劳动投入 $L$ 用职工人数衡量。劳动力的价格用工资水平除以职工人数表示。2008 年和 2009 年的工资水平没有直接的统计数据,根据 2008 年和 2009 年全国工资增长率、国有单位工资增长率和外商投资企业增长率与 2007 年的数据计算所得。

能源消耗 $E$ 用消耗的标准煤衡量。中国统计年鉴和中国能源统计年鉴中只有分行业的能源消耗数据,没有分行业、分企业性质的能源消耗数据。本章用两种方法来估算国有企业和外商投资企业的能源消耗。第一,以各行业不同性质企业的增加值为权重,估算国有企业和外商投资企业能源消耗。第二,考虑到同一行业不同性质企业的资本密度不同,而资本密度是影响能源消耗的重要因素,因此,本章以"工业增加值×资本密度"为权重,估算国有企业和外商投资企业的能源消耗。其中,资本密度根据"固定资本年均余额/职工人数"计算。标准煤的价格根据能源

---

① 波动率三年的加权平均值指当年和前后各一年的波动率的加权平均值。

消费构成、各种能源折算标准煤的系数以及各种能源的价格加权计算所得。由于各行业的能源消费构成不同，因此，其标准煤的价格也不同。能源折算系数来自中国能源统计年鉴，各种能源价格根据物价局等官方网站公布主要能源的价格及能源价格指数计算而得。

上述数据主要来自中国工业企业数据库、中国能源统计年鉴、中国统计年鉴等。

## 19.2.2　模型估计及结果说明

超越对数生产函数通常会存在严重的多重共线性：第一，生产函数的三个变量，即资本存量、劳动投入和能源消耗之间通常会存在较强的相关性。第二，函数三个变量的二次项以及它们之间的交叉项会进一步加剧多重共线性。本章用方差膨胀因子（VIF）对模型进行检验，检验结果显示 VIF 均大于 10，说明模型存在严重的多重共线性。多重共线性有多种处理方法，但在无法增加样本容量以及保持原有模型变量的条件下，岭回归是最优的选择。本章用岭回归方法对模型进行回归，回归结果如表 19.1 所示。

表 19.1　超越对数生产函数的估计结果

| | 全　部 | 国有 I | 国有 II | 外资 I | 外资 II |
|---|---|---|---|---|---|
| $\ln L$ | 0.156 0*** | 0.013 2* | 0.014 6* | 0.189 1*** | 0.161 4*** |
| $\ln E$ | 0.014 6*** | 0.087 7*** | 0.078 5*** | 0.024 6*** | 0.007 7** |
| $\ln K$ | 0.257 0*** | 0.169 7*** | 0.183 8*** | 0.276 0*** | 0.221 9*** |
| $\ln^2 K$ | 0.015 9*** | 0.011 4*** | 0.012 4*** | 0.017 6*** | 0.014 4*** |
| $\ln^2 L$ | 0.012 5*** | −0.001 8** | −0.002 2** | 0.016 3*** | 0.014 5*** |
| $\ln^2 E$ | 0.001 1* | 0.006 0*** | 0.006*** | 0.002 4* | 0.000 9*** |
| $\ln L \ln E$ | 0.003 7*** | 0.007 7*** | 0.006 3*** | 0.010 2*** | 0.008 2*** |
| $\ln K \ln L$ | 0.017 6*** | 0.005 8*** | 0.006 2*** | 0.020 8*** | 0.017 7*** |
| $\ln K \ln E$ | 0.005 0*** | 0.009 1*** | 0.008 6*** | 0.006 8*** | 0.004 7** |
| $I$ | Yes | Yes | Yes | Yes | Yes |
| $R^2$ | 0.888 0 | 0.947 7 | 0.950 0 | 0.967 8 | 0.925 5 |
| 样本 | 312 | 312 | 312 | 312 | 312 |

注：岭迹参数根据岭迹变化形状确定。＊、＊＊、＊＊＊分别表示在 10%、5% 和 1% 的置信区间内显著。

表 19.1 中,"全部"表示对全部企业分行业数据样本的估计结果。"国有Ⅰ"和"国有Ⅱ"分别表示以工业增加值为权重计算能源消耗和以"工业增加值×资本密度"为权重计算能源消耗的国有企业的估计结果;同样,"外资Ⅰ"和"外资Ⅱ"分别表示以"工业增加值"和"工业增加值×资本密度"为权重计算能源消耗的外商投资企业的估计结果。

表 19.1 的估计结果显示,$R^2$ 均大于 0.85,模型有较高的拟合优度,所有参数至少在 10% 的置信区间内显著,说明采用超越对数生产函数形式是合理的。同时,用两种方法估算能源消耗的国有企业和外商投资企业的模型参数非常相似,说明模型的稳健性较高。

### 19.2.3  要素价格扭曲程度的计算及结果分析

根据超越对数生产函数的估计结果,计算资本、劳动和能源三种要素的边际收益。劳动的边际收益:

$$MP_{it}^{L} = \frac{\partial Y_{it}}{\partial L_{it}} (\hat{\alpha}_l + \hat{\alpha}_{ll} \ln L_{it} + \hat{\alpha}_{kl} \ln K_{it} + \hat{\alpha}_{le} \ln E_{it}) \frac{Y_{it}}{L_{it}} \tag{19.2}$$

资本的边际收益:

$$MP_{it}^{K} = \frac{\partial Y_{it}}{\partial K_{it}} (\hat{\alpha}_k + \hat{\alpha}_{kk} \ln K_{it} + \hat{\alpha}_{kl} \ln L_{it} + \hat{\alpha}_{ke} \ln E_{it}) \frac{Y_{it}}{K_{it}} \tag{19.3}$$

能源的边际收益:

$$MP_{it}^{e} = \frac{\partial Y_{it}}{\partial E_{it}} (\hat{\alpha}_e + \hat{\alpha}_{ee} \ln E_{it} + \hat{\alpha}_{ke} \ln K_{it} + \hat{\alpha}_{le} \ln L_{it}) \frac{Y_{it}}{E_{it}} \tag{19.4}$$

其中,$MP_{it}^{L}$、$MP_{it}^{K}$ 和 $MP_{it}^{E}$ 分别表示劳动、资本和能源的边际收益。根据式(19.2)、式(19.3)和式(19.4)可以计算分行业全部企业、国有企业和外商投资企业 1998—2009 年的资本存量、劳动和能源消耗三种要素的边际收益,限于篇幅,本章仅列出 1998、2004 和 2009 年三年各行业边际收益的平均值(如表 19.2 所示)。

表 19.2　不同企业性质要素的边际收益及价格的扭曲程度

| 分类 | 要素 | 劳动 | | | 资本 | | | 能源 | | | 整体 | | |
|---|---|---|---|---|---|---|---|---|---|---|---|---|---|
| | | 1998年 | 2003年 | 2009年 | 1998年 | 2003年 | 2009年 | 1998年 | 2003年 | 2009年 | 1998年 | 2003年 | 2009年 |
| 边际收益 | 全部 | 14.457 | 30.568 | 77.790 | 0.328 | 0.481 | 0.761 | 0.174 | 0.325 | 0.707 | 0.700 | 1.239 | 1.644 |
| | 国有 I | 0.973 | 1.875 | 6.966 | 0.111 | 0.129 | 0.273 | 0.493 | 0.846 | 2.067 | 0.355 | 0.542 | 0.870 |
| | 国有 II | 0.897 | 1.782 | 6.722 | 0.119 | 0.139 | 0.294 | 0.137 | 0.183 | 0.407 | 0.187 | 0.287 | 0.461 |
| | 外资 I | 31.646 | 52.566 | 109.194 | 0.357 | 0.540 | 0.739 | 0.085 | 0.166 | 0.359 | 0.714 | 1.280 | 1.495 |
| | 外资 II | 27.740 | 45.085 | 93.655 | 0.014 | 0.021 | 0.028 | 0.003 | 0.006 | 0.014 | 0.587 | 1.044 | 1.219 |
| 价格扭曲 | 全部 | 1.931 | 2.210 | 2.743 | 1.323 | 4.633 | 8.124 | 0.835 | 1.194 | 1.872 | 1.151 | 2.046 | 2.942 |
| | 国有 I | 0.150 | 0.137 | 0.225 | 0.834 | 1.003 | 1.535 | 2.391 | 3.139 | 3.139 | 0.983 | 1.473 | 1.729 |
| | 国有 II | 0.139 | 0.130 | 0.218 | 0.895 | 1.080 | 1.654 | 0.674 | 0.708 | 1.124 | 0.539 | 0.765 | 0.850 |
| | 外资 I | 2.690 | 2.913 | 3.067 | 1.382 | 5.224 | 8.645 | 0.409 | 0.607 | 0.950 | 1.242 | 2.400 | 2.757 |
| | 外资 II | 2.351 | 2.498 | 2.630 | 1.135 | 4.267 | 7.061 | 0.285 | 0.351 | 0.574 | 0.869 | 1.752 | 2.106 |

注：边际收益的单位：劳动：千元/人；资本：元/元；能源：亿元/万吨标准煤。"整体"表示劳动、资本、能源三要素整体的边际收益及扭曲程度。三要素整体的边际收益利用三种要素边际收益数据，以当期三要素实际使用量为权重近似计算所得。同样地，三要素整体扭曲程度利用三种要素的扭曲程度数据，以当期三要素实际使用量为权重近似计算所得。

从变化趋势来看,不同企业分类的三种要素的边际收益率都呈现明显的不断增加的趋势。从不同企业性质来看,外商投资企业要素的边际收益明显高于国有企业;从不同企业性质及不同要素的边际收益来看,"外商Ⅰ"劳动和资本的边际收益大幅度高于"国有Ⅰ"和"国有Ⅱ";而"外商Ⅰ"和"外资Ⅱ"能源消耗的边际收益明显低于"国有Ⅰ"和"国有Ⅱ"。

通过比较劳动、资本、能源三种要素的边际收益相对于成本的偏离程度来测度其扭曲程度。劳动价格的扭曲程度:

$$DL_{it} = \frac{MP_{it}^L}{P_{it}^L} \tag{19.5}$$

资本价格的扭曲程度:

$$DK_{it} = \frac{MP_{it}^E}{P_{it}^E} \tag{19.6}$$

能源价格的扭曲程度:

$$DE_{it} = \frac{MP_{it}^E}{E_{it}^E} \tag{19.7}$$

其中,$DL_{it}$、$DK_{it}$、$DE_{it}$ 分别表示劳动、资本和能源的价格扭曲程度,如果该数值大于 1,说明要素价格被负向扭曲;该数值小于 1,则说明要素价格被正向扭曲。

根据式(19.5)、式(19.6)、式(19.7)和分行业劳动、资本、能源的边际收益和实际价格数据,可以计算分行业三要素的价格扭曲程度,限于篇幅,本章仅列出 1998、2004 和 2009 年三年各行业要素价格扭曲的平均值(如表 19.2 所示)。

第一,从变化趋势来看,三要素价格扭曲的变化在数值上都呈现不断提高的趋势,在整个考察区间,要素边际收益的增长速度快于要素的成本。第二,从不同企业性质来看,外商投资企业劳动和资本价格的负向扭曲程度不断扩大,而且在数值上大幅度高于国有企业。这可能是由于国有企业相对于其他企业更容易获得资金,资金利用效率较低的结果。国有企业劳动在样本区间内均呈现负向扭曲,这可能是由于国有企业的工资相对较高,同时还承担着部分社会责任,经常要根据地方政府下达的指标安置转业、退伍军人,使其经常处于人员过剩的情况,大幅度降低了劳动效率。考虑风险的资本价格的负向扭曲程度均小于 10,大幅度低于已有文献测算的资本的扭曲程度，较为符合中国的实际情况。外商投资企业能源价格呈现负向扭曲，且在数值上大幅度小于国有企业。第三，从要素整体的价格扭曲情况来看，全部企业要素整体的价格均被负向扭曲，且扭曲程度呈现不断扩大的趋势。外商投资企业的要素整体扭曲，除了"外资Ⅱ"1998 年度①出现小幅正向扭曲外，其他年度均为负向扭曲。

值得指出的是，外商投资企业能源的边际收益最低，能源价格的正向扭曲程度大幅度高于全部企业及国有企业。尽管中国的能源价格在一定程度上存在政府干预的色彩，但是各类经济主体在市场上获取能源的可能性和价格相差无几。外商投资企业能源的边际收益如此之低，可能是外商投资企业在其技术水平下，相对于其他要素，更多地投入能源。在边际收益递减的基本原理下，要素的边际收益随着投入的增加而减少。尽管多数实证研究显示，中国没有成为发达国家污染产业的"避难所"（李小平、卢现祥，2010 年；唐杰英，2012），但逐利的本质决定企业转移到环境规则较宽松中国后，可能降低环保和能耗标准，以降低生产成本。

## 19.3 要素扭曲对出口的影响

在测度要素价格扭曲的基础上，分别构建模型实证分析要素整体扭曲程度对出口的影响和劳动、资本和能源三种要素扭曲对出口的影响。

要素整体扭曲对出口的影响：

$$\ln EX_{it} = \alpha_0 + \alpha_1 TD_{it} + \alpha_2 TD_{it}^2 + \sum_n \beta_n X_{it} + \varepsilon_{it} \tag{19.8}$$

劳动、资本和能源三种要素的扭曲程度对出口的影响：

$$\ln EX_{it} = \alpha_0 + \alpha_1 DL_{it} + \alpha_2 DK_{it} + \alpha_3 DE_{it} + \alpha_4 DL_{it}^2 + \alpha_5 DK_{it}^2 + \alpha_6 DE_{it}^2$$
$$+ \sum_n \beta_n X_{it} + \varepsilon_{it} \tag{19.9}$$

---

① "外商Ⅱ"1999 年整体要素价格扭曲程度为 1.18，从 1998 年的正向扭曲转变为负向扭曲。

其中，$X_{it}$ 表示控制变量，$\sum_n \beta_n X_{it} = \beta_1 I_i + \beta_2 ER_{it}$。$I_i$ 表示行业虚拟变量，用来控制行业差异；$ER_{it}$ 用来表示汇率，用来控制汇率变化对出口贸易的影响。为了测度要素扭曲程度对出口的长期影响，式(19.8)和式(19.9)均包含要素扭曲程度的二次项。这种模型可能存在较严重的多重共线性。用方差膨胀因子(VIF)对式(19.8)和式(19.9)进行检验，检验结果显示 VIF 均大于 10，说明模型存在严重的多重共线性。因此，本章仍然采用岭回归方法对模型进行回归，回归结果如表 19.3、表 19.4 所示。

表 19.3　不同企业性质要素整体价格扭曲对出口的影响

| 变量 | 全部 | 国有 I | 国有 II | 外资 I | 外资 II |
|---|---|---|---|---|---|
| $TD$ | 0.249 7*** | 0.060 9* | 0.104 0* | 0.271 9*** | 0.458 5** * |
| $TD^2$ | 0.024 8*** | 0.035 3*** | 0.108 8*** | 0.027 5*** | 0.035 4** |
| $ER$ | −0.660 4*** | 0.347 3*** | 0.319 1*** | −0.734 0 | −0.690 2 |
| $I$ | Yes | Yes | Yes | Yes | Yes |
| $R^2$ | 0.824 6 | 0.849 7 | 0.842 5 | 0.869 1 | 0.891 2 |
| $N$ | 312 | 312 | 312 | 312 | 312 |

注：*、**、*** 分别表示在 10%、5%和 1%的置信区间内显著。

表 19.4　不同企业性质不同要素价格扭曲对出口的影响

| | 全部 | 国有 I | 国有 II | 外资 I | 外资 II |
|---|---|---|---|---|---|
| $DL$ | 0.000 4 | 0.796 3*** | 0.772 6*** | −0.011 0** | −0.003 9* |
| $DK$ | 0.042 4*** | 0.028 6* | 0.026 9* | 0.037 4*** | 0.049 4*** |
| $DE$ | 0.008 1* | −0.006 5* | 0.004 7 | 0.053 7*** | 0.124 8*** |
| $DL^2$ | 0.002 8** | 0.870 6** | 0.822 3*** | 0.001 2* | 0.002 0** |
| $DK^2$ | 0.000 5*** | −0.007 2* | −0.007 0* | 0.000 5*** | 0.001 3** |
| $DE^2$ | 0.006 0*** | 0.000 0 | −0.003 6* | 0.041 0*** | 0.011 9*** |
| $ER$ | −0.203 0*** | 0.156 2*** | 0.162 6*** | −0.205 9*** | −0.206 9*** |
| $I$ | Yes | Yes | Yes | Yes | Yes |
| $R^2$ | 0.868 3 | 0.864 2 | 0.863 7 | 0.845 8 | 0.877 5 |
| 样本 | 312 | 312 | 312 | 312 | 312 |

注：*、**、*** 分别表示在 10%、5%和 1%的置信区间内显著。

从要素整体价格扭曲对企业出口的影响来看，在控制了行业差异及汇率的影响后,要素扭曲对企业出口具有正向效应,即要素扭曲数值的增加促进了出口贸易,符合理论分析。国有企业和外商投资企业按两种方法计算能源消耗的要素扭曲对出口的影响相似。这也说明模型具有较强的稳健性。分不同企业性质来看,国有企业要素扭曲对出口的正向效应大幅度低于外商投资企业。这可能是因为:第一,国有企业在国内市场有较高的垄断力量,相对于外商投资企业,其出口的动机不强。实际上,国有企业出口在出口总额中所占的比例较低。2010 年,国有企业出口占出口总额的比例仅为 14.8%。①第二,国有企业所在的行业大多为能源、资源、装备制造业等资本密集型行业,而这些行业并不是中国具有出口优势的行业,出口竞争力相对较弱。

从劳动、资本、能源三种要素扭曲对出口的影响来看,三种要素的扭曲程度对企业整体出口均具有正向效应。在国有 I 和国有 II、外资 I 和外资 II 模型中,三种要素及其二次项的具有统计意义的系数的符号均相同,说明按两种方法计算能源消耗的国有企业和外商投资企业三种要素扭曲程度对出口的影响相似。这说明模型具有较强的稳健性。

从劳动、资本、能源三种要素对不同性质企业出口的影响来看,三种要素对出口的影响有所不同。第一,劳动价格扭曲对国有企业出口具有较强的正向效应,而对外商投资企业出口则具有"U 形"效应。这可能是因为国有企业的劳动价格扭曲在考察区间均为负的,处于劳动成本高于边际收益的低效率状态。劳动价格扭曲程度的提高,意味着劳动的收益成本之比更接近最优水平和效率的提高。而且,中国目前出口的比较优势仍然主要体现在劳动密集型产业,劳动效率的提高符合中国的比较优势,从而有利于增强出口竞争力,促进出口。外商投资企业劳动价格扭曲对出口的影响呈现先下降后上升的"U 形"效应,可能是因为,外商投资企业对劳动者素质等有较高的要求,在价格扭曲程度较低水平上,劳动力素质较低,扭曲程度的提高主要不是来自效率的提高,而是由劳动力的素质较低以及劳动市场不完全导致劳动成本的下降。这将影响企业效率的提高,进而影响出口。而随着劳动者素质的提高,劳动价格扭曲程度的提高,主要来自效率的提高,从而有利于促进进口。

---

① 数据来源:中国海关统计,http://www.customs.gov.cn/tabid/49666/Default.aspx。

第二,资本价格扭曲对国有企业出口具有"倒 U 形"效应,而外商投资企业的出口具有正向效应。其原因可能是,国有企业资本价格扭曲在样本期间出现正向扭曲到负向扭曲的转变,当资本价格的扭曲在较低水平时,扭曲程度的提高意味着国有企业资本的成本和收益比趋于最优水平和企业效率的提高,扭曲程度的提高有利于促进出口。而随着扭曲程度的提高,其收益可能更主要来自国内市场垄断力量的增强,从国内市场可以获得更多的收益,其出口的动机和竞争力均减弱,从而对出口带来负面的影响。实际上,2003 年,中国经济出现国有企业为主要载体的"重化工业热"、"国进民退"而倍受诟病。而外商投资企业的产品主要用来出口,资本扭曲数值的提高意味着效率的提高和利润空间的扩大。这将增强出口的动机和竞争力,从而促进出口。

第三,能源价格扭曲对国有企业出口具有负向效应,而对外商投资企业的出口则具有正向效应。能源价格扭曲对国有企业和外商投资企业出口影响的差异,可能是因为,国有企业大多为能源密集型的重化工业企业,而随着 20 世纪 90 年代末国企改革的深化以及能源价格市场化程度的提高,国有企业能源利用效率不断提高。但能源密集型行业目前并不是中国的出口优势产业,而且这些行业在国内市场上有较强的垄断力量,这些行业国有企业效率提高,将提高企业的盈利能力,但会削弱其出口的动力。而外商投资企业能源价格扭曲的大幅度小于 1,价格扭曲数值的提高,而对外商投资企业而言,意味着能源效率的提高,这将有利于提高企业竞争力,促进出口。

汇率对不同性质企业出口的影响不同。表 19.3 和表 19.4 显示,在要素整体价格扭曲和三要素价格扭曲对出口的影响模型中,汇率的系数符号均相同,这也从另一个角度说明模型具有较强的稳健性。汇率对全部企业和外商投资企业的出口具有负向影响,对国有企业的出口具有正向影响。这偏离主流的理论逻辑,可能是因为中国加工贸易的大量存在,而汇率对加工贸易的影响较小。外商投资企业是加工贸易主要主体,国有企业出口在中国出口总额中所占比例较低,而且其贸易方式主要为一般贸易。张伯伟、田朔(2014)用 2000—2011 年中国和 147 个贸易伙伴的出口数据分析发现人民币汇率对中国的出口贸易具有负向效应。实际上,近年来,人民币不断升值,而同时出口水平持续上涨。这一实证结果较为符合中国的现实情况。

## 19.4　要素扭曲对中国的政策启示

本章在要素价格扭曲影响出口的理论框架下，测度要素价格扭曲程度，并进一步构建模型分析要素价格扭曲对出口的影响，得出以下结论：第一，三种要素价格扭曲的变化在数值上都呈现不断提高的趋势；外商投资企业能源价格扭曲均为正向，且大幅低于国有企业；外商投资企业资本和劳动的价格均扭曲为负向，且大幅高于国有企业。第二，从要素整体扭曲对出口的影响来看，要素整体扭曲对出口具有正向效应。第三，从劳动、资本、能源三种要素扭曲对出口的影响来看，三种要素的扭曲程度对企业整体出口均具有正向效应。第四，从三种要素价格扭曲对不同性质企业出口的影响来看，劳动价格扭曲对国有企业出口具有较强的正向效应，而对外商投资企业出口则具有"U 形"效应。资本价格扭曲对国有企业出口具有"倒U 形"效应，而外商投资企业的出口具有正向效应。能源价格扭曲对国有企业出口具有负向效应，而对外商投资企业的出口则具有正向效应。

本章结论对中国现实具有深刻的政策启示。第一，从规模扩张到品质提升，实现贸易的可持续增长。中国要素价格扭曲是促进目前中国出口增长的重要推动力，而这种以引进外资为基石的出口导向政策所引致的要素价格扭曲，使得应由劳动者、能源等要素获取的收益转移给了跨国公司、外国消费者等，在促进出口快速增长、实现贸易规模全球第一的同时，也导致中国贸易一直处于低收益的状态。而随着中国市场化程度的不断提高、环境问题的日益凸显以及人口红利的逐渐丧失，中国目前高度依赖要素价格扭曲的出口增长模式必然难以为继。中国应从品牌文化、创新等方面提升中国制造的国际竞争力，逐渐减少对低成本、低价格、数量扩张的贸易增长模式的依赖，提高贸易收益，实现贸易的可持续增长。

第二，加快劳动力市场化制度建设，促进劳动力的自由流动。中国的户籍制度和社会保障制度的区域割断是劳动力城乡、跨省市流动的主要障碍，也是城乡、区域工资差别的主要原因。农村劳动力跨区域进城打工，由于户籍不在所在地，不仅实际领取的工资相对较低，而且无法享受应有的社会保障。同时，社会保障的区域割断,也影响了高级人才的跨区域流动。中国应促进户籍制度、社会保障制度等的改革,消除劳动力城乡、跨区域流动的各种壁垒,减少政府对企业尤其是国有企业用人干预,提高企业用人自由度,促进劳动资源有效配置,在合理化劳动所得的同时,提高企业效率。

第三,完善环境规制,提高能源利用效率。中国在贸易、经济快速发展的同时,也付出了沉重的环境代价。中国吸引大量的外商直接投资,能源消耗快速增加,$CO_2$ 排放在 2009 年达到 68.77 亿吨,超过美国,成为世界最大的碳排放国(IEA,2011)。国内的土壤污染、水污染、大气污染不断加剧、环境条件持续恶化,在国际上面临的减排压力也不断增加。规模庞大的制造业是中国能源消耗最为重要的部门。中国应根据实际情况的变化,完善环境规制,构建考虑环境影响的能源要素定价机制,促进排放成本内部化,提高能源利用效率,改善环境条件。

# 第 20 章
## 从廉价劳动力优势到稀缺要素优势
### ——论"新开放观"的理论基础

近年来,大量研究成果充分有力地肯定了我国对外开放取得的巨大成就,依据充分,结论可信,对外开放基本国策的正确性得到了充分证明。同时我们也看到,一些研究开始重新审视开放效益中存在着的各种问题,作为冷静的和超前的理论研究,其决策价值和长远意义不可低估。开放效益中存在着的各种问题需要从基础理论层面做更深入的探讨,这是一个涉及我国对外开放战略的理论建设,从而涉及长期开放战略制定的基础性问题。对开放中现实问题的分析与战略探索构成"新开放观",新开放观的理论基础是全球化经济的要素稀缺与收益决定论。

## 20.1 发挥廉价劳动力比较优势战略的局限性

我国经济对外开放是从 20 世纪 70 年代末 80 年代初开始的。翻开这一时期的相关研究文献不难发现,从计划经济和封闭经济中走出来在思想和理论上存在着巨大的障碍。对外开放初期,我国学术界努力进行了相应的基础理论探索,在论证开放必要而有利的努力中,当时主要涉及三个方面的理论:一是比较优势理论;二是要素禀赋理论;三是"双缺口"理论。在理论界的思想解放下,这三种理论逐步为我国所接受,并成为对外开放的政策依据。"发挥廉价劳动力比较优势"逐步成为我国开放战略的基本点,这既是许多理论研究的前提,也是开放政策与战略的出发点。

尽管在当时的中国这是一个重大的进步,但从理论的确切意义上讲,这一提法却是不严密的,甚至是混乱的。比较优势理论与要素禀赋理论是国际贸易理论发展中的两个代表性理论,甚至是发展的两个不同阶段。比较优势理论是用"两国两商品"模型来说明的,其基础是劳动价值论,其核心是"比较的比较"。这一理论最精美的是它的逻辑结构。如果只从两国一种商品进行比较,那只是绝对优势论,恰恰离开了比较优势论的核心。要素禀赋论比较的是两国某一要素的绝对价格差。这一理论对比较优势论的推进在于从单要素发展到多要素,但其比较结构却是绝对优势而不是比较优势。因此,"发挥廉价劳动力比较优势"的提法是把两种不同的贸易理论混为一谈了,事实上只是说了"发挥劳动力价格低的绝对优势",只包含了要素禀赋论而没有包含比较优势论。

也正是因为这样,在实践上"发挥廉价劳动力比较优势"理论导致了利用劳动力价格低廉的单一战略,实质是抛弃了比较优势论而采用了绝对优势论。这样,中国的对外开放理论成为单纯的以劳动力价格低为基础要素禀赋理论,而开放的战略也基本上以此为基点。对于具有巨大普适性的比较优势理论的核心结构,中国理论界事实上是抛弃了。于是,在整体的开放战略中,我们的目标不是建立起结构性的比较优势,更不是动态比较优势,而是单一地利用劳动力价格优势。开放战略中的许多问题正是以此为基础形成的。在比较优势论的单要素分析下比较容易看清楚的"两劣相比取其轻",完全被两要素的相对富裕度比较排斥了:劳动密集型被简化为一般加工型劳动力密集型,同样是相对廉价的知识型劳动力可能有的更高生产率"两优相比取其重"也就被完全忽略了。正是这一点使我们今天偏重发展一般加工型劳动密集型产业而没有发展知识型劳动密集型产业。

单纯发挥廉价劳动力优势的结果是整体产业结构与出口结构的落后,外贸的迅猛发展建立在劳动力价格低的绝对优势基础上,加工贸易出口超过50%,一般贸易中以劳动力密集型产品为主。一个严峻问题是,在劳动力价格低的绝对优势基础上已形成了两种基本现象:一是产业结构落后现象,也就是说劳动力价格低的绝对优势转变为"产业结构落后的绝对劣势"和"国际分工地位低的绝对劣势"。在30多年中我国接受了大量国际产业转移,发展起了一大批劳动力密集型产业,取代了过去东亚一些国家和地区的出口地位。二是"有出口而无产业"现象,从出口结构看我国的产品结构逐步提升,其中高新技术产品比重不断增加,但是由于这些产品基本上是通过加工贸易形成的出口,因而在中国只是加工装配,而远不是一个产业,甚至连零部件的国内供应水平也非常低。虽然我们一再强调提升外贸结构,但在廉价劳动力战略基础之上,这一问题是不可能有根本变化的。

当然需要指出,作为一个落后的发展中国家,中国的开放只能从利用廉价劳动力参与国际分工起步,并且在一个相当长的历史时期内还要利用廉价劳动力优势,超越中国现实国情的战略是不可行的。但同时也要看到,对于一个大国,在全国范围内长期单一地实行廉价战略不仅是十分不利的,而且是不可持续的,国际市场的摩擦和国内发展的竞争一再证明了这一点;把劳动力简单看做一般加工型劳动力也是片面的。目前,发展战略中的问题要求我们进行战略提升的探索。


## 20.2　国际经济理论的国家属性和发展阶段属性


中国在新阶段上的对外经济关系理论不可能直接从已有的西方理论中寻找。贸易投资理论史与经济发展理论史表明,任何一种经济学理论的形成都有其客观的历史背景,产生于当时历史条件下提出的特定问题,服务于这一国家或民族在该特定历史阶段所需要解决的特定战略问题。完全有理由说,不存在"超国家、超发展阶段"的对外经济关系理论。


### 20.2.1　国际贸易理论的历史特点


李嘉图的自由贸易理论以"比较的比较"的逻辑证明了贸易及其对所有国家都有利的必然性,但它的普适性往往使人们忽略了其作为自由贸易理论形成的历史背景。事实上这一理论正是在当时率先实现工业化的英国推进自由贸易的需要中产生的。李斯特和汉密尔顿的保护贸易理论,分别体现了当时德国与美国后起工业化的国家特征。克鲁格曼战略性贸易政策理论是贸易理论国家性的又一体现,这一理论产生的历史原因在于美国国际竞争力的相对下降,为美国如何建立新的优势提供了依据。由此可见，一个国家对外经济关系的主导理论具有明显的国家特征，其本质不是证明是否要对外开放，而是要如何争取更加有利的国际分工地位。今天的中国只有在一定条件与范围内才能在特定的意义上运用这些理论。

贸易理论的发展阶段特征与国家特征也意味着理论服务于一国如何参与国际分工和争取更大的收益。从经典贸易理论中我们可得出关于收益分配研究在方法论上的启示，但由于这些理论不是在经济全球化条件下形成的，研究的是国际贸易而不是经济全球化，所以我们不应企图从这些理论中直接寻找经济全球化要素流动条件下收益分配问题的结论。今天中国需要回答的问题不再是要不要开放，而是如何提高开放效益，我们需沿着这些理论继续前进，探索全球化经济下的国际分工利益分配，而不是简单直接地运用这些理论回答全新时代和中国特定条件下的全新问题。

各种贸易思想的理论成果对于探索全球化经济下的利益分配都是十分重要的，但我们也需要看到，它们并不是关于全球化条件下广义开放经济的利益分配理论。这些理论基本上都不是以经济全球化为依据的。全球化导致了要素的流动，国际贸易中的商品也不再只是一国全部要素凝结，国际贸易及其利益分配关系更为复杂了。

## 20.2.2 开放型发展战略经济理论的再评价

半个多世纪以来，伴随着发展中国家在国际自由贸易环境下的发展战略，产生了一系列经典的开放理论，特别是探索了这种开放的利益分配问题。这些理论从另一视角为我们探索全球化经济中的利益问题提供了思路。

中心—外围论强调在国际分工中发展中国家被边缘化，贸易利益从边缘流向中心。这一理论基于贸易分工与竞争，对一国产业结构如何影响国际分工利益的分析有重要意义。尽管我们不能由这一理论接受封闭型发展战略，但其关于产业结构差异对国家利益差异重要性的思想仍然是有意义的。与此同时我们也可以看到，在经济全球化条件下，国际投资已经使不同发展水平国家之间的产业差异变得模糊，发展中国家同样出现了一批现代化产业，产业以国家发展水平而表现的国际差异正在缩小，这就使直接从产业国际差异中分析利益流向产生困难。

巴格瓦蒂的贫困化增长理论说明了出口增长的结果是贸易条件的恶化,揭示了贸易增长的不利性。贸易发展包括出口高速增长不一定真正有利的结论在我们今天尤其值得关注。我们不必为贫困化增长的可能性而选择封闭型的发展战略,但是我们必须高度关注贸易增长的真实效益。另一方面我们也看到,在巴格瓦蒂的分析中,出口是本国生产要素的产品,而我们还需要进一步分析在经济全球化条件下国际投资带来要素大规模流动而产生的复杂变化。

钱纳里的双缺口理论说明外汇与资本的缺口需要通过扩大贸易与吸收外资来弥补,从而实现发展。中国的发展实践也已理论证明了两个缺口弥补对发展的重要性。但在目前两缺口已不再是发展主要瓶颈的条件下,继续以弥补两缺口作为发展战略的基本点显然是不合时宜的。外贸出口与引进外资对中国今天仍有重要意义,但更多的是就业和产业发展的意义,而非弥补两个缺口。

## 20.2.3　跨国公司投资理论的母国属性及其对东道国的意义

引进外资作为中国开放的战略重点,在 30 多年中发挥了巨大作用。外资对中国弥补资金缺口,促进市场竞争,推动国企改革,引进先进技术,扩大就业水平等各个方面都起到了十分积极的作用。

但是,我国引进外资理论建设上所取得的成就却远不如利用外资的实践。30 多年来,我国学者对利用外资的必要性做了广泛而深入的研究,论证了利用外资对本国经济的意义,特别是为如何加大引进外资力度进行了具体的政策设计。但是这些研究中,存在着一个重大的偏向。中国学者是从国际投资发生的原因上去证明国际资本流动的必然性与规律性的,这为中国对外开放战略和具体的政策设计提供了依据。但是许多研究却忽略了这样一个重要事实,那就是这些跨国公司理论基本上是发达国家经济学家的理论成果,因而是从国际投资的母国出发提出来的,而不是从东道国出发分析研究的。投资必然性和必要性的证明在于告诉发达国家的跨国公司如何进行战略选择,理论的重点是国际投资发生的原因、方向、投资企业的收益、对母国的战略意义等,但是却不可能也确实没有注重国际投资发生对东道国的影响,至少没有研究其全面的结果。

事实上,关于跨国公司国际投资对发展中国家东道国影响的结论甚至可以直接从跨国公司直接投资理论中得出。

第一,"垄断优势"是国际直接投资实现的条件,决定了跨国公司必然在东道国形成垄断地位。垄断优势理论是国际直接投资理论的起点。海默将产业组织理论中的垄断理论运用于跨国公司对外直接投资分析,指出市场不完全竞争和以垄断资本集团独占为中心内容的垄断优势是战后国际直接投资急剧上升的关键所在。①金德尔伯格发展了海默理论,强调了市场结构的不完全性和垄断优势。②正是这一理论表明,跨国公司的直接投资将在东道国形成垄断地位。然而近年来国内在高度关注国际直接投资发生的原因和政策需求的同时,却忽略了由这一理论本身可以得到的推论,忽略了国际跨国公司可能在中国的影响。

第二,"产品生命周期及其转移规律"决定了东道国吸收外资只能是发达国家的成熟产品。弗农的产品生命周期理论证明,企业对外直接投资是对产品生命周期的三个阶段,即创新、成长和标准化的不同反映。产品生命周期理论事实上包含了国际投资是产业发展阶段性差异的表现和强化。然而在我国,当我们认识其作为国际直接投资发生的原因,大力强调抓住国际产业转移机遇的同时,却忽略了其本身就意味着这种转移将导致国际分工在产品生命周期阶段上差异的必然结果。

第三,"交易内部化"节省了跨国公司的成本,提高了其效率,增加更多的是跨国公司的收益。市场内部化理论证明了克服市场外部化导致的中间产品交易的低效率。③根据产权经济学理论,由于市场不完善,缺乏效率,导致企业的交易成本增加,企业以一定的组织形式将各种交易行为纳入企业内部进行,以企业内部的行政管理代替市场机制,就能节约交易成本。市场内部化理论是跨国公司进行国际直接投资可能性的依据,也是对市场不完善的重要补充,作为企业理论,它显然是正确的。然而我们所忽略的却是跨国公司通过交易内部化不但将节约成本,而且可

---

① S.H.Hymer, *International Operations of National Firms: A Study of Direct Foreign Investment*, MIT Press, 1976.

② C.P.Kindleberger, *American Business Abroad: Six Lectures on Direct Investment*, New Haven, Yale University Press, 1969.

③ P.J.Buckley and Mark. C.Casson, *The Future of the Multinational Enterprise*, London, Macmillan, 1976.

以把在东道国获得的利益向外转移,这种转移还不只限于采用转移价格方式。

第四,"边际产业扩张"论事实上证明了,母国输出的只能是相对劣势产业,从而东道国在国际分工中只能占落后地位。小岛清的边际产业理论解释了日本企业对外直接投资的原因,即边际产业。根据这一理论,随着一个国家的发展,其比较优势会发生变化,原有的比较优势会变成比较劣势。这时,如果通过对外直接投资,把即将变为比较劣势的产业转移出去,就能使自己把生产要素更多地集中在具有比较优势的产业上,从而始终处于按比较优势生产的地位。这个处于比较优势边缘的产业就是所谓的"边际产业"。这个过程也是不断进行的。该理论说明了对外投资对一个国家来说的必要性。[1]从这一理论中我们可以看到,国际产业转移的结果是母国的优势产业得到强化,国家要素配置更加合理优化,东道国所接受的边际产业可能意味着获得一个产业的相对优势,但是却也意味着国家整体产业水平上的绝对劣势。因此,边际产业扩张理论事实上也证明国际直接投资是国际产业分工等级差异形成的基础性原因。

第五,"企业优势结构"理论证明了跨国公司国际经营方式,其中,直接投资方式是跨国公司同时拥有所有权、内部化和区位三种优势时的选择,因此,东道国必然处于被动地位。[2]虽然跨国公司母国与东道国双方都可能获得优势与劣势,但是起主导作用的只能是跨国公司,跨国公司的优势会得到充分利用,而东道国的优势组合却不可能是必然的。

第六,"价值链"理论决定了后进国家尤其资本匮乏国家只能承担价值链的低端。根据按价值链进行国际生产经营布局理论,生产经营活动的全过程是一个环环相扣的"价值链",其中主要包括:研究开发、生产制造、成品装配、市场营销、售后服务等。其中,每一环节都可以放在能以最低成本进行的国家或地区,通过降低成本使跨国公司在整体上形成竞争优势。因此,跨国公司的经营原则就是把价值链的这些不同环节分布到不同的国家或地区去分别完成。一国对某一生产阶段成本最低可能是该国优势的表现,然而也意味着这一国家可能从这种价值链分工中得

[1]　Kiyoshi Kojima. *Japanese Direct Foreign Investment：A Japanese Model of Multinational Business Operations*，CroomHelm，London，1978.

[2]　John H. Dunning，Toward an Eclectic Theory of International Production：Some Empirical Test，*Journal of International Business Studies*，Spring/Summer，1980.

到的收益。相应地,在这种价值链布局中,跨国公司既可从低成本的环节得到最高收益,也可能通过直接从事高增加值环节而获得更高收益。

上述关于跨国公司理论对东道国启示的说明并不在于证明拒绝接受国际投资更为有利,而在于寻找更有效引进外资的道路。必须明确,由于跨国公司在各类优势及优势布局中占主导地位,东道国不可能改变国际投资利益分配的基本格局。尽管如此,东道国也并非永远或完全无所作为。重要的是,我们不仅要被动接受跨国公司利用优势的投资,而且要加强培育我们的引资优势。从国际投资发生的原因中,我们不仅要设计吸引外资的政策,而且要培育我们的优势,减少与跨国公司优势的差距,特别是要消除引进外资数量导向中不能利用好自身优势的各种政策因素,以及地区间恶性竞争的体制原因和不计引资成本的观念错误。

各种跨国公司投资理论事实上也是要素优势的实现与构建理论,从中我们也看到了其作为全球化经济下要素流动规律与利益分配规律的意义。

## 20.3 "新开放观":稀缺要素决定论

作为一个特大的、高速发展和正在进入发展新阶段的发展中国家,中国开放经济的理论建设面临着紧迫的现实需求。我们还没有形成适合于一个发展中大国的对外经济关系理论,更没有回答最新现实中提出的新问题。我们至今一直采用发达国家经济学理论和一般发展经济学理论作为开放政策与战略理论。更重要的是,经济全球化是世界普遍认同的世纪之交发展的新现实,然而这一新发展却还没有与历史上的理论成果相结合,没有形成反映全球化特征的开放经济理论。

### 20.3.1 要素流动与全球化经济的利益分配

新的开放型经济理论需要充分吸收以上经典理论的成果,但其理论起点不是经典国际贸易理论,也不是发展经济学或激进经济学派,而是全球化经济学。经济全球化的基础特征是要素的国际流动,这从根本上改变了传统贸易理论与发展经济学理论的条件。经济全球化下要素的国际流动深刻地改变了一系列传统概念,包括国际竞争方式、要素禀赋结构、国际分工、国家实力等。跨国公司全球经营布局与国家地理边界相互交错是这些概念发生深刻变化的基础。

全球化经济要素流动的本质与基础性特征决定了,开放经济通过要素流入(或流出,但当前中国主要是流入)实现了各种生产要素在本国的组合。由于这种组合,传统意义上的国际分工概念发生变化。20 世纪后半期以产业国民差异为基本特征的国际分工深化和以产品国民差异为基本特征的分工,90 年代后大发展的经济全球化又形成了以生产要素为基础的国际分工——不同国家所有的生产要素在一个国家中进行组合,形成某一产业,生产出某类产品并出口。贸易结构不再是国际分工的标志,生产要素的国际差异才是国际分工的基础与核心。在此意义上,分工可称为"要素分工"。其实"分工"已失去了原来的意义,更多转化为"合作"或"参与",即各国以某一种或几种特定生产要素参与全球化经济下的国际化生产。从一定意义上说,这是一种更深层次上的国际专业化(international specialization),即要素供给的国家专业化,亦可称为"要素合作"型国际分工。

决定全球化经济利益分配的基础是要素的国际流动并不改变要素的所有权属性,从而不改变要素的国民属性。因此,以要素稀缺度决定要素价格的规律也就获得了其展开形式:以国家参与国际合作要素的相对稀缺度决定相对利益大小的分配规律。

尽管经济全球化的基础特征是要素流动,但不同要素的流动性强弱是完全不同的。资本、技术、管理等具有极高的流动性,高素质劳动力具有较高的流动性,一般加工型劳动力的流动性很低,而土地与自然资源没有流动性。要素流动性差异导致了两个结果:一是全球化经济下要素流动的方向是流动性强的要素流向流动性弱的要素,集聚地实现要素的组合;二是流动性高的要素国际价格趋同显著,而流动性较低的要素将保留价格的巨大国际差异。中国参与经济全球化的要素优势是劳动力,廉价的几近无限供给的劳动力既是中国参与经济全球化的优势,也是中国在经济全球化中利益分配不利性的基础。一般加工型劳动力的低流动性决定了各国劳动力供给差异的维持,在一些国家劳动力供给的过剩又决定了劳动力低价格的保持。中国参与全球化经济要素合作型国际分工的分配地位也就因此而确定。由此我们可得到全球化经济中的国民利益分配原理(见图 20.1)。

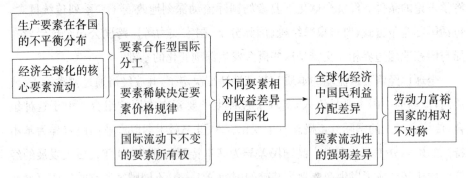

图 20.1 全球化经济中的国家间利益分配原理

### 20.3.2 廉价劳动力优势与中国开放经济的相对效益

中国对外开放对经济增长与国民收入提高的影响是巨大的。讨论开放新理念与新政策的目的在于缓解某些环节上依然存在的影响效益的因素,从而获得更高的开放效益,而不是改变现有开放战略和政策的基本点。

相对收益水平是问题的核心之一,但它又是一个不可比的困难问题。不同国家的产业结构、要素结构、竞争优势等决定了其在全球化合作中的相对收益大小,差距和不平等是必然的,这在很大程度上取决于要素稀缺度。从这一点上说,不同要素的相对收益大小不存在着可比性。于是问题转化为两个方面:一是如何使本国通过获得相对更稀缺的要素而获得更高的效益;二是如何消除影响本国要素收益水平的非市场性体制、机制上的不利因素。后一点是今天中国理论界的工作重点。涉外体制上的不合理性严重影响了中国的开放效益。体制研究的重点是如何改变不正确的指标导向,消除不合理的自相残杀。

在这一方面,理论上的另一个重大问题是劳动力价格问题。中国劳动力富裕,价格低从而有竞争力,是中国吸收国际产业转移和发展劳动力密集型产品出口的基础。但问题是中国的劳动力价格是否在实际上被过度地压低了。这是一个严峻的理论问题。如果仅把劳动力看作商品,仅从供求关系上讲,中国的劳动力必然价格较低。但问题在于什么意义上低。我们知道,劳动力价格是劳动力再生产的成本,它既包括劳动力自身再生产的需要,也包括劳动力自身发展的需要;既取决于经济因素、市场供求,也取决于社会因素。随着社会的进步,劳动力需求必然也要求增加。发展要求以人为本,社会责任标准是社会进步的标志。发达国家劳动力价格较高并非完全是其劳动生产率高和再生产成本的表现,在更大程度上是社会发展水平的表现,正是社会的发展要求给予劳动者更好的社会福利、更多闲暇时间、更多用于生活享受的收入,而不仅仅限于劳动力自身的再生产。整个世界在发展,中国在飞速进步,如果劳动力价格只是从自身再生产的需求上定价或从供求上定价,显然是脱离时代发展的。然而今天我们看到的却是,由于外资外贸政策上的原因,中国外资企业中相当一部分劳动者的收入并没有随着经济发展而相应地提高,随着中国社会的进步而进步,其发展、工作和生存条件也没有随着整个世界社会责任标准的强化而提高,其受教育机会在许多条件下是被剥夺的。因此,我们有理由说中国的劳动力价格是被低估的,中国劳动者没有得到其应当得到的与外资在中国发展相对称的收入,其相对收益是被压低的。

不可否认,人口多是中国发展的最大困难,解决就业问题是中国当前最紧迫的问题。从落后的发展水平上讲,劳动力密集型产业的发展也是一个不可避免的阶段。我们没有理由脱离中国的现实空谈理想的发展模式和结构,更没有理由无视中国的就业问题空谈理想的战略选择。但值得探索的是,利用劳动力价格低的战略是否应是全国统一和唯一的发展战略?尤其是否是今天中国已经初步发展起来的沿海地区应当继续追求的发展战略?同样相关的问题是,中国30多年的发展成就是否已经为我们的战略转型提供了条件?

这些战略问题的回答需要从理论出发。这里至少涉及三个基础理论问题:一是发展中大国的发展模式问题。一个发展中大国可能存在着发展的巨大地区差距,从而存在着内部梯度分工机遇和互补的市场,可以实行差别化的发展战略与开放战略。二是经济全球化理论。经济全球化的本质特征是要素的自由流动,由于这种流动,要素禀赋的国家差异可能缩小,从而基于要素禀赋差异的分工模式就不是必然的。一旦这一点得到充分证明,那么劳动力密集型战略的唯一性也就可以推翻。三是知识经济理论。知识经济是以人力资本为核心的经济,而人力资本是进行了相对更多投资的劳动力,也是凝结在劳动力上的资本。换言之,劳动力本身就是发展知识经济的条件。一旦这一点得到证明,劳动力充裕就不只是发展传统加工型劳动力密集型产业的条件,而成为发展知识经济的条件。

### 20.3.3 中国优势和稀缺要素的培育

在全球化经济中,我国发展战略的重点是改变要素结构,通过培育、购买等各种方式获得自己的稀缺要素,形成要素优势,从而改变在全球化中的分工地位与利益分配地位。

生产要素是经济分析的基本概念,在经济学分析中主要是指资本、劳动力、土地、资源、技术和管理等。经济全球化的分析要求我们把一般生产要素概念加以扩大,以广义的"经济要素"代替"生产要素"。从全球化经济的概念看,经济要素包括全球生产经营网络、国际市场渠道、跨国企业组织、国家竞争体制、国家基础设施等;从知识经济的概念看,包括科技人才、专利技术、品牌、标准、信息等。全球化经济下的稀缺要素培育战略应当从广义的要素上进行规划。[①]

波特把生产要素分为初级要素(basic factor)与高级要素(advanced factor)两种。初级生产要素包括天然资源、气候、地理位置、非技术工人与半技术工人、融资等;高级生产要素则包括现代化通信的基础设施、高等教育人力以及大学研究所等。两者的区别在于前者是被动继承的,或只需要简单的私人及社会投资就能拥有,但是在国家或企业的竞争力上,这类生产要素的重要性已经越来越低。初级生产要素不再重要,主要是因为对它们的需求减少,供给量却相对增加,而且跨国企业已能通过全球市场网络取得,从而其地理位置也不再重要。高级生产要素对竞争优势的重要性高多了,企业要获得高层次的竞争优势,就必须凭借高级生产要素。高级生产要素不如初级生产要素普遍,因为它需要先在人力和资本上大量而持续地投资。[②]

知识经济的要素结构原理指出了当代生产要素与经济要素的重大变化,预示着赶上知识经济发展的战略重点在于对知识经济核心要素的培育。全球化经济的要素流动基础特征及其主导要素的分析,揭示了基于要素的发展战略超越要素现实禀赋的可能性。这些分析不仅指出了中国发展战略转型的要求,而且指出了新

---

① 张幼文:《当代国家优势》,远东出版社 2003 年版。
② [美]迈克尔·波特:《国家竞争优势》,华夏出版社 2002 年版,第 72—73 页。

战略的重点。知识经济的要素并不全像资本要素那样可以直接引进,要从知识经济广义要素的思维出发,规划国际要素的利用和引进,而不是单一地考虑资本。资本固然是知识经济发展中不可缺少的要素,但知识经济的核心不是资本。单一地考虑资本只能发展起工业化经济,或者知识经济中的加工型经济。不仅要考虑对国外要素的利用,而且要考虑对稀缺要素的创造。任何一种形式的国内外要素组合必然包含着按要素稀缺性分配收益的规则。对本国劳动力要素的利用不是只把他们作为制造业加工工业的劳动力,而是要从知识经济的结构特征上看劳动力新的意义。发展战略的重点不应只是利用外部要素,而且要注重创造自身缺乏的新经济要素,以形成"动态要素富裕",改变自己的要素弱势地位。

在稀缺要素培育中,要确立制度竞争的基本理念。要创造一个有效的使企业得以成长的体制环境,一个促进集群成长的制度环境,以形成稀缺要素的成长环境。要改变基于比较优势与要素优势的传统思维,建立基于要素可培育性和流动性的稀缺要素发展思维。

在经济要素的培育上,国家和企业应当具有不同的分工。基础设施、经过基础教育的劳动力等一般生产要素是高级产业形成和发展的必要基础条件,而又是企业不愿或不能投资的要素,应当是国家的投资重点。相反,专门技术等高级生产要素是核心企业竞争力的来源,也是其利润的来源,企业会更注重这种生产要素的投资。高级生产要素投资具有风险大、回报率高的特点,正符合企业投资的性质。民间部门是创造专业性与高级生产要素的主力,要创造对产业有利的生产要素,绝不能没有民间部门。政府也可以创造专业性和高级生产要素,但政府本身往往对外界反应慢,不能认识产业的特定需求,使投资创造生产要素的努力以失败告终。"持续投资一般型要素是国家经济进步最基本的条件。"政府应当高度重视发展教育,培养适应知识经济发展的高素质人力资源。应当把适合于传统劳动密集型产业的一般劳动力资源优势加速培养成适应现代知识经济发展需要的具有较高知识与技能的知识型劳动力,为经济结构的提升创造充分的人力资源。当然,作为大国,中国的产业结构将是多层次的,劳动力结构也将是多层次的。这里的关键在于,我们必须迅速改变在整体上继续把中国作为一般劳动力富裕大国而以加工型劳动密集型产品的发展作为自己的战略基点。我们应当允许地区差异,但作为国家战略的重点则在于结构提升。

要创造强有力的社会风险投资机制,促进稀缺生产要素的形成。尽管企业有投资高级生产要素的动力,但现代技术的发展仍然极大地依赖于风险投资的推动。有效的风险投资机制是促进生产要素形成和发展的制度基础,这是一种以现代金融推动现代技术进步的机制。中国应当努力促进风险投资基金的发展,并在规范化下加速成长。应当促进风险投资进入与退出机制的市场形成,从而更有效地吸收社会资金进入风险投资,创造高级生产要素。风险投资基金作为投资的主体、风险投资市场作为投资的进入退出渠道、科技人员作为创新者、企业家作为要素组合者是高新技术产业发展的整体条件,其中制度的关键是金融对产业的支撑。

根据波特的理论,在要素培育上政策选择有两个要点:一是政策指向应当是代表发展前沿的产业的核心要素,而不是传统产业的、供给过度的低层次要素;二是应当培育这些要素,为市场提供这些要素,而不是指向这类要素密集型的产业,因为市场自身会引导这些要素的使用。

# 第 21 章
## 论国内发展与对外开放的统筹

30 多年来,对外开放不断扩大,激励政策不断强化,"入世"承诺一一兑现,中国已经初步形成了一个适合于经济全球化要求的开放型的市场经济体制。然而今天我们却发现,在发展的新阶段上,尽管开放领域还将扩大,激励政策仍将坚持,然而进一步提升对外开放效益和水平的关键,已经转向国内体制改革的深化和经济发展战略的升级。统筹国内发展与对外开放是科学发展观在对外开放中的体现。[①]

## 21.1　现行对外开放战略的粗放型特征

对外开放基本国策在我国发展与综合国力的提升上所发挥的决定性作用不容置疑。对外开放这一基本国策必须毫不动摇地坚持。[②]在中国综合国力迅速提升

---

① 温家宝:《牢固树立和认真落实科学发展观》,新华社 2004 年 2 月 22 日;《政府工作报告》,2004 年 3 月 5 日;胡锦涛:《科学发展观是我党提出的新重大战略思想》,新华社,2004 年 4 月 4 日;胡锦涛:《把科学发展观贯穿于发展全过程,切实提高发展质量,增强发展后劲》,胡锦涛在中共中央政治局第二十一次集体学习时的讲话,新华社,2005 年 4 月 16 日。

② 胡锦涛:《始终坚持对外开放的基本国策,全面提高我国对外开放的水平》,新华社,2005 年 6 月 1 日。

的同时也必须看到,同国内发展战略一样,开放战略存在着明显的粗放型特征。

### 21.1.1 外贸增长突出数量追求

多年来,从中央政府制定的出口退税政策、地方政府的大量出口鼓励措施,到较低的人民币汇率,都集中到对出口的数量目标。对外贸的数量追求尤其集中地体现为对贸易顺差的追求。中国的贸易顺差不断扩大,甚至还有继续扩大的势头,除了中国产品竞争力确实更快提高以外,主要还是国家在整体上实行了外贸粗放型发展战略所致。出口发展一般说是有益的,使本国的比较优势得以实现。但是在经济全球化导致出口主体形式的多样化和贸易方式的多样化以后,出口规模却不再是贸易利益的准确体现了。在主体形式上有中资企业与各类三资企业;在贸易方式上有一般贸易和加工贸易。外资企业创造的出口和全部出口中加工贸易这两个比重已经达到50%—60%;出口总量增长掩盖了这一结构中的问题。[①]无论是外资企业出口,还是加工贸易,主要是靠廉价劳动力。因此,即使出口产品结构持续优化,仍然不是中国产业结构进步和国际竞争力提升的直接体现。尽管我国出口中机电产品和高新技术产品的比重已经大大提高,但出口竞争力主要来自外资。如果再考虑中资企业对外国的专利和标准等的使用费支出和因此而形成的竞争力,那么中国产品的出口竞争力更不容高估。在其他条件相同的情况下,来自外资和加工贸易出口的比重越高,外贸的整体效益相对就越低。[②]不断发生的国际贸易摩擦表明,粗放的外贸模式也是不可持续的。研究表明,尽管中国通过加工贸易发

---

① 参见《美国从中国组装中获得利润中国获得产值》,美国《纽约时报》网站,2006 年 2 月 9 日。

② 参见 G.K. Helleiner: Manufactured Exports from Less-Developed Countries and Multinational Firms, *Economic Journal*, Vol.83, No.329(March., 1973), pp.21—47; G.K. Helleiner: *Manufacturing for Export in the Developing World: Problems and Possibilities*, Routledge, 1995; G. K. Helleiner: "Manufacturing for Export, Multinational Firms and Economic Development," *World Development*, 1993, 1/7, 13—21; Sung Y-w: Costs and Benefits of Export-Oriented Foreign Investment: The Case of China, *Asian Economic Journal*, Blackwell Publishing Vol.14, Number 1, March 2000, pp.55—70(16).

展出口获得了巨大的利益,特别是创造了大量的就业,但由于出口导向型外商直接投资的短期产业分布效应和长期增长效应是不同的,这一发展模式是不可持续的。

## 21.1.2　外资引进长期数量导向

利用外资是中国经济高速增长的重要原因和基本条件,是对外开放基本国策的重要组成部分,应当长期坚持。但是,从我国外资依存度(累计实际利用外资数对当年 GDP 之比)看,2003 年已达到 35.60％;从增长构成因素(当年实际利用外资对 GDP 之比)看,2004 年 9.5％的 GDP 增长中的 3.67 个百分点(即将近 40％)为引进外资形成的。第一次经济普查数据表明,2004 年在全部外资企业的实收资本来源中,约 83.6％是外资[1],这就意味着至少同样比重的 GDP 创造能力和出口能力来自于外资。这就是经济增长依靠投资的粗放型特征。这里还没有计算相当一部分国内投资也是由外资拉动的。需要指出的是,外资数量本身不是发展的成就指标,而是经济开放度指标。当中国从封闭经济中突破,致力于以开放政策引导经济走上发展道路的时候,能否大量引进外资反映了开放政策是否有效实施,这时,外资的数量及其增长是开放政策成功的标志。今天,我们的任务不再是证明开放的必要性和开放的成就,更需要关注的已是外资引进的效益和影响,而效益与影响是不能用外资数量来体现的,然而情况恰恰是各级政府普遍把外资作为发展的成果指标。导致追求数量的倾向是各种体制与政策的原因:各级地方政府的外资项目数及引资额指标,GDP 来自于外资项目,地方技术进步的标志来自于外资项目,企业因合资而有特殊政策,等等。[2]

粗放型的开放战略是发展起步阶段不可避免的,它推动了发展,同时也为新的发展阶段创造条件。出口的高速增长对于中国经济的发展是完全必要的,尤其是在赢得初期启动发展所需外汇,解决巨大的劳动力就业问题等方面,出口增长起了极其关键的作用。以出口拉动经济增长是许多发展中国家的成功之路,也是中国

---

[1]　第一次全国经济普查主要数据公报(第一号),新华社 2005 年 12 月 6 日。

[2]　张幼文:《经济全球化与国家经济实力》,《国际经济评论》2005 年第 5 期;《正确评估国力,提高开放效益和对外谈判主动性》,《外交评论》2005 年第 5 期。

经济成功的关键之一。外贸的长期顺差和外资的持续流入是中国经济发展现阶段的重要条件。

## 21.2　影响对外开放的国内发展战略与体制原因

开放战略中的粗放特征是国内整体发展战略粗放特征的一部分或在开放战略上的表现,因而其有着客观的发展战略原因和经济体制原因。

### 21.2.1　发展战略的粗放型导致开放战略的粗放型

其一,以规模扩张为主的发展初期目标需要外部市场和外部资金。规模扩张是中国过去 30 多年发展的必经阶段,数量扩张型的国内发展战略必然导致相同特征的开放战略。但是,出口扩张不等于以出口拉动产业结构进步的出口导向战略。不能简单地把出口发展等同于出口导向战略。出口导向战略产生于经济全球化大发展以前,即以出口增长拉动发展和结构进步的战略,其基础是主要以本国生产要素投入,只有这样,结构才能真正进步。但是,在经济全球化即以外资流入加工贸易为主的出口格局下,出口导向战略对国内经济拉动的作用就下降了。在很大程度上,中国的出口与国内经济是相分离的,加工贸易两头在外,由于国内含量小,出口产业的前向联系很弱,起不到对国内产业进步的拉动作用,其作用主要体现在就业,甚至连产值的拉动作用都很小。

其二,传统经济发展概念的产出原理排斥了发展的国民福利标准。在发展经济学的基本理论和经典定义中,GDP 的增长和产业结构的提升是经济发展的本质内容与核心标志,即发展本身是以产出为首要标准的,虽然人均产出也被关注。长期以来,我们以 GDP 的增长作为发展标志,以对产出的结果统计来体现发展成果,而忽视了由生产要素所有权决定的产出所有权,忽视了产出的国民福利效应和财富积累效应。然而,经济全球化条件下国际投资的大发展和国际分工的深化深刻地影响了增长与发展的国民福利意义和财富归属意义,而中国正是在经济全球化的发展中发展的。GDP 是以地理为基础衡量一个国家的产出,对于其中产权属于其他国家的生产要素创造的产出并不扣除。因此其扩大了增长对于本国国民真实福利增长的意义和财富积累的意义。

其三,破解就业难题影响了对技术进步目标的关注。大力引进外资扩大就业是对外开放以来各地的战略要点,外资在中国创造了大量的就业,但同时也形成了中国大量依靠劳动密集型产业的基本经济结构,技术进步问题变得十分严峻。现代经济扭曲理论表明,对一种生产要素使用的政策激励必然导致对另一种生产要素使用的排斥,而这又必然导致开放经济的效益损失。[①]在中国,偏重就业创造不可避免地导致或至少在很大程度上导致了对技术要素的使用,从而抑制了对技术进步的关注和技术开发。我们必须承认,中国的最大困难使我们的战略重点必须把就业问题放在极端重要的位置,因而我们又不能简单地否定扩大就业战略的必要性。我们只能说,解决就业问题是我国发展的核心问题之一,但不是问题的全部。扩大就业需要但又不能唯一地靠扩大传统劳动密集型产业来实现,需要靠却又不能单纯地靠由外资转移传统产业来实现。在引进外资扩大劳动密集型制造业的同时,我们也需要通过经济结构的进步和规模的扩大,如发展服务业等创造大量新就业机会,其中也包括通过技术进步创造新产业和新就业。

其四,过度地把实现技术进步的希望寄托在引进外资上。“以市场换技术”是开放以来引进外资的一个基本战略,然而现实却是中国的市场开放速度与获得技术程度远远不相称。引进外资有利于带动技术进步,但并不等于中国的技术进步。如果离开了学习和在竞争中发展的机制体制,就反而会抑制本国的自主创新。外资技术含量的提高,外资企业的技术进步与中国的技术进步是两个不同的概念,前者不等于后者,更不能代表后者。市场开放可能引进外资,包括有技术和外资,但不等于中国可能获得技术。外资项目使中国产业的结构面貌发生了变化,培育了

---

① H. Herberg and M. C. Kemp: "Factor market distortions, the shape of the locus lf competitive outputs, and the relation between product prices and equilibrium outputs", In Trade, Balance of Payments, and Growth: Papers in International Economics in Honor of Charles P. Kindleberger, ed. By J. Bhagwati etc. Amsterdam: North-Holland, 1971; H. G. Johnson: "Optimal trade intervention in the presence of domestic distortions", In Trade, Growth and the Balance of Payments, ed. By R. E. Baldwin etc. Chicago: Rand McNally and Amsterdam, North-Holland, 1965.

劳动者,也可能有不同形式和程度的"技术溢出",但除了其中有些项目只是外商通过本地化生产进入中国市场外,并不意味着我国的技术进步或产业结构进步,甚至因为竞争和市场占有,可能使我国企业的技术进步与结构进步更困难。1999 年国外的一项研究表明,本国政府企图通过促进资本流入以使技术从外国企业向本国企业外溢,但是这种效应只对外国参股的本国小企业有正面效应,而对没有外国投资的本国企业生产率产生负面影响。两者的综合影响相抵消,外国投资的净影响很小,来自外资的收益几乎全部为合资企业所获得。[①]

### 21.2.2 未完成改革的体制在市场力量上弱于世界市场

体制机制上存在的一些问题是改革没有完成的结果,这些问题主要集中在以下两个方面:

一是市场机制的培育没有完成。中国资本市场和融资体制不健全导致对外资的依赖。增长对外资的依赖与内资缺乏投资机会相联系。对外资的激励和优惠既鼓励了外资流入,也部分地挤占了内资的投资机会。不可否认外资对内资也存在着一定的拉动作用。当然问题不只在于外资政策本身,还在于国内经济体制没有形成有效的投资机制,缺乏高效的企业制度,从而不能有效促使不断积累的储蓄转化为投资。国内市场体制机制存在着的这些基础性问题导致了企业竞争力低下和资金利用率低下,其结果便是对国外资本的依赖和对外国企业的依赖。于是开放实现了,发展也实现了,然而国内企业却并未发展。

二是内需不足的增长格局导致对外部市场的过度依赖。对外贸易特别是出口增长远高于 GDP 的增长率,虽然是发展中国家在一个时期中发展的必要特征,但实际上反映出增长对外部市场的依赖。内需的不足是依赖外部市场的原因之一。除了汇率鼓励出口之外,内需不足的原因又在于国内的发展模式,消费水平低,储蓄率高,有市场前景的投资少,而政府盲目投资多。政府拉动增长的重要手段是基础设施投资,本身为长期发展提供了条件,但同时却又反映出企业和市场投资力的

---

① 张幼文:《区域发展导向——中国的市场经济模式》,《学术月刊》1994 年第 8 期;《体制竞争:全球化经济机制与开放战略》,上海财经大学出版社 2005 年版。

不足。内需不足的原因又是多方面的,广泛涉及投资机制、分配格局、改革对消费的影响等。

### 21.2.3 区域发展导向型市场经济体制强化了发展与开放的粗放型

粗放型的开放战略有着深刻的体制原因。中国的社会主义市场经济体制是一种"区域发展导向型"①的特殊模式,地方政府致力于发展导向,中央政府致力于宏观调控。这一体制决定了地方政府强大的经济职能。中国之所以会实现开放型经济的高速发展和开放度迅速提高,是与地方政府的经济职能分不开的。然而,这一体制在表现出巨大体制优势的同时,也在对外经济关系中反映出一些重要的弊端。

其一,中央政府偏向外源性发展的政策被过度强化。总体上说,对外开放以来的发展战略是一种偏向外源的发展政策。在这种情况下,利用外资比利用内资更有利,出口比国内市场销售更有利,不论对地方政府还是对企业来说都是这样;汇率水平使出口比国内销售更有利,在相当长的一个时期中由中央政府主要负责出口退税的情况下更是如此。而且,因为地方政府有强大经济职能和发展经济的权力,这一格局就被大大强化了。这既使中国经济更快更高效地完成了向开放型市场经济的转型,也使这种转型付出了内外不均衡的成本。

其二,地方政府经济职能的强化导致各地发展中的相互竞争。竞争有利于效率的提高,但是由于这种竞争不是完全在市场规则的作用下进行的,而是在地方政府干预或扶持下进行的,是在无限制地运用财税政策与土地环境资源下进行的,因而,合理健康的竞争必然受到损害,恶性竞争必然产生。恶性竞争导致资源配置的扭曲,在封闭型经济中的结果是效率降低,而在开放型经济条件下则还包括国民利益的外流。各个地方之间的外资竞争使跨国公司在投资谈判中更具强势地位,同时,地方政府则在引资条件上和日常监管中更加处于弱势地位。体制上的缺陷并非来自地方政府的战略失误或官员的错误政绩观。近年来,一些地方引进了一些既不创造税收,也没有技术含量,却付出了土地和环境等代价的项目,许多政府官

---

① 参见《中国产品竞争力:产业集群打造中国价格》,新华网,2005 年 7 月 12 日。

员看清这一点,但他们却无力摆脱这一局面,无法从这种体制机制中跳出来。在现行体制约束下,地方政府即使认识到这一点,也不可能有效改变这一局面。

其三,地方的发展成就与全国的发展效益之间出现了一定程度的背离。对出口的数量追求不仅来自发展的数量导向,也来自发展的利益:地方政府更多获得出口、发展和外资的利益,但国家对产业结构整体的发展战略却失去控制。由于地方政府严重缺乏预算约束,不必承担土地、资源和环境的代价,各地项目重复建设问题在引进外资中被加剧,其潜在的经济损失和外部不经济负效用最终由社会承担,地方政府在推进项目的过程中投入的财政及社会成本许多得不到补偿。

其四,地方政府成为特殊的经济人。地方政府经济职能的强化使其行为公司化,即高度关注收益。然而,在许多情况下,其经济行为又是无成本约束的,例如,向外商提供更优惠的政策优惠,其边际的经济收益为正——有项目就会有这样那样的地方效益。在土地批租中,虽然土地开发需要一定的成本,但政府总是可以从土地开发中获益,因为如果不开发,则收益为零,于是土地价格尽可能降低成为地方政府争夺外资的基本手段。

在封闭经济中,发展导向型市场经济既可能带来更高的发展速度,也可能因为政府决策的失误而导致发展的战略性错误。然而,在开放型经济中,发展导向型市场经济既可能使一个开放型的市场经济体制更快形成,更多地吸收国外生产要素的流入和出口的发展,但效率的损失却可能被整体发展的现实所掩盖。这种效率的损失是以政府参与非市场化的恶性竞争为形式,以利益不必要的流失为结果的。一个成为"经济人"的地方政府既有政策资源又没有成本约束,相互间又经常进入恶性竞争,这必然导致开放的利益流失。

## 21.3 发展战略与开放战略的统筹

开放战略是国家整体发展战略的一部分,发展战略与开放战略的统筹要求开放战略为发展战略服务。实现全面小康和中等发达,建设和谐社会,建设资源节约型、环境友好型社会,国内发展目标的这种阶段性推进也要求开放战略的阶段性推进。从发展战略的要求看,开放战略至少包括以下要求。

第一,以产业政策主导外资引进。对外开放政策从实现利用外资与外部市场开始,通过开放竞争促进国内体制转变,实现更高水平的就业。随着外资外贸目标的实现和国内外条件的根本变化,促进自主创新,提高经济效益,用好国内资本,实现产业升级等国内经济战略,已经成为对外开放服务的新目标。在发展新阶段上,外资政策要服从于产业政策,而不是继续服从于数量增长。

第二,以促进自主创新为目的用好外资。要在开放条件下实现自主科技进步。外资研发机构的引进不能直接对我国自主创新产生积极作用,不应简单地以引进更多外商研发机构作为外资质量水平提升的标准,更不能作为技术进步的标志。在研发上尤其要创造国内外企业的公平竞争特别是人才竞争的环境,这是鼓励自主创新的需要。要通过多种形式的技术引进,实现技术的集成创新和消化吸收再创新,推动原始创新。过去的发展中放松了国内技术创新的努力,以为外资的发展就能直接使我们实现技术进步,进而又形成了更加依赖于外资的格局。合资及其比例要求是东道国政府可以采用的产业发展战略下的政策选择,同时也可以是一种纯粹的企业行为。

第三,加快加工贸易战略的转型与升级,拉长产业链,以贸易促进我国优势产业的形成。既要看到加工贸易已经发挥的积极作用,也要看到其局限性,包括附加值低、国内拉动力小、易转移和不可持续性。中国需要实现更高的发展水平和结构进步不能依赖于加工贸易。沿海地区加工贸易发展所解决的是内地的就业问题,其中就包含着不必要的劳动力流动,也扩大了地区的发展差距。应当把加工贸易向内地转移,而使沿海地区更多发展一般贸易。加工贸易本身也要不断扩大国内成分,从而增强贸易对国内的产业拉动作用。出口导向型战略应当是以出口拉动国内产业结构提升,即实现结构进步意义上的发展的战略。外贸战略调整的核心不是控制外贸总量,而是转变外贸方式的结构,即扩大一般贸易的比重,尤其是国内产业链长、使用国内要素多的一般贸易;降低加工贸易的比重,即使继续发展,也要增大国内投入的含量。

第四,扩大内需,增强国内经济增长拉动力。要弱化出口激励型政策体系,形成企业内销外销相近的市场环境,国内销售与出口同样的赢利机会。要以更科学的指标引导实现更高效益的对外贸易,而不是继续追求出口的数量扩展。这一政策转变需要在国内扩大内需的大战略下实施。

第五,注重地区间协调发展,减少劳动力过度流动导致的开放经济效益受损。目前沿海地区劳动力主要来自内地向沿海的流动。接受出口加工低工资的主要是内地流出来的劳动力,除了其积极意义以外,劳动力外流也使内地发展差距的缩小更加困难,使国家发展中的地区协调形成新困难。地区发展差距的缩小有利于开放中效益的提高。建设社会主义新农村对于通过国内战略调整提高对外开放水平有着极为重大的意义。这一战略将使农村地区形成新的发展机制,从而减少劳动力向沿海地区流动,降低向外资的劳动力供给量,从而提高中国从外资引进中获得的利益。由于中国劳动力成本的巨大优势,减少向沿海地区流动的量不会改变中国产品的竞争优势。

## 21.4  体制改革与扩大开放的统筹

提高对外开放水平要求深化国内的体制改革,特别是涉外经济体制的改革,因为当前对外开放中存在着的一些粗放现象在很大程度上是与国内经济体制相联系的。在新阶段扩大对外开放的重点是投资环境的优化、外贸增长方式的转变和国内体制改革的深化,而不只是外资准入领域的扩大、激励政策力度的加强或出口贸易数量的简单扩展。

国内体制中存在的问题是许多开放效益问题的根本原因。用好两种资源,两个市场的战略是推进开放的战略思路。但目前中国已经形成了更多利用外部资源的格局,主要原因是对外市场化程度更高,政策更优惠。现在的任务是深化改革,在用好国外资源的同时用好国内资源。

第一,完善国内金融系统,深化企业改革,提升国内企业的投资能力和在发展中的主体地位。国内经济体制上的问题导致银行系统沉淀了大量的资金没有得到有效利用,其原因既在于我们企业的低效,也在于金融系统的不健全。国内经济研究早就证明了这一点,现在开放效益研究也归结到这一点。中国缺乏市场化的企业和企业家,在很大程度上决定了中国只能利用廉价劳动力。这就决定了我们的重点就是深化国内改革以尽快改变这一局面,从而改变把发展和就业的可能性主要寄托在引进外资的格局上。

第二,优化投资环境,创造产业集群引资能力,改变单纯依靠优惠的外资政策格局。改善投资环境是制度性开放的核心任务。从产业领域看,中国的开放格局已经比较全面。继续扩大开放主要是适应 WTO 谈判的要求,通过体制优化,更加规范透明来创造现有开放领域更好的投资环境,通过优化投资环境,形成产业链和产业集群的投资吸引力,而不是持续不断地扩大开放领域、强化政策激励力度或降低劳动力价格。[①]现有外资政策片面激励劳动密集型产业和加工贸易格局需要改变。[②]

第三,优化地区间外向型经济的竞争型发展体制。提高对外开放效益的重心是消除国内地区间的无序竞争、恶性竞争和自相竞争。要在维护我国分权式经济体制的发展优势的前提下加强地区之间的发展协调和一致对外,减少内部竞争,减少对外开放竞争性发展下的利益流失。中央政府要制定竞争规则,限制地区间恶性竞争,特别是要通过对土地资源使用,政策优惠限制,环境保护原则等的控制来消除恶性竞争。地区之间要建立分工合作机制、对外谈判协调机制、相互沟通协商机制、发展利益分享机制和长期联合发展机制。

第四,强化以人为本的理念,建立外资的效益性指标体系代替规模化指标体系。开放与国内发展一样,要以科学发展观理念指导指标体系的建设,以发展效益的原则建立开放效益的科学评价标准和指标体系。现在通行的指标体系不直接具有科学发展的意义或福利的意义。根据国家发展目标的要求,建立更有发展导向的指标体系是科学发展观的要求,也是实现科学发展的条件之一。GDP、外贸规模和外资数量等在一定意义上是发展的指标,但由于经济全球化,这些指标已经不能准确体现发展的国民福利意义了。正如今天我们以外资数量体现开放的进程,以非公经济的比重体现改革的进程一样,当中国的发展向科学发展观要求的新目标进军时,我们需要新的指标体系导向。建立新的指标体系的原则是,排除不能确切体现实际国民福利与增长发展意义的指标(如外资数量、外贸规模),改进因经济全

①　[美]迈克尔·波特:《国家竞争优势》,华夏出版社 2002 年版。

②　参见《中共中央关于制定国民经济和社会发展第十一个五年规划的建议》,新华社 2005 年 10 月 18 日;《中华人民共和国国民经济和社会发展第十一个五年规划纲要》,新华社 2006 年 3 月 16 日。

球化造成的变异指标(如 GDP),采用更加真实地体现国民福利提高的新指标(如外资企业的税收、外贸的增加值、人均可支配收入等)。要研究制定发展外贸与利用外资的效益指标,使这些指标的导向更加科学合理。

## 21.5  开放政策的阶段性及现阶段特征

对外开放战略的阶段性推进是由发展的阶段性决定的。要正确认识中国经济社会整体发展所处的历史方位,从而认识中国开放型经济发展新阶段的目标。[①]

从 20 世纪 70 年代末改革开放以来,中国的发展已经完成了总体小康,正在为实现全面小康目标,并在本世纪中成为一个中等发达国家,实现中华民族的伟大复兴而努力。当今中国正处于发展阶段的历史性进步时期。尽管还有几千万贫困人口,还有许多地区甚至尚未启动发展,但国家从总体上说,已经完成了脱贫和解决温饱的任务,而致力于富裕和强盛的新目标;部分地区的脱贫和温饱问题要放在整个国家战略下来解决。科学发展观的提出正是顺应了这一历史任务的变化。富裕的目标不同于脱贫的目标,强盛的目标不同于温饱的目标。中国需要从根本上增强国力,核心问题是技术的进步,财富的积累,国民生活真正的殷实。如果没有发展的科学理念,没有开放的效益观,就不可能适应新的历史方位提出的发展目标的要求。[②]

开放战略在新阶段上的特点是以多层次多样化战略提升中国的国际分工地位,而不再是单一的廉价劳动力战略和市场开放战略。在缺乏资本、没有出口产品的情况下,以"三来一补"等方式利用劳动力,进而又发展起劳动力密集型制造业,都是已经被证明了的可行道路。但是,就国家整体而言,以廉价劳动力参与国际分工只是中国开放型经济的起动模式。当这一战略上取得了一个阶段的成就以后,

---

① 张幼文:《开放经济发展目标的动态演进——答华民教授的商榷意见》,《国际经济评论》2006 年第 1 期。

② [美]迈克尔·波特《:国家竞争优势》,华夏出版社 2002 年版。

是否应当适时推进;是否全国所有地区应普遍长期坚持这一战略,却是值得深入研究的。中国劳动力充裕,也因此价格低廉,这可能是长期不会改变的基本国情,但如果因此认定中国在劳动力价格赶上发达国家以前就只能采取劳动力加工制造的发展战略,则是片面的。中国在人口数和地理上都是一个大国,国家各地区实行唯一的战略是不利的,也是不合理的;在经历了30多年的发展以后,中国各地区已有条件实行多层次、多样化的发展战略,这既可能避免各地之间在国际市场上的相互竞争,又可能提升国家参与国际分工的整体水平。今天,尽管农村地区还源源不断地有初级劳动力向沿海地区流动,但沿海地区和城市中已经开始成长起一大批较高素质的劳动者。我们应以国内的体制改革使这些人才得到有效作用,发展起高级或较高级产业并参与更高层次的国际分工。从总量上讲,一般国家的初级劳动力往往超过高级劳动力,但这不是一国只能发展初级加工的依据。发展有路径依赖,但发展起点上的唯一选择不等于是始终不变的选择;不变的是开放型体制而不是国际分工参与方式。当发展使要素结构逐步变化以后,分工战略就应相应升级。正如国内发展战略现在已经提出也可能实现产业结构升级一样,参与国际分工的战略也同样出现了升级和多样化的客观条件。除了中国企业制度缺陷使我们不能吸引和留住人才,不能充分发挥人才的作用外,片面的廉价劳动力战略是一个重要原因:当政策偏向于鼓励使用初级劳动力时,必然也就会抑制对高级劳动力和各种高级要素的使用。必须使体制与政策激励高级劳动力的使用,这是科教兴国的必要条件。[①]我们必须看到中国唯一地以低级劳动力参与国际分工的不利性,看到除了客观禀赋外,这一不利性也在于政策和体制偏向,从而注重调整和改革,注重改变要素禀赋的必要条件。发展中大国开放经济的转型是一个从一元化战略向多元战略的转型过程。大国的要素禀赋不可能在一个短期内实现全面转变,转变是逐步的,高级要素的积累是渐进的。当一些地区、部门积累些一定量的高级要素后,就可能形成参与全球化经济的新生长点或增长极。政策与战略的重点就在于培育这些地区和部门。简而言之,动态演进的主线是要素结构,而战略与政策的核心则是要素的培育与使用。

对外开放的指导原则从规模扩张转变为国民福利,政策指向从形成开放型体

---

① 张幼文:《当代国家优势:要素培育与全球规划》,上海远东出版社2003年版。

制推进到规范开放经济运行,引力动力从靠政策激励拼资源土地转变为靠体制效率加软硬环境,竞争力从廉价劳动力优势扩展为体制、人才与技术综合优势,参与国际分工从单一战略提高到多层次战略,发展目标从扩大就业、摆脱贫困上升到结构进步、民富国强,提高开放水平从优化开放政策拓宽到统筹国内发展与对外开放,这些就是科学发展观所要求的开放理念,即我们应确立的"新开放观"。

# 第22章
# 生产要素从引进、释放到培育的战略升级

对外开放战略的成功在于抓住了经济全球化的历史机遇,有效地集聚了全球生产要素,迅速扩大了中国的经济规模。改革既创造市场经济环境吸引了外部要素的流入,也因为开放而获得动力,释放了闲置生产要素,提高了要素生产率。扩大内需政策是应对全球金融危机的调控战略,也是新的发展战略,即对生产要素从引进、释放到培育的战略提升。

## 22.1 对外开放:引进稀缺要素的发展模式

对外开放作为中国的基本国策,在于其抓住了经济全球化生产要素国际流动的本质特征,紧跟了这一历史进程,从而实现了生产要素向中国的集聚,实现了30多年来以要素投入扩张型为特点的经济增长。

### 22.1.1 生产要素的国际流动:经济全球化的本质特征

生产要素的国际流动是经济全球化的本质。这是因为:第一,生产要素的国际流动既包含了要素的流动,也包含了产品的流动;要素流动必然使生产地发生变化,进而又导致最终产品贸易的扩大。第二,要素的国际流动从生产经营的源头起形成了国与国之间的经济联系,其深度要超越以最终产品的国际贸易为内容的国

际联系。第三,要素流动是广义的,它包括了货币资本,也包括了技术、人才、经营管理、信息、市场营销网络等,正是其广义性深化了国际经济联系。第四,要素流动是产品流动的发展,因为跨境投资往往是为了跨越贸易障碍,包括关税等市场障碍和运输等自然地理障碍,从而发展了国际商品贸易关系。要素流动超越了商品流动,也主导了商品流动。世界贸易组织将关贸总协定从产品的自由贸易扩展到知识产权保护和投资政策等广泛领域,要求其他成员方开放投资的市场准入,体现了经济全球化发展的要求。

不同要素有低级与高级之分,如专门技术与简单劳动;同种要素也有低级与高级之分,如不同的劳动力和不同的技术。要素的流动性是有差异的,有的要素流动性强,如货币资本、技术专利;有的流动性弱甚至完全不流动,如自然资源、土地;有的流动性强弱受国家政策影响,如尖端技术。劳动力的流动是世界经济中的重要现象,但是,在大多数国家政策中,往往鼓励高级劳动力的流入,而限制低级劳动力的流入。要素流动性的这些差异决定了全球化条件下要素国际组合的特征,即流动性强的要素向流动性弱的要素所在国家流动而不是相反。这就决定了在其他条件相同的情况下,发达国家的资本技术向以土地、自然资源和劳动力为主要要素的发展中国家流动。这是经济全球化给发展中国家的一种特殊的机遇。在生产要素国际流动中,跨国公司是主体,外资是载体,从而引进跨国公司以集聚高级要素成为发展中国家战略的核心,跨国公司分支机构约一半进入了发展中国家。[1]如果政府能够创造适合高级易流动生产要素向本国流动的经济社会环境,就会推动这种要素的集聚。从这个意义上可以说,对一个发展中国家来讲,是否真正抓住经济全球化的历史机遇,就在于能否使自己低级的低流动性的要素成为吸引高级的高流动性要素流入的有利条件。形成这些条件的关键是政府创造有效有利的经营环境,以吸引外国高级要素。[2]

---

① 数据来源于联合国贸发会议(UNCTAD)报告:《2005 世界投资报告》,第 13 页。
② 关于经济全球化的首要特征是要素流动的分析,参见张幼文等:《世界经济学:理论与方法》,上海财经大学出版社 2004 年版;张幼文:《当代国家优势:要素培育与全球规划》,远东出版社 2003 年版。

## 22.1.2　全球要素集聚的发展模式

扩大外贸与引进外资是对外开放的主要形式。不论是引进外商直接投资还是采用补偿贸易、加工贸易等方式发展出口,其内在含义有一个共同点,就是集聚生产要素。全球要素向中国的集聚使中国加入了经济全球化条件下新的国际分工体系。这种集聚不仅造就了中国在国际分工体系中的地位,也典型地导致了全球经济均衡的新特点。

由于中国相对落后,因而是以低级生产要素吸引国际高级生产要素形成要素集聚。这种集聚是生产的集聚,即中国被放在了全球研发、制造和销售中的制造环节,利用全球生产要素,为全球市场而生产。这样的集聚必然带来的结果就是中国在贸易与资本两个方面同时的顺差地位。资本净流入,商品净流出,前者是要素集聚的过程,要素集聚导致生产集中,生产集中又导致出口集中和出口巨额顺差。双顺差的结果是中国外汇储备的持续上升。因此,中国外汇储备的增长是经济全球化的表现。一些国家把中国储备的持续增长看作人民币汇率低估的结果,进而要求中国对人民币大幅度升值,这在理论上是过时的。在经济全球化时代继续以过去单个国家的国际收支均衡为标准是脱离现实的,不符合经济全球化的客观要求。如果以汇率升值实现中国国际收支的平衡,那就意味着中国在上述"要素流入,产品流出"的全球化分工地位的消失,或至少是让这一过程中止,这不仅不利于中国,也不利于世界。

改革开放特别是 20 世纪 90 年代初期以来,中国已经成为世界要素集聚最多的国家之一,表现为全球大量资本、技术、品牌、优秀人才等高级要素的集聚。截止到 2007 年底,中国外商直接投资累计超过 7 700 亿美元。从 1992—2007 年平均每年吸收外资超过 450 亿美元,年均增速高达 19.4%,比同期全球外国直接投资流入额年均增速高出 7.5 个百分点。2007 年中国吸收外资(含金融)合计 835 美元,占全球外国直接投资的 5.4%,占发展中国家的 19%。2007 年末在中国实际注册的外商投资企业超过 28 万家,实有投资总额达 2.11 万亿美元。①国际直接投资具有

① 统计局报告:从封闭半封闭到全方位开放的伟大历史转折——改革开放 30 年我国经济社会发展成就系列报告之二。见中华人民共和国中央人民政府网站:http://www.gov.cn/gzdt/2008-10/28/content_1133256.htm。

多维属性,可以看作是一个"企业包",包含着资本、技术、管理、信息、知识、品牌、海外销售网络等多种要素。在全球化经济中,跨国公司特别是世界 500 强跨国公司是国际投资的主体,也是技术、标准、品牌、跨国生产经营网络等高级要素的主要拥有者。跨国公司控制着全球 80% 以上的新技术和新工艺,是世界技术发明和传播的主要载体,同时也是全球研发的主要承担者。

在对 30 多年开放战略成功原理的描述中,大部分理论是从比较优势理论上分析的,具体而言,是中国"发挥廉价劳动力比较优势"。事实上,比较优势论是关于国际贸易与分工的一般理论,在其经典意义上更具体指劳动生产率的国际差异决定国际分工的原理。因此,比较优势论并非经济全球化条件下以生产要素的国际流动为基础的要素合作型的国际分工理论。同时,中国的对外开放也并非基于要素禀赋理论,因为这一理论的基本前提是要素不流动,核心是要素不流动条件下一国贸易产品的要素结构特征,而经济全球化却以要素流动改变国家要素禀赋结构为基础。正因为这样,中国这个以低级劳动力为富裕禀赋的国家会大量出口资本密集型和技术密集型的产品。不强调这些区别,就不能正确揭示中国开放战略的特点。

### 22.1.3　要素集聚发展模式的优越性与局限性

要素集聚的发展模式的正确性在于其抓住了时代的特征。中国迅速获得了发达国家高级生产要素的流入,扩大了经济规模,赢得了国际市场,综合国力迅速提升。特别是缓解了就业这一中国最大的难题,经济社会取得了巨大的进步。

要素集聚的发展模式的局限性在于,由规模扩大所体现的经济发展在一定程度上是非真实的。首先,由 GDP 规模所反映的经济总量并非全部来自本国资本等生产要素,而是包括本国与外国生产要素在内的共同产出,因此,增长在一定意义上是夸大的。我们既不能把外国生产要素的产出简单地看作本国的产出,因为生产要素所有者要求回报,但也不能把它等同于在外国的产出而认为与中国毫无关系。2007 年外商投资企业缴纳的税收超过 9 900 亿元,占全国税收收入的 20%,

提供的就业岗位超过 5 000 万个。由要素集聚所创造的扩大的经济规模使中国社会(企业与个人)购买力提升,也使政府税收增长,政府能力提高,特别是参与国际事务的能力提高,国家在国际事务中的影响提高。由中国实现的全球要素集聚及相应的生产是中国对世界的贡献方式。其次,产业结构的进步是不清晰的。无论是从产出意义上还是从出口意义上看,产业结构的水平都因为外资的引进而大幅提高了,这形成了一个结构进步的假象,而事实上中国在这些现代产业中实质上处于价值链的末端。Caves 指出:在那些 R&D 最为突出的行业中,R&D 与对外直接投资都集中于大公司手中,R&D 促进企业对外直接投资,而对外直接投资也反过来促进 R&D。再次,高级生产要素从而先进产业的流入既创造了中国的发展基础,制造了竞争环境,但同时也对中国资本发展先进产业形成了障碍,甚至使中国的这类产业根本无法发展起来。但是如果因此而拒绝引进外资,中国就会完全失去在全球化中崛起的机遇。

近年来,国内关于开放效益之争的核心是关于要素收益差异之争。大量事实证明,中国所获得的开放收益相对低于跨国公司,甚至还付出了巨大的社会环境成本。导致这一结果的根本原因在于中国参与经济全球化的主要生产要素是廉价劳动力,而发达国家跨国公司所依靠的是先进技术、创新产品。由于廉价劳动力的无限供给,由于解决就业的巨大压力和实现增长的强烈需求,中国在要素合作(国际分工)中处于合资谈判和价格决定的弱势地位。因此,要素集聚既是中国 30 多年发展的成功模式,也隐含着这种发展模式的相对不利之处,并进而启示着战略升级的要点所在。

外部市场是一个宏观概念,即增长的外部条件;同时,也是一个微观概念,即作为跨国公司的国际销售网络。缺乏这一要素是中国在全球化分工中利益相对较小的重要原因,而这一格局正是由要素集聚而形成的。外部市场是中国过去 30 多年增长的重要因素,这些年来日益显著。导致这一结果的原因,除了由于中国的要素构成外,也因为在各项政策战略上偏向于外部市场,即通过汇率、出口鼓励政策等鼓励利用外部市场。这一战略在作为发展初期的前 30 年是必要的,然而,在当前外部市场严重萎缩的情况下,需要我们认真考虑其调整问题。

## 22.2 国内改革：释放闲置要素的发展道路

对外开放对中国发展的积极作用还在于其有效地促进了改革,从而促进了国内市场机制的形成和全要素生产率的提高,促进了闲置生产要素的释放和使用,为规模扩张型的增长提供了基本保障。

发展的基础是资本的积累,进而是以资本为基础的广义生产要素的积累。在经济全球化进程中,中国能够有效地集聚全球生产要素而实现自身的发展,其基础在于国内体制的转型。改革构成中国发展的强大动力,在于其通过释放闲置要素及要素生产率解放生产力。从对外开放的角度讲,改革的作用在于为开放创造了适应全球化的市场经济体制,从而为促进全球生产要素的集聚创造了体制基础和运行环境。

### 22.2.1 改革作为开放的条件

从要素论进行的解释国内经济体制的改革是对外开放的前提条件之一,没有市场经济的规则,就不可能引进外资企业,不认同国际市场规则,就不能进行对外贸易。从要素集聚的理论解释,改革的关键作用在于释放出闲置的生产要素,从而形成流入的外部要素与之相结合的可能。农民工自由流动的突破,为沿海地区提供了源源不断的廉价劳动力,使中国制造的成本优势得以发挥。在中国土地稀缺、农业生产力快速提高的情况下,农村劳动力是过度富裕从而事实上闲置的生产要素。外资创造就业的经济学意义就是资本流入释放了闲置劳动力。从农村中流出的廉价劳动力是中国对外资的重要引力。改革从农村中释放了近乎无限供给的廉价劳动力,从而大大促进了中国参与国际要素合作的优势要素的形成。农村外出劳动力的数量不断提高,流动半径加速扩大,2003 年外出 1 个月以上的农村劳动力总和达到了 9 831 万人。另据统计,综合各方面因素,目前中国农民工保守推算超过了 1.8 亿,甚至有专家估计在 2 亿左右。

与此相对应的是城乡土地制度的改革。级差地租理念的确立,低效率使用土地现象的改变释放了中国的土地资源,增加了中国的要素投入总量,形成了要素投入扩大型的增长。相似的还有自然资源开发中的外资引进。

改革解放生产力的原因是多方面的。一方面,劳动者的积极性提高,同样数量的劳动投入有了更高的效率;另一方面,要素的配置优化,使同样数量的生产要素获得了更高的产出。在社会全要素生产率的提高上,开放的作用是通过竞争形成的。开放迅速导入了市场经济及其企业的管理方式,对国内原有企业特别是国有企业形成竞争压力,促使其加快改革;同时对国内新生企业产生示范效应,引导其采用先进管理模式。如服务领域的开放,其核心是管理这一高级要素的引进。[①]正如 N.拉迪指出,"加入 WTO 的承诺不仅使中国制造业高度开放,而且还使中国在服务业领域走向非常有意义的开放。在服务领域中国所承诺的扩大开放超过了大部分 WTO 成员。因此,国际竞争对中国技术变化和管理效率所产生的正面激励不只限于制造业,而且也日益扩大到服务业。"

改革提高效率的经济学原理在于其消除了国内市场中的扭曲,特别是要素价格的扭曲。发展战略的选择是第二次世界大战后的一个世界性课题。从 20 世纪 50 年代起,新独立的发展中国家普遍进行了经济发展特别是工业化道路的探索。除了国内经济制度选择外,就对外经济关系而言,这一探索集中到一点,就是走开放型道路还是封闭型道路。许多发展理论认为,发展中国家新兴产业的竞争力低,因而实现工业化的道路只能是进口替代,即在贸易保护下的发展。这使许多国家采用了封闭式的发展道路,取得了有限的发展成果。但是,另一部分国家和地区却利用世界市场,通过出口产业的逐步提升拉动了国内增长,取得了更好的发展成就。事实上,战略选择的差异很大程度上取决于对世界经济特点和机遇的判断。第二次世界大战后相对稳定的世界经济环境为落后国家的发展提供了良好的外部条件,包括出口市场和资金供给。这使更多利用这些外部条件的国家和地区获得了更好的发展机遇。

---

① Nicholas R.Lardy：Trade Liberalization and Its Role in Chinese Economic Growth, Prepared for an International Monetary Fund and National Council of Applied Economic Research Conference, A Tale of Two Giants：India's and China's Experience with Reform and Growth, New Delhi, November 14—16, 2003.

开放对改革和国内市场机制的形成在于其有利于消除国内要素价格扭曲,提高资源配置效率从而实现了更快的增长。大量事实证明,开放经济比封闭经济的发展成效更为显著。早在20世纪60年代末起许多研究就证明,开放的发展比封闭的发展更少扭曲,所以发展成效更好。以Bhagwati为代表的发展中国家经济学家证明开放有利于消除对外扭曲,从而国家能够从资源配置的优化中得益。[1]20世纪90年代Sachs的研究证明在1965—1990年期间,40个始终不开放的发展中经济体和8个始终开放的发展中经济体的平均年增长率存在着显著的差异,原因在于扭曲的消除。其间越来越多的国家采用了有利于国际直接投资的政策和管理规则,而采取相反措施的国家只是极少数例外。这些引资政策广泛涉及放宽对FDI的限制,减少政府对企业的干预,放宽对外资投资比例和产业进入的限制,放松外汇管制,允许给外资提供更优惠的担保,都对扭曲的消除起了作用。2002年Sebastian Ed-wards分析了经济开放和国际资本流动对经济增长的影响,指出控制资本的流动,包括流入流出会导致更高的资本成本,从而对经济增长产生负的影响。不开放下的市场扭曲不利于经济增长。这类研究为发展中国家实行开放政策提供了理论依据。

## 22.2.2　市场化改革是中国吸引全球要素集聚的基础

Jeffrey Sachs等1995年分析了各国经济改革与参与全球化的进程,说明了国内市场化与参与全球化的关系。他指出,原计划经济国家以使本国经济与世界经济一体化为其战略目标。一体化不仅增加了基于市场的贸易和金融流动,而且在制度的融合上还广泛涉及贸易政策、法律法规、税收制度、产权形式和其他各种调节制度。在这些领域的政策改革中,国际规范常常发挥了巨大的决定性作用。

---

① J.Bhagwati, V.K.Ramaswami and T.N.Srinivasan, "Domestic distortions, tariffs and the theory of optimum subsidy: Some further results", *Journal of Political Economy* 77 (1969), pp.1005—1010; J.Bhagwati, The General Theory of Distortions and Welfare, in Trade Balance of Payments and Growth, de. By J.Bhagwati, Amsterdam, North-Holland 1971.

对中国来说,营造吸引外国高级生产要素流入的经济环境,是开放的根本任务;而实现这一任务的根本手段则是改革,即创造一个对外资有吸引力的和熟悉规范的市场环境。在这里我们看到了改革与开放的紧密关系:开放是战略的取向,而改革是实现这一战略的条件。改革的一大主题是将一个封闭型经济改造为一个开放型经济,而开放又是促进国内市场化改革的巨大动力。通过改革实现了开放,又通过开放推进了改革,这就是中国过去 30 多年所走过的路。

开放政策是以改革的方式起步的。1978 年经济特区的建立是计划经济和中央集权管理体制的一大改革。从直接关系看,是中央政府给予地方政府特殊权力,但是从内容上看,这些权力的核心则是地方政府在所管辖区域内拥有给予外资企业优惠政策的权力,拥有对外贸易管理的权力以及人员出入管理权力等,从而在不同程度上拥有自由贸易区意义上的各种权力。而这种改革就使特区从旧体制中脱离出来,形成了外资流入的引力,即要素的集聚。正是要素的集聚,使特区迅速发展起来。从特区扩大到沿海城市,从南方延伸到东部,中国整个沿海地区的大发展就是外部要素流入从而要素集聚的结果。这种集聚不仅包括外资的流入,而且包括由此而带来的加工贸易即国际市场渠道要素的流入,新产品生产即技术、品牌、生产工艺等的流入,新企业被纳入全球生产经营体系即全球生产网络要素的流入,高级经营管理与技术人才要素的流入。构建这种巨大引力的是政府提供的优惠政策,廉价的低级要素供给,以及逐步规范透明高效的生产经营环境。

投资的市场准入和产品的市场开放都属于开放问题,然而二者都要求国内的改革来推动。一些部门长期处于产业保护和行政垄断下发展,效率低下,投资的市场准入就是打破行政垄断,引进竞争,以竞争促发展。国内市场对外资企业开放在扩大吸收外资中起了决定性的作用,事实上也是引进竞争促进发展的改革。C.F.伯格斯坦等认为,30 多年来,中国令人震惊的增长有五个关键因素:一是拥抱了市场的力量,二是经济开放发展贸易和引进直接投资,三是高水平的储蓄率和投资率,四是劳动力市场的结构转型,五是对基础教育的投资。这一分析所说明的正是开放市场的机制及其所形成的要素引进与释放。

### 22.2.3 开放推动下改革的滞后及其对持续增长的约束

开放同样也加快了国内的要素培育。外资企业的大量引进为中国优秀人才提供了高端的就业机会,同时也成为其扩大知识和提高技能的重要平台。中国的优秀人才为外资企业服务也是一种全球化条件下的要素配置模式,外资在中国经营正是为了获得中国的这部分高端优秀人才。这种要素结合方式使中国人才迅速成长,对中国的长期发展具有潜在的贡献。一旦中国资本实力提升,企业家队伍扩大,投资机制成熟,知识型人才自主创业,那么中国就可能形成由自己的资本和人才主导的发展。然而,这毕竟是一个相对较长的和间接的过程,而现在中国人才的相对短缺也制约了中国企业获得高端人才。与此相似的还有技术等高级要素。中国企业不能吸引高端人才更深层次的原因还有企业制度等。总之,改革释放了闲置要素,但却尚未真正形成培育和使用人才、技术等高级要素的体制机制。问题还在于,如果我们不改变中国人才资源短缺的基本局面,不改变投资和技术进步对外资依赖、产品销售对外部市场依赖的基本局面,那么中国在全球化要素合作中的分工地位将不会有根本的改变。

由于发展的主要动力来自外部市场,国内市场的开发相对滞后,即相对于经济增长相对滞后,中国的出口增长速度长期高于 GDP 增长速度。与此同时,改革也未能在内需市场的开发上发挥足够大的作用。原因是多方面的。教育、医疗、社会保障制度的改革相对滞后,使民众对未来担忧增加,从而减少了当前消费。分配制度的不合理扩大了贫富差距,低收入群体的相对收入下降,使消费率在 GDP 中的比重下降。因此,开发国内市场成为实现新发展的关键。事实上,这些滞后改革的一个共同点恰恰是忽略了中国劳动者的提升,忽略了中国自身高级要素的培育,而把发展的战略重心长期放在廉价劳动力这一低级要素之上。在开放促进下的改革释放了国内闲置要素,激活了要素生产率,同时又以持续扩大的外部市场吸纳了不断增加的产出。但是,中国经济这一巨大的外部循环却遇到新的障碍。一方面,中国制造迅速扩大,国际市场容量有限,发达国家低端产业的调整受到抵制;另一方面,一大批新兴国家相继崛起,同样走上低端制造出口拉动的发展道路,与中国的市场竞争日益激烈。中国的巨大制造能力不能长期主要依靠外部市场,特别是不能依赖于外部市场的扩展速度与中国的发展速度相适应,而必须同时建立在国内市场的基础之上。因此,国内市场的开发成为国内改革的新主题,从某种意义上说外部市场的约束形成了开发国内市场的倒逼机制。在激活要素和要素生产率激活产出的外循环机制后,当前中国迫切需要激活产出的内循环机制,这就需要改革宏观调控和微观投资消费等多个方面。

## 22.3　扩大内需：培育高级要素的发展战略

由美国次贷危机引发的国际金融危机导致中国外部市场的显著收缩,对中国经济增长产生了重大影响。从世界经济增长波动本身来看,这一动荡只是短期的。但是,由于中国受到重大影响的内在原因深刻地存在于长期发展战略之中,因而应对这一危机所需要的却应当是一种长期的、发展战略性质意义上的重大调整。

中国已经进入一个新的发展阶段。在一定意义上说,中国完成了快速发展所要求的规模扩张第一阶段的任务,新阶段需要在规模继续扩张的同时更加注重实现结构的升级,从而实现内涵式的发展。这一阶段性的推进是发展阶段本身逻辑的要求,同时也是世界经济环境变化的要求。30 多年来,经济全球化的大发展极大地改变了世界经济格局,今后中国所处的国际环境已经完全不同于过去的 30年,特别是由这些变化带来的对中国不利的外部因素,包括长期的历史性变化与短期的金融冲击和经济衰退,都要求我们考虑对要素集聚与释放战略的调整。就开放以利用经济全球化而言,实现发展的道路不再只限于要素的集聚,而具有适应全球化发展的更广泛的新的含义。

### 22.3.1　对本次国际金融危机原因的分析及对中国发展模式的质疑

众所周知,本次国际金融危机根源于美国的次级房贷。同时,过度的金融创新、缺乏必要有效的金融监管以及信用评级制度的缺失等都具有重大影响,这些因素共同构成了危机的原因。然而,美国也有少数人将本次危机的责任归咎于中国,提出中国的高储蓄导致美国的金融泡沫是这场危机的原因。

这在逻辑上是荒唐的。毫无疑问，次级债的设计、过度的金融创新、无效的监管和缺失的评级等都是美国金融制度自身的问题，无论怎么说都与中国无关。唯一需要稍加理论分析的是美国的过度消费和中国的过度储蓄究竟是谁的责任。在国际收支平衡问题上，中美之间表现为"双赤字"与"双顺差"的关系，或者说是中国以贸易盈余通过购买美国国债等金融资产的方式又借给美国，向美国出口收入的资金又回流到美国。消费信贷是美国拉动经济的法宝之一。消费信贷产生的根源是有效需求不足，这是美国经济体系运行中的内在缺陷。为弥补这一内在缺陷而创造的超前消费模式（以及美国的消费文化），利用次级债创造的金融衍生产品才是金融泡沫的根源。消费信贷产生之时中美之间甚至连贸易都还很小，更谈不上什么中国对美国的国债投资，即使现在，中国买的美国国债也只是储备资产中的一小部分。至于美国政府的巨额财政赤字，则与美国复杂的国内外政策相关，特别是与美国推行国际霸权而需要的巨大支出相关，同样与中国无关。中国的巨额贸易盈余与对外部市场过度依赖相关，也与国内消费投资不足相关，二者都是经济发展的阶段性特征。作为发展初期，中国缺乏国内增长动力，需要外部市场，这是唯一的选择。由于国内市场不成熟，企业发展有限，投资不足；改革滞后，分配差距扩大，消费不足。这些都是一个发展中国家难以避免的发展中的问题。即使中国实现了贸易平衡，也不会改变美国的双赤字模式。众所周知，美国的贸易逆差早在20世纪60年代就开始，直至导致70年代美元黄金本位制的垮台，而当时中国还很少对美贸易。

两国的这些差别导致了中国发展利益的不足和流失，而美国的发展利益却在增加。因为美国不仅廉价享用了中国创造的物质财富，而且廉价使用了中国积累的金融资源，还同时要中国一起承担由此产生的风险。危机的"中国责任论"将两个在表面上看来对称的"赤字"和"盈余"现象解释为两国的共同责任，这种理论显然是肤浅的。

### 22.3.2 本次国际金融危机的启示与开放型发展战略的调整

面对严重的危机，中国仍然必须考虑防范危机冲击的对策，同时也要从根本上思考减少此类冲击的长期战略。这就是扩大内需战略。从危机本身的波动性质来看，金融危机使出口市场收缩，扩大内需似乎是一项短期应对之策，从长期来看，中国仍然可以坚持现有的开放模式。事实并非如此。危机是一种短期波动，但是，从中国自身来看，受其影响较大，却也与现行的开放模式与改革进程相关。现行开放模式对外部市场存在着较高的依赖性。以 2007 年为例，外商投资企业进出口额 12 549 亿美元，占对外贸易进出口的 57.7%，中国 2007 年 GDP 为 32 801 亿美元，出口总额 12 178 亿美元，出口依存度为 37.1%。

国内市场开发不足与改革的进程相关，也与开放的结构相关。开放起步于沿海，也因为沿海的特殊条件易于开放。内地劳动力通过向沿海流动共同获得了开放的机遇，但却因为工资较低且只是个人获得，开放的成果更多体现在沿海，地区差距和城乡差距更大了，在中西部大部分地区和几乎整个农村地区发展是滞后的，从而需求是很低的。沿海的客观地理条件是原因之一，但并非唯一的决定因素。如果国家的整体政策能够从以往对外偏向型的不平衡发展战略继续向前推进，那么内地和农村会获得更多发展机遇，就可能缩小这种差距，从而中国整体的内需也将能得到显著的扩大。在这里，投资与消费起着相互促进的作用。向内地更多的投资实现的更快的发展将会形成更大的消费需求，成为新的增长动力。

扩大内需不但需要国内政策的调整，而且需要对外开放战略的调整。从应对危机的短期来看，我们需要一定力度的出口鼓励以维护出口市场，包括维持低工资优势，维持低汇率水平。但是从长期来看，强烈的出口激励和低工资低汇率就是系统的对外偏向型政策，导致国内生产销售不如对外生产销售，从而不能激励国内投资。因此，在当前短期应对危机政策之后，中国需要适度调整对外偏向的经济政策体系，以鼓励国内投资，激活国内市场。在持有巨额外汇储备的条件下，这一政策调整是完全可能的。

### 22.3.3　扩大内需、要素培育与增长动力的再造

扩大内需作为长期战略是中国增长动力的再造，是增长外部拉动模式的升级。外贸出口与外资流入两大动力在 30 多年的增长中起了根本性的作用，即使再过 30 年我们也不能说二者会完成历史使命，相反会更加成为中国经济增长的内在机

制。中国经济增长的新动力首先将来自进口。外贸将长期是中国经济增长与发展的必要条件,问题是在外贸整体规模继续扩大的同时,需要减少顺差,以减少增长对净出口的依赖。外贸的基本平衡将使出口更多转化为进口能力,从而进口的技术、装备等为自主的发展创造更为有利的条件。这一点与主要通过外资引进技术不同。同时,贸易总量的扩大也将使中国更多从比较优势的实现中获得国民福利的提高,而不只是单纯就业利益。

巨额外汇储备为中国的战略转型提供了良好的条件。对中国来说,外汇储备的持续上升也是发展的阶段性特征。在一个国家的初级发展阶段上,需要为工业化和信息化进行资本积累,因而储蓄大于投资是必要的,出口顺差是高储蓄的表现,外资流入是资本积累的需要。当然无论在理论上还是在实践上,一个国家外汇储备长期持续上升是不合理的,这是外汇资源的浪费。对中国来说,重要的是真正实现储蓄向资本形成的转换,即把由贸易赢得的外汇用于合理的资本装备和高技术进口。只有这样,才是中国自主发展新阶段最必要的资本形成,为长期发展创造基础。这进而涉及国内企业投资能力的提高及其机制的形成。

更重要的是中国经济增长的新动力也将来自内需。政策结构的整体调整将不再单纯地鼓励外资,内资也将得到相同的鼓励。当然,国内投资能力的提高还取决于更多的条件,包括企业家的培育、资本市场的成长、国有企业的再造、本国民营企业的成长等。随着国内投资机制的逐步成熟,过高储蓄率的现象将会逐步改变,对外资的过度依赖状况也将得到改变。在短期内内需扩大的相当一部分来自政府对基础设施的投资,但从长期看投资需要靠企业所进行的产业投资,只有这样,经济才会有持续的内在增长动力。内需的扩大也取决于消费,需要通过消除消费者对长期安全感的担忧而扩大当前消费。更重要的还在于启动农村与中西部落后地区的消费能力,这在短期内可以通过转移支付和消费补贴来实现,而从长期看只能通过这些地区的增长来实现。因此,内需市场的开发关键在于鼓励对中西部落后地区的产业投资,以生产拉动收入,以工代赈,以收入增长实现消费增长。在把外资引向内地困难的客观情况下,应当注重国内投资的形成。这是中国经济长期增长的最重要的动力。

从要素的视角看,扩大内需政策作为国家战略,是一项要素培育战略,这一战略的推进意味着中国从要素引进、要素释放的发展模式提升到要素培育的发展模式。从近来中央政府推出的扩大内需各项政策来看,其主旨体现了三个方面:一是基础设施;二是科技创新和人才开发;三是改善民生。在这里,基础设施是公共产品,是经济运行和长期增长发展的生产要素,是形成国家竞争优势的重要经济要素。注重科技创新和人才开发表明,中国正在从抵御危机中寻找发展的机遇,即推动创新以培育稀缺的技术要素,加强教育以培育稀缺的人才要素。重要的是,这不仅是抵御危机的短期政策,也是国家发展的长期战略。这一战略的推进,意味着中国最终走上一条以培育高级要素为重点的增长与发展道路,这将是中国发展的一个新的阶段。至于民生的改善,在表面上看它并非增长的要素,但却是增长与发展目标的体现。从经济学上讲,正确处理民生问题不仅将改变过去一个时期中分配不合理的现象,而且还将营造巨大的内需动力,改变消费率偏低的国民收入结构。

## 22.3.4　扩大内需与坚持对外开放

扩大内需与开发国内市场的战略不是开放战略的终止,恰恰相反,是开放战略在新的历史条件下的深化。内需是多重意义上的,包括居民的最终消费,也包括基础设施、重大产业建设、科技研发、教育培训等领域的投资,30 多年的发展建立起了一个规模巨大的中国市场,同时也是一个具有巨大潜力尚待继续开发的市场。一方面,巨大的内需市场具有对外资流入的持续吸引力,因而可能成为中国继"引进外资—扩大出口—拉动发展"发展模式后的一种新模式,即"内需开发—吸引外资—拉动发展"模式。另一方面,扩大内需是形成国内高级要素的有效途径。利用过去 30 多年积累起来的资金通过基础设施的建设、新兴产业的培育、科技研发的投入和教育培训的加强,将会形成一批属于中国自己的高级生产要素,从而从根本上改变中国以低级要素参与经济全球化的格局。

扩大内需战略绝不否定继续开拓国际市场,恰恰相反,提高开放水平需要进一步开拓国际市场,而其中的关键正是"全球销售网络"要素的培育。近年来人们已经十分清楚地看到,国际大公司廉价收购中国出口产品,而以高价在国外市场销售,中国只获得了劳动者的辛苦费。事实上,这种利益分配"不公平"的原因就在于中国缺乏"全球销售网络"这一当代全球化生产经营的高级要素,这种要素往往掌控在世界大跨国公司手中。扩大开放和提高开放水平的重点在于建立中国的跨国生产与经营网络,使中国的制造优势真正体现为中国的出口利益。在金融危机的形势下,中国企业要特别关注通过国际并购形成自己的全球生产经营网络。

就这一方面来说,似乎也提出了一个新的理论问题:中国经济是否需要从目前的高开放度逐步转变为低开放度。答案并不是简单的。事实上,就过度依赖外资流入与产品净出口来说,中国开放度并不低,需要降低。但是,就体制而言,对外资流入来说,中国的开放度并不高;就国内市场规范性来说,或者就贸易方式过度偏向于加工贸易和外资企业来说,开放度也并不高。特别是就开放模式上讲的开放水平而言,中国的开放水平也不高。因此,中国依然需要进一步提高开放度和开放水平。

但是,就一个经30多年改革开放发展、国内地区禀赋差别显著的大国而言,中国也可以更好地利用国内地区差别深化国内分工,利用地区间的比较优势实现发展,如果说这一发展在某种程度上影响了开放度,那么这一变化是有利的,因为这进一步开发了大国的特别是高度二元化大国的内在潜力。在资本利用上也是这样。如果改革与政策调整导致形成更多的国内资本,从而降低了外资在全部资本形成中的比重,那么这样的发展也同样是有利的。

# 第 23 章
## 劳动力成本上升削弱了中国的引资优势吗
## ——基于跨国面板数据的经验分析

## 23.1 劳动力成本上升与中国引资优势的相关文献述评

近年来,中国的工资水平不断上升,引起了学者对劳动力成本上升是否削弱中国引资优势问题的关注。理论上,国际贸易与投资理论已经指出东道国劳动力成本对吸引外资的重要作用。邓宁的国际生产折衷理论(OLI)认为,当一个企业面临的市场拥有优惠的税收政策、更低的生产与运输成本、市场规模以及低风险等有利条件时,该企业将从中获利(Dunning and Lundan, 2008),而劳动力成本正是构成生产成本的最重要的部分。新贸易理论也指出东道国(劳动)要素禀赋与跨国投资密切相关。Helpman(1984)的一般均衡模型证明了在不考虑关税壁垒和运输成本的情况下,国家间相对(劳动)要素成本的差异将导致跨国公司及公司内贸易的产生。同时,Shatz 和 Venables(2000)针对水平型 FDI 的研究也表明,水平型 FDI 选择的目标市场是向其出口成本很高的地区,或是在当地建厂成本较低的地区。

然而,现有的关于劳动力成本对中国引资影响的实证研究却并未得出一致结论。鲁明泓(1997),Owen(2004),杨海生、聂海峰和徐现祥(2010)以及田素华和杨烨超(2012)等利用中国的地区数据研究均发现劳动力成本与 FDI 流入呈现负向关系;Wei(1996)基于五个主要对外投资国数据以及刘厚俊和王丹利(2011)利用中国地区面板数据的研究结果,均表明劳动力成本与 FDI 流入呈现正向关系;

Wei(2000)利用包括中国在内的跨国投资数据的分析以及许罗丹和谭卫红(2003)的研究,发现工资水平并不会对 FDI 流入产生显著影响;贺灿飞和梁进社(1999)、张欢(2005)以及陈平和欧燕(2010)的研究则显示劳动力成本对外资流入的影响在不同的时间阶段存在明显差异。实际调查研究的结论也存在较大差异:魏后凯等(2002)与 Ali 和 Guo(2005)发现,低廉的劳动力是吸引外商对华投资的主要因素之一;葛顺奇(2006)对昆山的调研则发现,生产成本低在吸引外资企业的主要因素中排名落后,并不是中国引资的主要优势所在。

已有的相关研究对劳动力成本与中国引资的关系进行了有益探索,但在以下方面尚有所不足:第一,劳动力成本指标选取方面,现有文献主要采用工资水平,如Coughlin 和 Segev(2000)、Chengand Kwan(2000)、Wei(2000)、许罗丹和谭卫红(2003)、Owen(2004)及田素华和杨烨超(2012)等,采用工资指标在劳动生产率相近的地区或国家之间进行比较或许可行,但是对于劳动生产率差异较大的地区或国家,即使工资水平相等,其单位产出的劳动力成本也将存在较大差异,利用该指标难以反映各国家或地区的真实劳动力成本;还有部分文献以人均 GDP 表示一国的劳动力成本(Wei, 1996;廖立兵、陈建国和曹标,2013),该数据易于获得,但该指标受到诸多因素的影响,实证中难以准确反映一国的劳动力成本。第二,现有研究较为关注的是对华 FDI 在中国国内区位分布的决定因素以及不同国家对华 FDI 的影响因素差异,因而往往利用的是中国的地区数据(鲁明泓,1997;Coughlin and Segev, 2000;Chengand Kwan, 2000;Owen, 2004;陈平和欧燕,2010),跨国研究较少且往往集中于对不同时期、不同来源国对华投资影响因素的分析(廖立兵、陈建国和曹标,2013),鲜有文献比较中国与周边国家吸引外资的要素差异、分析中国劳动力成本上升后周边国家对中国引资形成的挑战。

与现有文献相比,本章的不同之处在于:第一,以单位产出劳动成本指标表示一国的劳动力成本,该指标相比工资率而言,兼顾了劳动生产率因素,在国际比较中更为合理;[①]第二,将中国与对中国可能形成引资挑战的周边主要发展中国家的引资要素竞争力进行了比较;第三,利用中国与五个周边主要国家的跨国面板数

---

① 单位产出劳动成本(unit labor cost)指的是,单位产出的劳动投入成本,其计算方法可以利用工资总额除以增加值总额,也可以利用工资率除以劳动生产率。

据,建立变系数模型,考察了各引资要素对不同国家的影响差异及其影响力的时间变化趋势,分析了周边国家究竟在哪些要素方面对中国的引资形成了挑战。

## 23.2　中国与周边主要发展中国家引资要素竞争力比较

　　针对决定外资流入的东道国要素,UNCTAD(1998)指出原材料、低廉的非熟练劳动力及物质基础设施等是寻求资源型 FDI 的主要决定因素,市场规模和人均收入、消费者偏好以及市场结构等因素则是决定寻求市场型 FDI 流入的主要因素;张幼文(2005)、马飒(2014)也认为,外资流入发展中国家既是由于当地的一般劳动力、土地及自然资源等生产要素状况,同时也是一国的市场化水平、市场规模、生产配套能力、基础设施、政府管理经济能力等经济要素水平与对外开放度和参与的贸易投资自由化协议等全球化经济要素水平的综合影响结果。

　　基于现有理论框架,本章主要选取劳动力成本、市场化水平、市场规模、基础设施、政府管理经济能力及全球化经济要素等引资要素进行比较,选择中国及对中国最可能形成引资挑战的印度、印度尼西亚、斯里兰卡、菲律宾以及马来西亚五个周边国家①的引资要素竞争力作为比较对象,时间跨度为 1995—2010 年,部分缺失数据采用回归法进行补充,具体指标含义及数据来源详见表 23.1。劳动力成本反映生产要素禀赋,由于流入六国的 FDI 主要集中在制造业,本章利用制造业单位增加值劳动力成本指标反映劳动力成本,数据来自历年《国际工业经济统计年鉴》、国际劳工组织以及世界银行 WDI 数据库。

　　市场化水平、基础设施、政府管理经济能力以及市场规模等指标反映的是一国经济要素。其中,市场规模采用以 2005 年不变美元计价的 GDP 指标表示,数据来自世界银行 WDI 数据库;市场化水平分别以商业自由度、金融自由度以及知识产权保护度三个指标表示,数据均来自美国传统基金会(the Heritage Foundation)。政府管理经济能力用政府效率指标表示,数据来源世界银行 WGI 数据库;基础设

---

① 囿于数据的可获得性,没有选取越南。

### 表 23.1 主要引资要素与数据来源

| 引资要素 | | 含　义 | 指　标 | 数据来源 |
|---|---|---|---|---|
| 生产要素 | 劳动力成本（ULC） | 制造业每单位增加值的平均劳动成本 | 制造业单位增加值劳动力成本 | 历年国际工业统计年鉴、ILO、The World Development Indicators |
| 经济要素 | 政府管理经济能力（GOV） | 提供的公共服务质量、政策制定与执行效率以及政府信誉 | 政府效率 | The Worldwide Governance Indicators |
| | 基础设施（INFRA） | 交通、信息通讯等基础设施状况 | 百人电话线长度 | The Worldwide Development Indicators |
| | | | 百人互联网用户 | |
| | 市场化水平（ML） | 企业经营环境、金融发展水平、知识产权保护程度以及信息的公正透明等 | 商业自由度 | The Heritage Foundation |
| | | | 金融自由度 | |
| | | | 知识产权保护度 | |
| | 市场规模（MS） | 国内市场的大小与成长速度 | GDP | The World Development Indicators |
| 全球化经济要素 | 经济开放度（OPEN） | 投资领域的开放度与国内市场开放度 | 投资自由度 | The Heritage Foundation |
| | | | 贸易自由度 | |
| | 区域协定（RTA） | 参与的贸易投资一体化的区域一体化协定数量 | 参与的RTA数量 | WTO RTA database |

施采用百人电话线长度与百人互联网用户数指标表示，数据来自世界银行 WDI 数据库。[①]

---

① 由于所选样本国家的交通基础设施差异较大，有的国家铁路运输发达，有的国家公路运输发达，还有的空运和海运发达，相互缺乏可比性，选择其中任何一种交通运输方式比较均难以完整反映各国交通基础设施的真实水平，且囿于数据可获得性又难以综合考虑各种运输方式，同时，本文研究发现交通基础设施指标大小与各国 GDP 有着显著的相关性，因此，本文没有额外加入交通基础设施指标。

全球化经济要素包括经济开放度及参与的区域一体化协议数量,它反映的是一国对贸易与投资自由化的态度以及参与的贸易投资一体化的区域协定情况,前者以投资自由度和贸易自由度指标表示,数据来源于美国传统基金会,后者以各国参与的区域一体化协议数量表示,数据来源于世界贸易组织区域贸易协定数据库(WTO RTA database)。

为便于比较,同时为后续回归分析提供基础,将商业自由度、金融自由度、知识产权保护度、百人电话线长度及百人互联网用户等指标运用因子分析方法综合得到两个主因子:第一个主因子主要提取了商业自由度、金融自由度以及知识产权保护度等市场化水平指标的主要成分,本章将其定义为市场化水平要素;第二个主因子提取了百人电话线长度及百人互联网用户数,定义为基础设施要素。投资自由度、贸易自由度及参与的 RTA 数量通过主成分分析方法共同综合得到全球化经济要素指数。根据计算,1995—2010 年期间,在劳动力成本、基础设施、市场化水平、市场规模、政府效率以及全球化经济要素等决定引资竞争力的主要要素中,中国在六国中的排名及其变化情况详见表 23.2。

表 23.2　中国与周边五国的要素竞争力排名

| 年份 | 劳动力成本 | 基础设施 | 市场化水平 | 市场规模 | 政府效率 | 全球化经济要素 |
|------|-----------|---------|-----------|---------|---------|---------------|
| 1995 | 2 | 3 | 6 | 1 | 4 | 6 |
| 1996 | 2 | 3 | 6 | 1 | 4 | 6 |
| 1997 | 2 | 3 | 6 | 1 | 4 | 6 |
| 1998 | 2 | 4 | 6 | 1 | 4 | 6 |
| 1999 | 2 | 2 | 5 | 1 | 3 | 5 |
| 2000 | 2 | 2 | 6 | 1 | 2 | 6 |
| 2001 | 2 | 2 | 5 | 1 | 2 | 6 |
| 2002 | 3 | 2 | 6 | 1 | 2 | 6 |
| 2003 | 2 | 2 | 6 | 1 | 2 | 6 |
| 2004 | 4 | 2 | 6 | 1 | 2 | 3 |
| 2005 | 4 | 2 | 6 | 1 | 4 | 3 |
| 2006 | 3 | 2 | 6 | 1 | 2 | 1 |
| 2007 | 3 | 2 | 6 | 1 | 2 | 2 |
| 2008 | 4 | 2 | 6 | 1 | 2 | 2 |
| 2009 | 5 | 2 | 6 | 1 | 2 | 1 |
| 2010 | 6 | 2 | 6 | 1 | 2 | 4 |

注:劳动力成本按从低到高排名,其他指标按由高到低排名。

从劳动力成本来看,中国的劳动力成本在 2003 年之前排名相对较为稳定,除 2002 年外均在第 2 位,说明与周边主要国家相比,中国在这一时间阶段确实具有明显的劳动力成本优势。但自 2004 年开始,中国劳动力成本排名开始呈现下降趋势,排名相对靠后,尤其是 2008 年以来,排名下降的趋势更为明显,2010 年中国的劳动力成本竞争力在六个国家中排名最后。由此可见,近年来,中国的劳动力成本优势与周边国家相比确实已经逐步丧失。

从市场化水平方面来看,1995—2010 年中国在六国中一直位列最后,这说明中国在包括商业自由度、金融自由度以及知识产权保护度在内的市场化水平方面明显缺乏竞争力,处于劣势地位。

从其他引资要素看,中国的竞争优势则较为明显。中国的市场规模在六国中自始至终位列第一,具有明显优势;中国基础设施和政府效率方面的排名基本呈现上升趋势,其中基础设施方面,中国 1995 年排在第 3 位,但 1999 年后稳定在第 2 位,政府效率方面,1995 年中国排名第 4,1999 年后持续上升至第 2 位,这说明中国的基础设施条件和政府管理经济能力在不断加强,竞争力不断提升。从全球化经济要素来看,1995—2003 年间中国在六个国家中排名最后,2004 年以后排名总体呈现上升趋势,但 2010 年排名出现大幅下降,由 2009 年的第 1 名骤降为第 4 名。

## 23.3 劳动力成本上升对中国引资优势的经验分析

### 23.3.1 模型与变量说明

前文的分析表明,中国的劳动力成本优势与周边国家相比已经逐步丧失,为进一步分析劳动力成本上升是否已对中国引资优势造成了重要影响,以及中国与周边国家引资因素的影响差异及其变化,本部分利用包括中国在内的 6 个国家、时间跨度为 1995—2010 年的面板数据进行经验分析。

### 1. 模型设定

在参考和借鉴现有文献的基础上,本章构建模型如下:

$$FDI_{it} = \beta_0 + \beta_1 ULC_{it} + \beta_2 ML_{it} + \beta_3 MS_{it} + \beta_4 INFRA_{it} + \beta_5 STOCK_{i(t-1)}$$
$$+ \beta_6 GLOBAL_{it} + \mu_i + \nu_t + \varepsilon_{it} \tag{23.1}$$

模型中,下标 $t$ 和 $i$ 分别代表时间和国家。$FDI_{it}$ 表示第 $t$ 年流入 $i$ 国的外商直接投资;$ULC_{it}$ 是 $i$ 国的单位产出劳动力成本;$MS_{it}$ 表示 $i$ 国市场规模;$ML_{it}$ 说明 $i$ 国的市场化水平;$INFRA_{it}$ 表示总体基础设施水平;$STOCK_{i(t-1)}$ 为 $i$ 国第 $t-1$ 年末的 FDI 存量;$GLOBAL_{it}$ 表示全球化要素水平。$\mu_i$ 为个体变量,$\nu_t$ 为时间变量,$\varepsilon_{it}$ 为回归残差。

### 2. 指标说明

各国每年的 FDI 流入量为被解释变量,同时由于 FDI 具有累积效应或自我强化机制(Krugman,1991;Fujita and Thisse,2002),模型中引入上期 FDI 存量 $STOCK_{i(t-1)}$ 作为解释变量之一,FDI 流量数据来自世界银行 WDI,FDI 存量数据来源于 UNCTADSTAT,本章统一调整为 2005 年不变美元价格。其他解释变量含义、指标与数据来源详见前文表 23.1。

ULC 是本文重点考察的变量,考虑到流入发展中国家的 FDI 以制造业为主,因此,指标选用制造业单位产出劳动力成本(ULC),该指标值由制造业工资总额与制造业增加值总额之比计算得出。关于单位产出劳动成本与 FDI 流入的关系,现有文献研究结论并不一致,因此,该变量系数方向不确定。

市场规模、市场化水平以及基础设施等指标属于一国的经济要素,这些要素尽管不直接计入企业的成本,但却是以 FDI 为载体的生产要素国际流动的重要决定因素(张幼文等,2013),因此将其纳入模型。如前文表 23.1 所示,市场化水平指标 ML 包含了商业自由度、金融自由度及知识产权保护度等指标的主要成分,市场化水平越高,则吸引的外资流入就越多,因此,该变量与被解释变量 FDI 流入量正相关;市场规模 MS 采用一国的 GDP 总量数据,并以 2005 年不变美元计价,该变量是吸引外资尤其是市场寻求型外资流入的重要因素,市场规模越大,FDI 流入量就越多(Wei, Liu,2001;许罗丹和谭卫红,2003;田素华和杨烨超,2012),因此,预计该变量系数为正。基础设施水平 INFRA 由政府管理经济能力及基础设施相关指标综合而成①,主要是考虑到本章的截面较少,变量数过多容易造成估计的偏误,因此采用因子分析方法将多个相关指标综合成一个变量,该方法能够在最大限度内保留原指标信息的情况下减少模型变量数。基于鲁明鸿(1997)、魏后凯等(2002)以及杨海生等(2013)的研究,预期该变量系数为正。

$GLOBAL$ 变量反映一国的对外开放程度,由投资自由度、贸易自由度以及参与区域一体化协议数量等指标综合而成。

为保证各解释变量系数的可比性,各变量数据均进行了标准化处理。

### 3. 模型检验与估计

本章预期建立面板数据模型推断样本空间的经济关系,故模型设定为固定效应模型(Wooldridge,2002)。为确定模型的具体形式,对模型进行 $F$ 检验,构建变系数模型得到 $S_1=22.226\,08$,构建变截距模型得到 $S_2=45.345\,24$,构建不变系数模型得到 $S_3=56.045\,14$,通过计算得 $F_1=1.872\,3$, $F_2=2.347\,6$,由于 $F_2>F(0.95,35,54)$,因此拒绝假设 $H_2$,即拒绝不变系数模型,同时 $F_1>F(0.95,30,54)$,拒绝假设 $H_1$,即拒绝变截距模型,因此,本章模型确定应采用变系数形式。

为比较分析主要引资要素的影响差异及其影响力的时间变化趋势,本部分将分别利用个体变系数与时期变系数模型进一步分析。

第一步,个体变系数模型估计。首先分别针对 $ULC$、$INFRA$、$MS$ 和 $ML$ 等变量建立个体变系数模型,利用似不相关参数估计方法进行估计,结果如表 23.3 所示。

根据四个个体变系数模型结果,总体上看:

第一,$INFRA$ 个体变系数模型、$MS$ 个体变系数模型以及 $ML$ 个体变系数模型中,劳动力成本要素在所有引资要素中对外资流入的系数最小。这说明,劳动力成本要素并非东亚、东南亚及南亚发展中国家吸引外资的主要因素。

第二,$ULC$ 个体变系数模型、$INFRA$ 个体变系数模型以及 $ML$ 个体变系数模型中,市场规模系数均为最大且为正,表明该要素在中国及其周边主要国家吸引外

① 政府管理经济的能力本身反映出政府提供的公共服务基础设施质量,可以视为软基础设施。

表 23.3　个体变系数模型估计结果

| | ULC 个体变系数模型 | INFRA 个体变系数模型 | MS 个体变系数模型 | ML 个体变系数模型 |
|---|---|---|---|---|
| ULC | | 0.139** (2.850) | 0.110* (1.707) | 0.142*** (2.927) |
| INFRA | 0.556** (2.633) | | 0.452* (1.748) | 0.122 (0.608) |
| MS | 1.585*** (8.080) | 1.612*** (10.469) | | 1.627*** (10.201) |
| ML | 1.499*** (−7.315) | 1.086*** (6.006) | 1.242*** (6.190) | |
| STOCK | −0.676*** (−3.806) | −0.658*** (−4.661) | −0.687*** (−4.314) | −0.715*** (−4.900) |
| GLOBAL | −0.300** (−2.440) | −0.298** (−2.946) | −0.205 (−1.407) | −0.339*** (−3.144) |
| 中 国 | 0.371*** (2.938) | 0.681*** (4.852) | 1.839*** (7.982) | 0.311 (1.162) |
| 印 度 | 0.341** (2.121) | 0.518 (0.419) | 1.604*** (7.820) | 1.532* (1.910) |
| 印度尼西亚 | 0.314** (2.560) | −0.305 (−0.885) | 1.363*** (7.391) | 1.49*** (5.171) |
| 斯里兰卡 | 0.237* (1.825) | 0.173 (0.603) | 1.587*** (6.416) | 1.081*** (4.384) |
| 菲律宾 | −0.244 (−1.033) | −0.799 (−0.626) | 1.568*** (4.626) | 1.144*** (3.668) |
| 马来西亚 | 0.217 (1.498) | −0.594 (−1.745) | 1.106*** (5.076) | 1.541*** (6.931) |
| | ULC | INFRA | MS | ML |
| 样本观察值 | 90 | 90 | 90 | 90 |
| Ad.$R^2$ | 0.575 | 0.787 | 0.674 | 0.763 |
| F 值 | 8.527 | 21.578 | 12.48 | 18.876 |

注：表中省略了常数项，括号内为 $t$ 值，*、**、*** 分别表示在 10%、5% 和 1% 的水平上显著。

资中发挥的作用最大,该要素水平越高,吸引的外资就越多。这与 Wei 和 Liu
(2001)、许罗丹和谭卫红(2003)以及田素华和杨烨超(2012)等的研究结论基本
一致。

第三,所有模型中,FDI 存量与外资流入呈现出负相关,这可能由于 FDI 在一
国或地区的空间集聚存在明显的第三方效应(the third country effect),即周边国
家或地区将对一国的外资集聚产生影响(Yeaple,2003;Grossman, et al.,2006;
Baltagi, et al.,2007),因而导致中国的 FDI 流入与已有存量之间没有同向变动。

第四,在所有模型中,全球化经济要素系数均为负,说明该要素水平越高,则外
资流入量越少。可能的原因在于:其一,本章的全球化经济要素由投资自由度、
RTA 数量与贸易自由度指标综合而成,投资自由度的提高能够促进外资流入,但
贸易自由度的增加却可能由于贸易成本的下降,导致市场寻求型的外资数量的下
降,如果全球化经济要素的提高主要来自于贸易自由度的上升而非投资自由度,那
么该要素与外资流入之间必然呈现出反向关系;其二,流入中国及周边主要发展中
国家的外资中市场寻求型 FDI 所占比重相对较大。单独看四个个体变系数模型,
可以捕捉 *ULC*、*INFRA*、*MS* 以及 *ML* 等变量对不同个体的影响差异。

*ULC* 个体变系数模型结果显示:

第一,劳动力成本与中国及其周边主要发展中国家的外资流入均呈现出正相
关作用,这一结果与 Wei(1996)及刘厚俊和王丹利(2011)的研究结论一致。本章
认为造成这一结果的原因可能在于,尽管中国及其周边国家的劳动力成本不断上
涨,但与发达国家相比,其单位产出劳动力成本差距并未缩小[①],没有影响到这些
国家对外资的吸引力,因此,随着单位产出劳动成本上升,外资流入量依然在
增加。

第二,劳动力成本因素在外资流入中的作用存在国家间差异:中国、印度、印度
尼西亚及斯里兰卡的劳动力成本的作用较为显著,但菲律宾和马来西亚等国家中,
该要素并不显著。在所有国家中,中国的劳动力成本显著性水平最高且系数最大,

---

[①] 贺聪等(2009)、王燕武等(2011)以及魏浩和郭也(2013)等研究均表明,中国及其周边主
要发展中国家单位产出劳动力成本上升并未导致其与发达国家之间的单位产出劳动力
成本差距缩小,即这些国家相对发达国家依然具有劳动力成本优势。

为 0.371。这说明与周边国家相比,劳动力成本要素对中国外资流入的作用最大,劳动力成本上升尚未对中国的引资优势造成不利影响。

第三,对所有国家而言,劳动力成本要素在所有引资要素中对外资流入的影响力明显偏低,在所有影响显著的国家中,中国、印度、印尼的 $ULC$ 系数仅稍微高于其全球化水平要素的系数,斯里兰卡的 $ULC$ 系数则低于所有其他引资要素的系数,再次证明劳动力成本要素已经不是这些国家吸引外资的主要因素。

$INFRA$ 个体变系数模型结果中,只有中国的 $INFRA$ 要素作用显著,且系数为正,这表明所有样本国家中,只有中国的硬件基础设施及政府管理经济的能力对吸引外资起到了正向促进作用。模型中 $ULC$ 系数绝对值最小,说明其对外资流入的影响力在所有要素中最弱,$MS$ 的系数值为正且最大,说明该要素对外资流入的作用在所有要素中也最强。

从 $MS$ 个体变系数模型结果看,所有国家的 $MS$ 要素均十分显著,其中中国的 $MS$ 要素系数为 1.839,在所有国家中最大,说明与周边国家相比,中国的市场规模要素对吸引外资的作用力最为显著。其他国家按 $MS$ 系数大小排名,依次为:印度、斯里兰卡、菲律宾、印度尼西亚和马来西亚。

从 $ML$ 个体变系数模型的回归结果来看,中国的市场化水平要素为正,但不显著,其他国家的市场化水平对外资流入则产生了显著的正向作用,且系数均超过1,印度与马来西亚的该要素系数甚至超过了 1.5,这说明中国的市场化水平还落后于周边其他国家,没有对吸引外资发挥应有的作用。本章的市场化水平要素由商业自由度、金融自由度以及知识产权保护度等指标综合而成,因此,这一结果与Wei(2000)的结论基本一致,该文献指出中国的监管过重是阻碍外资流入中国的主要原因。

综上所述,对中国来说:第一,中国劳动力成本系数为正且大于其他国家,说明其劳动力成本上升目前并未阻碍外资的流入,而且与周边主要国家相比,中国劳动力成本吸引外资的作用更为明显,周边国家尚未对中国的引资优势形成挑战;第二,在中国所有吸引外资的因素中,市场规模要素的作用最为显著,基础设施为中国重要的引资要素之一,劳动力成本要素作用相对较小,FDI 存量及全球化经济要素的水平存在反向作用,而市场化水平的作用则并未显现。对中国及周边主要发展中国家整体而言,劳动力成本要素已经不是影响该地区国家吸引外资的主要因素,市场规模在该地区各发展中国家吸引外资中发挥了最重要的作用,其中,在中国表现得最为明显;对中国以外的其他国家,基础设施要素对引资的作用不显著,但市场化水平却发挥了显著的正向作用。

第二步,时期变系数模型分析。为进一步考察主要因素对吸引外资的作用力大小及其随时间推移的变化趋势,本章针对主要解释变量建立了时期变系数模型。从具体结果来看,$ULC$、$STOCK$、$GLOBAL$ 等要素的时期效应并不明显,多数年份回归不显著,限于篇幅,本章仅汇报 $MS$、$ML$ 及 $INFRA$ 三个变量的时期变系数模型结果(见表 23.4 及图 23.1)。

表 23.4  时期变系数模型结果

| MS 时期变系数模型 | | ML 时期变系数模型 | | INFRA 时期变系数模型 | |
|---|---|---|---|---|---|
| $ULC$ | 0.209***<br>(3.339) | $ULC$ | 0.224***<br>(3.977) | $ULC$ | 0.336***<br>(5.149) |
| $INFRA$ | 0.635***<br>(3.415) | $INFRA$ | 0.463**<br>(2.390) | $MS$ | 1.658***<br>(9.116) |
| $ML$ | 1.330***<br>(7.052) | $MS$ | 1.447***<br>(9.101) | $ML$ | 1.344***<br>(6.404) |
| $STOCK$ | −0.172<br>(−1.003) | $STOCK$ | −0.595***<br>(−3.907) | $STOCK$ | −0.721***<br>(−4.192) |
| $GLOBAL$ | −0.218**<br>(−2.269) | $GLOBAL$ | −0.173*<br>(−1.828) | $GLOBAL$ | −0.134<br>(−1.115) |
| $MS$ | 见图 23.1 | $ML$ | 见图 23.1 | $INFRA$ | 见图 23.1 |
| 样本观察值 | 90 | 样本观察值 | 90 | 样本观察值 | 90 |
| Ad.$R^2$ | 0.992 | Ad.$R^2$ | 0.879 | Ad.$R^2$ | 0.706 |
| $F$ 值 | 464.777 | $F$ 值 | 26.966 | $F$ 值 | 9.546 |

注:表中省略了常数项,括号内为 $t$ 值,*、**、*** 分别表示在 10%、5% 和 1% 的水平上显著。

表 23.4 及图 23.1 表明,$MS$、$ML$ 及 $INFRA$ 三个要素的时期效应十分明显,三个模型的拟合优度均高于 70%,其中,$MS$ 时期变系数模型达到 99.2%,说明模型拥有较强解释力度,$MS$、$ML$ 及 $INFRA$ 三个要素对外资流入的作用具有十分明显的时间变动趋势。三个时期变系数模型中,单位产出劳动力成本的偏回归系

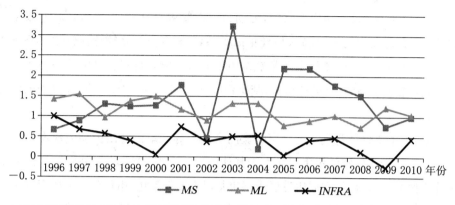

注:MS 要素 2002、2004 年不显著,其他年份均在 1% 水平上显著;ML 要素历年均在 1% 水平上显著;INFRA 要素 2000、2002、2005、2008 及 2009 年不显著,2001 与 2004 年在 1% 水平上显著,1999 年在 10% 水平上显著,其他年份在 5% 水平上显著。

**图 23.1  主要变量作用的时期变动趋势**

数值均较小,在 6 个解释变量系数排名中位列第 5,再次说明 ULC 在中国及其周边发展中国家吸引外资的主要因素中影响力较弱,与个体变系数模型结果基本一致。从图 23.1 可以看出,MS 对 FDI 流入的回归系数自 1996 年以来存在上升趋势,金融危机后其影响系数有所下降,2010 年出现反弹拐点;ML 与 INFRA 的系数变化则相对较为平稳,1996—2010 年间呈现出微弱的下降趋势。

## 23.4  引资要素竞争力分析对中国的启示

### 23.4.1  主要结论

对中国与周边主要发展中国家的引资要素竞争力的比较分析表明:中国单位产出劳动成本的竞争优势正在逐渐丧失,硬件基础设施及软件基础设施(即政府效率)等要素竞争力在不断增强,市场规模要素水平一直领先于周边发展中国家,由商业自由度、金融自由度及知识产权保护度表示的市场化水平则相对落后,全球化经济要素的竞争力水平总体呈上升态势,但近年来有所波动。根据进一步的经验分析结果,本章得出以下主要结论:

第一,在中国所有引资要素中,劳动力成本要素、市场规模及包含政府效率在内的基础设施要素与 FDI 流入呈现正向关系,FDI 存量及全球化经济要素与 FDI 流入呈现反向关系,市场化水平要素作用不显著。所有解释变量中劳动力成本与全球化经济要素影响力相对较低,基础设施与 FDI 存量影响力较大,市场规模影响力最强。

第二,主要解释变量影响存在明显的个体差异。单位产出劳动力成本与市场规模对中国吸引外资的作用明显大于其他国家,基础设施要素对外资流入的影响力在中国非常显著,但在周边发展中国家却没有发挥作用;市场化水平要素在中国周边国家吸引外资中发挥了重要作用(影响系数仅次于市场规模),但在中国其作用却不显著。

第三,对中国及其周边主要发展中国家总体而言,市场规模对引资的影响力最大,劳动力成本要素的作用力低于其他要素。市场规模、市场化水平及基础设施等变量的时期效应较为明显。市场规模要素除在 2007 年金融危机后影响力有所下降之外,其他年份基本呈现上升趋势;市场化水平与基础设施影响力较为平稳。

## 23.4.2 对中国的启示

第一,中国的工资水平持续上升引起了单位产出劳动成本的不断增加,但从实证分析的结果看,这并未阻碍外资流入中国。中国劳动力成本与 FDI 流入呈现出正向作用,且与周边国家相比,中国劳动者工资水平上升尚未削弱中国的引资优势。

第二,个体变系数模型与时期变系数模型的结果均表明,在中国的各引资要素中,劳动成本的影响力度相对较弱,市场规模以及基础设施因素对中国吸引外资发挥了重要的作用。这一结论反映出中国依赖廉价劳动力引进外资发展贸易的方式已经难以为继。随着劳动力成本的持续上升,该要素对引进外资的作用也在逐步弱化,中国未来的引资优势不能仅仅依靠低端要素,必须充分发挥市场规模、软硬基础设施、市场化水平等要素的作用,提升引进外资的综合优势。

第三,市场化水平要素方面,中国明显落后于周边主要发展中国家,且该要素对中国的引资影响不显著,但对周边国家引资却发挥了重要而显著的作用;显然,这是周边国家对中国引资形成的挑战最大的要素。本章中市场化水平由商业自由度、金融自由度以及知识产权保护度共同构成,它所反映的正是一个国家的企业经营环境。中国市场化水平的落后折射出当前中国企业生存与发展环境方面存在缺陷的现实,而要提高该要素的水平,必须依赖于改革的进一步深化。

# 第 24 章
## 要素禀赋结构升级是否有利于贸易收益的提升？
### ——基于中国的行业面板数据

我国开放型经济的发展模式可概括为"外资主导的出口导向型"，即凭借低成本及优惠政策集聚大量国外高级生产要素，积极融入跨国公司的全球生产网络。一方面，中国要素禀赋结构迅速升级，其中资本深化尤为明显，另一方面，中国出口规模日益膨胀，2012 年出口额达到 20 487 亿美元，成为世界头号出口大国。然而出口规模的膨胀是否意味着贸易收益的提升？要素禀赋结构升级对贸易收益提升会产生何种影响？以上两点可归结为两个理论问题，一是在全球生产网络下，如何看待和衡量一个国家和地区的贸易收益；二是贸易收益是如何决定的，影响因素包括哪些，其机理是什么。

## 24.1 贸易收益的内涵及衡量

贸易收益是国际贸易理论的核心命题，研究的是相对于封闭状态，国际贸易对一个国家和地区经济社会等领域的贡献。传统国际贸易理论把贸易收益描述为，通过两个国家的专业化分工及交换，可以改变各自的生产点及消费点，由于消费更多的产品组合从而达到更高的福利水平。Krugman、Helpman 和 Lancaster 等提出的新贸易理论认为从生产者的角度，贸易收益指贸易带来的企业生产专业化、效率提升及产量增加；从消费者的角度，贸易收益指贸易带来的消费产品价格下降及品种多样化。

随着国际分工的不断深入,跨国公司将产品价值链分割为研发、设计、生产、制造、销售等若干环节,并将每个环节配置于成本最低或效率最高的国家和地区,进而形成多个国家参与产品价值链不同环节的垂直专业化分工体系。由于这种生产方式存在大量的中间品贸易,贸易核算中存在着大量的重复计算,Hummels、Ishii和 Yi(2001)把一国出口分解为国内贸易增加值和国外贸易增加值,以贸易增加值来衡量一个国家和地区的贸易收益,从而为贸易收益提出全新的概念及核算框架。此后,采用贸易增加值研究贸易收益的文献逐渐增多,Koopman、Powers、Wang和 Wei(2010)及 Daudin、Rifflart 和 Schweisguth(2011)进一步完善了贸易增加值的核算方法。Neil Foster、Robert Stehrer 和 Gaaitzen de Vries(2011)利用WIOD 数据库,对主要国家贸易增加值进行了核算及要素分解。国内学者曾铮、张路路(2008)通过传统贸易顺差及贸易增加值方法的比较,对中美贸易利得进行界定。李昕、徐滇庆(2013)采用增加值统计法,对我国贸易总额与贸易顺差额进行了重新估算。以上研究为贸易收益研究提供了很好的视角,但不足在于更多集中在贸易统计核算层面,仅仅回答了贸易收益格局“是什么”,而对于“为什么”的问题缺乏进一步的理论解释。

关于贸易收益的影响因素及机理研究,Guillermo Noguera(2012)利用贸易引力模型,研究了优惠贸易协定(PTA)、自由贸易协定(FTA)等区域经济一体化发展对贸易增加值的影响。Hiau Looi KEE、Heiwai Tang(2012)研究了中国按 HS2编码分类的加工贸易出口增加值,发现人民币汇率及外资流入对加工贸易出口增加值产生明显影响。张杰等(2013)利用企业微观数据的研究发现,出口对中国制造业企业增加值率造成抑制效应,政府干预对企业出口和增加值率之间关系造成了扭曲效应。段玉婉等(2013)通过非竞争型投入产出表,指出影响出口国内增加值率的因素包括加工出口比例、加工出口和非加工出口商品结构、各行业直接出口增加值率和技术系数等。

在现有的研究基础上,本章可能的贡献有三:一是从要素禀赋结构升级的角度研究部门贸易收益的差异;二是通过影响机理分析,提出要素禀赋结构升级对贸易收益的影响,取决于贸易的规模效应及增长效应大小;三是利用中国工业部门数据构建面板数据模型,实证分析要素禀赋结构升级对贸易收益的影响,并提出相应的政策建议。

## 24.2　要素禀赋结构升级对贸易收益的影响机理分析

### 24.2.1　贸易收益的内涵及衡量

由于全球专业化分工的需要,大量的原材料和中间品在不同分工国家之间频繁流入和流出。一国的出口通常可以分解为三部分,首先是本国贸易增加值(domestic value added, DVA),即一个国家和地区境内所有要素参与国际贸易和分工获取的要素收益总和。其次是外国贸易增加值(foreign value added, FVA),如中国、墨西哥等为代表的出口加工型国家,其出口需求引致的资源品、中间品进口,实现的是进口国的要素收益。再次是增值折返(re-imports),如以 OPEC、澳大利亚、俄罗斯为代表的资源类国家,其资源出口通过他国的加工后,很有可能通过中间品的形式再度折返回母国,由于这部分实现的国内要素收益已经在初次出口时统计过了,如果折返母国后再次出口的话,则会出现出口部分的重复计算。[①]由于只有本国贸易增加值才是出口实现的本国真正收益,而本国贸易增加值率(domestic value added ratio, DVAR)指本国贸易增加值部分在出口中所占比重,反映单位价值出口在关境内创造的贸易增加值份额,因而可以成为一个国家和地区贸易收益的衡量指标。

根据本国贸易增加值率定义,我们可知:

$$DVAR = \frac{DVA}{EX} \tag{24.1}$$

对式(24.1)取对数并微分可得:

$$dDVAR = dDVA - dEX \tag{24.2}$$

其中 $dDVAR$、$dDVA$、$dEX$ 分别表示贸易增加值率、贸易增加值及出口总额

---

① 黎峰:《全球生产网络下的贸易收益及核算——基于中国的实证》,《国际贸易问题》2014
年第 6 期。

的变动率,式(24.2)说明贸易增加值率的波动取决于贸易增加值及出口规模的变动。相对于规模扩张,效益提升是更为集约的增长方式,在参与国际分工过程中,贸易的效益提升比规模扩张更为重要。由于出口总额(EX)反映的是一个国家和地区融入国际分工的程度及贸易的规模,因而,出口总额的提升(dEX)可称为贸易规模效应(贸易量的增长);而贸易增加值反映的是一个国家和地区通过国际贸易对本地经济增长的贡献,包括本地原材料、中间品配套,国产机器设备的投入及本地就业的增加,因而,贸易增加值的提升(dDVA)可称为贸易增长效应(贸易质的提高)。贸易收益变化的方向取决于贸易规模效应(dEX)及贸易增长效应(dDVA)的大小。如果某一行业对外贸易过程中出现贸易增加值提升速度快于出口规模增加,即贸易增长效应大于贸易规模效应(dDVA > dEX),则表明该行业的贸易收益得到改善,反之,则贸易收益恶化。

## 24.2.2　要素禀赋结构升级与贸易收益

要素禀赋指一个国家和地区生产要素的丰裕程度,要素禀赋结构升级则是指一个国家和地区的生产要素结构出现由低级生产要素密集向高级生产要素密集的提升。随着国际分工演化为要素分工,各国实际上是以自身生产要素参与国际贸易和分工,因而其要素禀赋改变必定对贸易规模及贸易增加值产生影响,进而影响贸易收益。

首先,要素禀赋结构升级将导致产生新的生产结构、生产模式及产业结构,由此,原有贸易结构、贸易方式甚至贸易流向发生改变。根据要素禀赋理论,一个国家和地区倾向于生产并出口密集使用本国丰富要素的产品,而进口需要密集使用本国稀缺要素的产品,因而当其出现要素禀赋结构升级时,将有可能出现三种情况,一是随着资本、技术要素的不断增加,增加机电产品、高新技术产品等资本技术密集型产品的生产规模,相应减少劳动密集型、资源密集型产品的生产规模,进而导致贸易结构的变化;二是随着技术、品牌、销售渠道等高级生产要素的增加,倾向于更多生产并出口自主知识产权产品,甚至发展服务贸易,相应减少技术含量相对较低的加工贸易规模,进而导致贸易方式的改变;三是随着高级生产要素的逐步积累,生产制造成本不断提升,一个国家和地区倾向于把生产环节转移到国外,通过对外投资配置国外资源,因而导致贸易流向的改变。而贸易结构、贸易方式及贸易流向都将导致贸易规模及贸易增加值发生变化,产生不同程度的贸易规模效应及贸易增长效应。

其次,要素禀赋结构升级有利于提升全球价值链分工地位及本地配套能力,产生更大的贸易增长效应,进而影响贸易收益。根据波特的价值链理论、"微笑曲线"原理及张幼文的要素收益理论,在全球要素分工过程中,由于稀缺性的差异,高级生产要素往往获得比低级生产要素相对更高的收益。随着高级生产要素的增加,一个国家和地区参与全球价值链分工得以提升,如由原先的简单加工组装升级为零部件生产制造,出口产品技术含量的提升意味着更多的贸易增加值。此外,相对于简单加工组装,零部件生产制造将产生更大的产业关联,带动本国上下游关联产业的生产,从而获取更多的贸易增加值。另一方面,随着资本、技术要素的不断增加,本地的研发、制造能力得以加强,生产配套能力的提升将产生明显的进口替代,由此对本地经济增长产生更大的关联效应和拉动作用,进而在国际贸易中创造更多的贸易增长效应,获取更大的贸易收益。

综上所述,要素禀赋结构升级通过改变贸易结构、贸易方式及贸易流向,提升全球价值链地位及本地配套能力等途径影响贸易收益,其影响的方向则取决于要素禀赋结构升级产生的贸易规模效应及贸易增长效应的大小(见图 24.1)。

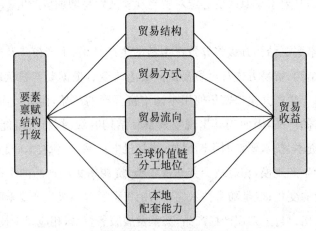

图 24.1　要素禀赋结构升级对贸易收益的影响机理

## 24.3 要素禀赋结构升级与贸易收益的实证检验

### 24.3.1 计量模型

在处理截面 $N$ 相对较大、时间跨度 $T$ 相对较小的短面板数据时,一般采用静态面板数据模型。为进一步探讨要素禀赋结构升级(factor endowment upgrade, $FEU$)与贸易收益($DVAR$)的关系,本章利用 1995—2011 年中国 15 个工业行业的面板数据,研究要素禀赋结构升级是否促进了中国贸易收益的提升,为此,分别采用 $FEU$ 的线性、二次型及三次型形式建立静态面板数据模型进行比较。考虑融入国际分工程度的因素,引入垂直专业化率(vertical specialization, $VS$),同时引入要素禀赋结构升级与垂直专业化率的交叉项,分析由于垂直专业化水平不同,要素禀赋结构升级对贸易收益影响的差异,此外引入若干控制变量,构建计量模型如下:

$$\ln DVAR_{it} = \alpha_0 + \beta_1 \ln FEU_{it} + \beta_2 \ln VS_{it} + \beta_3 \ln (FEU \times VS)_{it}$$
$$+ \beta_4 \ln control_{it} + \varepsilon_{it} \tag{24.3}$$

$$\ln DVAR_{it} = \alpha_0 + \beta_1 \ln FEU_{it} + \beta_2 (\ln FEU_{it})^2 + \beta_3 \ln VS_{it}$$
$$+ \beta_4 \ln (FEU \times VS)_{it} + \beta_5 \ln control_{it} + \varepsilon_{it} \tag{24.4}$$

$$\ln DVAR_{it} = \alpha_0 + \beta_1 \ln FEU_{it} + \beta_2 (\ln FEU_{it})^2 + \beta_3 (\ln FEU_{it})^3$$
$$+ \beta_4 \ln VS_{it} + \beta_5 \ln (FEU \times VS)_{it} + \beta_6 \ln control_{it} + \varepsilon_{it} \tag{24.5}$$

其中,$i$ 和 $t$ 分别表示行业和时间,$\alpha_0$ 为常数,$VS$ 为垂直专业化率,$FEU \times VS$ 为要素禀赋结构升级与垂直专业化率的交叉项,$control$ 为控制变量。

### 24.3.2 指标说明与数据来源

模型涉及的主要变量包括:

1. 贸易收益($DVAR$)

采用贸易增加值率来衡量贸易收益。本章利用 WIOD 数据库,通过 KPWW

法,核算出 1995—2011 年中国 15 个工业部门的贸易增加值率作为被解释变量。

2. 要素禀赋结构升级(FEU)

资本劳动比(K/L)通常是衡量一个国家和地区要素禀赋结构的常用指标,而对于后发国家而言,资本劳动比的增加即是要素禀赋结构升级的表现。本章采用资本劳动比作为衡量要素禀赋结构升级的指标,数据来源为历年《中国统计年鉴》。

3. 垂直专业化率(VS)

为反映各国融入国际分工水平的差异,D. Hummels、J. Ishii 和 K. Yi(2001)[①]提出垂直专业化率(VS = 中间品进口/总产出)。本章通过 WIOD 数据库核算出中国的垂直专业化率,以此来反映各部门融入国际分工水平的差异。

4. 控制变量

通常一个行业的贸易收益与该部门的盈利水平、生产率水平及市场竞争水平相关,本章引入的控制变量包括行业利润率、行业平均工资和行业竞争度。行业利润率(industry profitability, IP),反映部门的盈利水平,数据来源为历年《中国统计年鉴》。行业平均工资(industry wage, IW = 行业总劳动报酬/行业就业人数)反映部门的生产率水平,一般而言工资与劳动生产率成正比,平均工资高的部门往往拥有较高的生产率水平,数据来源为 WIOD 数据库。行业竞争度(industry competition, IC)以非国有企业销售收入占比来衡量,反映部门的市场竞争水平,数据来源为历年《中国统计年鉴》。

### 24.3.3 实证分析结果

通常静态面板数据模型的估计方法包括最小二乘法(OLS)、广义最小二乘法(GLS)、可行广义最小二乘法(FGLS)、最大似然估计法(ML)和广义矩估计(GMM)等。相对其他估计方法,FGLS 能够对异方差进行较好修正,而且需要的自由度最小,因而针对短面板数据更加有效。本章采用 FGLS 方法分别对模型(24.3)、模型(24.4)及模型(24.5)进行估计。模型估计结果显示,首先,模型

---

① D. Hummels, J. Ishii and K. Yi, "The Nature and Growth of Vertical Specialization in World Trade", *Journal of International Economics*, Vol.54, No.1, June 2001.

(24.3)—模型(24.5)均通过了 $F$ 检验及 Hausman 检验,表明可以采用固定效应模型。其次,就研究要素禀赋结构升级与贸易收益的关系而言,模型(24.3)的估计效果最差,模型(24.4)有所改善,但主要变量仍显示为不显著,模型(24.5)估计效果最好,除了控制变量 $IP$ 外,所有变量均显示为在 1% 的置信区间上显著(见表 24.1)。

**表 24.1　估计结果比较**

| 变　　量 | 模型(24.3) | 模型(24.4) | 模型(24.5) |
|---|---|---|---|
| $\ln FEU$ | −0.212<br>(−1.31) | 0.432<br>(1.60) | 4.573***<br>(3.849) |
| $\ln(FEU)^2$ | | −0.121***<br>(−2.951) | −1.354***<br>(−3.936) |
| $\ln(FEU)^3$ | | | 0.136***<br>(4.315) |
| $\ln VS$ | −0.67**<br>(−2.367) | −0.819***<br>(−2.907) | −0.947***<br>(−3.499) |
| $\ln(FEU \times VS)$ | 0.143*<br>(1.765) | 0.199**<br>(2.439) | 0.223***<br>(2.851) |
| $\ln IP$ | 0.052<br>(0.416) | −0.077<br>(−0.588) | 0.097<br>(0.741) |
| $\ln IW$ | 0.358***<br>(3.319) | 0.449***<br>(4.075) | 0.355***<br>(3.304) |
| $\ln IC$ | 4.204***<br>(8.352) | 4.357***<br>(8.789) | 3.709***<br>(7.467) |
| 常数 | 0.187<br>(0.186) | −0.99<br>(−0.929) | 5.728***<br>(3.08) |
| $F$ 统计量 | 218.47 | 217.25 | 228.30 |
| Wald | 17.08 | 13.28 | 30.10 |
| $F$ 检验 | 58.33 | 60.19 | 46.66 |
| Hausman<br>($P$ 值) | 55.65<br>(0.00) | 57.44<br>(0.00) | 63.38<br>(0.00) |
| 样本量 | 255 | 255 | 255 |

　　注: * 表示在 10% 的置信区间上显著, ** 表示在 5% 的置信区间上显著, *** 表示在 1% 的置信区间上显著。

### 24.3.4 稳健性检验

通常对估计结果的稳健性检验有两个方法：一是采用另外一种估计方法对原模型再进行一次估计，二是选择一个与原模型中某一解释变量相关的变量，用这个新的变量来代替原来的解释变量来进行估计。本章采用全员劳动生产率(Overall Labour Productivity，OLP)作为资本劳动比的替代变量来衡量要素禀赋结构升级，对模型的稳健性进行检验。

稳健性检验结果显示，采用全员劳动生产率作为替代变量后，与表 24.1 相比，估计结果基本一致，模型(24.5)的估计效果仍然最好，大部分变量均显示为在 1% 的置信区间上显著，表明模型估计结果是稳健的，与模型(24.3)、模型(24.4)相比，模型(24.5)可以更好地解释要素禀赋结构升级与贸易收益的关系(见表 24.2)。

表 24.2　稳健性检验

| 变　量 | 模型(24.3) | 模型(24.4) | 模型(24.5) |
|---|---|---|---|
| $\ln OLP$ | −0.354* (−1.66) | 0.485** (2.199) | 0.928*** (3.548) |
| $\ln(OLP)^2$ | | −0.108** (−2.019) | −0.591*** (−3.491) |
| $\ln(OLP)^3$ | | | 0.111*** (2.998) |
| $\ln VS$ | −0.635*** (−4.177) | −0.65*** (−4.305) | −0.845*** (−5.234) |
| $\ln(OLP \times VS)$ | 0.321*** (3.815) | 0.278*** (3.222) | 0.356*** (4.032) |
| $\ln IP$ | 0.032 (0.258) | 0.118 (0.916) | 0.189 (1.481) |
| $\ln IW$ | 0.362*** (3.918) | 0.264** (2.546) | 0.184* (1.761) |
| $\ln IC$ | 3.574*** (5.965) | 3.543*** (5.962) | 3.002*** (4.928) |
| 常数 | 1.30 (1.206) | 1.56 (1.444) | 2.939** (2.549) |

续表

| 变　量 | 模型(24.3) | 模型(24.4) | 模型(24.5) |
|---|---|---|---|
| $F$ 统计量 | 232.86 | 225.69 | 225.30 |
| Wald | 40.50 | 51.20 | 56.17 |
| $F$ 检验 | 101.77 | 102.67 | 92.10 |
| Hausman（$P$ 值) | 41.97 (0.00) | 41.50 (0.00) | 63.84 (0.00) |
| 样本量 | 255 | 255 | 255 |

注：＊表示在 10％的置信区间上显著，＊＊表示在 5％的置信区间上显著，＊＊＊表示在 1％的置信区间上显著。

## 24.3.5　实证分析结论

根据模型(24.5)的估计结果,可以得到以下结论：

第一,1995 年以来,在我国的主要工业部门中,要素禀赋结构升级与贸易收益呈现出一次项系数为正、二次项系数为负、三次项系数为正的三次型关系。表明随着要素禀赋结构升级,我国工业部门的贸易收益波动可划分为三个阶段：

第一阶段,当资本劳动比较低,资本要素相对稀缺时,我国工业部门生产技术水平相对落后,因而附加价值较低。随着增加资本的投入(如引入先进的装备、生产线及工艺),会显著提升工业产品的技术含量及质量水平,产品附加价值的提高导致更明显的贸易增长效应,从而导致贸易收益的提升。

第二阶段,随着资本劳动比的逐步提高,生产制造能力进一步增强,工业产品的国际竞争力及市场份额不断提升,出口规模的急剧扩大导致更明显的贸易规模效应,因而出现贸易收益的下滑。

第三阶段,当资本劳动比进一步提高,更多的资本投入智力投资、技术研发、品牌开发及渠道拓展领域,高级要素的累积将带来全球价值链分工地位的升级,从而获取更多的贸易增加值,更大的增长效应也就意味着贸易收益的提升。

事实上,以我国主要工业部门和出口部门,纺织及制品业、通用及专用设备制造业为例(如图 24.2 和图 24.3 所示),1995 年以来,随着更多的资本投入(包括外资流入),要素禀赋结构迅速升级,与此同时,其贸易收益波动呈现出明显的三次型曲线态势,从而也再次证明了模型估计的结论。

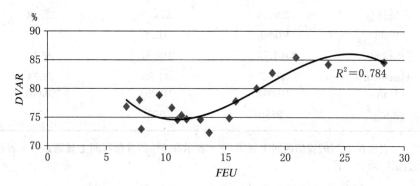

图24.2 要素禀赋结构升级与贸易收益关系的散点图(纺织及制品业)(万元/人)

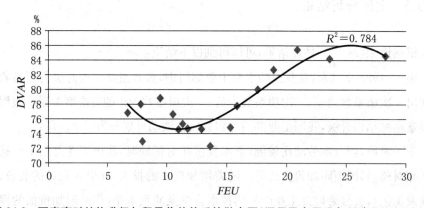

图24.3 要素禀赋结构升级与贸易收益关系的散点图(通用及专用设备制造业)(万元/人)

第二,1995年以来,我国主要工业部门的垂直专业化水平与贸易收益呈现出明显的负相关关系。事实上,随着融入国际分工程度的加深,我国大力承接发达国家产业梯度转移,但由于技术、品牌、营销渠道等高级要素稀缺,更多从事全球生产网络的加工组装环节,成为世界工厂及出口基地。外资主导的出口导向发展模式及"大进大出"的加工贸易特征意味着:一方面,出口规模急剧扩大;另一方面,由于与本地关联度不高,仅能取得较低的贸易增加值。因而,垂直专业化水平提升带来的贸易规模效应大于贸易增长效应,导致贸易收益的下滑。

第三,要素禀赋结构升级与垂直专业化率的交叉项系数为正,表明随着我国融入国际分工程度的加深,要素禀赋结构升级对贸易收益的影响逐步增强,即工业部门的开放度越高,其贸易收益越取决于要素禀赋结构升级,这意味着与一般贸易企业相比,提升加工贸易企业的要素禀赋结构能获取更大的贸易收益。

第四,在控制变量中,行业利润率的系数并不显著,表明我国工业部门的贸易收益与其行业盈利水平并没有表现出明显的相关关系;行业平均工资与贸易收益呈现出明显的正相关关系。表明劳动生产率较高的工业部门拥有较高的贸易收益;行业竞争度与贸易收益呈现出明显的正相关关系。表明市场竞争有利于提升工业部门的贸易收益,垄断会加大社会福利的损失。


## 24.4　提升我国贸易收益的政策建议


贸易收益能力是贸易强国的主要标志。近年来,我国出口规模迅速增长,成为世界头号出口大国,但取得的贸易收益并不高,"大而不强"是我国出口贸易的现实问题。为提升我国贸易收益,推动由"贸易大国"向"贸易强国"转型,基于本章的理论分析及实证结论,提出两点政策建议:

一是加快高级要素培育,推动要素禀赋结构升级。尤其是对于发挥低成本优势的加工贸易企业而言,不应仅仅追求扩大出口规模及市场份额,而应通过加大人力资本、技术研发、品牌开发及渠道拓展等领域的投入,不断提升产品的技术含量及附加价值,获取更高的贸易收益。

二是进一步打破行业垄断,鼓励市场竞争。市场经济条件下,竞争更有利于推动企业更新技术装备、改进生产工艺、提升劳动生产率,进而在贸易中获取更高的贸易收益。为此,应进一步打破国企垄断及行政性垄断,扶持民营企业在市场竞争发展壮大,成为我国参与国际贸易和分工的主力军。

# 第 25 章
## 中国出口大国转型的要素禀赋分析

### 25.1 基于要素禀赋的出口动因

改革开放 30 多年来,中国经济总量年均增速 9.8%,其中,出口作为引擎之一,发挥了重要的作用。"出口拉动"也成为中国增长模式的代名词。[①]尤其是 2001 年加入 WTO 之后,出口与经济总量高速发展并驾齐驱,"中国制造"逐渐风靡全球。"入世"成为中国经济继十一届三中全会后的又一次标志性转折。2002—2008 年间出口同比增速达到了 20%以上,2009 年出口总额 12 016 亿美元超越德国成为世界第一出口大国。但是金融危机以来中国出口的外部环境发生了恶化,出口压力突显。2009 年出口首现负增长,在"4 万亿"刺激政策下出口增速在 2010 年、2011 年反弹到 20%以上,但是 2012 年、2013 年的出口增速又下降到 8%以下,2008 年开始的出口增速下滑趋势并没有改变。有学者提出中国出口增长主要依赖入世的制度优势,在"入世红利"褪去的同时中国出口将面临困难,"出口拉动"面临着考验,亟待转型。

中国是世界第一出口大国,出口在中国经济中占有重要地位,出口的瓶颈与突破是中国经济转型发展的关键。在全球化背景下,中国出口的增长得益于国际资

---

① 也有称之为出口导向型战略、出口导向型发展模式、出口导向型增长方式、出口拉动型发展模式等。

本的流入激活了劳动力比较优势,创造了出口增长的奇迹。要素禀赋是决定中国出口大国转型的关键因素,分析要素禀赋结构的变动是研究中国出口大国转型的重要突破口。禀赋结构的变动不但揭示了过去出口增长的动力,更启示了出口模式转型的方向。

出口转型实质是出口增长动力的转型,P.S.Armington(1969)从国家差异导致边际集约化增长上来分析出口,即认为生产要素的增长导致贸易增长,其模式是要素投入增加带来的出口增长。Paul R.Krugman(1981)提出了产业内贸易模型,该理论突破传统贸易的理论假设,通过规模经济和产品差异解释贸易的发生,解释了一国贸易的扩大主要源于可贸易产品种类的增加。M.J.Melitz(2003)提出了异质性贸易(heterogeneous-firms trade)理论,指出企业间的差异创造了贸易。Pol Antras(2003)提出企业内生边界理论(endogenous boundary theory of the firm),以微观企业为研究对象,企业的生产组织方式的不同导致在生产率上的差异,从而推动了贸易的发展。不同的企业组织要素的差异总体上提高了可贸易品的数量,出口增加。

国内学者对我国出口增长的研究总结下来主要有以下四个方面的因素:(1)外商直接投资(FDI)驱动。许和连、赖明勇(2002)通过协整分析和误差修正模型分析认为 FDI 对出口有正向影响。柴海涛(2005)认为外国直接投资承接全球制造业转移,是进出口高速增长的关键变量。王志伟、侯艺(2011)用引力模型分析指出 FDI 对出口具有显著的正向作用。张红霞等(2005)、牛浩(2009)等的分析都认为 FDI 对出口具有促进作用。(2)技术驱动。冯正强(2008)提出了影响贸易竞争优势的"六因素"模型(包括人力资本、交易费用、技术创新和规模经济以及政策因素和内外部制度兼容度),并用 1985—2005 年的数据,采用协整和 Granger 因果检验对研发投入和教育投入与贸易规模进行了分析,认为中国的知识投入与进出口总额和出口结构之间存在长期协整关系,而且是进口总额和出口结构的格兰杰因。戴觅、余淼杰(2011)认为,企业出口之前的研发投入可以通过增加企业的吸收能力来提高出口的生产率效应。康志勇(2013)运用 2001—2007 年的企业数据,采用 Hechman 两阶段选择模型分析,结果表明中国本土企业的研发对出口增长有显著的促进作用。(3)汇率驱动。强永昌(1999)认为,汇率变动的短期贸易效果主要是通过出口商品价格竞争能力的强化来实现的,长期贸易效果则以潜在比较优势的显化为基础。刘君(2006)利用协整和 Granger 检验认为人民币实际有效汇率的升值对我国的出口结构升级具有促进作用。梁奇、徐原(2006)通过研究汇率波动对中国进口贸易购汇成本、出口贸易结汇收入的角度分析汇率波动对进出口的影响,认为中国出口的最大威胁不是人民币升值,而是未来国际外汇市场汇率变动引起的汇率风险。(4)劳动力成本驱动。魏浩、毛日昇(2003)分析认为改革开放以来贸易结构不断优化,劳动密集型产品出口竞争力提升,这二者共同促进了我国外贸增长。李文溥、龚敏(2010)指出中国"两头在外,中间加工"的模式,出口劳动密集型产品必然是其发展导向。袁文婷(2013)在产业结构细分的前提下,将中国现有劳动力市场、中等职业教育与国际贸易产出之间的偏离度关系进行对比,指出我国低技术的劳动力供给充足,高技术的劳动力短缺,出口与劳动力数量之间存在正向关系。金三林、朱贤强(2013)认为,低成本劳动力是我国制造业出口的主要优势,而当前劳动力成本上升对制造业带来了越来越大的压力。

因此,对出口增长的影响实质上仍然取决于一个国家的要素禀赋,企业异质性仅更加强调了企业作为配置要素这一主体的特殊性,但没有脱离要素禀赋的决定作用。对中国出口增长因素的分析中主要集中在 FDI、技术进步、工资和汇率四个方面,实质上其都属于禀赋因素,我们试图对这些因素进行分析,并据此研究要素禀赋的变化以及出口增长的突破。

## 25.2 模型的建立与分析

### 25.2.1 模型的建立

本章首先采用协整和误差修正模型分析 FDI、汇率、工资和技术因素对出口的影响,为考察要素禀赋对出口贡献以及未来出口转型方向提供基础。考虑到数据的可获得性,本章用技术专利申请数量替代技术进步变量、用制造业工资替代出口行业的工资水平,汇率采用人民币实际有效汇率,FDI 为实际利用外资额度。要分析这些因素对出口的影响,将实证分析模型设定为:

$$\ln EX = c + \alpha_1 \ln FDI + \alpha_2 \ln REER + \alpha_3 \ln PAT + \alpha_4 \ln W + \xi \quad (25.1)$$

其中,$\ln EX$ 代表出口,$\ln REER$ 代表人民币实际有效汇率,$\ln PAT$ 代表专利数量,$\ln W$ 代表工资水平,$c$ 为常数项,$\xi$ 是随机误差项。出口($EX$)数据来源于海关总署公布的月度统计数据,$FDI$ 由国家统计公布的月度实际利用外资额度,实际有效汇率($REER$)用国际清算银行公布的实际有效汇率指数表示,指数增大说明人民币升值;专利($PAT$)数量来源于国家知识产权局公布的国内外职务与非职务合计专利申请数的月度值,工资水平($W$)用国家统计公布的季度制造业工资总额代替。由于工资水平仅有季度数据,因此,分别将出口、$FDI$、$REER$和专利数进行按季度加总,统一为季度数据后进行分析。为了使上述时间序列趋势线性化并消除异方差,对各序列取自然对数,分别用 $\ln EX$、$\ln FDI$、$\ln REER$、$\ln PAT$ 和 $\ln W$ 来表示。

### 25.2.2　时间序列的平稳性检验

由于大部分时间序列数据的生成过程都是非平稳的,为了避免采用协整检验时出现伪回归,在进行时间序列分析时,首先要对数据进行平稳性检验。通常采用 ADF 检验,时间序列数据同阶单整后可做协整检验。单位根检验结果如表 25.1 所示。

表 25.1　ADF 单位根检验

| 变量 | 临界值 | | | 结论 | 检验类型 (C, T, P) |
|---|---|---|---|---|---|
| | ADF 统计值 | 1% | 5% | | |
| dln $EX$ | $-3.714\,976$ | $-4.198\,503$ | $-3.523\,623$ | 平稳** | (1, 1, 4) |
| dln $FDI$ | $-7.505\,187$ | $-4.186\,481$ | $-3.518\,091$ | 平稳*** | (1, 1, 2) |
| dln $REER$ | $-4.790\,941$ | $-2.617\,364$ | $-1.948\,313$ | 平稳*** | (0, 0, 0) |
| dln $PAT$ | $-13.728\,76$ | $-4.186\,481$ | $-3.518\,091$ | 平稳*** | (1, 1, 2) |
| dln $W$ | $-7.522\,004$ | $-4.186\,481$ | $-3.518\,090$ | 平稳*** | (1, 1, 2) |

注:$C$ 代表截距项,$T$ 代表趋势项,$P$ 代表滞后阶数,根据各变量特点选择是否包含截距项或趋势项,根据 AIC 值和 SC 值选择滞后阶数。**、*** 分别表示在 5% 和 1% 的水平上显著。

通过 ADF 检验,可以发现 $\ln EX$、$\ln FDI$、$\ln REER$、$\ln PAT$ 和 $\ln W$ 等都是一阶单整 I(1),故可以进行协整分析。

### 25.2.3 协整检验与结果分析

由于上述 5 个变量都是一阶单整,并且其变量个数大于 2 个,故对它们进行 Johansen 协整检验。Jahansen 协整检验是 Johansen 和 Juselius 提出来的基于向量自回归(VAR)模型的多重协整检验,即通过建立最大特征值(max-eigen)统计量和迹(trace)统计量来估计变量之间的长期均衡关系。在协整检验时,最重要的是确定滞后期,这里通过建立向量自回归(VAR)模型,选择最小的赤池信息准则(AIC)和施瓦茨准则(SC)最优滞后阶数,并结合似然比统计量(LR),来确定最优滞后阶数。AIC 与 SC 结果如表 25.2 所示。

表 25.2　AIC 与 SC 随滞后阶数的变化

| 滞后阶数($P$) | AIC | SC | LR($P$) |
| --- | --- | --- | --- |
| 1 | −6.934 509 | −5.741 916 | 189.493 7 |
| 2 | −7.068 725 | −4.860 582 | 214.046 3 |
| 3 | −8.055 463 | −4.811 482 | 257.220 2 |
| 4 | −8.923 747 | −4.623 142 | 296.860 6 |

由于 SIC 与 SC 的值不同时最小,根据 AIC 确定的最优滞后阶数为 4,根据 SC 确定的最优滞后阶数为 1,故需要用似然比统计量确定最优滞后阶数。这里取检验的原假设为滞后阶数是 1,则似然比统计量 $LR = -2(LR(1) - LR(4)) = 214.733\ 8$,自由度 $f = 4 \times 5^2 - 1 \times 5^2 = 75$,利用@cchisq 函数求得伴随概率为 $2.11 \times 10^{-15}$ 小于 5%,故拒绝原假设,在 VAR 模型中的最优滞后阶数为 4,在进行 Johansen 协整检测时取滞后 3 阶。协整检验结果如表 25.3 所示。

说明这五个变量间存在至少存在两个协整关系,我们关心的是被似然比确定的第一个协整关系。该标准化的协整参数如表 25.4 所示。

表 25.3　Johansen 协整检验

| 原假设 | 迹(trace)统计量检验 | | | P 值 |
|---|---|---|---|---|
| | 特征值 | 迹统计量 | 临界值(5%) | |
| None* | 0.618 445 | 97.210 87 | 69.818 89 | 0.000 1 |
| At most 1* | 0.509 826 | 55.780 36 | 47.856 13 | 0.007 6 |
| At most 2 | 0.345 508 | 25.121 59 | 29.797 07 | 0.157 1 |
| At most 3 | 0.143 402 | 6.894 065 | 15.494 71 | 0.59 |
| At most 4 | 0.005 525 | 0.238 25 | 3.841 466 | 0.625 5 |
| | 最大特征值(max-eigen)统计量检验 | | | P 值 |
| | 特征值 | 最大特征值统计量 | 临界值(5%) | |
| None* | 0.618 445 | 41.430 51 | 33.876 87 | 0.005 2 |
| At most 1* | 0.509 826 | 30.658 77 | 27.584 34 | 0.019 5 |
| At most 2 | 0.345 508 | 18.227 53 | 21.131 62 | 0.121 6 |
| At most 3 | 0.143 402 | 6.655 815 | 14.264 6 | 0.530 6 |
| At most 4 | 0.005 525 | 0.238 25 | 3.841 466 | 0.625 5 |

* 表示在 5% 的显著性水平上拒绝原假设。

表 25.4　标准化的协整关系

标准化的协整参数:(以 $\ln EX$ 为标准)

| $\ln EX$ | $\ln FDI$ | $\ln PAT$ | $\ln REER$ | $\ln W$ |
|---|---|---|---|---|
| 1.000 000 | −0.563 65 | −0.197 47 | −0.207 18 | −0.227 84 |
| | (0.153 39) | (0.125 11) | (0.406 28) | (0.057 81) |

该协整关系可以写成:

$$\ln EX = 0.563\,65\ln FDI + 0.197\,47\ln PAT + 0.207\,18\ln REER + 0.227\,84\ln W$$

$$(25.2)$$

协整向量 $\beta = (1, -0.563\,65, -0.197\,47, -0.207\,18, -0.227\,84)$。

又由于 AR 特征方程的特征根倒数的绝对值都在单位圆内,因此该协整关系式稳定。

协整分析说明出口与 FDI、技术进步、汇率以及工资都存在同向的正向关系，影响程度依次为 FDI、工资、汇率和技术进步。从长期看：(1)1 单位 FDI 的变动能引起 0.563 65 单位出口的增加，说明 FDI 对中国的出口具有重要的影响，FDI 是推动出口增长的主要因素，也反映了中国出口一半以上为外资企业出口的现状。(2)1 单位专利引起 0.197 47 单位出口的增长，技术进步对出口增加有一定的正向影响，但影响较小，这可能因为中国的出口结构以加工贸易为主。(3)人民币实际有效汇率每升值 1 单位，导致出口增加 0.207 18，说明汇率贬值不是引起中国出口增长的原因，汇率对出口的供给影响大于需求影响，人民币升值反而有利于出口。这可能由于人民币升值一方面对 FDI 流入具有吸引力，另一方面对进口原材料和中间品有利，这两方面的正面效果超过了由于升值给出口带来价格的负面影响；(4)工资每上升 1 个单位，可以导致出口增长 0.227 84 个单位。工资与出口有正向关系，但是其作用并不显著，说明工资的上升对出口影响有限，只能通过提高劳动积极性促进产量小幅增加。因此，协整分析验证了中国以外资与劳动力结合的加工贸易模式，中国出口增长的是否可持续增长的关键在于支撑加工贸易的要素禀赋结构是否可持续。

## 25.3  中国出口增长面临的禀赋压力

FDI 作为一种资本要素，其流入改变了中国的要素禀赋结构而形成了新的综合要素结构[1]，促进了中国经济的快速发展。但是中国出口中加工贸易常年占 50% 以上，而加工贸易中来自外资企业进出口又占了 80% 以上。因此，中国出口结构从企业属性看，外资企业占有重要地位，这种结构性的失衡并不是短期能够转变的，在结构转型阶段，FDI 的流入放缓与工资水平上升给出口企业带来了

---

[1]  综合要素结构指由于要素流动引起的一国范围内要素结构的变化，它既包含本国要素，也包括外国要素。

生存的困难。随着全球化的不断推进,严重依靠加工贸易的出口模式也面临着挑战。

### 25.3.1　劳动力数量下降,潜在劳动力不足

廉价劳动力是中国出口增长的重要因素,人口结构是维持以加工贸易为主的出口增长的关键。但是从 2000 年以后,中国的劳动年龄人口增长率迅速减缓,一直维持在 1% 左右。在出生率下降、死亡率基本不变的情况下,人口自然增长率从 1978 年的 12‰ 下降到 4.92‰,人口结构也不断向老龄化迈进,65 岁及以上的人口比例从 1982 年的 4.91% 增加到 2012 年的 9.4%。人口增长率下降带来的是劳动力成本的不断上升。以江苏省为例,制造业年薪 2006 年为 19 647 元,2012 年增长到 42 641 元,增长了一倍多。用工荒现象不断在沿海地区出现,企业发展面临着劳动力成本上升的挑战。图 25.1 显示的是扣除通货膨胀后的实际工资水平,1995 年以来,我国主要行业的实际平均工资水平出现了大幅上升,尤其是外商企业一直处于最高工资水平。1995 年全国合计年平均实际工资为 4 590.94 元,国有企业年平均实际工资 4 746.15 元,外商企业 7 531.62 元,外商企业是全国平均

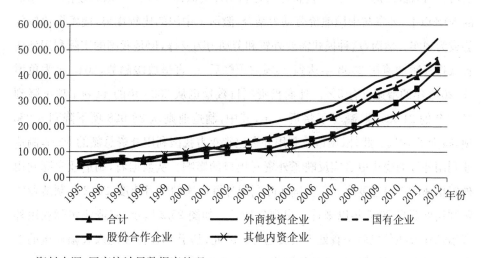

资料来源:国家统计局数据库整理。

**图 25.1　整体与部分行业的工资水平(元/年)**

水平的 1.64 倍,是国有企业的 1.59 倍;2012 年合计平均实际工资为 45 583.82 元,国有企业 47 131.58 元,外商企业 54 471.73 元,外商企业是平均水平的 1.19 倍,是国有企业的 1.16 倍。说明外商企业的工资吸引力在下降,出口加工的劳动力优势在减弱。加工贸易企业面临转型,另一方面,出口加工企业迁移到安徽、河南、山西等内陆地区也面临着困难。第一,在全国人均收入水平提高的同时,内地的生活成本在上升,低工资在内地并没有太大的吸引力。第二,内地远离港口和国内主要市场,加上运输成本内迁而丧失价格优势。第三,内地的青壮年劳动力很大一部分流到了沿海城市,内地实际可利用劳动力有限。所以,加工贸易内迁不具有现实性。而类似富士康这样的企业进行内迁更多还是考虑土地、税收等方面的政策优惠,因此,我国传统的依靠劳动力优势发展的出口加工贸易面临着劳动力成本上升的压力,加工贸易面临着向外转移的趋势,比如耐克、三星等都在将部分产品的生产向印度、越南、柬埔寨等低劳动力成本的国家转移。

### 25.3.2 FDI 增速趋缓,投资项目数量大幅下降

实证结果显示,FDI 是中国拉动出口的最主要因素,外商投资企业的出口额长期占总出口额度的一半。外资企业实际利用外资额常年占我国实际利用外资总额的 60% 以上,外资与中国廉价劳动力结合,激活了中国的比较优势,使发挥比较优势成为现实。然而,这种模式需要外资和劳动力为支撑,但是我国的实际利用外商直接投资额增速在 2008 年达到 23% 的顶峰后,一直呈放缓趋势,2012 年为负增长,2013 年的增速仅有 5%。外商投资项目数量也从 2005 年的 44 001 项下降到 2012 年的 24 925 项,减少了将近一半,其中,制造业则从 28 928 项下降到 8 970 项,减少了 70%。此外,制造业利用外资也常年占我国利用外资总额的 60%,制造业利用外资的变化更真实反映了外资对出口的影响。从数据看,制造业实际利用外资增速的下滑速度也大于全国实际利用外资增速的下滑速度,2012 年制造业实际利用外资自 2006 年以来首次出现负增长。如图 25.2 所示,制造业实际利用外资增速在金融危机后一直处于放缓趋势。因此,基于 FDI 持续流入大幅放缓的事实,中国以外资拉动出口增长的模式将面临挑战。

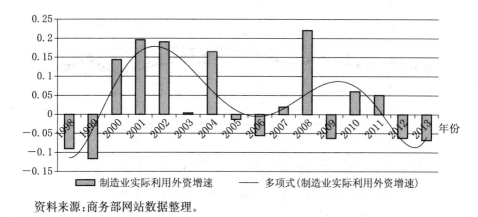

资料来源：商务部网站数据整理。

**图 25.2　制造业实际利用外资增速**

### 25.3.3　存量技术增多，但转化能力不足

经济发展不断向我们证明科学技术的作用,而科技则附着于"人"这一要素之上,1988 年邓小平提出"科学技术是第一生产力"的论断,1995 年中国开始确立实施"科教兴国"战略,2000 年起随着高考扩招,中国的大学生数量快速上升,2000 年中国仅有 556 万名在校大学生,而 2012 年为 2 391.3 万人。与此同时,政府也逐渐重视研发,大中型企业的研发费用从 2000 年的 353.4 亿元增长到 2012 年的 7 200.6 亿元。中国是世界第一人口大国,经过近 30 年在教育、科研上的投入使中国的科技存量有了大幅提高,集中体现在国内三种科技活动的专利授权上,1999 年三种专利的授权数是 9.21 万项,2002 年突破 10 万项,2012 年突破 100 万项,达 116.32 万项。但是在科技存量不断增加的同时,高新技术产业的潜力并没有激发出来,高新技术出口增长缓慢。如图 25.3 所示,全国高技术产业的主营业务收入增长率和高技术产品的出口增长率都不高,从 2003 年以后均呈下滑趋势,并且出口增长自2008 年低于主营业务收入增长率。

同时我们也可以看到,虽然我国的大型企业很多,但依靠科技立足,能够有国际影响力的高新技术企业寥寥无几,这些现象都说明我国的科学技术并没有很好地转化到实体经济中。因此,丰富的科技要素存量既是禀赋压力又是发展后劲,将存量技术转化为真正的生产力是我国出口大国转型升级的关键。

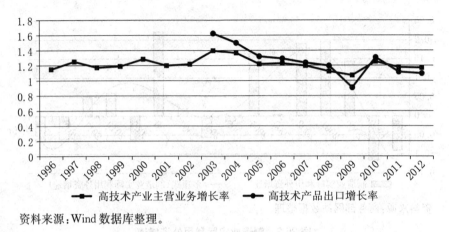

资料来源：Wind 数据库整理。

图 25.3　高技术产业主营业务收入与出口年增长率

### 25.3.4　人民币长期持续升值，汇率优势不再

货币资本也是一种重要的生产要素，它表现为对其他要素的购买力。在全球化经济中，国际购买力通常需要兑换成东道国货币，因此，汇率直接影响了货币资本的购买力，它也是一种生产要素，并且直接影响了进出口。通过汇率贬值提振出口是国家促进出口增长的重要手段，有不少国外学者认为中国的出口增长得益于人民币低估，而国内学者多数认为是中国贸易结构使然。虽然存在争论，但毫无疑问汇率低估确实能够促进出口，然而随着人民币的连续升值，汇率已经上升到一定阶段，2005 年人民币汇率改革后人民币兑美元的汇率从 8 降到 7，目前又逼近于 6，名义升值幅度达 25％。随着中国经济国际地位的提高，以及人民币国际化的推进，人民币兑美元重回 8 时代、7 时代存在困难，试图通过人民币大幅贬值来推动出口增长几乎不可能。因此，当前汇率作为要素禀赋，并不具备拉动出口的优势。

## 25.4　中国出口的突破方向

30 多年在经济中是一个中长期概念，改革开放以来，中国的要素禀赋、经济结构和需求状况都将发生变化,出口大国面临着转型升级。钱纳里(1995)等认为发展中国家经济增长的恰当解释是经济结构的全面转换,经济结构转变在不同国家没有统一的模式,而是受到资源禀赋、初始结构和发展政策的影响,其突出表现了经济发展的阶段性。当前,中国的出口增长面临着来自国内外的因素变化带来的压力,综合要素结构发生了变化,必须在出口上取得新的突破。

## 25.4.1　出口知识劳动密集型产品

劳动密集型产品是从产品的要素投入构成中区分出的产品类型,当产品的要素构成中劳动力占有较大比重时,就属于劳动密集型产品。但是,随着知识的不断发展,知识在经济中的作用不断增强,知识作为一种要素,和体力一样附着于劳动者身上,劳动力的属性出现了分化:分为依靠体力的一般劳动力与依靠知识的知识型劳动力。里昂惕夫之谜的一个解释就是美国的劳动力上附着有更多的人力资本,人力资本即是对知识型劳动力付出的投入。中国劳动力从规模上看仍然具有较大的数值,中国出口转型完全抛却一般劳动力也是不现实的,在潜在劳动力供给下滑的状态下,劳动力内部也将发生结构的变化,一般劳动力减少但是知识型劳动力增加。另外,从知识型要素禀赋上看,中国也有了一定的基础。知识型劳动力主要集中体现在受高等教育水平的人员的数量及研发人员数量上,从近 30 年中国的知识型人才积累情况看,目前已经具备这种可能,整体受教育水平大幅提高。自1995 年起,我国的高中毕业人数就开始逐渐快速增加,自 2001 年起,本科生和研究生的毕业人数也开始快速增加。其中,研究生年毕业人数从 2001 年的 6.78 万人增加到了 2012 年的 48.64 万人,提高了 6.17 倍;本科生年毕业人数也同期从103.63 万人增加到 624.73 万人,提高了 5.03 倍。尤其是在高等教育阶段积累的大量劳动力将转化为未来的知识型劳动力,我国每 10 万人口的平均在校大学生人数也从 2000 年的 723 人增长为 2013 年的 2 335 人。此外,高职、本科和研究生院校的教师数量也有了大幅提高。因此,中国具备了从出口一般劳动力密集型产品向出口知识密集型产品的潜力,这也将改变中国在国际贸易收益格局中的地位,有利于中国出口大国的转型升级。

### 25.4.2 出口技术密集型产品

以要素密集性的角度看经济发展,从劳动密集型向资本密集型或技术密集型转型是从经济发展史中总结出来的一般规律。中国的人均 GDP 在 1978 年是 381.23 元(约 149 美元),属于落后国家,2013 年人均 GDP 为 6 767 美元,进入了中等收入国家之列。调整出口增长的结构从出口大国走向出口强国对于中国经济结构的转型升级跨出"中等收入陷阱"具有重要意义。洪银兴(1997)指出中国的出口战略不能停留在劳动密集型产品替代初级产品的阶段上,必须向以技术密集型替代劳动密集型的阶段上升级。科学技术是第一生产力。通过提高出口高新科技产品是实现出口可持续增长的关键,随着中国要素禀赋结构的变化,科技要素的存量不断提高。首先,积累了大量的专利技术,中国当前的要素禀赋结构基本具备了实现转型升级的可能。一方面,专利量逐年增多积累了大量的专利技术,2012 年中国的专利申请量超过美国成为世界第一大专利申请国。另一方面,中国的研发项目数量以及科技论文、著作等都有了雄厚的积累。这些条件为出口从劳动密集型向技术密集型转移奠定了基础,但是高新技术企业一般研发周期长、资本需求大,因此可以通过政策倾斜给予高新技术出口企业更优惠的税率以及资金支持,大力扶持高新技术出口企业的发展。同时,加大产学研相结合,积极推动科学技术产业化,形成良性循环不断促进技术密集型产品开拓国际市场,提高"中国出口"的科技含量。

综上所述,在劳动力供给潜力不足、外资流入增速下滑的情况下,支持中国出口增长的要素禀赋结构发生了变化,传统的加工贸易发展面临瓶颈。但是,历经 30 多年的积累,中国在知识与科技有了丰富的积累,受教育人数、专利数量、研发投入等都有了较大的提高,在一般劳动力供给减少的同时知识型劳动力数量在增加,在出口总量下滑的同时产品的科技含量有所提高。因此,基于要素禀赋结构的变化,中国出口增长依靠一般劳动密集型向知识劳动密集型和技术密集型产品升级是重要选择。

# 第五篇

## 要素规划:向全球发展战略
## 拓展的对外投资

今天中国正在大规模推进的对外投资将在全球范围规划国家的要素升级。第一阶段要素引进的成果不仅为国内要素培育创造了条件，也为在全球范围更大空间内的发展创造了条件。要素流入完成的是以投资带动贸易的第一阶段，即外商投资带动中国产品出口的阶段。今天中国正在开启投资带动贸易的第二阶段，以中国对外投资带动中国产品出口的阶段。

当前中国的要素优势是资金、外汇，产业的比较优势在传统制造业、装备制造业与基础设施建设。对外投资使传统制造业部分向外转移，除过剩产能转移外，也将逐步形成以中国为主导的产品价值链分工，在其他发展中国家形成投资带动贸易。更令人关注的是国家对外投资战略的推进，"一带一路"战略、亚投行等一批新国际金融机构的成立，标志着中国以国家对外投资带动民间对外投资与贸易发展阶段的开始。这是一个以优势要素带动优势产业出口的发展战略。

当中国开始在要素流动时代走上主动地位的时候，国际投资贸易新体制的建设相应也成为中国开放型发展中的主题。中国积极推进中美双边投资协定谈判，为更广范围内的双边与多边投资协定谈判开辟道路。这些协定将使中国资本更顺利进入他国，特别是通过跨国并购迅速获得一批优质企业，从而获得其技术品牌等高级要素，进而通过与国内互动实现更多高级要素的成长，在国际要素合作中实现更高的收益。

正在全面展现的中国整个发展道路为发展经济学提供了一个全新的案例和理论主题。资金外汇双缺口是发展中国家发展起步的最大难题，而中国通过开放实现的要素流入迅速使双缺口转变为双剩余，进而有条件通过要素培育与全球规划实现要素升级，最终实现产业结构进步这一发展目标。保护还是开放，哪一种更有利于发展，发展如何摆脱依附地位和中心外围结构等，这些问题都得到了清晰的答案。

当中国成为高级要素充裕国家时，当中国以高级要素流动主导国际分工合作时，中国作为一个中等发达国家，就有了坚实的微观基础。

# 第 26 章
## 知识经济的生产要素及其国际分布

## 26.1　知识经济的要素结构

知识经济是有别于工业化经济的人类生产力发展新阶段。正如工业化对农业的历史性变革一样,知识经济对于工业化经济是一场历史性的变革。这种变革导致了经济运行中占主导地位的要素的重大变化。我们需要用一个新的方法来研究知识经济的要素结构。如果我们把生产要素的概念从微观的生产过程扩大到宏观经济的运行上,那么所有决定和影响经济过程的有形无形因素均可看作要素,包括制度要素。对要素概念的这种扩展有利于我们对知识经济进行分析,从而有利于对正在由知识经济改变的全球化经济进行分析。与工业经济相比,知识经济使下列七个要素凸显。

### 26.1.1　知识型劳动力要素

长期以来,劳动力要素被看作是单一的,只有熟练劳动力与非熟练劳动力之分,本质上是数量性差别。这种区分仍然只是对直接生产过程中劳动力差别的区分。在直接生产过程中的劳动力具有的是"知",而在研究与开发中的劳动力具有的则是"识"。知识型劳动力是一种从事创造性劳动的劳动力。知识型劳动力的概念不同于人力资本。人力资本是指投入在劳动力上的资本,是资本化的劳动力,是以资本量表现劳动力的质的差别。人力资本的单位是货币而不是劳动力人数。科学家、工程师和技术人员在社会生产中的作用与直接生产劳动者是不同的。他们是社会总生产的一部分,但不是产品的生产加工者。知识经济的发展要求把这部分劳动力与直接生产过程的劳动力相区别,因为正是一个国家知识型劳动力质量与数量的区别,构成了这一个国家的产业结构特征。

### 26.1.2　知识要素

在知识经济中,知识是第一位重要的生产要素。从社会与人类的发展上讲,知识是非常广义的。但是,从经济学的意义上讲,知识是指可以直接转化为生产力或产品的那些知识。科学是知识,但科学要通过技术才能制造产品。研究与开发是直接形成生产性知识的经济行为,因而一国或一企业的研究开发能力就是它的知识要素的禀赋。研究与开发的投入最终需要通过产品的生产销售得以补偿,知识要素的价值就是以这种方式体现的。当研究开发的成果以专利形式存在时,专利的价格即是知识要素的收入。由于研究与开发的重要性日益提高,它已经从作为企业生产的一部分中分离出来,成为社会分工的一部分,在经济全球化下进而又成为国际分工的一部分。

### 26.1.3　信息要素

信息可以是广义的。从经济意义上讲的信息是指市场信息与技术信息。在现实的经营中,企业获得与未获得某一信息对其经营结果具有决定性的作用。这关系到产品能否找到市场,能否实现最低的成本投入,能否找到客户,等等。由于经济的网络化,经济信息的传递速度更快,信息量更充分、更可靠。分工越细,经济中的信息中介需求越强。在当代,一国的信息化不仅会改变其产业结构从而改变其国际分工地位,而且会改变该国的经济运行方式,从而改变该国在国际竞争中的整体竞争力。

## 26.1.4 金融要素

金融是资金的融通,而作为社会生产要素的金融要素是社会融资的能力。资金融通是任何一个市场经济的基本组成部分,但是,在知识经济中金融的作用不同于制造业经济。在制造业经济中特别是在建立现代化大工业的过程中,货币资本的数量是决定性的因素。在知识经济中,由于风险投资成为高新技术产业发展的主要投资形式,社会对这些产业的金融支持力决定了这些产业发展的可能性。这里需要的不仅有从事风险投资的基金的数量与规模,而且有支持风险投资的经济制度和资本市场。风险投资中包括大量的失败项目,它必然要求在为数不多的少数成功项目中获得更高的收益。这时,对这一成功项目所要求的资本投入回报,不再只是由资本的稀缺性和该项目的产出所决定,而且要求比在平均失败项目的总损失更高的回报。这与传统商业银行要求的投资与贷款回报根本不同。一个国家风险投资的能力决定了这个国家发展知识经济的能力,从而在长期中影响着其国际分工的地位。

## 26.1.5 创新能力要素

生产过程的管理是工业化经济中制造业的关键。知识经济时代,在高新技术产品不断涌现的情况下,把潜在的产品变成现实产品所要求的创新能力起着关键的作用。这里需要的是企业家,因为创新是企业家的本质。在经济全球化条件下,对全球市场的认识和把握比国内市场更复杂。产品创新成为知识经济时代的一个显著特点,创新能力是不可计量的。为了有与其他要素相近的概念特征,可以用具有创新能力、观念和经验的企业家数量来体现一个国家的创新能力。同时,创新在很大程度上是一种制度的产物,经济制度可能激励创新,培养出大批企业家,也可能抑制创新,使大量具有创新才能的人被埋没。知识经济的发展特别需要经济中内在的创新机制,全球化的发展特别需要国家竞争力,这两种因素基本上都是由制度因素所决定的。创新能力会从根本上改变一国在国际经济分工中的地位。

### 26.1.6　核心技术要素

由于技术的发展,产品的技术含量迅速提高。不论是新产品还是老的传统产品,总是有一两个核心部件或核心技术,社会和国际分工的深化已经使一个产品的核心部件的生产与其他部件及整体产品的生产相分离。核心技术要素的稀缺性决定了它不同于其他部件而要求更高的收益。

### 26.1.7　制度要素

运用类似的方法,也应当把制度作为一种要素来看待。全球化条件下的竞争虽然是企业之间的竞争,但是国家制度仍然对其有决定性的影响。虽然不是通过政府的直接帮助,但有的经济制度有利于增强企业的竞争力,而有的却相反。制度差异对全球化竞争具有重大影响。

在工业化经济中,这些要素在不同程度上也是存在的,但它们更多地表现为劳动力或者资本的一种附属物,并在最终产品的价值构成中不具有重要地位。知识经济使这些要素在最终产品的价值构成中的比重大幅提高,从而要求我们将其作为独立的生产要素去认识。必须把这些要素作为新的独立的生产要素来对待的理由还在于,它们是相对独立的,不是可以用其他生产要素在短期内实现转换的。这些要素在很大程度上是资本富裕的产物,但是,一个发展中国家即使引进了大量资本,也不等于可以造就出这些新的要素来。与此同时,我们可以发现,工业化时代经济要素地位下降或在性质上发生了变化。

1. 一般劳动力要素

这里所说的一般劳动力,指体力型劳动力,基本上是制造业生产过程中的劳动力,或"蓝领",区别于直接生产过程以外的劳动力即"白领"。由于研究开发阶段重要性的提高,产品加工制造阶段的重要性下降,社会相对减少了对一般劳动力的需求。一个国家和高新技术产业越是发展,就越是使对劳动力的需要从一般体力型劳动力转向智力型劳动力。特别是从全球化经济的角度看,越来越多的发展中国家和最不发达国家走上了开放型的发展道路,形成了国际市场劳动力的巨大供给,使劳动力要素更加充裕。

### 2. 资本要素

从产业结构历史性进步角度讲，工业化过程的特征是重化工业的发展，需要大量资本投入，资本密集是重化工业的特点。同时，现代耐用消费品的生产也是以大规模流水线为特点，需要巨额资本投入。所以，资本要素在工业化和现代制造业经济中占据了主导地位。正在发展中的高新技术产业是以更高比重的人力资本为特点的，是长期教育训练的投入，它不同于直接生产性资本投入。

研究开发不仅比重大大提高，并且从生产过程中分离出来。资本投入在性质与形式上已经转变为风险投资，贯穿从研究开发到形成市场的全过程，不同于生产型资本投入。从全球化经济角度讲，由于发达国家几百年，尤其是战后几十年的资本积累，世界资金供给十分充裕，加上国际融资方式的改变，生产型货币资本在国际市场上已相当易于获得。

### 3. 土地与自然资源要素

随着工业品的比重迅速提高，对土地的需求迅速相对下降。随着技术的进步，对资源与能源的消耗需求也相对下降，因为新兴产业大部分是非材料消耗型和能源消耗型的。知识经济不再是资源消耗型的工业经济，更不是自然依赖型的农业经济。也许在一个新的意义上，自然禀赋将成为一种高价值的要素，那就是自然景观。因为随着人类生活质量的提高，旅游将日益成为生活的基本内容和消费的主要形式，并且由于经济和文化的全球化而使旅游资源全球化。

### 4. 生产性管理要素

与直接生产在整个经济运行中重要性相对下降一样，生产性管理相对于产品开发、市场营销尤其是全球性营销的重要性相对下降。由于制成品生产在世界的广泛传播，工业品的制造已经普遍化。发达国家成熟产业向外转移中，生产制造也已经规范化。产品的生产阶段变得比较容易，生产性管理要素正在为广大发展中国家所掌握。

## 26.2　当代世界经济中的要素分布

由于知识经济和经济全球化发展，对当代世界经济的要素分布需要用以上"知识经济要素观"和"全球化经济要素观"来分析。对当代世界经济中生产要素分布的分析,可以使我们在一个较深的层次上看到经济全球化对不同类型国家产生不同影响的根源。这是因为,由于知识经济正在崛起之中,而某些要素对于经济的发展起着关键的作用,所以这种分析指出了国际分工的发展趋势。这对于我们认识全球化的深远影响显然是很重要的。例如,在知识型劳动力方面,国际差异是较为显著的。发达国家的这一资源优势明显高于新兴市场经济体、转型经济和发展中国家(地区)。每百万人中平均从事研究与开发的科学家、工程师人数,日本为4 909人,瑞典为3 826人,美国为3 676人,澳大利亚为3 357人。因此,在全球化和知识经济条件下,必须提出"经济发展的全球要素规划",这一发展战略包括以下主要内容:一是从知识经济广义要素的思维出发规划国际要素的利用和引进,而不是单一地考虑资本。资本固然是知识经济发展中不可缺少的要素,但知识经济的核心不是资本。单一地考虑资本只能发展起工业化经济,或者知识经济中的加工型经济。二是不仅要考虑对国外要素的利用,而且要考虑对稀缺要素的创造。因为任何一种形式的国内外要素组合必然包含着收益的按要素的分配规则。三是对本国劳动力要素的利用不只是把他们作为制造业加工工业的劳动力,而要从知识经济的结构特征上看劳动力新的意义。四是不仅要立足于引进外部要素,而且要在世界范围中利用全球各种生产要素,尤其是本国的稀缺要素。五是发展战略的重点不应只是利用外部要素,而且要注重创造自身缺乏的知识经济要素,以形成"动态要素富裕",改变要素的弱势地位。例如,提升教育水平可使制造业劳动力转变为知识型产业的劳动力,其典型表现是软件开发与制造。全球化经济条件下的国际竞争,不再只是产品与企业的国际竞争,尽管对于经济主体来说直接感受到的仍然是产品与企业的竞争。经济全球化使国际竞争具有了三大特点:

一是在空间范围上,竞争从国内转向国际,并且彻底地在全球展开。全球大市场和全球经济是竞争空间。二是在竞争内容上,是要素竞争,包括创造与形成要素优势的竞争,要素争夺的竞争,要素配置方式的竞争等。三是在竞争战略上,是国家的竞争,本质上是制度的竞争,不只是企业的竞争。面对经济全球化,要求我们把对外开放这一基本国策推向一个新的阶段,即全面建设一个开放型经济体系。与过去30多年的政策型开放相比,开放型经济从更稳定的体制和更成熟的机制上保证了对外开放,实现了体制和机制的国际接轨,并以这样的体制和机制去赢得整个国家的国际竞争。"入世"后,我们需要从经济全球化的高度思考我国的发展战略,思考企业的发展战略。如果说经济全球化是世界经济的宏观表现,那么跨国公司就是它的微观企业组织形式。经济全球化的重心是跨国公司。所以,跨国经营是我们在"入世"以后必须考虑的一个中心问题。"入世"以后,国家需要"全球规划型发展战略",而企业则需要"全球组合型经营战略",即跨国经营战略。由于跨国公司既是生产国际化的载体,也是国际经济活动的主体,因此,离开了跨国公司,也就没有经济全球化,没有当代世界经济。一国或一企业不实行跨国经营也就没有进入经济全球化的主流,从而既不可能获得经济全球化的利益,也不可能赢得经济全球化的挑战。鉴于此,一方面是国家全面拉开战场,从传统的依靠本国比较优势竞争转变为在全球范围内进行优势组合的竞争;另一方面是企业调整竞争战略,从原来维护本国市场即坚守已有阵地转变为在全球范围内夺取新的阵地。

目前,我国对外经济发展战略调整的必要性在于,传统出口导向战略正面临着新的挑战。一是在目前世界市场上,发展中国家的传统出口产业已出现激烈的国际竞争,出口对经济的拉动正在转变为经济对出口市场的依赖。二是国际分工的深化使产业布局的国际化加深。各国参与国际分工的方式在越来越大的程度上取决于跨国公司的全球战略,因为产业的国际转移是投资的重要原因。在这种情况下,一国的出口发展了,但产业水平却处于较低的层次,对国民经济的拉动有限。对于出口加工产业来说,发展的作用主要是增加就业,较少在产业关联上产生对整个经济的联动效应。三是发展中国家靠投资发展出口的战略已进入瓶颈,开发当地市场成为跨国公司投资的首要目标。

投资的结果不是发展了出口,而是提供了市场,跨国公司通过直接进入当地市场竞争,改变了国际投资对出口发展的作用。事实上,国际跨国公司早已采用对外直接投资来带动出口。四是我国的出口发展晚于一些新兴市场经济,因此可以实行传统出口导向战略的时间更加有限。

经济全球化的新技术革命也改变了国际分工的原有规律,提供了改变传统发展战略的难得历史机遇。由于跨国公司的直接投资,后进国家可以与先进国家一样,同时发展最新产品。因为产品的生命周期规律发生了变化,产品在不同收入水平国家间依次转移的时间差消失了。由于生产阶段的技术要求降低,新产品的生产可能直接在发展中国家开始,或在发达国家和发展中国家同时开始。市场对新产业发展的重要性进一步提高。拉动新产品的需求因素上升,收入差异障碍减小,代表成熟的夕阳产业的生产要素因缺乏代表知识经济的核心要素,仍然处于要素的弱势地位。从知识经济的意义上,更可以发现这种要素配置的不均衡。作为知识经济主导性要素的金融要素与信息要素基本上只掌握在最发达国家的手中。在金融对经济的引导作用日益显著,信息对经济的核心地位日益显著的今天,金融产业和信息产业成为现代经济的两种主要性产业,哪国先发展了这两种产业,哪国就率先发展了现代经济,从而也就掌握了国际经济的主动权,占据了国际分工的主导地位。金融不仅决定了高新技术产业的发展条件,而且决定了财富的再分配。因为不断涌现的高新技术产业需要风险投资的支撑,而在金融全球化中占优势和主导地位的国家又通过金融渠道不断汲取着其他国家通过制造业生产出来的财富。信息化水平的提高决定了经济运行方式的革命,从而一国经济在世界经济中的主导地位。这种知识经济意义上的要素不均衡与上述全球化经济意义上的要素不均衡,是经济全球化第一层意义上的结构性不均衡。与要素结构不均衡相联系的,是国际分工结构的不均衡。新兴的附加价值高的产业只掌握在一部分国家手中,在全球化经济中,产业结构的国际差异比以往更大。因为全球化经济是信息经济、服务经济,也是高技术产业经济。这些新的经济成分的附加价值大大高于传统产业,而这些知识经济成分却一般集中在发达国家,或者集中在投资于发展中国家的发达国家跨国公司手中。高科技产业由于其高附加值,使国际发展差距将进一步扩大,并形成更深刻的不平等的依存性;信息产业是知识经济中的主导力量,它使经济运行方式发生革命,更强化了信息革命发生国家的国际主导地位;金融业的巨大国际发展差距使美国的金融力量在全世界居于强大的统治地位。现代意义上的国际分工不再是浅层次上的产业的国际分工,而且包括大量深层次上的产品分工,即一产品的各个零部件由各国生产制造。但是,发达国家往往控制着具有核心技术意义的主要零部件的生产制造,而发展中国家即使形成了最终产品的生产线与生产能力,有最终产品较高的本地化水平,也仍然不拥有对产品的主导地位。这是经济全球化第二层意义上的结构性不均衡。

## 26.3 发展中国家在国际分工中的弱势地位

在对国际分工关系的一般分析中,理论上往往指出发展中国家从事农业,一般制造业,而发达国家从事现代工业,从而发展中国家处于国际分工的不利地位。但是这一分析在现代已经不能完全说明问题了。由于经济发展的成就,不少发展中国家已经形成了现代制造业并有了较强的出口能力,而发达国家经济结构提升的结果是现代服务业在国际分工中地位的形成,研究开发成为发达国家参与国际分工的主要方式。因而,在一个新的意义上发展中国家仍然处于国际分工的低层次的弱势地位,主要表现在以下几个方面:

在世界工业生产的国际分工中,高科技产品出口占全部工业产品出口的比重,反映了一国在知识经济时代的国际分工地位。1998 年新加坡这一比重为 58.95%,爱尔兰为 44.55%,美国为 32.96%,荷兰为 29.99%。在新兴市场经济体中,有的十分令人瞩目,其中包括菲律宾 71.45%,马来西亚 54.49%,泰国 30.62%(1997 年),韩国 26.77%,中国香港 20.61%,但大部分新兴市场经济体、转型经济和发展中国家(地区)水平很低:中国 14.53%,俄罗斯 9.15%,印尼 9.74%,巴西 9.21%。服务业增加值在 GDP 中比重的提高反映了经济从制造业向服务业的转变,发达国家在这一基础上构成了以服务特别是专业服务在国际分工中的主导地位。在这一比例上,发达市场经济普遍高于新兴市场经济体、转型经济和发展中国家(地区)。1997 年卢森堡这一比重为 101.83%,美国为 72.04%,法国为 71.54%,比利时为 71.24%。普遍高于同年新兴市场经济体、转型经济和发展中国家(地区)的水平。需要指出的是,由于服务业的广泛内容,有些国家(地区)的水平虽然不低,但事实上只是一般劳务而已,与发达国家的专业服务有着根本的区别。从通信和计算机服务的出口占服务总出口的比重看,发达国家一般在 40% 以上,其中日本和德国在 50% 以上。产业国际化使民族工业概念受到严峻挑战。分工的深化使一个国家不必也不应具备完整的工业体系,新发展起来的产业带上较强的引进标记,国际要素组合使传统民族工业模式受到根本冲击。

国际分工规律的这些变化告诉我们,我们不应再以传统理念考虑我国参与国际分工的方式,不应简单地按我国自己的经济技术水平和要素禀赋来决定我国的国际分工地位。同时,"入世"也将使我国参与国际分工提高到全方位水平:分工不但只是生产制造业的分工,而且要广泛延伸到广义的第三产业。所以,我们应当注重新崛起的服务业的发展和这一层面上国际分工的参与。从传统出口导向战略进一步向前发展,应当实行"全球组合型经营战略"。这一战略的要点是:一要从世界市场格局下组合国际生产要素,规划本国的生产与经营,而不是只从组合本国优势要素出发来经营;二要更好地利用经济全球化体制机遇来实现本国的发展,而不是一般地利用外部市场与要素实现发展。这里包括对国内市场体系与国际贸易投资自由化体系这两个体系的把握与利用。三要把本国经济的发展与全球经济的发展联系起来,而不是一般地接受经济全球化挑战,甚至拒绝经济全球化。四要注重发展对外投资,善于利用国外公平竞争的机会向外扩展。要从总体上改变我国"国内生产,向外出口"的开放方式,转为当代跨国公司普遍采用的"全球生产,全球经营"的模式。

当前,强调我国企业实行全球组合型经营战略具有很大的必要性。这是因为,知识经济的生产要素特征表明,我国在知识经济的发展中存在着明显的劣势,如技术、金融、信息、人才等;传统产业的发展也存在着资源的约束。这要求我国从全球范围中规划资源配置,包括引进和进行全球性组合。全球组合型经营已是当代各国普遍采用的经营模式,在这种情况下,少数国家不采用这种模式必然处于显著的不利地位,失去活力、优势及竞争力。与注重跨国经营的企业相比,只面向国内市场的企业,甚至只知道生产出口的企业只能算做现代小生产方式。我国经济发展已经到了必须开拓国际空间的阶段,这是由人均国内生产总值(主要指沿海地区)、某些产业的生产能力(主要指制造业)的迅速扩展等决定的。

## 26.4 经济发展战略中的全球要素规划

前文论述所基于的一个基本论据就是生产要素对 国国际分工地位的重要性。拥有体现先进生产力的生产要素的国家可以获得在国际分工体系中的主导地位。这一论点的重要性在于它指出了一国改变其国际经济体系中地位的关键在于对代表这一时代先进生产力的生产要素的拥有和掌握。这一论点可以构成国家经济战略的基本出发点。迄今为止,在发展中国家发展战略中占主导地位的,是发挥比较优势的战略,更具体而言是发挥富裕要素比较优势的战略,如发挥劳动力富裕比较优势的战略,发挥资源富裕比较优势的战略。与此同时,开放战略注重引进外资,这可以解释为弥补不足要素。与引进外资相关联的包括引进国外先进技术与管理。这种战略也具有在全球范围中组合要素的特征,但是从全球化与知识经济的角度看,它有其几方面的局限性。一是对要素组合的立足点是利用本国的富裕要素。富裕要素的利用可能使本国闲置的资源得到利用,就业得以增加,但不一定能使本国实现按国民经济发展需要的产业结构进步的目标。结构进步的目标需要其他政策措施来实现。二是发挥富裕要素的比较优势,但不能改变本国的要素结构,从而不能形成新的要素禀赋。三是从知识经济的要素结构来看,这一战略不能有效解决知识经济要素的短缺问题。

全球化条件下知识经济发展所提出的一个严峻挑战是,知识经济的要素并不全像资本要素那样可以直接引进。发达国家拥有这些知识经济的要素,但发展中国家不能采用像引进资本那样的措施。比较优势论说明的是一国参与国际贸易分工获利的必然性,而要素禀赋论说明的则是一国怎样参与国际贸易与分工。所以,"发挥某种要素的比较优势"的说法本身是不科学的。

从资本与劳动力两要素的历史分析上,关于要素的重要性,我们至少可以得到以下结论。一是要素结构既是发展的结果,也是发展的条件。以资本充裕为标志的发达国家的资本来自长期发展的积累(当然也包括原始积累与国际掠夺,而实行国际掠夺的条件仍然是相对更高的发展水平)。资本充裕发展水平也就决定了以资本密集为特征的发展方式及国际分工地位。以劳动力充裕为发展条件的经济难以实现资本的积累,因为发展的收益大部分用于维持劳动力再生产的需要,从而只能继续实行以劳动力密集为特征的发展方式。二是拥有资本要素是在国际分工中占主导地位的根本原因。过去的几百年是人类社会工业化的历史。工业化的特征则是大规模生产,也是巨额的资本投入。资本要素的核心地位既是工业化所决定的,也是工业化经济所要求的资本主义生产方式所决定的——资本对劳动的雇用构成了这一生产方式的基本内容。因此,资本要素不仅决定了一国形成资本主义的先进生产方式,而且决定了首先进入工业化阶段从而在国际分工中居于有利地位。三是体现先进生产力和生产方式的要素始终表现出其较高的稀缺性。新的生产力总是要以新的生产要素为支撑的。而生产力发展的永恒需求和内在动力使新的生产要素表现为稀缺。生产力发展的需求决定了后进国家对体现先进生产力要素的强烈需求,从而使这种生产要素因其更高的稀缺性而在国际分工中居于有利地位。

生产要素的性质及其对国际分工的影响从微观经济学的层面上做了解释。生产要素对国际经济秩序的影响,在现代世界经济中继续显著地表现出来。一是美国对世界经济的主导地位是建立在知识经济要素基础之上的。知识经济的发展是多种新的经济要素的结果,美国因为这些要素的充裕而赢得了进入知识经济的时代跨越。由于资本要素的相对下降,新兴市场经济、转型经济和一些发展中国家发展起了资本密集型产业,甚至积累了资本,但仍然不能在世界经济中占有主导地位。二是美国知识经济发展的条件在于其拥有知识经济的核心要素,而其发展的结果又继续增强着它的发展条件。除经济体制的原因外,美国的知识技术积累与人力资本积累是其高度富裕的资本要素的历史发展的产物。但是这一发展已经使美国不再只是拥有一般意义上的资本,原来的资本要素已经转化为知识经济要素。这些要素并非一个发展中国家引进货币资本就能够形成的。三是拥有知识经济要素是实现国际分工中主导地位的原因。知识经济的成就大幅加强了美国的国际地位,而这种国际地位的基础是在国际经济结构中的主导地位。持续 30 多年的经济增长增强了国力,但更重要的是经济结构的提升。经济的信息化显然是世界各国的发展方向,在信息产业中的领先地位决定了美国在当代和今后相当长一个时期中的国际经济主导地位。四是知识经济的生产要素在当代具有显著的稀缺性。各国在知识经济发展中与美国的差距表明,这些国家在发展知识经济中存在着严重的要素不足,而这些要素集中掌握在美国手中。发展中国家在国际经济中的不利地位,表面上是它们的发展水平,进而产业结构,竞争力等,实际上是它们的要素禀赋地位,即要素禀赋结构的弱势地位。弱势地位的意义在于,在一定的世界产业发展水平下,发展中国家所拥有的生产要素只适合已成熟甚至落后产业的发展要求,而先进的主导生产力发展方向的新兴产业的核心要素则主要控制在发达国家手中。在 20 世纪中后期的工业经济时代,代表现代大工业的资本要素主要由发达国家所掌握,发展中国家只靠拥有的劳动力要素而处于要素的弱势地位。20 世纪末的成功的发展战略使一些国家走上了新兴市场经济的道路,不少发展起了现代大工业,但是相对于已经走上信息化经济的世界来说,发展中国家拥有的仍然是远高于中国的 454 人,泰国的 103 人,印度的 149 人,巴西的 168 人。东欧、中亚和俄罗斯的人数较高,显然是由于历史的特殊原因。事实上在这一数量统计的背后还存在着质量的差异:发展中国家的工程师平均水平一般还会低于发达国家,所以实际的差距更大。又如,在知识要素方面,研究与开发的支出占 GDP 的比重,发达国家普遍高于新兴市场经济、发展中国家与转型经济体。据 1985—1995 年统计,对于这一时期的这一指标,美国为 2.5,日本为 2.9,英国为 2.2,法国和德国均为 2.4,而新兴市场经济、发展中国家和转型经济中除韩国 2.8、新加坡 1.1 外,其余均低于 1。无论是居民还是非居民的专利申请数,发达国家也普遍高于发展中国家和转型经济。非居民在新兴市场、发展中国家和转型经济中申请的专利数较高,显然是发达国家进入这些市场需要得到保护的体现。这不构成后者的科学技术要素。再如,教育是形成知识要素的基础。公共教育的支出和预计受教育的年数在发达国家一般高于其他国家和地区。尤其显著的是高等教育占相应年龄组的百分比,发达国家大大高于其他国家和地区。高收入国家平均为 58%,世界平均为 19%,低收入国家平均为 5%,中等收入国家平均为 15%。同时,在信息化的发展水平上,国际差距也是巨大的。1996 年,每千人拥有的电话主线数量,高收入国家是世界平均水平的 4 倍,是低收入国家的 49 倍;1997 年,每千人拥有的移动电话数,高收入国家是世界平均水平的 4.7 倍,是低收入国家的 189 倍;同年,每千人拥有的个人电脑,高收入国家是世界平均水平的 4 倍,是低收入国家的 120 倍;每万人互联网用户数,高收入国家是世界平均水平的 5.9 倍,是低收入国家的 3 391 倍。值得注意的是,在这些指标中,新兴市场经济与发达国家的差距并不是很大,按单个国家、地区看,有些甚至高于发达国家,新加坡、韩国、中国香港和马来西亚都接近发达国家的水平,这是信息革命进程中的一个重要特点。互联网是现代信息经济的一个标志,一个国家所拥有的互联网网站数在很大程度上体现了这一国家进入信息经济的状况。1998 年每万人拥有的互联网网站数,芬兰为 996.56,美国为 974.97,新西兰为 468.73,澳大利亚为 413.92,远高于新兴市场经济体、转型经济和发展中国家(地区)。中国香港为 108.02,匈牙利为 73.15,捷克为 63.79,韩国为 33.95,中国内地为 0.16。

# 第 27 章
## 要素流动与全球经济失衡的历史影响

当前全球经济的失衡并不在于短期政策性因素,也不在于中期的周期性因素,而在于历史性的长期因素,这些因素改变了世界经济运行方式,而世界还没有形成对其有效的调节手段。这就是 20 世纪 90 年代以来全球化发展所形成的世界经济新格局与新运行机制。今天全球经济的失衡集中表现在国际收支与汇率水平上,但它的基础却是全球化加速下的国际要素流动。要素流动深刻改变了全球经济的运行方式,是失衡的历史性原因,也使我们看到其影响的历史性。

## 27.1  全球经济失衡的时代背景:经济全球化

自从中美战略性对话后,"国际体系"问题引起了人们更多的关注,中国在这个体系中的地位问题更值得研究,因为这不仅关系到如何评价中国的国际地位,而且关系到中国在国际体系中的战略制定。国际关系学者从政治的角度对这个体系进行了研究,但是碰到一个矛盾,美国要中国成为一个"负责任的利益相关者",但中国的软硬实力告诉我们对自己在世界格局上的影响力应有清醒的认识,我们不可能去改变这一格局,更不应当去挑战这一体系。中国的国际地位更多基于经济的高速发展,也许从世界经济体系上更易于我们看清中国的地位。从全球化经济的观点来看,世界经济体系经历了如下四个历史阶段。

(1) 中心—外围阶段:从工业革命起至二次大战前。殖民地和落后国家是这个体系的外围,而欧美工业国是这个体系的中心。

（2）垂直分工阶段:从二战后到 20 世纪 70 年代。独立国家开始发展经济,但原材料与初级产品加工的经济结构表明其在世界经济体系中处于低端,分工是垂直化的。

（3）水平分工阶段:从 20 世纪 70 年代到 20 世纪末。跨国投资的发展使一批成熟的产业转移到发展中国家,后者加快了工业化步伐,尤其是出现了一批新兴工业化经济,分工的垂直性减弱,水平性增强。

（4）要素合作阶段:也可以说是水平分工的更高级阶段。从 20 世纪 90 年代经济全球化大发展开始,国际投资进一步大发展,广义的生产要素流动范围更加扩大。亚洲国家集聚了美国等发达国家大量资本、技术、标准、品牌、优秀人才、跨国生产经营网络等,使这些国家的生产出口成为全球生产要素组合。

在全球化中大幅增强的生产要素的国际流动从根本上改变了传统的国际分工方式,即由主要使用本国生产要素进行的生产出口,转变为各国生产要素在某些国家的集聚,并进行面向世界的生产。这就是经济全球化下国际分工的新概念:"要素合作型国际专业化"。

全球化导致的这种要素集聚带来了生产出口在亚洲国家的集中,使世界经济运行的方式发生了变化。与传统的各国生产分工相比,生产的全球性布局对国际贸易的影响更为重要。跨国投资通过两种途径增加国际贸易,一是价值链全球分布的延长,二是生产在少数国家的集中而销往全球。

于是我们就看到了以中国为代表的亚洲国家的核心能力所在,那就是"要素的集聚能力"。这一能力来自这些国家开放型的体制、超低的劳动力成本和国内体制改革释放的活力。

但是需要指出,全球要素流动是存在着体制偏向的,高级要素的流动是充分的,而低级要素的流动则是不充分的。资本、技术、优秀人才、标准、品牌、跨国经营网络、跨国企业组织等极易流动,而加工型劳动力、土地、自然资源基本不能流动。这就导致了生产能力由高级要素拥有国家向低级要素拥有国家的流动的特征,生产加工能力从而出口能力向低级要素拥有国家的集中,广义高级要素以资本形成向低级要素拥有国家集中,而金融财富向高级国家返流的基本特征。

## 27.2　全球经济失衡下世界经济格局的主要特征

　　这样我们就看到了全球经济失衡的形成机制：一方面，全球化要素流动使中国及其他亚洲国家集聚了大量生产要素，利用其低劳动力成本进行生产出口。另一方面，跨国公司构造全球的低价供应平台，使美国需求增加不带来通货膨胀的上升；美国从国际投资中更多获利，财富增长，从而导致更高的消费和贸易逆差。

　　要素集聚导致生产国家的集聚，这尤其体现在以中国为代表的亚洲国家。世界生产配置的新格局导致了世界经济运行的新格局。

　　生产在亚洲国家的集聚，必然导致出口能力的迅速提高和贸易顺差的扩大。但是这种出口的扩大并非主要是亚洲国家全要素生产率的体现，而只是这些国家低劳动力价格的体现。发达国家投资国在这一地区集聚各类高级生产要素的事实被这些国家迅速提升的出口能力掩盖了。

　　过去十几年迅速发展的经济全球化，集中表现为跨国公司国际投资，使美国构建起了一个全球的供应平台。当美国政府刺激需求时，只会引起进口增加，而不是国内供给增加。同时，进口主要来自中国和亚洲国家，且因中国资本市场未开放，所以进入的资本只能增加固定投资，而较少流出，更加快了新生产能力的形成，以及中国以这种方式对世界经济影响力的提高。另一方面，中国的低消费又要求以外部市场拉动增长。美国在亚洲国家的投资既增加了高级要素的收益，扩大了财富积累，又因为进口的低价格抑制了通货膨胀。金融资产升水使储蓄进一步减少，消费进一步扩大，从而增加了美国的贸易逆差。

　　发达国家资本与各类高级要素净流出总量增长，财富的国际布局变化，在不同类型国家之间，财富积累的速度存在着巨大差异。发展中国家低级要素的收益主要转化为劳动力再生产成本即最终消费，而发达国家高级要素的收益或转化为高级要素再开发，或转化为金融资产的积累。

## 27.3　全球经济失衡调节的无效性和不利性

以上分析表明,由要素流动形成的全球经济失衡是长期的,而不是短期的政策性因素,所以不可能通过个别国家的政策调整来改变。美国的高消费是世界经济的拉动力,美国的资本、技术和亚洲国家的低生产成本是促进世界经济增长的最佳组合,汇率调节将不利于这种动力的发挥和这种组合的继续扩大,所以对世界是不利的,也是违背经济全球化趋势的。

是否应要求亚洲国家提高货币汇率,在于如何看待亚洲货币重估的压力来源。亚洲货币重估的压力来源,正是来自全球化的机制,即要素的单向流动以及生产出口的集聚。对中国来说,双顺差不是短期政策的结果,而是中国以特殊方式参与全球化,全球化要素流动偏向性的表现。汇率变动可能改变这种要素流动的速度和全球化生产重新布局的进度,这对全球经济是不利的。全球经济失衡的基础是要素的流动,这是不能也不应当通过亚洲国家的汇率变动去改变的。通过亚洲货币的升值来调整全球经济的失衡不是有效的办法。首先,亚洲个别国家的货币升值只会改变对美国的出口来源,不会改变整个亚洲的国际分工地位。其次,亚洲普遍的高汇率可能减少亚洲的出口并增加其进口,美国可能减少贸易逆差,但这是与过去十几年跨国公司进行的全球生产布局相背离的。再次,货币升值并不会改变亚洲国家高储蓄率的发展模式,也不会改变其发展阶段,从而不会改变贸易投资的双顺差格局。

在全球经济失衡中,中美关系有典型的意义,其基本格局的维持对全球经济是重要的。

当然也要指出,全球化和世界经济格局的转型应当是渐进的,如果转型过快使主要国家不能适应,那么短期调节仍然是必要的。在目前来说,美国加息以抑制消费,中国适度抑制投资的过快增长是有意义的。中国的固定资产投资是全球平均水平的两倍,所以中国对世界少数产品形成较大的影响。中国适度紧缩经济可以减少固定资产投资,在一定程度上起到带动油价回落,对全球经济失衡的缓解有一定作用。其实中国调节的也并非传统意义上的中国经济,而是在这块土地上的开放的中国经济。

鉴于全球经济失衡的性质与原因,调节的目标不在于汇率水平,而在于储蓄投资水平。亚洲国家应当提高自身的投资能力,以将自己的储蓄更有效地转化为投资,从而减少对外部资本的依赖。另一个问题是,国际收支失衡是全球财富重新布局的结果,而这一布局正是发展中的经济全球化。问题不在于减少或消除这种布局,而在于缓和其所带来的不公平分配。

## 27.4  中国在世界经济体系中的地位

巨大的要素集聚能力使中国在国际经济中的地位迅速提高,要素集聚是当前中国的核心能力所在。

当代世界经济中的三大能力——创新能力、购买能力以及国家要素集聚能力,中国拥有一个半。而在总体上没有创新能力,这是中国的最大弱点。中国有巨大的购买力,但因为中国经济规模大,购买力并不完全来自本国。除了迅速增长的国民收入及巨大的投资需求外,相当一部分购买力本身就来自要素集聚:跨国公司在中国的投资导致进口需求增长,经济规模在要素集聚中迅速扩大了进口需求,特别是在华外国人及其商务活动的需求。要素集聚能力源于开放和国内的体制改革,是中国核心能力的来源。

对外采购和要素集聚的市场开放度是中国政府可以调控的对象,这就使要素集聚能力可以作为提升中国国际地位的重要力量。中国在世界市场上的购买力迅速上升使政府采购在对外政策中的重要性大幅提高。典型的是中国对民用客机的需求,除了经济本身高速发展外,国内市场的需求很大程度上来自经济的开放,在中国土地上发展起来的跨国企业的需求。

人民币升值压力是中国要素集聚能力的一个缩影,外贸及外资双顺差都是全球化把中国放在加工制造地位的结果。因汇率是国家主权,所以也是中国国家能力的一个方面。

但是我们也要看到,在持续运用中国的要素集聚能力与中国实现真实国力的持续增长这两者之间是存在着一定矛盾的。要素集聚能力是中国抓住经济全球化机遇,提升国际经济地位的核心能力。但是,当中国这种能力是通过过度的政策激励实现时,就包含着不必要的利益外流。另一方面,不分清集聚世界要素形成的生产规模与真实国力之间的区别,则既不利于国力的持续提升,也不利于国际战略。

## 27.5　全球化世界经济均衡理论的研究方向

经济全球化导致了全球化经济的形成。全球化经济是一个新的经济系统。作为市场经济系统,它与国民经济具有相似性;但作为世界的唯一系统,它不存在外部关系,又与国民经济不同。因此,如果把经济全球化中目前尚存在的障碍排除,那么全球化经济就是一个新的封闭型经济,它的均衡应当是与国民经济均衡相似的。但是,目前的全球化经济仍然是一个国民经济的总和,存在着货币的国家差异,是国际经济关系中的特殊因素。同时也存在着国家的政策因素,不断影响着由市场决定的对外经济关系。因此,全球化经济的均衡是一个十分特殊的主题。在理论上,我们可以说应当有全球化经济总体的均衡,它不是以各国的均衡为条件的;但是在目前阶段上,我们只能以各国对外均衡的总和作为全球化经济的均衡。从理论上讲,世界经济的均衡应当是克服世界性衰退、世界性失业和世界性通货膨胀,并实现世界经济的持续稳定增长;通过世界经济的机制和制度安排,促进世界经济的协调、均衡和持续发展;开放性经济均衡不是世界经济均衡。但是在实践上,这个过程在全球化的目前阶段只能由各国来分别完成,各国都只能致力于开放经济的对外均衡。正是这个矛盾,使我们难以处理全球化经济均衡与各国经济对外均衡要求两者之间的关系。较低的通货膨胀率和较高的经济增长,是全球化经济均衡的标准。在实现这一均衡中,不同的国家可能存在着传统意义上的对外不均衡。如果说世界经济均衡的目标就是改变这种不均衡,那是与经济全球化要求不一致的。实现全球化经济的各国的均衡是长期的,只能是各国参与全球化方式的趋同。

简而言之,全球经济失衡问题及其解决是一个全新的理论和实践问题。

# 第 28 章
## 要素流动的结构与全球经济再平衡

在过去的 40 多年中,国际直接投资推动了经济全球化,极大地深化了国际分工与合作。然而,今天人们面对一个不平衡发展的全球化经济,全球化的可持续发展面临着新的挑战。生产要素国际流动的结构分析有效地揭示了经济全球化的推进过程与全球化经济的运行特征,揭示了当前全球化经济不平衡的成因,并启示着走向全球化经济可持续发展的道路。

## 28.1 要素流动的结构与经济全球化的生产布局

20 世纪 70 年代起,跨国公司崛起,国际直接投资快速增长,世界经济的特征发生了巨大变化。国际直接投资在全球流动的过程中,与之一起流动的还包括技术、人才、品牌、营销网络等生产要素。以跨国公司为主体,国际直接投资为载体的要素流动成为世界经济运行的本质特征,从根本上改变了世界经济的运行方式和发展格局。生产要素从流动状态上可以分为易流动要素(包括货币资本、技术、品牌、管理方法、营销网络等)、不易流动要素(包括一般劳动力)和不流动要素(包括土地、矿产资源等)。另外,从生产要素的形成成本、一定阶段上的供求关系以及分析时特定的时间空间三个层次上把要素分成高级要素和低级要素,这种等级差异既表现在不同要素间,也存在于同种要素间。①要素的等级能通过其获得的附加值和流向表现出来,一般情况下高级要素附加值高、易流动,低级要素获得附加值低、不易流动或不流动。迈克尔·波特将生产要素分为初级生产要素和高级生产要素,初级生产要素是指天然资源、气候、地理位置、非技术工人与半技术工人、融资等;高级生产要素则包括现代通信的技术设施、高等教育人力(如电脑科学家和工程师)以及各大学研究所等。一个国家的生产要素中只有极少数是先天得来的优势,绝大多数需要长期技术开发,而且所需的投资情况又有很大差异。初级生产要素在竞争优势中的重要性在减弱,高级生产要素的重要性在加强。这里的高级生产要素、初级生产要素和高级要素、低级要素有相近之处。稀缺性决定了要素的相对价格,在现实经济中生产要素往往处于不平衡分布的状态,发达国家拥有的高级要素相对集中,这些要素在新兴和发展中国家则是稀缺的、昂贵的。但是,逐利的驱使加上高级要素的易流动性使得这些要素具有天然的跨国流动动力。国际直接投资的本质是生产要素的国际流动——货币资本、技术、品牌、管理方法、营销网络等生产要素随着跨国公司的国际直接投资活动进行跨国流动。在要素的国际流动中总体特征是高级易流动要素向低级不易流动要素所在地区和国家流动,低级要素充裕国家成为高级要素流入的集聚地。这种流动形成了三个层面上的结构特征。

### 28.1.1　国家结构

国家结构即国家综合要素结构②,要素流动由发达国家向发展中国家流动为主,特别是向实行开放型发展战略和国内市场化较快的国家流动,使后者形成高速增长并以出口拉动本国经济的发展道路。一国的开放政策是要素流入的前提条件,在经济全球化的背景下,世界经济非同寻常地融为一体,对外开放有利于发达

---

①　不同要素具有差异性比如同一国家地区的技术、资本与一般劳动力的区别;不同国家地区的同一要素也具有高低之分,比如都是服装品牌耐克和其他品牌就有很大的差异。
②　综合要素结构是指一国国境内各类生产要素存量水平之间的相对比例关系,这些要素既包括本国的也包括国外流入的。它强调是地域上的概念,一国的综合要素结构随着要素国际流动而发生变化。

国家高级要素的流入。这种流入改变了开放国的国家综合要素结构,同时还会通过溢出、扩散效应影响该国的经济发展,因此,综合要素结构改变对一国经济的发展具有基础作用。根据《2012 年世界投资报告》数据统计,2011 年发达国家的直接投资流出量为 1.24 万亿美元,占全球 FDI 流出量的 73%。①另外,《2011 年世界投资报告》的数据显示,2010 年发展中经济体的直接外资首次接近全球总流入量的一半,其直接外资流出量也创造了历史最高水平,大部分资金流向其他南方国家。②发展中国家和转型经济体近年来 FDI 的流入量在不断上升。随着 FDI 的流动变化,发达国家的高级易流动要素和流入国的低级不易流动要素相结合的同时,各国的综合要素结构也发生了变化。流出国由于高级要素的转移引起相关产业的劳动力、技术、资本等得到释放,间接优化了国家要素结构,流入国则由于高级要素直接优化了要素结构。Robert Gilpin(1987)指出"通过技术转让和知识扩散,霸权国家向发展中国家提供工业化和经济发展所必要的技术和专门知识"。实际上这种扩散效应即是高级要素通过跨国公司的国际直接投资从发达国家流向新兴国家的过程。世界银行统计表明,2007 年美国的劳动力构成中接受过高等教育占61.1%,墨西哥为 17.3%,巴基斯坦为 24.2%;美国每百万人中的研发人员平均数为 4 673、德国 3 535、巴基斯坦 160、中国 1 077 。③发达国家人才在劳动力中的占比较高,研发人员的比例也较高,说明他们拥有更多的高级要素。相反,在总劳动力数量上,中国、印度、巴西等国家比美国、德国、法国等发达国家有明显的优势。如果将世界经济比作一个圆环,发达国家位于环心,向外依次是新兴经济体、发展中国家,那么生产要素的国际流动是高级要素从环心向环外扩散的过程。

## 28.1.2 产业结构

在生产要素国际流动的同时,产业结构也发生了变化。传统产业而不是新

---

① UNCTAD, *World Investment Report 2012*, New York and Geneva: United Nations, 2012, P.169.

② UNCTAD, *World Investment Report 2011 Overview*, New York and Geneva: United Nations, 2011, p.iv.

③ 世界银行数据库,http://data.worldbank.org/indicator/。

兴产业出现大规模国际转移,传统产业生产向部分新兴经济体集聚,同时前一轮产业革命进入后期,发达国家出口能力下降。根据经济周期理论中的康德拉基耶夫周期理论,大约每 50 年世界经济出现一轮繁荣衰退的长周期。从 20 世纪 80 年代起的经济繁荣在次贷危机后开始转向,以信息技术为特征的产业革命进入了后期。在传统产业转移而新兴产业没有形成出口能力的情况下,发达国家出口能力下降。这种转移类似于 Vernon 提出的产品生命周期理论,发达国家的成熟传统产业的产品生产转移到新兴国家,这些产业转移伴随着跨国公司的投资行为,是一种主动式的要素组合,是和各个国家的要素禀赋相适应的。另外,某些具有污染性质的传统产业由于受发达国家环境标准的限制而被迫转移到新兴国家。比如家电业由于产品在发达国家步入衰退阶段转移,炼钢产业由于污染严重生产集中到了新兴国家。因为跨国公司的投资目标是获得利润,当传统产业在发达国家需要的成本大于新兴和发展中国家时,将其转移出去就是适宜的。并且,新兴和发展中国家具有传统产业所需要的土地、一般劳动力、能源等不易流动的生产要素。相反,新兴产业更多地需要资本和高级技术人才,而这些是新兴和发展中国家所稀缺的,新兴产业转移出去缺乏进一步发展的"土壤"。美国经济学家 Sen(1984)认为,劳动力密集部门的比较优势过去曾是发达国家经济增长的源泉,现在迅速转移到新兴国家并为其提供了出口机会。但是,伴随着传统产业的大规模国际转移,要素流入和流出国的产业结构发生变化,新兴经济体出现了传统产业占主导的结构,而发达国家则以服务业占重要地位。当前,国际贸易中仍然以传统产业的制造品为主,发达国家的出口能力出现了下降,世界经济凸显了贸易失衡。例如,统计数据显示,在 1978 年改革开放前中国的对外出口以初级产品为主,初级产品占出口商品总值的比例在 50% 以上,1978 年,初级产品出口占中国出口的 53.5%,工业制成品出口占 46.5%。1990 年,初级产品和工业制成品比重转变为 25.6% 和 74.4%,工业制成品在出口产品中的比重大幅提高。①

---

① 中央政府门户网站,http://www.gov.cn/test/2009-09/11/content_1415347_3.htm。

### 28.1.3　分工结构

以形成价值链分工方式的要素流动,形成东道国发展高新技术产业加工贸易或传统产业的品牌化生产等的生产能力与出口贸易。在价值链分工中,发达国家处于价值链的高端,新兴国家处于低端。在要素国际流动的过程中,发达国家的高级要素流动到新兴国家,能够形成东道国的高新产业加工贸易。另外,具有知名品牌的跨国公司通过在东道国其他代工厂生产后贴牌销往全球,也形成了出口能力。这里的要素流动不是带动整个产业的转移,只是产品价值链的一部分转移到东道国使世界的分工结构发生了变化。全球价值链分工打破了传统分工的国家边界,突出了跨国公司在国际分工和贸易中的主导地位,推动了国际分工主体由国家向企业过渡。企业竞争优势与国家比较优势发生了分离,企业的竞争优势不仅是来源于一国的比较优势,而且是世界各国的比较优势。跨国公司的投资行为带来的要素虽不是东道国所有,却可为东道国所用。在要素国际流动的过程中,东道国以其特有的禀赋优势参与到全球的价值链分工中,也改变了本国的要素结构。同时,一方面由于存在"干中学"效应,另一方面由于流入产业的获利效应导致东道国其他企业的效仿,这些都有利于东道国发展高新技术加工贸易,从而提高东道国在分工结构的地位,改善价值链分工。世界经济的分工结构从中心—外围阶段、垂直分工阶段、水平分工向要素合作阶段深化,新兴国家集聚了发达国家的资本、技术、品牌、人才、跨国生产经营网络等,这些国家的出口成为全球要素组合。比如可口可乐的配方在美国而灌装基地遍布世界各地;麦当劳、肯德基依靠其品牌在各国生产出不同口味的产品;丰田的研发基地在日本而组装工厂分列在中国、墨西哥、巴西等国家。

要素流动的结构在变化的同时也改变了经济全球化的生产布局。新兴和发展中国家成为传统产业的中心,发达国家主要发展新兴产业。在全球的生产布局中,发达国家是高级要素的所有者,获取了较高的收益,而主要的产品出口国却获得了较少的收益。虽然这种布局和收益是不平衡的,但是整体上却推动了世界经济的进步。

因此,经济全球化的历史条件使新兴国家从根本上改变了发展战略,既不是采用发展本国比较劣势产业的进口替代战略,也不是采用发展本国比较优势产业或扶持比较优势产业的出口导向战略;而是以引进外资拉动出口弥补外汇和资金双缺口的"规模型出口拉动战略",可以简称为"出口拉动",而非出口导向战略,不是通过若干产业的进步拉动结构进步式的发展。传统的发展经济学将出口导向和进口替代作为落后国家发展的两种模式,这两种模式都是从产业的角度上,通过发展相关出口产业或者进口替代产业提高经济发展水平。"出口拉动"通过引进外资解决了缺外汇和缺资金的双缺口,并且在拉动经济层面上不仅指产业上的拉动,还是规模上、总量上的拉动。引进外资在扩大出口的同时,也促进了东道国相关产业的发展。虽然相关产业有了改善,但是高级要素仍然掌握在发达国家中,真实的产业结构进步并没有在规模扩大中实现。

并非所有发展中国家都能够有效实现上述发展,只有成功构建经济要素与全球化经济要素的国家才能实现要素流入式的发展。前者指无法计入企业成本但又对企业的决策产生重要影响的国内相关因素,在外延上其具体包括一国经济的市场化水平、市场规模、生产配套能力、要素的相对丰裕度、基础设施、区位因素、政府的经济管理能力等;后者是指一国的经济开放度、双边或多边的贸易投资协定等有利于推动全球化的政策和制度安排。因此,经济要素和全球化经济要素是生产要素国际流动的制度保障和必要条件,东道国只有采取相应开放制度并有国际环境配合才能成为主要出口国,才能通过"出口拉动"发展经济。

## 28.2　全球化经济的生产布局及其贸易效应

三层结构意义上的要素流动结构形成了三重生产布局与贸易流向效应,并决定着全球贸易不平衡的原因。

### 28.2.1 开放型的新兴和发展中国家出口增长迅速

开放型的新兴和发展中国家实现迅速发展,其更快的市场化与生产率提升,注重出口的发展战略加上廉价劳动力与资源环境低成本导致原本具有比较优势的产业具有更高的出口竞争力。采取开放型的新兴和发展中国家为要素流动提供了条件,跨国公司以降低生产成本为主要目标的战略使其将高级要素迅速转移到这些国家,使这些要素和东道国闲置的廉价低级要素相结合。这种结合和东道国在封闭条件下发展相比,不但有技术优势,还有管理优势,并且可以很快投入生产,激发出东道国内在的发展潜力,实现快速发展。中国改革开放后 30 多年经济的高速发展一定程度上即得益于外国直接投资,使得资本、技术、管理等和中国的劳动力相结合形成出口加工贸易,"出口拉动"成为中国经济增长的重要动力。许宪春等(2007)利用投入产出表统计分析我国单位出口对产出的拉动在 2002 年—2007 年有了大幅提升。[1]根据 2012 年《中国统计年鉴》:1980 年中国的工业制成品出口额是90.04 亿美元,进出口总额 181.19 亿美元;2011 年与此对应的出口额是 17 978.36 亿美元和 18 983.31 亿美元,工业制成品的出口增长了 200 倍,而进出口总额仅增长了 105倍,其中,机械与交通设备增长速度最快,达到了 1 070 倍。2011 年,外商投资企业出口额为 9 952.3 亿美元,超过了该年出口总额的一半。[2]

### 28.2.2 产业全球转移与消费格局不相适应

虽然传统产业生产地转移与集聚,但消费依然是全球性的,因此,转入国必须出口。特别是转出国已经形成的相关产品消费需求通过转移获得低成本生产必然要求进口。产业转移总的来看具有两方面的效果:一是在短期由于产业转移,转入国之间会产生竞争,甚至恶性竞争;二是在长期随着转入国经济的发展,由于该国

---

① "中国 2007 年投入产出表分析应用"课题组:《出口导向经济模式的形成、问题与前景》,《统计研究》2011 年第 2 期。

② 数据来源于中国统计局网站:http://www.stats.gov.cn/tjsj/ndsj/2012/indexch.htm。

财富增加,导致增加本国产品需求的同时也增加对转出国新的需求。当前经济全球化持续的时间并不长,产业转移主要还体现在前一种效应上。要素流动带来的传统产业转移仅仅是生产的转移,由于产业转型是长期性的而消费具有刚性,新兴国家生产的产品必然销往全球,而发达国家生产转出的同时需求并没有转出,因此必然是进口。根据美国商务部的统计,2012 年美国的进口品中工业用品额占进口总额的 32%,其次为最终消费品,占 23%。中国的海关数据统计 2012 年以进出口总值计算:美国、中国香港、日本、韩国、德国是中国的主要出口国/地区;日本、韩国、中国台湾、美国、德国是主要进口原产国/地区,出口方和进口方都为发达国家/地区。

### 28.2.3　加工贸易大发展下全球贸易结构失衡

形成加工贸易大发展,发展中东道国进口零部件或委托生产加工,最后出口,其出口必然大于进口。当前的贸易不平衡是结构性的失衡,要素流动形成了新兴和发展中东道国成为加工厂,这种"两头在外,中间加工"的模式必然是东道国顺差,进口国逆差。例如,丰田公司将研发中心设在日本,而将汽车外壳、轮胎、玻璃等零部件的生产放在日本以外的其他国家,并在不同的国家设有组装厂进行出口。中国、墨西哥、埃及等都有丰田的组装车间,这些车间从世界各地进口零部件,然后组装出口或者销往国内。东道国在贸易中仅获得了加工费,必然是贸易顺差。这种加工贸易形成的顺差是结构性的,不是汇率调整所能消除的。它依靠东道国的开放政策和经济禀赋以及跨国公司的全球战略,导致贸易不平衡不断扩大。

在上述过程中,要素流动有贸易创造与贸易替代的双重效应,两者都导致了贸易不平衡的扩大。贸易创造提高了东道国的出口能力,贸易替代则通过允许国内市场销售替代了东道国的进口需求,减少了总进口。

在产业向外转移后,发达国家虽然发展起现代服务业,但向新兴国家出口服务有限,且服务贸易大量采用商业存在的模式,通过市场准入进入对方国家。这类服务贸易由于没有统计,在经常项目下不形成贸易出口,因此当前的不平衡并没有完全表现出真实情况。并且发达国家跨国公司在东道国投资后利润汇回有限,增大了东道经常项目的顺差。因此,这几个方面综合起来,新兴国家的顺差在统计上呈扩大的状态,而发达国家的逆差被有所高估。

## 28.3 全球发展协调与后全球化时代的主题

要素流动的上述结构特征所导致的生产配置必然导致出口贸易增长的不平衡,这是全球化经济不平衡的成因。全球经济不平衡的表现是多方面的,主要包括以下三点:一是贸易的不平衡。以美国为首的多数发达国家持续贸易逆差和以中国为首的多数新兴和发展中国家贸易持续顺差。二是虚拟经济与实体经济的失衡。随着金融创新和金融发展,全球虚拟经济发展迅速,通过金融扩张拉动实体经济发展被扩大化,虚拟经济量和实体经济量以及二者的增长速度存在明显的失衡。三是经济增长与资源不足。全球经济的快速增长追逐有限的资源,造成了经济增长与资源供给的失衡。其中,贸易不平衡既是基本表现,也对其他方面的不平衡有深刻的影响。新兴国家对外贸易快速发展获得大量外汇的同时,金融并没有同步发展,外汇储备缺乏有效的投资途径而流回美国,美国利用其发达金融市场,并将这些资金进行全球配置。在上述过程中,金融的过度创新导致全球虚拟经济与实体经济失衡。另一方面,这种贸易不平衡也带动了东道国经济的高速增长,但是资源供给的有限性又使得其与增长出现了缺口。最后,贸易不平衡背后的基础动力是生产要素的国际流动。要素流动的结构变化形成了传统产业从发达国家向新兴国家的转移。

因此,要解决当前的经济失衡,必须从要素流动所导致的生产配置变化入手。首先,应对全球不平衡需要国际协调,但是当前应对危机的国际政策协调只能用于调节商业周期性质的总需求,并未针对危机的成因,因而是无效的。其次,汇率调整不能消除由全球化生产贸易重新布局构成的不平衡。加工贸易不可能是平衡的贸易,因此,任何汇率调节是没有意义的。如果汇率要调整到新兴经济体一般贸易平衡并消除加工贸易顺差,那么新兴经济体的全部成本优势就将消失甚至成为劣势,传统产业转移就需要回流到发达国家,全球化产业转移就要逆转。这种逆转国际要素价格差的汇率必然严重背离国际价格比,而形成严重的汇率扭曲,导致资源错配,阻碍世界经济增长,不利于所有国家。

全球经济失衡是经济全球化发展中的一个阶段性现象。面对世界经济历史性进步中发展的不可持续性,积极的应对不是中止或逆转全球化,而恰恰应当是积极推动全球化,以新一轮全球化实现世界经济的再平衡和可持续。新一轮全球化的核心是双向、多元和全方位。所谓双向,就是从发达国家向新兴经济体投资扩大到新兴经济体与发达国家相互投资;新兴经济体从单纯出口拉动增长扩展到以进口促进发展。所谓多元,就是更多主体参与全球化的进程,更多发展中国家参与贸易投资自由化;更多跨国公司在新兴经济体中发展起来;发达国家发展起新兴产业以同样承担生产职能,把国际价值链分工扩大到新的更高水平的产业链分工。所谓全方位,就是市场机制与全球治理相结合,增强国际组织的作用,增强各国的政策协调,加强对虚拟经济的金融风险的监管,以减少全球化的波动与冲击;加强对初级产品市场供给与价格波动的调节,推动新材料与新能源的革命,以适应更多国家发展的需求。解决全球经济失衡的国际协调,需要新一轮全球化式的结构进步和要素流动。新一轮全球化是对全球化提出的新议题,它不是全球化的终结,也不是否定全球化,相反,它是全球化的新阶段,是经济全球化下要素流动的必然趋势。因此,全球经济的再平衡可以从以下几个方面获得启发:

第一,发达国家应致力于发展起一批新兴产业并形成出口能力,在一个新的水平上形成出口能力减少逆差。发达国家由于拥有先进的技术和高端人才,是新兴产业的集聚地,但是这种产业并没有形成出口能力。在传统产业转向新兴经济体的情况下,发达国家要扭转当前的贸易失衡必须致力于发展本国有优势的新兴产业。新兴产业在发达国家能够兴起的基础还包括经过参与全球化后的新兴经济体获得了较快的增长,具有了一定的财富基础,各国的基础设施也发生了一系列的变化但创新能力还欠缺,对新兴产业的产品具有较强的需求。托马斯·弗里德曼(Thomas L.Friedman)[1]2010年在夏季达沃斯论坛上表示:美国仍然是富有活力和创新能力的国家,美国的技术创新能力强于任何时代。硅谷是全球最重要的电子工业基地、高新技术工业密集区。德国在纳米技术、激光技术、电动车等领域都处于世界领先地位。[2]美、德、日、英等国都在金融危机后推出了相关的新兴产业发

---

[1]　托马斯·L.弗里德曼是畅销书籍《世界是平的》的作者。

[2]　俞章云:《德国发展战略性新兴产业的借鉴意义》,《浙江经济》2011年第23期。

展规划。①而这些新兴领域在新兴国家也有市场,新兴国家通过进口发达国家相关的产品或者技术是便捷、可行的满足新需求的途径。

第二,新兴经济体扩大进口量,有效利用储蓄。从全球的储蓄消费状况看,新兴经济体拥有较高的储蓄率,而发达国家具有较高的消费率。这种模式导致新兴经济体生产、出口、再投资的循环,并将剩余资金投资发达国家资本市场;发达国家消费、对外投资。伯南克(Bernanke,2005)曾将经济失衡归因为亚洲国家的高储蓄流入美国的资本市场。②储蓄对于一个国家一定程度上具有积极的意义,但是过度的、持续的高储蓄说明资金未能有效利用,不利于国家经济的健康发展。新兴国家在取得快速发展后,国民财富显著上升,但是这部分资金大部分以储蓄的形式积累起来。在全球化进一步深化的背景下,新兴经济体应合理利用前期积累的财富,通过扩大进口量,提升经济的整体水平。

第三,新兴经济体扩大进口技术与先进装备减少贸易顺差,形成国内新产业与新需求,发达国家应消除对新兴经济体这方面的出口限制。全球经济失衡中新兴经济体的持续顺差主要以购买发达国家国债的形式回流到发达国家,没有有效利用出口创造的外汇,是失衡的一个重要方面。根据经济发展规律,当经济总量增长到一定阶段时,提高经济增长的质量逐渐受到重视。在提高增长质量缺乏相关高级要素的情况下,新兴经济体扩大对技术和先进装备的进口实际上是主动引进高级要素,有助于提升本国的产业结构,形成新产业。与此同时,随着新产业的发展,相关产业链也不断完善,进口国的新需求不断涌现,二者相互促进。新兴产业的发展有利于提高国家经济增长的质量,也有利于减少贸易顺差。另一方面,新兴经济体扩大技术和先进装备的进口,也为发达国家发展新兴产业提供了市场。当然,这需要发达国家消除对新兴经济体在先进技术和装备上的出口限制,打开堵塞贸易的渠道。

第四,发达国家应进一步开放国内投资市场,新兴经济体有效使用外汇储备扩大对发达国家投资。虽然国际直接投资替代国际贸易成为世界经济运行的主要特

---

① 宋宗宏:《发达国家推进战略性新兴产业发展的启示》,《广东经济》2011 年第 2 期。

② Ben S. Bernanke, "The global saving glut and the U.S. current account deficit", At the sandridge lecture, Virginia association of Economics, Richmond, Virginia, 2005.3.10.

征,但是国际直接投资主要发生在发达国家间,及发达国家向新兴经济体流动。根据《2007 年世界投资报告》,发达国家的跨国公司是 FDI 的最主要来源,它们占全球外资流出的 84%。①国际直接投资流动的不平衡加剧了全球经济的失衡。新兴经济体合理有效地利用外汇储备,增加对发达国家的投资既有利于解决国际直接投资流动的失衡,也有利于提高外汇的收益率,提高本国的竞争力。发达国家虽然主张市场经济、自由经济,但是在国内投资市场开放上仍比较谨慎,例如 2011 年 2 月,中国华为收购美国 3Leaf 遭到美国外商投资委员会否决,其理由为这笔收购可能威胁美国的国家安全;中国三一集团在美国建风力发电厂的投资项目也因同样的理由被叫停。中国改革开放为外资打开了大门,取得了双赢式发展,同理,发达国家开放本国的投资市场才能促进新兴经济体对其投资,实现要素的对称流动。

第五,新兴经济体扩大新兴国家间及其与一般发展中国家的投资,形成世界产业的新一轮布局,从而转移自身的过剩生产能力,形成后者的出口能力。在发达国家的传统产业随着要素流动转移到新兴经济体的过程中,新兴经济体间形成了在传统产业尤其是制造业上的竞争,甚至恶意竞争。新兴经济体间在经济上不论供给结构还是需求都具有相似性,相互投资能增加新兴经济体整体需求,减少依赖,减少不平衡,对再平衡具有积极意义。而新兴经济体和一般发展中国家间具有较高的互补性,新兴经济体将积累的资金投向其他新兴国家和一般发展中国家,不但能够扩大市场,还能创造市场、创造供给。虽然这类投资渠道具有很大的潜力,但是由于基础设施、政治环境等因素限制,关于此类的投资协议、投资项目并不多。尽管如此,这一趋势仍会继续。

第六,控制发达国家虚拟经济的发展,减少金融资源回流,以减少金融风险,增强实体经济,从而增大出口能力。贸易不平衡导致了虚拟经济与实体经济的不平衡,在经济全球化的环境中,全球的金融联系日趋紧密,一国发生金融危机能够很快传染到其他国家。加强全球的金融监管,建立健全全球金融体系是实际经济体系面临的一个重要课题。在国际货币体系中,美元唯一国际货币的特性,使得这一体系存在天然的缺陷。金融资源的回流给发达国家过度发展虚拟经济提供了条

---

① UNCTAD, *World Investment Report 2007*, New York and Geneva: United Nations, 2007:6.

件,增加了金融风险。通过控制发达国家的金融过度创新,减少金融风险,减少其对实体经济的损害,既有利于扩大出口,又有利于维护世界经济的稳定。

## 28.4 中国参与全球再平衡与发展战略的调整

2012年中国的出口额为2.05万亿美元,外汇储备为3.3万亿美元,作为世界第一出口大国与外汇储备大国,中国应在全球不平衡的调整中承担责任。中国的第一出口大国以及占全球1/3外汇储备的现状,都说明中国是形成全球贸易不平衡中的典型国家。中国2012年GDP为52万亿元,作为世界第二大经济体,中国经济的不平衡也是全球经济失衡的重要构成之一。中国是世界贸易大国,与世界经济联系密切,其如何调整发展战略对于全球经济再平衡具有重要的影响。

第一,中国参与全球经济再平衡的首要问题是国内发展战略调整,变出口拉动为进出口平衡拉动,并以进口作为提升结构水平和技术的战略之一。国际收支平衡是一个国家长期发展的目标,平衡拉动的着力点在于扩大内需和进口。李克强总理强调以扩大内需为战略基点加快推进经济结构调整,扩大内需最大的潜力在城镇化。从需求方看,一方面,在世界经济处于疲软状态、外部需求不足的情况下,内需是中国经济发展动力的选择;另一方面,扩大内需是中国经济发展阶段的必然,是实现可持续发展的选择。依靠出口拉动经济增长的过程积累了发展内需的基础,中国世界五分之一的人口是全球潜力最大的市场。中国的消费占收入的比重远低于发达国家,扩大内需首要的是提高居民的消费倾向,通过增加基础设施建设、提高居民的社会保障水平等方式降低老百姓的储蓄动机。另外,我国的城镇化明显滞后,也低于世界平均水平。在城镇化过程中,随着产业结构的升级、城市人口的增加、收入提高,必然增加消费需求(包括对进口需求)的增加。有关方面数据表明,2010年我国农村居民消费水平为4 455元,城镇居民为15 900元,城镇居民消费水平是农村居民的3.6倍。按此测算,一个农民转化为市民,消费需求将会增加1万多元。城镇化率每年提高1个百分点,可以吸纳1 000多万农村人口进城,进而带动1 000多亿元的消费需求,而相应增加的投资需求会更多。目前我国农民工总量达2.4亿人,其中外出农民工约1.5亿人,农村还有相当数量的富余劳动力,城镇化蕴涵的内需潜力巨大。30多年前,中国通过改革开放吸引了外资,当前积累的大量顺差一方面在于这些资金没有形成购买力,因此需要加大进口向国际收支平衡过渡。出口的最终目的是增加国家财富、拉动就业、提升国家综合实力等。在解决了资金短缺与外汇短缺后,中国应该有效利用外汇购买本国经济发展需要的进口品,促进本国经济的长足发展。中国从"出口拉动"战略向平衡拉动转化,不仅有利于世界经济的再平衡,还有利于中国经济转型,降低经济的对外依存度,促进经济内生式增长。

第二,"出口拉动"是中国改革开放的必然阶段,当前中国参与世界经济需要从要素引进向要素培育转变。"出口拉动"在通过引进外资解决了双缺口的同时,也引进了一系列的生产要素,中国作为一个经济大国需要以要素培育替代单纯引进式战略,形成新一轮增长拉动产业。要素培育作为一项战略,需要更多主动性的政策、制度激励。首先,要加大自主创新能力。科技是第一生产力,只有具有产权的科技,才能获得较高的收益。中国虽然是一个制造大国,但并不是一个创造大国;虽然每年的专利申请数目居于世界前列,但是真正在世界上有竞争力的技术不多。政府加大对自主创新的投入力度并完善相关的机制体制,企业增加对自主创新的重视,吸引人才,形成良好的创新氛围等,都有利于自主创新能力的提高。其次,要积极推动对外投资和高端装备进口,有效使用外汇资源,获取高新技术、资源、管理方法与国际生产经营销售网络等高级要素。通过购买可以缩短研发时间,发挥后发优势。应利用国外的高级要素,构建我国的高端价值链分工地位,改变加工贸易为主的分工姿态。此外,应将高级要素与我国的要素禀赋相结合,不断形成主导产业,以主导产业带动相关产业的发展,扩大分工水平。在获得高级要素的同时,既减少了低端的不平衡,又解决了全球经济失衡。再次,积极调整中国的发展战略,充分利用我国的地域差异,调整经济发展格局。鼓励中西部地区吸收东部的传统产业,将传统产业与中西部的土地、资源、劳动力等生产要素相结合,激发比较优势潜能;东部沿海地区相对于中西部地区具有培育高级要素的优势,通过充分利用人才、科技能力、管理水平等培育高级要素,大力发展新兴产业。在长期,东部沿海培育高级要素形成新产业后,再通过要素流动使东中西部地区相协调,推进经济发展格局的变化。经济发展格局的变化不但能够扩大产业和增加需求,而且有助于减少出口,减少贸易顺差,推动经济再平衡。

没有一个国家能够关起门来搞发展。在经济全球化的背景下,也很难有哪个国家的发展能够脱离世界经济。中国作为世界第二大经济体,作为一个负责任的大国,其着眼于平衡发展的战略调整对全球经济再平衡具有积极的意义。

# 第 29 章
# 中国对外经济关系发展的新主题与总战略

中国坚持和平发展道路不仅是一个庄严的外交政策宣言,而且有着经济发展模式的内在必然性和全面实践性,中国的经济发展模式不仅决定了中国需要世界和平,而且决定了中国的发展有利于世界和平的维护和各国的共同发展。

## 29.1 发展目标与经济特征构成了和平发展的客观需要与现实保障

20 世纪 70 年代末,中国走上了改革开放道路,这是当代中国实现发展奇迹的历史起点与根本原因,而选择改革开放道路又与对当今所处时代的科学判断有着深刻的内在联系。邓小平正是由于有了对"和平与发展"时代主题的判断,不仅领导中国抓住了时代的机遇,而且明确了中国发展对世界和平的内在需求和积极意义。这一判断从理论上和战略上建立了中国坚持和平方针与实现快速发展二者之间的内在联系。

### 29.1.1 "和平与发展"的时代主题判断建立了中国发展与世界和平的紧密联系

"和平与发展"的时代主题判断,一方面体现了中国要紧紧抓住和平机遇实现自身发展的紧迫意识,另一方面体现了中国要在发展中努力维护世界和平的战略取向。重要的是,邓小平从根本上改变了当时我国长期坚持的关于"战争与革命"的时代主题判断。"和平与发展"这一时代主题判断首先是客观的,是对我们所处的国际环境与历史条件的具有根本性意义的重新认识。邓小平关于时代主题科学判断的目的在于要让全党全国人民更加清晰地认识我们所处的外部环境,教导全党全国人民要认识和平的国际条件,从而抓住机遇实现经济发展,同时又要认识世界各国普遍的发展潮流,从而把国家的战略重点从对外抓紧"备战"和对内搞"阶级斗争"迅速转移到国家经济建设上来,解决温饱,脱贫致富。这与邓小平所指出的"发展是硬道理"是完全一致的。

当代中国高速发展的起点在于抓住和平这一难得的历史机遇,这也就决定了中国需要以维护世界和平来维护自己的发展环境,即国际条件。因此,关于和平与发展的时代主题判断既是对发展条件的准确把握,也是对和平与发展二者关系的深刻揭示,从一开始就使中国的发展与世界的和平事业紧密地联系在了一起。

### 29.1.2 以摆脱贫困、实现富强作为发展目标决定了中国发展有利于世界和平的必然性

中国经济发展的根本目的是本国国民的脱贫致富,这从根本上决定了发展是解决自身的温饱问题,进而实现小康富裕,而不是谋求世界霸权。从改革开放以来中国的经济发展方式上可以清楚地看到这一点。[1]

中国的发展方式既是在抓住国际机遇中实现的,在本质上又是一种立足于国内条件的方式,而不是依赖外部的方式。中国的发展是一种自主性质的发展,即注重从本国国情出发,主要依靠自身力量和改革创新推动经济社会发展,而不是把问题和矛盾转嫁给别国。改革开放以来,中国经济的外向度迅速提升,表面上看起来中国的发展在很大程度上依赖世界市场,然而进一步分析就可以发现,中国在提升这一开放度的过程中,一方面高度重视利用自身的资源优势,即劳动力充裕和自然资源丰富,另一方面又高度重视通过改革国内经济体制与世界市场经济接轨,创造

---

[1] 国务院新闻办公室:《中国的和平发展》白皮书,《人民日报》2011 年 9 月 7 日。

发展国际贸易与吸引国际资本流入的条件。因此,高开放度本身就是基于国内条件及其改善来实现的。一个更为清晰的事实是,巨大的国内市场与梯度化发展道路构成了中国立足自身发展的基本特点。国内市场大不仅形成了内需动力,而且形成了外资流入发展的机遇。国内地区间巨大的梯度差距既是中国发展的弱点,也预示着未来新增长极的相继出现,意味着长期可持续发展的巨大空间与内在潜力,表明即使今天中国已经实现了高速发展,在今后一个相当长的时期里,国内市场与国内发展需求仍然将是高速发展的巨大动力。

### 29.1.3 开放型发展道路构建了与世界共赢的发展模式

中国所选择的发展道路是一条通过开放实现与世界共赢的发展道路,这条道路的内在逻辑就是:在融入世界经济体系中推进改革;以改革释放体制动力与市场活力;体制与市场两种力量共同营造了巨大的对外引力,吸收了大量外资流入,从而在中国这块土地上形成了与各国共赢的发展格局。[①]

首先,中国的发展在于通过融入世界经济体系来推进改革。从经济特区开始的对外开放表明,开放型发展采用的是国际通行的市场经济规则,此后的各项特殊政策的基本指向就是更加有利于国际资本在中国的发展。正是特区与特殊政策的普遍化,使中国走上了开放型市场经济道路,国内改革是实现开放的前提。通过加入世界贸易组织来推进国内改革更是一个例证。加入世界贸易组织的实践表明,中国在对外开放战略中选择了一条"接受规则,推进改革"的发展道路。中国的"入世"承诺远远超出了降低关税和取消非关税措施意义上的市场开放,广泛地涉及国内体制改革和市场经济规则的建立。加入世界贸易组织不只是扩大开放意义上的挑战,而且是深化改革意义上的选择。接受各成员方的要价意味着把开放的压力变成改革的动力,体现了"以改革促开放谋发展"的路径与战略。把加入世界贸易组织作为中国开放型市场经济体制建设的动力,这是中国改革开放进程中的重大抉择。这一抉择正是后十年中国实现体制转型、加快经济发展的决定性因素。

---

① 张幼文:《由"大国"走向"强国"——加入 WTO 与中国的发展道路》,《探索与争鸣》2012 年第 1 期。

　　加入世界贸易组织后,中国全面推进了涉外经贸法律环境的建设。各类立法一方面履行了对外承诺,另一方面也优化了中国自身长期发展的法制环境,特别是为了履行世界贸易组织《与贸易有关的知识产权协定》,中国修改了一系列相关法规,形成了有利于知识产权保护和科学技术发展的法制环境。履行"入世"承诺对国家法制环境建设的意义在于:更新了立法与政策制定的理念,增强了制定规章制度的合规性意识,并建设了一支法律人才队伍。而依据国际规则推进的国内法规建设也带来了中国参与国际竞争方式的重大转变,使中国参与国际竞争的方式从"基于劳动依靠资源"的纯粹低成本竞争转变为"基于规则依靠体制"的竞争。这是一个重大的历史性转变,也是中国发展的关键。

　　由开放促改革,由改革建体制,由此而形成的必然结果就是,中国的体制动力与市场活力这两大力量汇合成一个巨大的对外引力,构建了中国与世界共赢的发展格局。各级地方政府紧抓发展第一要务,大大推进了有利于投资的基础设施,加快了开发区建设,优化了发展的政策条件,提高了公共服务水平。这些由各地各级政府营造的良好发展环境,加上社会中迸发出来的巨大的市场活力,两大优势使世界跨国公司普遍认定中国为国际投资的首选。大批现代产业向中国转移从根本上改变了中国在国际市场中的地位和竞争关系。在高端制造业中,中国的出口能力大量由外商直接投资形成,外资企业成为出口的主体,本身就是发达国家产业竞争力向中国的转移。在这一转移下,中国不仅经济增长得以加快,而且出口产业结构与竞争力也大幅度提升。以国内市场开放吸收外资形成的产业进步,也在加快经济增长的同时抵御了进口冲击,消除了国内产业因进口贸易产品大量涌入而无法生存的现象。加工贸易长期占中国总出口的一半以上,表明以出口规模体现出来的中国竞争力是国际品牌、技术等与中国劳动力的结合。在华外资企业进出口贸易占全国总量的一半以上,表明中国外贸更多的是以在华外资企业为主角所进行的国际竞争,这两个"一半以上"都表明中国的出口发展是各国企业的共赢。

　　可见,中国的发展也就是在华外资企业的发展,中国的开放型经济是与世界各国共赢的经济,中国的这种发展模式已经超出了传统经济条件下贸易竞争"你死我活"的规律,形成了各国共同发展的格局。中国所走的是一条在融入世界中增强相互依存的道路。这条路径决定了,中国越是发展,与各国的经济联系就越是紧密,共同利益就越是扩大,反过来中国也更快发展。这就是中国扩大开放而在竞争中立于不败之地的重要原因。

## 29.2　发展观的不断提升优化，推动着世界各国和平发展、和谐发展、包容发展

2011 年 4 月，博鳌亚洲论坛在我国海南举行，论坛的主题是"包容性发展：共同议程与全新挑战"，中国国家主席胡锦涛在论坛上做了主旨演讲。①博鳌论坛使"包容性发展"这一理念以其高度的现实性与深刻的思想性得到了各国与会人士的广泛认可。中国注重包容性发展是坚持走和平发展道路在经济发展模式选择上的重要体现。

### 29.2.1　发展的"包容性"是经济全球化时代的新课题

"包容性发展"概念的形成可以追溯到 2007 年由亚洲开发银行提出的"包容性增长"。亚洲开发银行注重发展中国家经济社会的全面发展，"包容性增长"明确了一国在实现经济增长的同时，要实现教育、医疗、社会保障等各种社会发展进步目标，提高社会公平的程度，即经济增长对其他各项社会进步目标的包容。在一些发展中国家，经济增长的成就不能公平地由社会各阶层共享，经济实现了增长，但社会矛盾更加突出，因此增长的包容性问题被提出并受到高度关注。

除了要求在发展进程中实现社会公平等目标外，包容性发展还特别注重一国发展不损害其他国家的发展，不对其他国家构成不利。这是因为一国经济的发展既会为其他国家创造贸易投资机会，也会因其竞争力的增强、战略与政策的负外部性而对其他国家形成各种不利影响，导致其他国家发展的困难。因此，世界需要寻找各国共同发展、共享繁荣的道路。

---

① 胡锦涛：《推动共同发展共建和谐亚洲——在博鳌亚洲论坛 2011 年年会开幕式上的演讲》，《人民日报》2011 年 4 月 16 日。

因此,包容性发展是在经济全球化时代各国普遍追求发展条件下促进国际合作的一个重要理念与发展思路。实现包容性发展就是要各国共享发展机遇,实现互利共赢。当前,金融危机后的世界经济需要建立更为合理的发展格局,重建平衡,避免类似美国金融泡沫式的发展导致世界灾难的重演,这是所有国家的共同愿望。各国政策与战略之间的相互包容已经成为当代世界的一大主题。

### 29.2.2 实现包容性发展是国际经济合作的新领域

实现包容性发展的关键在于国际经济合作,其中既包括各国国内发展战略与政策的协调,也包括推进国际经济合作机制的形成与制度的建设。各国的战略与政策选择要努力减少对其他国家的负面影响,同时还要通过国际合作构建规则,增强协调。包容性发展旨在构建世界各国机会均等、合作共赢的发展模式。与传统合作单纯强调市场开放和国际竞争相比,包容性发展更注重发展机制的兼容性、发展成果的共享性与发展条件的可持续性。

当今世界各国面临着一系列全球性问题的严峻挑战,气候变暖、环境污染、资源不足、能源紧张、粮食短缺、金融风险、危机传导、发展差异等,这些问题的产生有一定的自然与历史原因,也在很大程度上与各国的发展方式相关,反映了发展的不包容性。

现在的发达国家当年走的大多是一条不包容的发展道路。在工业化进程中,它们大量破坏性地开采发展中国家的资源,工业排放制造了严重的环境污染,迄今依然影响着发展中国家的发展。近几十年来,世界一大批国家走上工业化道路以后,传统产业生产能力明显过剩,资源的过度消耗与竞争、环境的严重污染已经成为世界的严峻难题。值得注意的是,这种情况在很大程度上形成于全球化进程中的产业转移,通过国际投资,发达国家本身结构提升,环境改善,但发展中国家却在接受产业转移的同时接受了污染和高消耗。虽然两类国家都实现了发展,但是从全球角度看,资源消耗和环境污染等问题并没有改善,因此,这种产业在国家间转移式的发展并不是包容性的。我们不能简单只看接受投资国家经济规模的扩大,产业转出国家与转入国家在实现包容性发展上有着共同的责任。可见,包容性发展既需要国内发展战略与政策的提升,同时也需要加强国际的合作。发展中国家在接受产业转移时要注重技术进步,发达国家则不应当只是简单地将产业向外转移,而应当同时对接受转移的发展中国家进行技术帮助。

### 29.2.3 推动包容性发展是中国作为负责任大国的战略主张

包容性是中华文化的底蕴与传统,也是中国最新提出的发展理念,与负责任大国的指导思想是完全一致的。这表明,中国将扩大与各国的交流与合作,应对共同挑战,推进共同发展。

科学发展观是中国发展模式转型升级的指导思想,也是一个负责任大国的包容性发展观。科学发展观注重发展的速度、规模与社会经济效益的统一,尤其注重在发展中减少资源消耗,避免环境破坏,注重结构的合理性。中国走科学发展道路有利于世界各国的共同发展和可持续发展,这是一个大国对世界各国的共同发展负责任的表现。这样的大国越是发展,世界也就越是和谐,因此,建设和谐世界理论包含了实现包容性发展的要求。可见,中国不仅在包容性发展的理论与实践上走在了世界的前列,而且有着自己积极丰富的思想内容与完整科学的理论体系。

在推动世界的包容性发展上,中国已经明确了自己的积极态度,并系统地提出了建设性的主张。中国认为,包容性发展要求各国转变发展方式,以科技进步实现经济的结构升级,发展绿色经济;要通过包容性发展使各国共享发展机遇,共同应对发展中的挑战;实现包容性发展要求各国求同存异,实现共同安全;实现包容性发展首先要求对各国发展道路的多样性包容。①

近年来,中国的一系列战略调整都体现了包容性发展的理念与实践,积极改变粗放型发展战略是中国实践包容性发展的重要表现。在这场经济危机爆发以后,中国及时提出了扩大内需的战略,既有利于自身经济的稳定发展,又大大减小了对其他国家市场竞争的压力。中国积极推进"走出去"战略,一方面是自身发展中市场拓展与资源保障的需要,另一方面也始终把实现各国的共同发展作为基本要求。中国积极参与全球治理,从一个负责任大国的要求出发为经济全球化迅猛发展后

---

① 马小宁、吴成良等:《中国经济平稳健康就是对世界经济最大贡献》,《人民日报》2011 年 10 月 24 日。

产生的新问题与各国一起寻求新的体制机制安排。中国以科学发展观指导发展，致力于建设资源节约型、环境友好型社会，不仅有利于自身的可持续发展，而且有利于世界各国的共同发展。中国所提出的和平发展道路与互利共赢的开放战略都是包容性发展理念的体现。"十二五"规划关于发展模式的转变将使中国的发展对各国发展更为包容和有利。居民消费在 GDP 中比重的提高将使消费在经济增长中的作用得到显著提高，中国经济的投资拉动、外需拉动特征将在一个较大的程度上向消费拉动、内需拉动转变，这一变化将有利于世界，尤其是有利于亚洲各国获得更多的国际资本与更大的商品市场。

## 29.3 接受现行规则，参与全球治理为世界和平发展做出贡献

中国不仅通过开放融入经济全球化的发展潮流，而且通过加入国际经济组织融入世界经济体制，接受而不是挑战世界经济现有体制规则，建立了中国与世界各国的和谐关系。这一道路同样决定了中国发展的和平性质以及对世界和平的贡献。

### 29.3.1 接受规则，在世界经济现行体系中发展

现行的国际经济体制与规则基本上是二战以后在发达国家主导下形成的，其基于市场公平竞争的原则更适合于发达国家而不利于发展中国家。虽然国际社会日益重视对发展中国家的援助，包括在体制中对发展中国家做出特殊安排，但发展中国家不能靠援助代替发展，也不能依靠特殊或差别待遇实现发展。作为后起的发展中国家，中国不是首先致力于改变现行的国际经济体制，相反是先接受这一体制，通过融入这一体制推进自己的市场化道路，再增强外部竞争压力来促进自身发展。其中尤其具有代表性的事件是中国的"入世"，中国加入这一组织大大增强了现行世界贸易体系的完整性，中国在这一组织中遵守规则履行义务又大大增强了这一组织的权威性。毫无疑问，中国对世界经济的运行秩序和世界和平发展的贡

献是积极的,也是重要的。

中国以国际通行方式保障供给改变了大国获得资源的战争历史。经过 30 多年的发展,中国成为"世界工厂",为世界各国提供大量制造业产品,特别是传统制造业产品。加上国内经济规模大,现代化任务重,这使得中国对资源和能源的需求日益增长。在世界历史上,大国在其工业化过程中为获得资源和能源,往往采用战争方式,战争是大国争夺殖民地,从而控制资源供给的基本途径。然而当中国成为世界工厂从而发生资源不足以后,所采用的却是当代世界通行的国际投资和跨国并购方式,通过产权市场而不是炮火和战场解决供给问题。与此同时,中国还注重发展与相关国家政府的合作,包括大量发展援助。事实上,中国今天的制造业大量来自发达国家的产业转移,中国所承担的是世界的生产,中国制造业发展本身就在不断增强着世界的共同利益。

## 29.3.2　积极参与多种形式的国际合作,构建合作发展格局

中国融入世界经济的方式有两类:一类是机制性的,即通过贸易投资参与全球化的分工体系;一类是体制性的,即参与各种类型的国际经济组织和合作。中国十分注重通过增强与周边国家的合作来促进地区经济发展,积极与各国签订自由贸易区协定、投资保护协定、避免双重征税协定等来促进区域贸易投资自由化。

开放的、与世界合作的发展,使中国的发展直接或间接地为世界带来利益,持续深化的贸易投资关系不断扩大着中国与其他各国的共同利益。尽管中国长期以来贸易顺差,这甚至被一些国家的政治家指责为挤占了进口国的就业。但事实是,一方面,一半以上的出口来自外商投资企业,这表明,在华外资企业才是最大的得益者,同时,外国消费者所获得的是中国制造的显著的低价格利益,获得了实际的经济福利。另一方面,伴随着中国出口增长的是进口的增长,这又直接地大量创造了出口国的就业岗位。近年来,中国更多注重扩大进口,这将更直接地为出口国创造更大的市场与就业。与就业同样值得强调的是投资的收益。中国成为世界第二大投资流入国的事实表明,国际企业认可中国的发展环境,在中国投资可以得到最好的回报。大量汇回的利润和再投资所积累的财富正是中国对各国经济福利的贡献方式。近年来,中国对外投资的发展又为许多东道国创造了税收和就业,中国对

世界经济的贡献方式正在发生新的变化。

### 29.3.3　探索发展道路，为世界发展事业提供经验

作为世界最大的发展中国家,中国国内发展战略的选择与成功探索以一种特殊的方式为其他发展中国家提供经验,对世界做出了贡献。

中国改革开放以来的发展经验是全方位的,是从中国国情出发"摸着石头过河"试验探索的成果,其除了适合中国国情,同时又在不同意义上对其他发展中国家有着积极的启示。一个占世界近1/5人口的国家完成脱贫本身就是对世界的贡献,以成功的实践积极落实了联合国千年发展目标,成为全球唯一提前实现贫困人口减半的国家,使世界脱贫事业向前跨出了巨大的一步。其中各个地区、各种不同发展模式中又都包含着大量值得借鉴的经验。从发展模式来说,特区、开发区的发展模式就是突破体制和机制束缚、实现开放发展的成功模式。

在经过了粗放型的发展阶段以后,中国又积极转变经济发展方式,探索资源节约型、环境友好型的新发展模式。我们有理由相信,中国将在这一探索中为其他发展中国家提供新的经验。此外,中国开始从注重出口和引资的单向开放向进出口并重、资本同时流出入的双向开放转变;面对国际传统产品的市场竞争加剧,立足国内发展以努力在国内形成新增长极,扩大市场空间以减少对外部市场的压力;等等。这些表明中国的发展是世界发展的一个重要组成部分,正在不断以新的经验贡献于世界的和平发展事业。

### 29.3.4　参与全球治理，推进世界的合作共赢

经过30多年高速增长,中国已经发展为一个经济大国,从经济大国走向经济强国的道路已经开始。随着中国在世界经济中的重要性日益提升,世界对中国作为一个负责任大国发挥更积极作用的期待也日益提高。参与全球治理是中国自身可持续发展的需要,也是中国在新的发展阶段对世界和平发展事业的贡献。[1]

---

[1]　张幼文:《参与全球治理:中国国际地位提升的新主题》,《文汇报》2011年4月25日。

全球治理，这里更侧重于全球经济治理，是世界各国经济合作的制度安排。全球经济治理有利于构建规则、促进合作、消除摩擦、减少风险，因而有利于各国合作发展、和平发展。经济全球化的发展使越来越多的问题需要国际社会合作应对，包括国际货币和金融体系改革、经济贸易领域合作、全球气候变化、大宗商品价格、金融市场监管、粮食安全、核能安全利用，等等。这就要求各国依据公认的国际法准则，在相互尊重、集体决策的基础上，加强全球性的规则建设，改革和完善现行国际体制机制，增加新兴经济体和发展中国家的发言权和代表性。金融危机以来，中国在国际经济协调中的地位被国际社会普遍认可。参与全球治理并发挥积极作用，是中国成为经济强国的重大课题，也是与中国坚持走和平发展道路相一致的。

我们要通过全球治理的改善来推进世界的包容性发展。二战以后的半个多世纪中，国际社会更注重市场开放与竞争可能带来的利益，世界也确实从各国的各自发展走向了共同发展。但是，在纯粹竞争中的发展并不能保证各类国家经济发展与社会目标的实现。这里除了有各国的历史原因和发展战略原因外，很大程度上也是一国发展与外部环境的矛盾与协调问题。国际社会为后进国家的发展创造了不少有利的条件，特别是发展的援助，但各国经济发展内在机制的相互包容性问题依然存在。单有市场开放与自由化并不能完全解决问题。全球治理的构建不同于一般的国际谈判，其核心不是利益交换和平衡，而是共同应对与解决人类社会面临的问题，其中有些问题关系到整个人类的生存，而不是单个国家的发展。因此，全球治理的重要意义就在于实现包容性发展。各国应当通过在全球治理中的合作，寻找自身发展需要和人类社会共同利益之间的结合点。

加入世界贸易组织十几年来，中国已经成为一个完全合格的成员：国内体制与这一组织兼容，能够遵守其规则，同时正逐步运用这些规则维护自己的利益。但是，作为一个大国，中国仍然面临着在这一组织中发挥积极作用的新问题。作为负责任的大国，中国需要规范国际制度，需要在世界贸易组织制度建设中发挥积极作用。如果说十几年前中国抓住了"入世"机遇实现了国力提升，那么，今天中国也将通过在世界贸易组织新的制度建设中发挥作用而实现国际地位的提升。新兴经济体的崛起改变了世界经济结构，但现行的国际规则和机制并不能体现这一变化。中国应当通过积极参与规则制定、承担大国责任、发挥建设性作用，使新规则反映世界的这一重大变化。除了世界贸易组织外，在国际货币体系的改革等领域中也是这样。

### 29.3.5 全面推进对外开放基本国策，为世界和平与发展事业做出贡献

始于 2008 年的世界金融危机严重冲击了世界经济，深刻改变了世界经济格局。世界经济格局的变化已经在多重意义和很大程度上改变了中国开放型经济发展的外部环境，向中国对外开放战略提出了一系列新的课题。从对外经济关系上讲，中国正在推进五个意义上的转型与升级：一是从注重出口和引进外资的单向开放向同时注重合理进口和对外投资的双向开放转型升级；二是从政策型开放向制度型开放转型升级；三是从注重规模扩张性的外向型经济发展向注重结构进步性的开放型经济转型升级；四是从依靠土地资源与廉价劳动力向依靠科技创新与体制优势转型升级；五是从与各国的竞争性发展向注重包容性发展转型升级。中国对外开放战略的转型升级不仅将使中国自身的发展获得更高的效益，而且将使中国的发展结构与世界更加和谐，更加包容。一个更加强大的中国将为世界和平发展事业做出更大的贡献。

# 第30章
## "合作共赢"战略与中国的对外投资

　　2014 年 11 月 28、29 日,习近平在中央外事工作会议上强调:"要坚持合作共赢,推动建立以合作共赢为核心的新型国际关系,坚持互利共赢的开放战略,把合作共赢理念体现到政治、经济、安全、文化等对外合作的方方面面。"①合作共赢是中国发展新时期政治经济外交的总体战略。在一个新兴大国实现崛起梦想的同时,中国也为世界勾画了一幅实现共同梦想的蓝图。合作共赢理念有着深刻的时代特征、理论内涵与战略意义。2014 年,中国一系列重大外交与国际经济战略相继推出,合作共赢战略已经基本展现。在中国崛起开始改变世界的历史时刻合作共赢外交战略的提出,将既为中国的成功崛起开辟道路,也为世界发展的未来进程产生深远影响。

## 30.1　倡导合作共赢理念,为中国和平崛起开辟道路

　　正如"和平发展"是中国就自己所走的和将要走的道路向世界的承诺一样,"合作共赢"是中国就自己的目标主张对世界所做出的集中陈述。表明中国主张推动世界合作,实现各国共赢,以和平谋发展,以合作求共赢。这一陈述的必要性首先在于为中国的和平崛起开辟道路。

---

① 《习近平出席中央外事工作会议并发表重要讲话》,新华网 2014 年 11 月 29 日,http://news.xinhuanet.com/politics/2014-11/29/c_1113457723.htm。

### 30.1.1 中国崛起引起世界反响和疑虑，战略清晰化有利消除前行阻力

中国的崛起是 21 世纪世界历史进程中最重大的事件。中国的崛起深刻改变了世界的政治经济格局，这也就不可避免地引起各种猜想和疑虑：中国将成为一个什么样的大国？中国将如何改变世界政治经济现有秩序？中国是否会像其廉价产品占领世界市场一样挤占其他国家的发展空间？中国是否会成为又一个超级大国，按它的利益左右世界？

这些疑虑并非只是理论家们脑海中的思考，而且开始逐步演变为一些国家战略选择中的重要因素。如果说战略家们从这些疑问中得出的答案是消极的话，那么其必然会在实践上做出抵制和阻挠中国崛起的选择和安排，这就不仅不利于世界的和平与各国的共同发展，而且将形成中国持续崛起中的阻力和障碍。

零和博弈观是对中国崛起产生担忧的理念上的原因。在许多场合，博弈双方产生零和博弈的结果是客观存在的，一方之所得必然是另一方之所失。依据这种思维逻辑，中国之所得即他国之所失，中国的发展必然要以损害其他国家的利益为代价，因此，中国的发展对其他国家不是福而是祸。

面对世界的反响和疑虑，中国最好的办法是使自己的战略清晰化，表明自己的目标取向，做出明确的抉择。在阐明了中国需要和平实现发展，将继续走和平发展道路之后，明确中国主张以世界合作实现各国共赢，可以使各国看到中国发展与各国发展利益的一致性和可能性，从而对中国的崛起持欢迎而不是抵制的态度，采取合作而不是对抗的战略响应。以合作求共赢提出了实现正和博弈的路径，证明了各国共同发展的可能性。从战略上透明，理论上清晰到实践上推进，合作共赢的提出有利于中国排除快速前行中的阻力，实现和平崛起。

### 30.1.2 经济全球化呈现新态势，开放型发展战略需要历史性调整

合作共赢战略的提出同样基于对世界经济发展最新现实的把握，基于中国开放型发展战略推进的需要。

本世纪初，世界贸易组织的成立形成了国际贸易自由与公平的体制，是世界经济

发展史上的重大进步。但在此之后,世界贸易组织下的多哈发展议程谈判却一直未能获得有效的进展。在此情况下,全球区域与双边合作普遍兴起,全球化出现了碎片化的格局。同时,区域与双边合作水平不断提高,投资合作日益成为国际经济关系的新主题。特别是美国致力于推动跨太平洋战略合作伙伴关系(TPP)与跨大西洋贸易投资伙伴关系(TTIP)两个新的更高水平的一体化组织,全球化呈现出新的态势。

全球化的碎片化、多样化不是全球化的逆转,而是全球化向更高水平发展探索中的一个阶段性现象。正如历史上区域商品自由贸易协定最后形成全球性的贸易组织一样,前者是后者的基础,后者不排斥前者。尽管在商品贸易上当前全球化与区域双边合作中的主要内容有扭曲全球化的影响,但是在自由化的程度上并没有逆转历史进程。不仅如此,区域与双边自由贸易区在进一步提高贸易自由化水平的基础上,还更多拓展了投资领域的开放,提升了要素流动的水平,投资自由化成为新一轮全球化的主题,包括 TPP 和 TTIP 在内。

全球化新一轮发展所体现的理念正是合作,通过开放与制度上的合作实现共同发展。由于投资的准入要比商品市场的开放更多涉及一国的体制规则,因而投资的开放更体现了合作的深化。区域与双边合作,从商品贸易到投资的合作,反映了世界各国经济合作的历史大趋势。

中国提出合作共赢既是基于对世界经济发展趋势的把握,也是从自身发展需要出发的。自从 2001 年加入世界贸易组织后,中国的商品贸易自由化水平大大提高。在以开放促发展的战略下,外国直接投资持续大规模涌入,尽管与发达国家相比,有些领域的市场准入水平还不高。今天,摆在中国面前的开放型发展战略升级的主题是在推进全方位引进的同时,向大规模走出去拓展升级。中国历史性地需要通过对外投资,有效利用上一轮发展的成果,包括资金、外汇、传统产业生产与基础设施建设能力等,从而构建一个新的发展空间、发展格局与发展机制。实现这一重大战略升级需要通过新的国际合作来推进。中国新阶段上的发展模式与各国共赢之间存在着紧密的联系,因为中国的投资有利于各国的发展,而通过这种发展中国也拓展了自己的发展空间,形成了在原发展模式基础上的升级。对外投资是中国在全球范围配置资源推进发展战略的表现,由大走强的发展阶段的升级要求开辟发展的新空间,与各国的合作关系也从打开国门的把资本技术引进来的合作扩大到走出去的全方位、多层次合作。因此,合作共赢战略体现了经济全球化时代特征与中国发展战略需求的统一。

### 30.1.3 大国历史性替代观念根深蒂固，中国崛起世界意义需要阐明

在世界历史上，从早期的殖民主义国家到现代帝国主义国家，展现的是一幅世界主要大国轮番更迭的画卷，一个大国的崛起必然替代另一个大国，如此周而复始。大国的历史替代被看作一种规律，因而中国的崛起走强必然要以挑战现有大国，替代现有大国并主导世界发展。在这样的历史观下对中国崛起的警惕必然在现有的强国中产生。

大国轮替确实是已经发生的历史规律，但是中国崛起是否也必然要遵循这一规律，这取决于历史的变化，更取决于中华文明的特征和中国的选择。中国发展的目标在于摆脱贫穷落后的面貌，实现民族复兴，富民强国，不受帝国主义国家欺凌。中国没有侵略他国的历史，更没有凌驾于他国之上的战略需求。中国珍惜和平与发展的历史机遇，也深知只有维护和平，才能维护自身发展的根本条件。在今天经济全球化的条件下，中国可以通过国际合作特别是国际直接投资来实现自身的发展条件，而不需要采用历史上殖民主义的模式，更不需要采用当代帝国主义战争的模式，不需要与现有大国重新分割势力范围。经济全球化条件下各国的开放与发展的需求，为经济合作创造了广泛的可能性。

提出建立中美新型大国关系主张是中国合作共赢战略的重要组成部分。随着中国实力的持续增强，特别是 2010 年超越日本成为世界第二大经济体以后，作为当代世界唯一超级大国的美国特别关注中国，担心中国挑战其世界领导地位。美国的战略家们根据世界历史大国轮替的规律，把战略重点放在阻止中国崛起之上。然而对于中国来说，不希望与美国争夺世界霸主地位而中断自己的崛起之路。与合作共赢战略相一致，中国提出中美建立新型大国关系主张，明确"宽广的太平洋有足够的空间容纳中美两个大国"[①]，以表明无意与美国对抗。所谓新型大国关系，就是以合作求共赢而不是以争夺求胜出的关系。可见，新型大国关系主张就是

---

① 习近平：《努力构建中美新型大国关系——在第六轮中美战略与经济对话和第五轮中美人文交流高层磋商联合开幕式上的致辞》，《人民日报》2014 年 7 月 9 日。

以一种新的历史观战略观倡导合作而不是对抗,共赢而不是替代。

中国不期待做世界霸主,但绝不隐瞒自己的理想即实现中华民族伟大复兴的中国梦,国家富强,民族振兴,人民幸福,这就是中国梦的内涵。中国以"中国梦与世界各国各民族的梦相通"对世界解释中国梦,以争取世界对中国梦的认同。

### 30.1.4 世界经济发展格局出现巨大变化,推进全球治理需要倡导全新理念

近 20 年来,世界上出现了一批新兴经济体国家,其发展迅速,日益成为影响世界经济格局中的重要力量。新兴经济体的崛起,加上其发展大多与世界经济有着紧密的联系,使其在世界经济运行中的重要性日益提高,在国际事务中发挥作用的可能性也日益提高。

当今的世界经济体制或治理体系基本上是在第二次世界大战后由发达国家主导建成的,从国际货币体系、世界发展援助到贸易投资规则都是发达国家根据发达市场经济原则和各国力量对比构建的,日益显现出与变化了的世界不相适应。特别是经济全球化深化,一大批国家走上发展道路,全球发展中的各种不平衡现象显现,发展的不可持续性问题暴露以后,全球经济治理的新问题不断提出。全球经济治理本质上是各国共同创建一套规则和体制,回答世界经济发展中的新问题。国际货币体系改革、金融风险防范、资金流动的跨国监管、减少温室气体排放、移民问题、反恐、反走私、反洗钱等,都期待新的国际协议。毫无疑问,这一切都要求国际合作。这种合作要求对人类的共同利益达成共识,在平等的基础上和承认各国差异的基础上达成协议,制订规则,共同监管与遵守。可见,以合作求共赢是面对全球经济治理问题大量涌现历史条件下应有的前提。国际社会只有在这一点上达成共识,才能为全球经济治理的有效推进创造可能。在这些人类共同利益的问题上,不可能由少数大国主宰来解决,只有合作求共赢,才能达到世界整体利益的最大化,而"以邻为壑"只能导致全人类的空难。中国主张"要切实推进多边外交,推动国际体系和全球治理改革"[1],体现了负责任大国的国际视野与战略主动性,所以,

---

[1] 《习近平出席中央外事工作会议并发表重要讲话》,新华网 2014 年 11 月 29 日,http://news.xinhuanet.com/politics/2014-11/29/c_1113457723.htm。

合作共赢战略是一个新兴大国积极参与国际事务,提升国际体系中地位的战略。作为最大的新兴经济体,中国与全球治理改革有着密切的关系,中国需要对如何推动改革有总体思路。在这一改革中,新兴经济体要合作,包括与发展中国家的合作,合作才能体现整体力量,反映共同需求,把自己的主张变成全球治理的新制度安排,因为全球治理许多方面的改革来自世界发展格局的变化即新兴经济体的崛起。新兴经济体也要与发达国家合作,因为发达国家毕竟是现行全球治理体制中的主角,在这些体制中有着其重大利益。共同利益是合作的基础,共赢是合作的目标。因此,合作共赢主张将为中国积极参与全球治理改革赢得战略上的主动。事实上,对于国际规则与体制的态度,中国也经历了两个不同的阶段。改革开放前,中国与广大发展中国家认为国际经济秩序是不合理的,不利于自身的发展,基本立场是防范和隔离。改革开放后,中国为更好利用外部条件,积极参加各类国际组织,利用国际市场机制,对全球治理体系的基本立场转变为融入和参与。今天,当中国与大批新兴经济崛起后,中国的基本立场上升到改革与创新,并且是以合作的方式实现改革创新。

## 30.2 践行合作共赢战略,开辟中国经济发展新空间

2013 年以来,中国对外经济发展战略展开了一轮全新的全球布局,合作共赢这一战略已经成为一个世界看得见的具体实践,不仅有效地利用了中国的战略优势,全面地开拓了中国的发展空间,而且开始以新的方式促进各国的经济发展,探索创建新的国际机制,中国国际地位的提升开始在一些新的意义上显现。

### 30.2.1 规划国际战略总体框架,构筑中国对外经济关系新常态

2008 年国际金融危机爆发后,"新常态"成为思考世界经济走向与新特点的新概念。这场危机深刻改变了世界经济格局,给中国经济造成了巨大冲击。在积极应对国际经济环境变化,深刻认识中国经济发展的阶段性推进后,中国顺应了世界

经济走向新常态的趋势,规划了自身引领新常态的经济发展大战略。在认识新常态上,中国明确了新增长率、新结构、新优势与新风险。在引领新常态上,中国制订了九个层面的结构调整,包括提高消费在经济增长中的拉动作用,使投资在增长中继续发挥关键作用,培育新的比较优势继续发挥出口对增长的支撑作用,形成产业组织新特征,使经济增长从依靠要素成本优势转向依靠人力资本质量与技术进步,形成统一透明规范有序的市场环境,推动低碳型发展方式,化解因增长率下降而显现的各种潜在风险,从刺激性政策调控转变为市场决定资源配置和更科学的宏观调控。其中可以看到,对外经济关系的调整是新常态战略中的重要组成部分。

培育新的比较优势是对外经济关系新常态的基础。在前30多年的崛起进程中,中国依靠发展水平低劳动力充裕从而价格低廉的要素优势,建立了以劳动密集型产业参与国际分工的开放模式。随着人口红利的消失,这种比较优势的基础开始发生变化。为适应这一变化,中国必须进行战略调整,发现和培育新的优势要素,从而建立新的具有比较优势的产业,形成参与国际分工的新格局。30多年来,中国的生产要素结构发生了根本的变化,无论是劳动力结构、资本存量还是产业结构,都完全不同了,中国需要在新的基础上构建新的国际分工关系。

国际收支基本平衡是新常态的一个重要目标。30多年来,特别是进入新世纪以来,中国的国际收支保持了巨额盈余,其来源是贸易顺差与外资的净流入。过去的这场金融危机被认为来自一大批新兴经济体长期国际收支盈余而形成的世界经济不平衡,中国是其中最大的不平衡国家。危机的冲击表明长期依赖于外部市场的发展模式是不可持续的。过高外汇储备在经济上也是不合理的。中国需要从国际收支盈余型的发展阶段转向基本平衡的发展阶段;需要改变靠低端出口特别是加工贸易出口创造顺差的外贸发展模式,形成具有更高收益的出口发展;需要扩大进口,通过进口推进国内产业进步,改变过去偏重鼓励出口而忽略进口作用的贸易模式。危机后世界上已经把实现再平衡作为各国政策协调的一个重要目标,在中国自身发展战略转型的需要下,国际收支基本平衡将是新常态的一个基本特征。

在扩大开放实现全方位引进来的同时推进大规模走出去,是对外开放战略走向新常态的历史性转型。中国对外开放已经经历了多重意义上的转型升级,从特区试验到全国普遍开放,从自主开放到接受国际规则加入世界贸易组织,从有条件引进外资到放开国内市场全面吸收外资。目前,在整体开放水平已经不低的情况下,重要的是扩大现代服务业的开放,这将使开放领域更为全面。更重要的是,对外开放已经从先前的边境意义上的商品与资本流动开放进入管理制度意义上的投资环境开放。以中美双边投资协定谈判为标志,中国将进入一个体制性开放的新的历史阶段,政府对外资的管理将遵循准入前国民待遇原则,管理制度将更加透明、规范、法制化、国际化。在新常态下的对外开放中更具有历史转折性意义的是中国资本的大规模走出去。以 2014 年为标志,中国对外投资在数量上开始超过引进外资。对外投资将在中国经济的持续稳定增长与结构升级中发挥特殊作用,这表明对外经济关系的变化是中国经济新常态的重要方面。

新常态下中国对外经济关系发展的内涵证明,中国与国际经济的联系更为紧密,更为深刻,分工从低级到高级,产品要素流动从单向到双向,开放模式从政策性到制度性,集中到一点就是一种更高水平的合作共赢关系。

### 30.2.2 充分发挥国家战略优势,中国与各国发展形成新的利益汇合点

作为阶段性历史性的战略推进,在新阶段上中国发展的一个重要特点就是充分利用国家的战略优势,既为发展开辟新空间,又将形成与各国利益的新的汇合点。

中国发展的一大奇迹是,在短短的 30 多年改革开放后,不仅解决了自身的温饱问题,而且形成了传统产业的巨大产能,巨额的资金积累与外汇储备,意味着巨大的生产能力、投资能力与对外购买能力。在开放型发展的前一阶段上,中国对世界经济的贡献方式是在传统产业和一般消费品生产上,"中国制造"为世界提供了大量物美价廉的产品。同时,改革释放的能量使中国闲置生产要素得到有效利用,经济规模迅速扩大,巨大的市场需求拉动了世界经济增长;中国对世界经济增长的贡献度显著上升。同时,伴随着这一过程的则是产能剧增、资金沉淀与储备累积。改变不均衡不合理增长结构的途径之一就是对外投资,而这也将使中国开启对世界经济的一种新的贡献方式。

在继续扩大吸收外资的同时,对外投资正在成为中国发展新阶段上的一个重要现象。对外投资可能表现为四类情况。第一类是国内过剩产能的转移,这一般是传统成熟性产业和加工制造业,这将很快会在接受投资国家形成生产能力和出

口能力,对于一些刚走上发展道路的国家具有十分积极的意义。特别是因中国劳动力成本上升形成的产业向外转移将很快提高资本流入国的出口能力。第二类是资源类产业的开发性投资,在中国获得稳定的能源与资源供给的同时,东道国通过资源开发获得发展。中国在进行资源开发中,高度重视东道国的基础设施建设和经济社会整体发展,使双方的发展利益高度融合。第三类是生产性企业的收购兼并,一方面,中国获得了被并购企业的技术管理等优势生产要素,另一方面,被收购方实现了资产的平稳转移和经济社会稳定。并购活动使中国企业与东道国经济社会发展联系更为紧密,合作更为具体和深化。第四类是间接投资,随着人民币国际化与资本项目可兑换的发展,中国居民将扩大证券市场对外投资,从而国外企业从中国获得资金,中国储蓄转化为这些国家的投资,使双方发展更紧密融合。

在中国资本开始流出去和继续引进来的同时,中国企业的海外上市已经成为一个为世界瞩目的新现象。以阿里巴巴在美国上市为典型,中国优质企业在海外上市使各国投资者分享到了中国经济崛起的成果。合格境外投资者在中国证券市场上的投资(QFII)、沪港通的推出等,中国资本的双向流动与发展成果的共享使中国经济与与世界经济深度融合。

除了投资意义上的"走出去"外,中国企业承包各国的工程与基础设施项目迅速增加。巨大的国内需求在过去 30 多年中极大地培育了中国企业的工程建设能力,高铁是其中最有典型意义的一个案例,是中国经济体制政策与市场优势培育了中国的高铁建设能力。中国企业在各国的项目招标中表现出强大的竞争力,也以此形成了与各国的深度合作关系。在承接这些基础设施建设项目中,中国提供的贷款与融资极大地缓解了东道国的资金压力,同时,投资又带动了中国国内产品的出口,形成了开放型发展的新增长点。

由此可见,中国的发展没有简单延续过去成功的经验,更没有靠强化以往的政策支持,以此与各国在低端劳动力密集型产品上进行竞争,而是显著地进行了战略延伸、拓展与创新,在继续引进来的同时开始大规模走出去。中国的投资能力与工程建设能力既使自己开辟了新的发展空间,也为东道国建设提供了有效的合作。发挥中国自身的新优势,通过正常的市场渠道,在具体项目的投资与工程承包中找到与各国的利益汇合点,实现互利与共同发展。中国给予世界的将不只是廉价优质产品,而且还有投资与生产建设能力。

### 30.2.3 创新对外经济关系发展模式，以区域开放型合作引领周边和平发展

丝绸之路经济带与海上丝绸之路是中国在 2013 年推出的一个重大战略。这一战略的意义是深远的，它不仅创新了对外经济关系发展的内容与模式，而且将使中国在引领地区和平发展合作共赢中发挥主导作用。

"一带一路"战略从基础设施建设开始，实现道路及光缆的互联互通，为贸易投资关系的全面发展创造条件，构建利益共同体，是一个长期有利于相关国家发展的合作战略。

"一带一路"战略显示了对外经济关系发展模式的创新。目前我国的对外开放体现了几个基本特点，一是注重产品出口和引进外资，政策激励是主要内容；二是合作对象主要是美、日、欧发达国家和韩国等少数新兴经济体；三是注重推动双边或多边贸易投资协定，注重区域自由贸易区。"一带一路"战略在多重意义上开辟了新模式。一是战略注重从基础设施建设开始，打造贸易投资发展的硬环境，而且把到海外建设放在战略与合作领域之中，以硬环境建设补充了原来注重的政策软环境建设开放模式，这对地理上相联国家和区域尤其适合。二是区域战略与合作对象拓展并明确，从南、西、北三个周边一直到欧洲，既开发了与中亚、俄罗斯合作的潜力，把欧洲大市场作为终点，又注重发展与东南亚、南亚关系促进和平发展，并使战略延伸到非洲，构建了一个全方位的亚非欧联系。三是合作方式采用开放型，不限于双边协定或区域一体化组织的建立为前提，形成在全面推进与各国自由贸易区谈判外的另一种合作模式。这一开放模式也同样显示了中国在推动各国合作共赢中的引领作用。

"丝绸之路"这一具有深刻历史底蕴和文化色彩的概念，是中华文明源远流长不断延续的象征，体现了中国继承文明传统倡导合作共赢的精神。从东南各省到东南亚、南亚、非洲航路的建设周期，不仅具有重大的经济意义，也具有重大的国际战略意义，使中国与周边国家的共同利益更加增强，从而促进地区稳定与共同发展。

"一带一路"同样也是实现国内区域间均衡发展的重要战略。中国对外开放从南方开始并扩展到东部，沿海地区成为开放的前沿并获得了长足的发展。客观地

理原因和历史原因,中西部地区的发展有限,地区间差异的缩小和实现均衡发展成为当前的重大主题。但是中西部地区不可能采用沿海地区的外向型模式,需要扩大向西部周边国家和东南亚国家的开放合作,推进欧亚大陆的建设与市场整合。陆上丝绸之路经济带把中国西北部与中亚、俄罗斯与欧洲联系起来,海上丝绸之把东南各省与东南亚、非洲、南亚、南欧联系起来,形成了一个广阔的经济合作圈,使国内区域发展战略与对外合作战略形成了有力的互动。

## 30.2.4 从发展中国家发展需要出发,积极参与国际体系改革,平行推进全球治理创新

发展中国家普遍走上发展道路,一批新兴经济体迅速崛起是当代世界经济中的最大的变化。这一变化对国际体系,特别是全球经济治理体系提出了新的要求。

现行的全球经济治理体系是由发达国家主导在二战后建立起来的。这一体系奉行市场开放与公平竞争原则,同时承认发展中国家的困难,建立了发展援助机制,在一些制度中为发展中国家特别是最不发达国家提供了特殊安排,对世界经济的稳定发展发挥了积极的作用。但是,随着一批新兴经济体崛起,世界经济格局发生了历史性的变化,同时一些最不发达国家的发展问题仍然未得到解决,经济全球化又对国际合作提出了许多新的课题,全球经济治理体系需要与时俱进进行改革创新。

中国的发展实践证明,发展中国家可以通过接受国际竞争规则,参与经济全球化进程实现快速发展。发展不是通过先改变国际经济旧秩序,挑战现行国际规则和治理体系实现的,而是通过有效利用外部条件而实现的。中国的发展得益于现行国际体系、规则与经济全球化,其前提是积极主动稳健的开放战略,是坚持国内改革形成制度优势,并对外部影响有效地趋利避害。特别是当成功实现发展后,作为负责任大国,中国需要在人类社会更好的发展中发挥自己的作用,一方面,在现行体系中与发达国家在深化合作中继续发展,另一方面,在与其他发展中国家合作中发挥积极作用,建设新的合作共赢机制。在一些发达国家学者看来,中国创新与其他发展中国家的合作机制是对现行国际体系的替代甚至挑战,事实上恰恰相反。中国是在不挑战现行国际体系的条件下进行合作的创新,既发挥自己的战略优势,又适应各国的现实需要,是务实且有效的合作共赢模式。

两年来,中国这一平行推进全球经济治理的战略逐步展现。2013 年,由中国倡导成立金砖国家开发银行是中国推动发展援助的一个标志。金砖国家和其他新兴经济体及发展中国家在基础设施投资上有巨大的需求,但是世界银行并不能完全满足需要。金砖国家开发银行的成立将使相互结算便捷,贷款更为方便,适应成员方和其他发展中国家的需要。在适应广大发展中国家需要的发展贷款下,中国的基础设施建设能力和人民币国际化进程将为各国发展带来现实利益。

由中国在 2013 年倡导的亚洲基础设施投资银行(简称亚投行)于 2014 年 10 在北京成立,多国开发银行进行合作,面向需求巨大的亚洲地区基础设施投资。亚投行的建立将发挥中国的优势,带动人民币国际化,使中国的投资与基础设施建设能力成为推动地区各国共同发展的力量。

与"一带一路"战略相对应,中国建立了丝路基金,为与这一战略相关的国家提供建设资金。这一战略同样发挥了中国的资金优势,为这一重大国际合作战略提供了保障。

应急储备安排是在金砖国家合作中的又一创新,在国际金融不稳定、美元波动的环境下,以美元为中心的国际储备体系对发展中国家构成了风险。应急储备安排机制将补充国际货币基金的作用,发挥金砖国家的优势,构建金融安全网,扩大各国货币互换规模,改变各国对美元及欧元的过度依赖,对各国外汇储备构建安全保障。

无论是发展援助还是国际合作的金融安排,中国贯彻务实推动经济发展,有利于相关国家民生改善的原则,不附加政治条件,不以民主化为前提,在理念上形成与现有国际援助机制的差别,体现了尊重各国自主选择、发展是硬道理的精神。同时,发挥中国优势推动他国发展和适合自身需要拓展发展空间得到了有效的结合,是合作共赢原则的具体体现。

## 30.3 引领国际格局发展走向——合作共赢旗帜的战略创新及其历史意义

作为中国对外关系发展的旗帜,合作共赢是一项重大的战略创新。这一战略不仅创新了中国对外开放战略与经济发展战略,而且创新了国际经济关系和全球经济治理的基本原则。坚持这一原则并持续推进战略实践,中国在国际事务中的话语权从而影响力将不断提升。

### 30.3.1　伴随国家崛起进程持续推进对外经济关系的战略升级,合作共赢内涵更为拓展

对外经济关系发展的战略推进是国家整体发展战略的需要,也是基于国家发展的现实条件变化与目标推进而推进的。今天我们可以看到,中国对外开放战略正经历着新的历史性的进步,为合作共赢国际战略奠定了基础。

2013 年以来,以中国(上海)自由贸易区的方案探索到试验实践,再到 2014 年末天津、广东、福建三个自贸区的启动和上海的扩区,自贸区战略标志着中国开放的新的道路选择。

对自贸区作为试验区的而不是经济特区的定位,赋予开放促改革的体制创新任务而不是赋予激励性政策的特殊权力,自贸区的发展战略表明,中国的对外开放已经结束了特殊政策和区域差异化的阶段,而进入了开放型经济体制建设的新阶段。自贸区试验以更高的市场化水平为原则,以全球化发展新趋势为参照,致力于建设开放型经济新体制,并以这一体制在全国复制推广为目标。与此不同的是,前 30 多年的对外开放是政策性开放,以特殊政策突破旧体制障碍,创造外资外贸发展的有利环境。在新的开放阶段上,战略目标是实现国内体制与经济全球化新规则相兼容。更具体地说,以负面清单制订为标志的上海自贸区试验的各项主题,所参照的正是中国正致力于推动的中美双边投资协定谈判内容,这也是为了适应跨太平洋战略合作等全球化发展的新动态。从这种谋划体制对外兼容性的战略可见,中国对开放战略的整体设计正是致力于更高水平的国际合作。

从全方位引进来到大规模走出去开启了对外开放的新模式,也意味着中外经济关系的历史性变化。前 30 多年对外开放基本特征是商品流出去和资本流进来,贸易顺差与外资净流入对中国经济增长发挥了关键作用,向世界提供廉价商品和投资机会,并以经济总量的迅速提升拉动世界经济增长是中国对世界贡献的主要方式。在新阶段到来后,中国开始以新的方式贡献于世界经济:以扩大内需创造更

多的进口发挥大市场的作用,包括消费品、工业装备进口与境外旅游的服务进口。更重要的是,2014年起中国对外直接投资数量上开始超过外资流入,中国日益成为世界重要的投资来源地,直接为各国经济增长提供了资金。开放战略的这一历史性进步需要新的国际合作,全面参与国际经济的制度性安排是中国的需要,也是合作共赢战略创新的要求。

"一带一路"战略集中体现了对外开放的战略创新。从开放型合作对象上看,中国从此前主要与美、欧、日、韩等合作全面向俄罗斯、中亚、东盟、非洲、印度等国家和地区拓展;从开放型发展的内容上看,原来主要是贸易投资激励性政策安排转变为以基础设施建设开路,以各类项目合作为重点的国家间战略合作,并从引进来为主发展到更注重走出去;从国际合作的方式上看,中国不仅继续推动区域双边一体化安排,而且同时注重开放型合作,以基础设施互联互通为起点创造市场连接的条件,推动合作深化和共同发展。

总之,中国开放战略的升级的内涵是中国的发展日益具有促进合作共赢的性质、作用与影响。

### 30.3.2 经济关系"压舱石"理论证明了共同利益原理,为合作共赢战略取得国际共识奠定了基础

在论述中美关系时,习近平主席提出了经济关系是两国关系"压舱石"的理论。这一理论不仅回答了中美关系发展中的基础问题,而且提出了中国国际关系发展的基本战略思想,是合作共赢战略的理论依据。

在今天这个世界上,各国政治制度不同,价值观差异显著,国际战略目标更是存在着巨大的分歧。没有共同利益就没有合作的基础。各国可以在各类问题上努力寻求共识,推进合作,和平符合各国的共同利益,使各民族友好相处,也为经济发展创造了最现实的条件。经济利益是最有可能取得共识的利益,也是最有可能共同获得的利益。合作能创造和分享更大的利益,面对不同的价值观,这一点是无可置疑的。

经济关系是国际关系"压舱石"理论,是历史唯物主义观在国际关系理论中的发展。国际关系错综复杂,如同人类社会的一切现象一样,受到诸多政治、文化、历

史等因素的影响。在探索复杂社会历史现象中,马克思主义最终找到了历史唯物主义,从而正确解释了人类历史发展的复杂现象的本质原因。在国际事务中,国家利益是多元的,经济利益是基础,起决定性的作用。即使中美两个大国在政治制度、社会文化和国际主张上存在着诸多分歧,仍不排斥利益汇合点是经济利益。中美两国之间是这样,世界上其他国家之间也是这样。

以经济关系为压舱石体现了顺应经济全球化历史潮流的战略观。今天经济全球化不断深化发展,各国之间经济发展的联系日益紧密,你中有我,我中有你,全球化使共同利益不断增强。脱离经济全球化任何国家都只能孤立自己,封闭自己,在发展中落后。中美两国发展水平不同,结构存在着差异,但几十年来的实践证明经济关系的发展对两国都带来的巨大的利益,是两国关系稳定发展的基础。这一原理也同样适合于所有国家。中国提出以经济关系的发展作为国际关系的"压舱石",体现了把握经济全球化时代特征,积极引领全球化的战略取向,也把握了合作共赢战略最重要的基础。

以发展与各国的经济关系作为"压舱石"符合中国核心利益,也体现中国的战略优势。中国正快速走在崛起的道路上,最根本的是实现经济的健康发展。以经济关系为对外关系的"压舱石",有利于排除与一些国家的战略分歧及由此带来的影响我国发展的障碍,避免民族崛起的伟大进程被中断。同时,今天中国国际地位的快速提升的基础正是经济快速增长,市场成长性良好,有着与各国深化合作的广泛的比较优势。注重与各国发展经济关系,就能使中国的比较优势得到发挥,最大限度地实现发展利益。

在强调以经济关系为"压舱石"的基础上,中国提出中美两国建立新型大国关系理论与原则,创建新兴与守成世界大国共同发展的国际格局。主要大国的相互关系历来是国际格局中最重要的关系,而传统的国际格局观又总是把主要大国相互制约甚至新老替代作为大国战略的出发点。在自己崛起的进程中,以创新大国关系避免陷入历史常见的大国对抗,是中国国际战略的一大创新。"冷战"结束以来,美国是世界唯一的超级大国,而中国成为影响世界格局的大国又以 2010 年成为世界第二大经济体为标志,因此,建立中美新型大国关系也就成为中国崛起中大国关系的现实课题。

中国以提出新型大国关系的主张化解了崛起进程中的阻力。一是增进互信,把握方向,正确判断彼此的战略意图,防止误判。二是相互尊重,聚同化异,对不可避免的分歧与摩擦加强沟通与合作。三是平等互利,深化合作,以顺应时代发展,创新性地推进两国关系的发展。四是着眼民众,加深友谊,以两国人民特别是青年为根基,发展友好关系。

构建中美新型大国关系是合作共赢战略中的一个重要理念创新。从出发点讲,构建新型大国关系符合两国人民的基本利益,体现了"打破大国冲突对抗的传统规律、开创大国关系发展新模式的政治担当"。[①]这表明中国不但不以取代美国作为自己的崛起目标,而且主张以负责任的担当精神,开创共同发展的新模式。

### 30.3.3 以弘义融利为原则,建立国际援助新原则与共同发展新机制

当中国对外投资成为新特征,对外援助成为新主题以后,正确处理东道国发展利益与中国自身发展利益的关系相应地成为新课题。在多年实践的基础上,中国明确了处理两者关系的基本原则,创新了与各国共同发展的新机制,清晰地回答了这一问题。

历史上殖民主义、帝国主义的掠夺式资源开采对发展中国家造成了严重的后果,导致这些国家财富流失,环境破坏,经济结构单一,不能形成自身的发展机制。今天,当中国开始在一些国家中进行资源能源开发时,国际上一些人不加分析地把中国与当年的殖民主义画等号,毫无依据地称中国搞所谓"新殖民主义",这背离了中国实行的与这些国家共同发展的基本事实。

中国巨大的经济规模和高速增长,特别是正处于工业现代化的关键时期,以及国际分工将中国放在低端制造与高消耗环节,这一切都增强了中国对资源与能源的巨大需求。中国对发展中国家资源及能源产业的投资是上述因素所决定的,是国际分工格局所决定的,而中国所采用的并不是当年殖民主义、帝国主义的战争与统治方式,而是当代国际投资通行方式与市场经济公平原则,也就是共同发展原则。

---

① 习近平:"努力构建中美新型大国关系——在第六轮中美战略与经济对话和第五轮中美人文交流高层磋商联合开幕式上的致辞",《人民日报》2014 年 7 月 9 日。

中国对发展中国家的投资体现了四个基本理念与战略创新。

一是在指导思想上贯彻弘义融利原则。客观地讲,中国扩大对外资源开发是国内经济发展的需要,以获得稳定的资源供给和可持续发展。但是,中国是由国有企业代表国家战略进行这类开发的,国家战略与企业营利原则在这里是相统一的。中国注重与东道国的友好合作关系,义利兼顾,讲信义、重情义、扬正义、树道义,国家外交原则与企业的商业行为融为一体。

二是在合作方式上注重基础设施建设,务实帮助东道国发展。一些最不发达国家存在的问题是多方面的,其中,基础设施薄弱是发展的瓶颈。中国注重首先帮助这些国家解决生产生活最为紧迫的道路、电力、饮水等基础设施建设,为发展创造基本条件。这种务实的合作方式对相关国家产生了更为直接的效果。

三是坚持发展是硬道理,尊重东道国的政治选择。世界各国政治制度各不相同。在发达国家对发展中国家的援助中,往往以推进民主化为前提条件,事实证明效果并不好。与此不同,中国奉行发展是硬道理的原则,以经济发展为第一要务,尊重相关国家自主的政治选择,形成了与美国等发达国家截然不同的援助模式,切实推动了相关国家的经济发展和民生改善。

四是加强海外利益保护。随着中国对外投资的扩大,海外资产与人员数量迅速增加,海外利益的有效保护成为国家对外关系中的一个新课题。面对一些国家和地区的不稳定状态,特别是恐怖主义等威胁,我国开始注重提高保障能力与水平,加强保护力度,以切实维护海外利益。

总之,近年来的发展实践使我们看到,中国崛起的新阶段上的一系列新的重大主题正在得到系统的回答,在对外经济关系上形成了多方面的理论与战略创新。对外开放战略的升级创新了对外经济关系的内涵与形式;以经济关系发展为基础,建立新型大国关系方针创新了国际关系理论与战略;国际投资与援助中的义利观和发展方针创新了新型大国海外发展模式以及与发展中国家的合作模式。

# 第 31 章
## 中国道路的国际内涵

胡锦涛在党的十八大上所做的报告题为《坚定不移沿着中国特色社会主义道路前进,为全面建成小康社会而奋斗》,这就明确提出了"中国道路"的重要概念。中国道路既是对中国已经取得的成功发展经验的总结,也是对未来将坚持的发展理念与方向的定位。中国道路是一条富民强国之路,在国家经济社会发展上有着广泛而深刻的理论与实践内涵。与此同时,中国道路又以其体制构建的国家特征、发展进程的国际联系及其崛起方式的世界影响等多个方面,体现着广泛而深刻的国际政治经济内涵。中国道路在造福于中国人民的同时,极大地提升了中国的国际地位,促进了世界的和平、发展、合作、共赢,对人类社会的进步做出了重要的贡献。

## 31.1 社会主义市场经济:经济发展体制的国家特征

中国道路的国际内涵首先在于经济发展体制的国际差异性即国家特征。中国通过改革构建了社会主义市场经济,这一体制既不同于成功实现经济发展的发达国家,也不同于任何一个仍在继续探索中的发展中国家。中国的经济体制不能在以往任何一本比较经济学教科书上找到,不仅具有重大的理论意义,而且因其成功的实践获得了国际社会的普遍认可,提升了中国的国际地位,在世界发展史上具有重大意义。

### 31.1.1　从国情出发探索民族复兴之路

中国道路是中国共产党领导中国革命与建设 90 多年历程的总结,体现了中国的特点。虽然中国特色社会主义是在实行改革开放后新的历史时期开创的,但是,新中国成立后前 30 年中国共产党人为国家发展、民族崛起所做的探索,为最终形成中国道路奠定了基础。正如党的十八大报告所指出的:"在探索过程中,虽然经历了严重曲折,但党在社会主义建设中取得的独创性理论成果和巨大成就,为新的历史时期开创中国特色社会主义提供了宝贵经验、理论准备和物质基础。"回顾这一探索过程,使我们更清楚地看到了寻找中国道路的国际背景。

### 31.1.2　把握国际环境变化,及时转向以经济建设为中心

"冷战"时代的历史条件与"三个世界"的国际格局都在不同意义上影响了中国发展道路与经济体制的选择。在那样的国际背景下,中国不可能实行开放型的经济发展战略。相反,为了备战,国家需要通过国有经济集中资源扩大财力,通过计划经济强化发展规划,以应对紧张的国际环境。在改革开放时期,对国际环境和时代特征的正确把握是实现历史性转变的关键。邓小平关于和平与发展时代的判断集中体现了中国对国际环境的科学认识,反映了中国道路的选择与对国际环境认识之间的深刻联系。正是这一科学判断,改变了 20 世纪 70 年代以前我们党对时代性质的认识,使我们抓住了世界和平这一难得的历史机遇,顺应了世界经济发展的潮流,果断地走上了以经济建设为中心的道路,并以经济发展为目标推进改革开放,开始探索既坚持社会主义方向,又适合中国国情的经济体制。对国际环境的正确认识从而对重要战略机遇期的正确把握,是中国 30 多年来高速发展的前提。这一战略机遇期的意义是多方面的:一是世界性战争不是当时的主要危险,和平的国际环境使中国可以集中力量搞建设,并且以开放的方式利用国际条件;二是经济发展成为世界的主题,各国广泛探索技术进步、产业升级和经济增长,推进国际合作,形成了有利于经济发展的国际环境;三是经济全球化趋势形成,国际贸易、国际投资的大发展使选择开放型发展战略更为有利,对外开放可以使中国抓住国际产业

转移和国际分工扩大的历史性机遇,实现高速发展。今天中国的开放型市场经济体制结构与发展特征,正是通过自身对世界经济的适应性改革,并在与国际环境的相互作用中形成的,具有显著的国际性与开放性。与此同时,和平与发展环境对中国发展的重要性又反过来决定了中国需要这样的国际环境,中国也始终会在自身的发展中维护这一国际环境。

### 31.1.3 基于国情构建发展导向型市场经济体制

社会主义市场经济是一种发展导向型的市场经济体制。在这类经济体制中,政府对经济发展具有重要的引导与推动作用。这种市场经济体制较为适合发展中国家实现快速发展的需要。但是,中国没有简单地按照比较经济体制理论去建立一个市场经济,而是根据中国国情建立了一个特殊的发展导向型体制,即区域发展导向型市场经济体制。在这一体制中,从中央到地方各级政府都有较强的经济职能,它们积极规划发展战略,引导市场实现经济发展。中央政府坚持发展是第一要务,全面规划国家发展的总方向、总目标与总战略;各级地方政府积极规划与推动本地区经济发展,营造发展环境,集聚发展资源,培育市场机制。分税制等改革后形成的地方政府巨大的发展积极性是重要的体制优势。正是这一优势,使中国的市场经济体制不仅具有从中央到地方的积极性,而且形成了不同于一般市场经济的体制模式。在西方市场经济中只有企业一个主体,而中国则有政府与企业两个主体;西方市场经济中只有市场一种动力,而中国有着政策与市场两种动力。这样特殊的经济体制与发展机制,既有全局规划又有主体活力,既有整体战略又有机制效率。改革开放30多年来的发展成就雄辩地证明了中国的体制优势,有力地否定了西方经济学认为只有纯粹市场才是最优体制的理论。由此可以看到中国道路体制上的一个重要特征,即中央顶层设计与地方积极探索实践的有机结合。从走上改革开放之路,到推进改革开放的每一步,中国道路都是在中国共产党的领导下进行的。党的领导通过中央集中全党智慧做出全局安排的顶层设计,各级地方政府按照这一设计的总方针结合本地实际进行探索,实现发展。这种模式具有战略持续稳定、贯彻有效的优越性。

### 31.1.4 体制优势奠定了国际地位持续提升的基础

一个国家的经济体制代表着这个国家的制度特色,而一旦这一体制有效地实现了经济发展,其积极意义得以体现,这一体制也就必然形成其国际影响力,从而提高这一国家的国际地位。经济体制作为一种制度安排,是一个国家国际地位的重要因素。今天,当世界无可辩驳地承认中国经济发展成就时,也就意味着对中国经济体制优越性的认可。体制优势是今天中国国际地位持续提升的基础,也是中国道路的国际内涵之一。综观中国的发展历程可以发现,中国道路具有一个非常重要的特点,即随着经济社会不断向新的阶段推进,发展理念与指导战略有着持续的自我优化功能。在中国共产党的领导下,以党的发展理论不断创新为标志,中国的社会主义市场经济体制不断得到完善。"摸着石头过河"这一改革指导思想从一开始就确立了不断探索的原则,使中国走上了对原有体制的渐进式改革道路,既保持了全局的稳定,又使每一项改革达到了推进发展的作用。"三个代表"重要思想和科学发展观不断丰富和推进了发展的内涵,提升了发展的高度,扩大了发展的领域。在改革开放取得显著成果,发展呈现良好势头的时刻,"三个代表"重要思想从党建理论上把生产力发展、文化发展与人民利益三者有机统一起来,明确了人民利益是经济社会发展的根本目的,明确了发展的内涵与要求。在经济发展获得巨大成就,国际影响力与日俱增之时,科学发展观提出了更高的发展理念与目标。科学发展观既是中国实现全面协调可持续发展、建设和谐社会的指导思想,也体现了中国对整个人类社会实现可持续发展、构建人与自然和谐的负责任大国形象。党的十八大又提出了经济建设、政治建设、文化建设、社会建设、生态文明建设五位一体的总体布局,进一步推进了发展的内涵。发展目标的持续推进体现了中国的不断进步,产生了强大的国际影响力,是中国国际地位不断提升的重要因素。进入发展新阶段,中国再次把改革放在首要地位,明确改革进入深水区和攻坚期,高度重视顶层设计。在改革的重点上,明确提出"加快推进政府改革",转变政府职能的改革思路越来越明晰。在改革的思路上,明确"摸着石头过河"与加强顶层设计的辩证统一关系。在加强顶层设计的前提下推进局部的阶段性改革,在推进局部的阶段性改革的基础上来谋划顶层设计。加强宏观思考和顶层设计,在注重改革的系统性、整体性、协同性的同时,鼓励大胆试验、大胆突破,不断把改革引向深入。有理由相信,这样的改革思路将使中国的体制不断优化,从而使中国的国际地位进一步提升。

## 31.2 参与全球化、建设开放型经济:发展进程的国际联系

中国道路是一条积极参与经济全球化,在开放中实现经济社会发展的道路。正因为这样,中国越是发展,与世界的联系就越是紧密,对世界的影响就越大,国际地位也越能得到提升。

### 31.2.1 以对外开放为基本国策,建立发展的国际联系

20 世纪 70 年代末,中国果断地选择了对外开放。对外开放既是发展战略、政策定位,也是体制架构。作为发展战略,对外开放旨在通过参与经济全球化,实现贸易发展以有效利用比较优势,拉动经济增长;积极吸收外资以弥补国内资金短缺,推动经济发展。作为政策定位,对外开放构建了有利于对外经济关系发展的政策体系,加快了外资的持续流入与外贸的高速增长。作为体制架构,对外开放旨在构建一个开放型市场经济体系。一方面,在国内按照国际经济要求建立社会主义市场经济体制,另一方面,不断扩大商品与要素的跨境流动,以推动国民经济的发展。总之,对外开放全面构建了发展的国际联系,使中国道路具有丰富的国际内涵。以开放促发展是中国道路的一个重要特点。南方经济特区的建立是新时期的一个重要标志,其最主要的特征就是开放。特区通过开放形成了符合国际市场经济规则要求的经济体制。这一体制及其相关的政策安排迅速在沿海地区普遍化,形成了开放格局。出口加工区、保税区、经济技术开发区等园区式开放管理模式,在中国得到了广泛运用和不断完善,迅速强化了中国经济的国际联系,在 30 多年中国对外经济关系发展中起到了关键作用。园区式发展模式使中国迅速摆脱了体制整体改革相对滞后的约束,直接采用市场经济管理体制,并构建了高效集中的管

理模式,有效地推动了发展。中国的这种园区开放式发展模式既吸收了国际经验,又创新了管理模式,对发展中国家实现开放型发展具有显著的借鉴意义。

### 31.2.2　参与全球化分工体系,深化发展的国际互动

承接国际产业转移,参与国际价值链分工,是中国形成开放型经济的一个重要途径。通过吸收外商直接投资,发展加工贸易,是参与国际价值链分工的主要形式。参与价值链分工不仅利用了中国充裕的劳动力资源,成为经济快速发展的一个重要原因,而且迅速提升了中国的出口能力,创造了外汇收入,使中国迅速成长为世界最大的制造国和出口国。尽管从相对收益看,中国以廉价劳动力参与国际价值链分工收益较低,但这是近30多年基于国情的最现实的,也是最有效的发展道路。价值链分工使中国经济与世界经济紧密联系在一起,中国为世界制造业创造了更低的生产成本,从而提供了更低的市场价格和经济福利,世界各国与中国形成了更深刻的相互依赖关系,成为中国经济影响世界经济的一个重要机制。更广义地看,跨国公司在中国的投资使中国深刻地融入了世界生产体系。中国经济与世界经济的日益提升的相关性是中国国际经济地位的微观基础。开放型的中国道路影响了跨国公司的战略选择,影响了国际范围的资本流向,影响了全球层面的产业布局、价格水平和经济福利,中国道路已经成为当代世界经济分工格局和运行特征中的一个重要因素。

### 31.2.3　以开放促改革,构建与世界互动的发展机制

中国道路是以开放促改革实现经济转型的发展道路。这条道路的内在逻辑就是:通过融入世界经济体系推进改革;通过改革释放体制动力与市场活力;依靠体制与市场两种力量构建对外引力,吸收外资流入式发展;外资流入形成了在中国这块土地上中外企业共赢的发展格局。这一逻辑的因果链是中国过去30多年发展的内在机理,特别是加入世界贸易组织后10多年迅猛发展的内在机理。从经济特区开始的对外开放,采用的是国际通行的市场经济规则,从经济特区到后来普遍采用的各项政策的基本特点,就是营造市场经济环境,以利于国际资本在中国的发

展。国内体制的改革是实现对外开放的前提。加入世界贸易组织的实践进一步表明,中国在对外开放战略中选择的是"以开放推进改革"的发展道路。中国的"入世"承诺远远超出了降低关税和取消非关税措施意义上的市场开放,广泛地涉及国内体制改革和市场经济规则的建立。"入世"不仅意味着扩大开放,而且意味着深化改革,把开放的压力变成改革的动力。履行"入世"承诺使我们更新了立法与政策制定的理念,增强了制定规章制度的合规性意识,并建设了一支法律人才队伍。依据国际规则推进的国内法规建设也带来了中国参与国际竞争方式的重大转变。由开放促改革,由改革建体制,由此而形成的必然结果就是,中国的体制动力与市场活力这两大力量共同汇合成一个巨大的对外引力,吸引国际企业与中国共同发展,构建了中国与世界共赢的发展格局。中国所走的是一条在融入世界中增强相互依存的道路。这条路径决定了中国越是发展,与世界各国的经济联系就越是紧密,共同利益越是扩大,反过来中国也将得到更快的发展。这就是中国扩大开放而在竞争中立于不败之地的原因。

### 31.2.4 以包容性发展观促进各国共同发展

随着中国经济规模与实力的不断提升,中国的发展对其他国家开始构成竞争压力。在这一新情况下,中国及时提出了包容性发展的战略构想,努力倡导共同发展的机制与格局,这是中国开放型发展道路又一重要的国际内涵。包容性发展是在经济全球化时代各国普遍追求发展条件下促进国际合作的一个重要理念与发展思路。实现包容性发展就是要各国共享发展机遇,实现互利共赢。实现包容性发展的关键在于国际经济合作,其中包括推进国际经济合作机制的形成与制度的建设。各国的战略与政策选择要努力减少对其他国家的负面影响,同时还要通过国际合作构建规则,增强协调。中国所提出的包容性发展,旨在构建世界各国机会均等、合作共赢的发展模式,与传统合作单纯强调市场开放和国际竞争相比,包容性发展更注重发展机制的兼容性,发展成果的共享性与发展条件的可持续性。推动包容性发展是中国作为负责任大国的战略主张。这表明中国将扩大与各国的交流与合作,应对共同挑战,推进共同发展。中国指出,要通过包容性发展使各国共享发展机遇,共同应对发展中的挑战。各国在政策选择上不仅不以邻为壑,而且要相互帮助,使所有成员方都能共享全球化和一体化的成果,使各国人民的生活都能得到改善。近年来,中国的一系列战略调整都体现了包容性发展的理念与实践。积极改变粗放型发展战略是中国实践包容性发展的重要表现。在 2008 年世界经济危机爆发以后,中国及时提出了扩大内需的战略,既有利于自身经济的稳定与发展,又大大减小了对其他国家市场竞争的压力。中国积极推进"走出去"战略,帮助发展中国家进行基础设施建设与资源开发,推动制造业转移,实现与各国的共同发展。中国积极参与全球治理,从一个负责任大国的要求出发为经济全球化迅猛发展的同时产生的各种新问题与各国一起寻求新的体制机制安排。中国以科学发展观指导发展,致力于建设资源节约型、环境友好型社会,不仅有利于自身发展的可持续性,而且有利于世界发展的可持续性。"十二五"规划关于发展模式的转变将使中国的发展对世界各国发展更为包容和有利。中国居民消费在 GDP 中比重的提高将使消费在经济增长中的作用得到显著提高;投资拉动、外需拉动特征将在一个较大的程度上向消费拉动、内需拉动转变。这一变化将有利于世界尤其是亚洲各国获得更多的国际资本与更大的商品市场。

## 31.3　坚持和平发展,推动合作共赢:中国崛起方式的世界影响

中国崛起方式的世界影响历史证明,中国的发展道路不仅决定了中国需要世界和平,而且决定了中国的发展有利于世界和平的维护和各国的共同发展。今天,一个崛起的中国正致力于世界的合作共赢,不断显示着中国崛起对世界的积极意义。

### 31.3.1　接受国际规则,在融入中发展决定了中国发展与世界的和谐性

在实行对外开放融入经济全球化的进程中,中国通过加入国际经济组织融入世界经济体系,表明中国是接受而不是挑战世界经济现有体系规则,中国的开放进

程与世界是兼容的、和谐的。现行的国际经济体系与规则基本上是二战以后在发达国家主导下形成的,这一体系与规则的建立基于公平竞争的理念与成熟市场的原则,但它们在很大程度上更适合于发达国家而不利于发展中国家。虽然在一些规则中包容了对发展中国家的特殊或差别待遇,但是总体上说发展中国家依然处于相对不利地位。作为后起的发展中国家,中国在参与全球化进程中,面对巨大挑战,不是首先提出改变现行国际经济体系,而是首先接受这一体系,按这一体系的规则推进自己的市场化道路。在承受巨大的竞争压力下快速开放,以外部压力促进自身发展。中国加入世界贸易组织即“入世”的深刻内涵不只是在于打开国门,而且正如这个词语的中文含义所体现的那样,在于融入世界,融入世界经济体系。在当时“改革国际经济旧秩序”还是许多发展中国家口号的历史背景下,融入战略是一个现实而又大胆的选择,也是一个明智而有远见的选择。这一选择开辟了一条全新的发展道路,即与世界各国合作共赢的发展道路。近年来,中国的国际地位持续提升,自 2010 年起经济规模上升到世界第二位。然而,党的十八大报告指出:中国“是世界最大发展中国家的国际地位没有变”。这体现了我们党对我国基本国情和所处发展阶段的清醒认识,也是对我国国际战略的科学定位。尽管中国目前在经济总规模上已经仅次于美国,但我国经济发展仍然具有发展中国家的基本特征:人均收入水平低,经济结构落后,在国际分工中处于低端地位。从“最大发展中国家”的定位认识自己的国际地位,既是中国处理与发达国家关系的依据,也是处理与发展中国家关系的基础。尽管国力大大提升,但中国仍然要继续扩大与发达国家的合作而非走向对抗,要继续坚持在国际事务中维护发展中国家的共同利益,推进国际社会形成更完善的合作体制与运行机制,进一步改善中国发展的国际环境。中国在深入参与全球化分工、解决资源供给问题中同样体现了中国方式的和谐性。经过 30 多年的发展,中国成为“世界工厂”,为世界各国提供大量优质廉价产品,特别是传统制造业产品。加上国内经济规模大、现代化任务重,使中国对资源能源的需求日益增长。在世界历史上,大国在其工业化道路上为获得资源和能源,往往采用战争方式,战争是大国争夺殖民地从而控制资源供给的基本途径。然而今天所采用的则是当代世界通行的国际投资和跨国并购方式,即通过产权市场而非炮火战场解决资源能源供给问题。中国特别注重与相关国家的发展合作,包括提供大量的发展援助,从而使中国对外投资有效拉动东道国经济的发展。

### 31.3.2　积极参与国际协调，推动世界经济平衡发展

在实现自身的持续发展中,中国注重按照国际规则推进各种形式的国际合作,形成了中国与各国共同发展的格局。在积极参与全球化分工体系的同时,中国注重参与各种类型的国际经济组织和合作,注重增强与周边国家合作促进地区经济发展,积极与各国签订自由贸易区协定、投资保护协定、避免双重征税协定等,以促进区域贸易投资自由化。

中国把自身发展与世界经济的持续平衡增长紧密联系在一起,体现了中国道路的世界意义。2008 年金融危机发生以来,中国积极参与 20 国集团首脑会议等国际经济协调机制,在维护国际金融市场稳定与贸易环境等方面发挥了重要作用。面对危机的持续与世界经济的长期不平衡,中国把外部环境的变化作为倒逼机制,把国家的内需潜力和自主创新需求作为新战略机遇期的内涵。这一重要的发展方式转型将历史性地改变中国经济增长对世界经济的影响方式。在对外开放的最初阶段,中国通过廉价劳动力优势为世界的产业转移创造了条件,既为世界提供了廉价优质商品,也为发达国家的产业结构升级创造了条件。随着经济规模的扩大,中国经济增长在世界经济中的贡献度日益提高,中国经济的持续增长缓和了危机的冲击,稳定了世界经济的增长。在未来的发展阶段,中国不仅将以不断提升的内需(包括进口需求)拉动使世界各国受惠,而且将通过技术进步与产业结构进步对世界的分工体系产生更为积极的作用。发展中国家将获得更大的国际市场,而发达国家将与中国形成更高水平的互补合作。

发展战略的及时调整是中国注重国际协调的重要表现。由于成功的开放战略,中国的出口能力迅速提升,中国已经成为世界最大的出口国。巨大的贸易顺差是中国发展的特点之一,同时也受到国际社会的关注甚至指责。事实上,中国的巨额顺差完全来自加工贸易,一般贸易还是逆差。加工贸易的性质决定了其必然是顺差而不可能是逆差,而且加工贸易中更多包容的是外商投资企业在中国的收益。尽管如此,中国仍然高度重视贸易平衡,及时提出了扩大内需、扩大进口的战略转型。这是中国在政策与战略上注重国际合作的一个重要体现。扩大内需是在金融危机后提出来的,是国际政策协调和减少危机冲击的选择,但是现在中国已经把扩

大内需作为一个长期战略。这不仅有利于中国形成新的发展动力,实现可持续发展,也是中国在世界各国应对不平衡、实现世界经济再平衡中的一个十分积极的战略调整。中国所推进的国际合作已经从危机期间的短期政策协调进入长期的发展结构的国际协调。

### 31.3.3 承担大国责任,注重在世界范围发挥积极作用

党的十八大报告指出:"中国将继续高举和平、发展、合作、共赢的旗帜。"这是中国作为一个崛起中的大国,对世界发展与国际事务承担更多责任的体现。"和平、发展、合作、共赢"是积极应对经济全球化挑战的科学理念。当代世界是一个相互依存日益加深的世界。经济全球化的深入发展使世界各国的经济更紧密地联系在一起,各国互为商品市场和投资场所,经济增长既相互促进,也相互制约。跨国投资使投资国的资本、技术、营销网络等高级生产要素与东道国的土地、资源和劳动力等传统生产要素相结合,共同构成了全球化生产过程下的利益共同体。

2008年起源于美国的金融危机严重冲击了整个世界经济,其关键因素就在于当今世界各国经济高度的相互依存性。各国在合作中共享繁荣,也在动荡中共担风险。在应对这场危机的国际政策协调中,中国扩大内需的宏观调控措施不但减小了来自外部的不利影响,而且为世界整体抵御危机冲击做出了重要贡献,显现了中国经济增长对世界的拉动力。因此,以合作求互利共赢是应对经济全球化不断发展带来的新挑战的科学理念。以合作应对共同面临的各种可持续发展问题,要求国际社会在全球经济治理上达成共识,增强体制和机制建设。中国提出,全球经济治理的根本目标是推动经济全球化朝着均衡、普惠、共赢的方向发展;全球经济治理应该由世界各国共同参与,通过协商合作共同解决经济全球化面临的各种难题,做出合适的机制安排。中国的这些原则体现了在经济全球化过程中以国际合作寻求互利共赢的基本要求。高举"和平、发展、合作、共赢"旗帜是一个负责任大国的战略定位。中国的崛起是当代世界最重要的现象之一。中国崛起走的是一条完全不同于历史上其他国家的道路。当年殖民主义与帝国主义国家的崛起,靠的是对其他国家的侵略、控制与掠夺,靠的是把落后国家作为自己的原料产地与销售市场,以不等价交换获取超额利润。与其截然不同,中国依靠的是通过国内改革形

成具有巨大活力的社会主义市场经济体制,通过对外开放引进外资、发展外贸。中国的这种发展道路既实现了自身的高速增长,同时也为世界各国创造了产业转移的条件,形成了与世界各国共同发展的相互关系。

在经济实力显著增强的今天,中国强调互利共赢的发展道路,更体现了一个负责任大国的发展理念与价值取向。中国不是立足于依靠自己迅速提高的竞争力去扩大市场,而是积极倡导平等互利,共同发展。中国对一些亚非发展中国家提供了大量援助,致力于帮助这些国家建设基础设施和经济社会发展条件,形成发展能力,在此基础上扩大与这些国家的经济合作,构建互利共赢的发展格局。国际上一些敌对势力指责中国搞所谓"新殖民主义"是完全没有道理的。事实上正是西方势力支持一些国家搞所谓"民主"给这些国家带来了动乱和灾难,使其连最基本的发展需求也无法实现。注重合作共赢的战略定位清晰地回答了国际社会对中国崛起的关切。由于中国迅速崛起,对一些国家特别是发展中国家构成了明显的竞争压力,一些对中国抱有敌意的人则为自己的政治需要鼓吹"中国威胁论"。就国际市场本身的运行规律而言,中国国际竞争力的上升确实可能挤占他国的市场空间,对其他国家有不利影响。但是,世界经济的发展并非一场零和博弈。国际分工是一种正和博弈,参与分工的各国都可能获益,尤其是加强经济一体化、消除贸易投资障碍能够通过扩大经济总量为各国带来发展利益。中国主张互利共赢也就是要推进国际合作,以自己的发展带动其他国家的发展。

历史表明,一个国家的国际影响力是与这个国家在国际事务中所发挥的作用相联系的。与中国前些年提出的建设和谐世界一样,合作共赢所体现的价值观有着强大的亲和力和感召力,也是中华文明"和为贵"精神的表现。当今世界存在各种矛盾与摩擦,强调单方面的利益往往不可能找到解决问题的方式,甚至陷入僵局与对抗。在合作共赢的原则下,才可能排除干扰、搁置争议,构建和谐。合作共赢原则将对国际事务产生深远的影响。积极倡导合作、推动世界各国的共赢,将使中国的国际影响力不断增强。

## 31.3.4　提高对外开放水平,促进世界互利共赢

党的十八大报告指出:中国将"始终不渝奉行互利共赢的开放战略,通过深化

合作促进世界经济强劲、可持续、平衡增长"。这是中国提出的提高对外开放水平的新目标,显示了在新的历史阶段上中国崛起的世界意义。这表明,中国对外开放的目标将不只限于促进本国经济的发展,而且将致力于促进整个世界经济的可持续发展。

实现互利共赢要求中国进一步提高对外开放水平。改革开放30多年来,中国经济增长取得了巨大的成就,成为拉动世界经济增长的一个重要力量。但与此同时,由于发展处于初级阶段,特别是在开放中国外大量传统产业向国内转移,中国经济发展的基本特征是粗放型、高消耗,对生态环境的破坏严重,可持续增长面临着巨大的挑战。面对发展中的问题,党的十八大报告明确指出:"要加快转变对外经济发展方式,推动开放朝着优化结构、拓展深度、提高效益方向转变。"要"着力培育开放型经济发展新优势""提高利用外资综合优势和总体效应"。发展战略的这一重大转型既将显著提高中国自身的开放效益,也将有效促进与各国在发展中实现互利共赢。实现产业结构的升级既有利于中国构建与其他发展中国家的错位发展,增强互补性,也有利于中国获得更大的发展效益,走出过度依靠廉价劳动力与土地、资源的发展模式。改变目前开放模式的关键,就在于培育开放型经济的新优势和吸收外资的综合优势。中国要更好地发挥国家的体制优势、政府发展导向战略规划优势、产业配套能力优势、国内市场规模优势、地区差异的发展潜力优势等,特别是加快培育技术创新能力等新优势,形成对外开放的新格局,在开放中获得更大的收益,也为各国资本创造更多的发展机遇。中国所主张的互利共赢的对外开放将促进形成更为公平合理的国际经济关系。对外开放的互利共赢原则要求我们尊重国际贸易规则,同时积极应对贸易摩擦,有效运用国际规则维护自己在国际竞争中的合法权益。在对外开放的未来发展中,中国将既努力提高开放效益,又努力改善国际环境,推动国际体系建设。党的十八大报告指出:"中国坚持权利和义务相平衡,积极参与全球经济治理,推动贸易和投资自由化便利化,反对各种形式的保护主义。"实现权利和义务平等的途径是推进国际化制度建设,这是一条有利于各国的途径。中国将在更加公平合理的国际经济体系建设中发挥积极作用。相互的和对等的开放是公平合理的国际经济关系的一个重要方面。近年来,中国对外投资能力持续上升,然而当中国根据国际惯例进行国际投资并购等活动时,一些国家却以所谓"国家安全"理由限制中国投资。一些国家还长期限制向中国出口所谓敏感技术,明显表现出开放的不对等、不公平。而同时,也正是这些国家对中国不断施加压力,要求开放一些对其特别有利的部门。面对这种情况,中国主张互利共赢,也表明开放应当是各国之间相互的、对等的。中国要不断扩大对外开放,同时也要求各国对中国开放。只有相互开放,才能真正实现互利共赢。

可以相信,坚持互利共赢原则将使对外开放提高到一个新的水平,也将使中国的崛起对世界产生更为积极的影响。

# 参考文献

Ahmad N., Wyckoff A.W., Carbon dioxide emissions embodied in international trade of goods, STI Working Paper DSTI/DOC, 2003.

Alan M.Taylor. Convergence and international factor flows in theory and history. NBER working paper, 1996. 10.

Alderson, A.S., Nielsen, F., "Income Inequality, Development, and Dependence: A Reconsideration", *American Sociological Review*, 1999 (64): 606—631.

Antras P., "Firms, Contracts and Trade Structure", *The Quarterly Journal of Economics*, 2003, 118(4):1375—1418.

Antweiler W., "The pollution terms of trade", *Economic Systems Research*, 1996, 8(4):361—365.

Armington P.S., A Theory of Demand for Products Distingushed by Place of Production, IMF Staff Papers, 1969:159—178.

Arndt, Sven W., "Globalization and the Open Economy", *The North American Journal of Economics and Finance*, Elsevier, 1997, Vol.8:71—79.

Balassa. B., "The Changing Pattern of Comparative Advantage in Manufactured Goods", *Review of Economics and Statistics*, 1979(61):259—266.

Balassa B., "Trade Liberalization and Revealed Comparative Advantage", *Manchester School of Economic and Social Studies*, 1965, 33(2):99—123.

Banning Garrett., "China Faces, Debates, the Contradictions of Globalization", *Asian Survey*, 2001, 41(03).

Barro, R.J., "Inequality and Growth in a Panel of Countries", *Journal of*

*Economic Growth*, 2000(5):5—32.

Beck, K., Levine, R., Finance,Inequality and Poverty: Cross-country Evidence. World Bank Policy Research Working Paper, 2004.

Bhagwati J.N., "Distortions and Immiserizing Growth: A Generalization", *Review of Economic Studies*, 1968, 35:481—485.

Bhagwati J.N., "The generalized theory of distortions and welfare", In(J. Bhagwati et al.) Trade Balance of Payments and Growth: Papersin Honor of Charles P.Kindleberger, Amsterdam: North-Holland, 1971.

Bhagwati, J., *The General Theorhy of Distortions and Welfare*. Amsterdam: North-Holland Publishing Company, 1971.

Bhagwati, J. N, R. A. Brecher, T. N. Srinivasan, "DUP Activities and Economic Theory", *European Economic Review*, 1984, 24(03):291—307.

Bhagwati, J.N, T.N.Srinivasan., "Revenue Seeking: A Generalization of the Theory of Tariffs", *Journal of Political Economy*, 1980, 88(06):1069—1087. doi:10.1086/260929.

Bhagwati, J.N. "Directly Unproductive Profit-seeking Activities", *Journal of Political Economy*, 1982, 90(05):988—1002.

Buchanan, J, G.Tullock, R.Tollison., *Towards A General Theory of the Rent-seeking Society*. Texas: A&M University Press, 1980.

Bussmann, M., Soysa, I., Oneal, JR., "The Effect of Globalization on National Income Inequality", *Comparative Sociology*, 2005(4):285—312.

C.P.Kindleberger, *American Business Abroad: Six Lectures on Direct Investment*, NewHaven, Yale University Press, 1969.

Calderon, C., Chong, A., "External Sector and Income Inequality in Interdependent Economies Using a Dynamic Panel Approach", *Economics Letters*, 2001(71):225—231.

Caves, A. E., *Multinational Enterprises and Economic Analysis*, Cambridge: Cambridge University Press, 1982.

Celik, S., Basdas, U., "How Does Globalization Affect Income Inequality?

A Panel Data Analysis", *International Advances in Economic Research*, 2010 (16):358—370.

Chakrabarti, A., "Does Trade Cause Inequality?", *Journal of Economic Development*, 2000(25):1—21.

Chintrakarn, P., Herzer D., Nunnenkam, P, FDI and Income Inequality: Evidence from a Panel of US States. Kiel Working Paper. 2010. No.1579.

Currie, J, A.E.Harrison, "Sharing the Costs: The Impact of Trade Reform on Capital and Labor in Morocco", *Journal of Labor Economics*, 1997, 15(03): 44—71.

Dani Rodrik, "Why Do More Open Economies Have Bigger Governments?", *Journal of Political Econonmy*, 1998, Vol.106:997—1028.

Defina R., "Unions relative wage and economic efficiency", *Journal of Labor Economics*, 1983, 1(4):408—429.

Dickens, M. and Lang K. "The Reemergence of Segment of Labor Market Theory", *American Economic Review*, 1988, 78(2):129—134.

Dollar, David and Kray, Aart, "Growth is Good for the Poor", *Journal of Economic Growth*, 2002(7):195—225.

Edward E. Leamer., "Effort, Wages and the International Division of Labor", NBER Working paper, 1996.

Edwards, S., "Trade Policy, Growth and Income Distribution", *The American Economic Review*, 1997(87):205—210.

Elhanan Helpman, Marc J.Melitz, Stephen R.Yeaple., "Export versus FDI. NBER Working Papers 9439", National Bureau of Economic Research, 2003.

Feenstra, R.C., Hanson, G.H., "Foreign Direct Investment and Relative Wages: evidence from Mexico's maquiladoras", *Journal of International Economics*, 1997(42):371—393.

Figini, P., and Görg, H., "Does foreign direct investment affect wage inequality? An empirical investigation", Institute for the Study of Labor(IZA), Discussion Paper, 2006.

Fisher, T.C.G., and Waschik, R.G., "Union Bargaining Power, Relative Wages, and Efficiency in Canadian", *Canadian Journal of Economics*, 2000, 33(3):742—765.

Garnaut Ross, Ligang Song, Yang Yao and Xiaolu Wang, *The Emerging Private Enterprise in China*, *Canberra*, The National University of Australia Press, 2000.

Gautam Sen., *The Military Origins of Industrialization and International Trade Rivalry*. New York: St. Martin's Press, 1984.

Gourdon, J., "Openness and Inequality in Developing Countries: A New Look at the Evidence". MPRA Paper, 2007.

Grossman, Sanford J. and Oliver D.Hart, "The Costs and Benefits of Ownership: A Theory of Vertical Integration", *Journal of Political Economy*, 1986, Vol.94:691—719.

Hansson, P., "Skill upgrading and production transfer within Swedish multinationals", *Scandinavian Journal of Economics*, 2005(107):673—692.

Hart, Oliver, and John Moore, "Property Rights and the Nature of the Firm", *Journal of Political Economy*, 98(6):1119—1158.

Heckscher Eli F., "The Effect of Foreign Trade on the Distribution of Income", *In Ekonomisk Tidskrift*, 1919:497—512.

Helmut Wagner, ed., *Globalization and Unemployment*. Berlin: Springer-Verlag Berlin and Heidelberg GmbH & Co. K, 2000.

Helpman, Elhanan., "A Simple Theory of International Trade with Multinational Corporations", *Journal of Political Economy*, 1984, 92:3:451—471.

Horstmann, Ignatius J. and Markusen, James R., "Endogenous market structures in international trade", *Journal of International Economics*, Elsevier, 1992, Vol.32(1—2):109—129.

Hsieh Chang-Tai and Peter Klenow, "Misallocation and Manufacturing TFP in China and India", *Quarterly Journal of Economics*, 2009, 124 (4): 1403—1448.

Hsieh, Chang-Tai, Woo, K. T., "The impact of Outsourcing to China on Hong Kong's Labor Market", *American Economic Review*, 2005 (95): 1673—1687.

Hummels, D., Rapoport, D. and Yi, K., "Vertical Specialization and the Changing Nature of World Trade", *FRBNY Economic Policy Review*, 1998, June:79—98.

Jagdish Bhagwati, "Immiserizing Growth: A Geometrical Note", *The Review of Economic Studies*, 1958, 25(3):201—205.

Jay Mazur, "Labor's New Internationalism", *Foreign Affairs*, 2000, Vol.79 No.1.

Jeffrey D.Sachs, Andrew Warner, Anders Aslund, Stanley Fischer, "Economic Reform and the Process of Global Integration", Brookings Papers on Economic Activity, 1995(01).

Jensen, N.M., Rosas, G., "Foreign Direct Investment and Income Inequality in Mexico, 1990—2000", *International Organization*, 2007(61):467—487.

John H.Dunning, "Toward an Eclectic Theory of International Production: Some Empirical Test", *Journal of International Business Studies*, Vol.11, No.1 (Spring-Summer, 1980), pp.9—31.

Johnson, H.G., "Survey of Issues", in Peter Drysdale, ed., *Direct Foreign Investment in Asian Pacific*. Toronto: University of Toronto Press, 1972.

Jones, R. and H.Kierzkowski, "The Role of Services in Production and International Trade: A Theoretical Framework", ch.3 in(Jones and Anne Krueger eds.): *The Political Economy of International Trade*, 1990.

Katz, Lawrence and Murphy, Kevin M., "Changes in Relative Wages, 1963—1987: Supply and Demand Factors", *The Quarterly Journal of Economics*, MIT Press, 1992, Vol.107:35—78.

Kiyoshi Kojima, *Japanese Direct Foreign Investment: A Japanese Model of Multinational Business Operations*, Croom Helm, London, 1978.

Komai, J., "The Hungarian Reform Process: Visions, Hopes, and

Reality", *Journal of Economic Literature*, 1986, 24:1687—1737.

Krishna, K, A. Mukhopadhyay, C. Yavas, "Trade with Labor Market Distortions and Heterogeneous Labor: Why Trade Can Hurt", NBER Working Paper, 2002.

Krishna, K, C. Yavas, " When Trade Hurts: Consumption Indivisibilities and Labor Market Distortions", *Journal of International Economics*, 2005, 67 (02):413—427.

Krishna, P., Sethupathy, G., "Trade and Inequality in India", NBER Working Paper, 2011.

Krueger, A. O., "The Political Economy of the Rent-seeking Society", *American Economic Review*, 1974, 64(03):291—303.

Krugman Paul R., "Intra-industry Specialization and the Gains from Trade", *Journal of Political Economy*, 1981(89):959—973.

Kuznets, S., "Demographic aspects of the size distribution of income", *Economic Development and Cultural Change*, 1976(25):1—94.

Kuznets, S., "Economic Growth and Income Inequality", *American Economic Review*, 1955(45):17—26.

Kwon, J.K, H.Paik, "Factor Price Distortions, Resource Allocation, and Growth: A Computable General Equilibrium Analysis", *The Review of Economics and Statistics*, 1995, 77(04):664—676.

Leontief, W., "Domestic Production and Foreign Trade: The American Capital Position Re-Examined", *American Philosophical Society*, 1953, 97 (4): 332—349.

Lindbeck, A., "Stabilization Policy in Open Economies with Endogenous Politicians", *American Economic Review*, 1976, 66(02):1—19.

Lundberg, M., Squire, L., "The simultaneous evolution of growth and inequality", mimeo World Bank, 1999.

Magee, S.P., "Factor Market Distortion, Production, and Trade: A Survey", *Oxford Economic Papers*, New Series, 1973, 25(1):1—43.

Manufactured Goods. *The Review of Economics and Statistics*. 1979，61 (2):259—266.

Markusen，James R.，"Factor Movements and Commodity Trade as Complements"，*Journal of International Economics*，1983，14(3—4):341—356.

Melitz M.J.，"The Impact of Trade on Intra-industry Real Locations and Aggregate Industry Productivity"，*Econometrica*，2003，71(6):1695—1725.

Miroudot，S.，R.Lanzand A.Ragoussis，"Trade in Intermediate Goods and Services"，OECD Trade Policy Papers 93，OECD Publishing，2009.

Mundell，Robert A.，"International Trade and Factor Mobility"，*American Economic Review*，1957，47(3):321—335.

Nunnenkamp，P.，R.Schweickert and M.Wiebelt，"Distributional Effects of FDI: How the Interaction of FDI and Economic Policy Affects Poor Households in Bolivia"，*Development Policy Review*，2007(25):429—450.

Ohlin Bertil G.，*Interregional and International Trade*. Cambridge: MA，Harvard University Press，1933.

P.J.Buckley and Mark. C.Casson，*The Future of the Multinational Enterprise*，London，Macmillan，1976.

Papageorgiou，D，A.M.Choksi，M.Michaely，*The Design of Successful Trade Liberalization Policies*. Boulder San Francisco，Oxford: Westview Press，1991. 37—56.

Paul Krugman，"Growing World Trade: Causes and Consequences"，Brookings Papers on Economic Activity，Economic Studies Program，The Brookings Institution，1995，Vol.26:327—377.

Pol Antras and Elhanan Helpman，"Global Sourcing"，*Journal of Political Economy*，University of Chicago Press，2004，Vol.112(3):552—580.

Pol Antràs，"Firms，Contracts，And Trade Structure"，*The Quarterly Journal of Economics*，MIT Press，2003，Vol.118(4):1375—1418.

Porter，M.E.，*The Competitive Advantage of Nations*. New York: Fress Press，1990.

Rodrik, D., *Trade and Industrial Policy Reform*, New York: North-Holland, 1995:2925—2982.

Ronald I.McKinnon, *Money and Capital in Economic Development*. Brookings Institution Press, 1973.

S.H.Hymer, *International Operations of National Firms: A Study of Direct Foreign Investment*, MIT Press, 1976.

Samuelson P., "International Factor and Equalization of Factor Prices", *Economic Journal*, 1948, 58(230):163—184.

Samuelson P., International Factor-Price Equalization Once Again", *Economic Journal*, 1949(59):181—197.

Sebastian Edwards, "Capital Mobility, Capital Controls, and Globalization in the Twenty-First Century",Annals of the American Academy of Political and Social Science, 2002, Vol.579, *Exchange Rate Regimes and Capital Flows*, published by Sage Publications, Inc.2002.

Seddon, D, R. Wacziarg, "Review of Easterly's the Elusive Quest for Growth", *Journal of Economic Literature*, 2002, 40(03):907—918.

Shaw, E.S., *Financial Deepening in Economic Development*, Oxford University Press, 1973.

Shui B, Harriss R.C., "The role of $CO_2$ embodiment in US-China trade", *Energy Policy*, 2006(34):pp.4063—4068.

Spilimbergo, A., Londono, J.L. & Szekely, M., "Income Distribution, Factor Endowments and Trade Openness", *Journal of Development Economics*, 1999(59):77—101.

Tobin J., "Inflation and Unemployment", *American Economic Review*, 1972(62):1—18.

Trefler D., Zhu S.C., "The Structure of Factor Content Predictions", NBER Working Paper, 2005.

Trefler, D., " Trade Liberalization and the Theory of Endogenous Protection: An Econometric Study of U.S. Import Policy", *Journal of Politics*,

1993，101(1)：138—160.

Vanek J.，"The Factor Proportions Theory：The N-Factor Case"，*Kyklos*，1968，21(4)：749—756.

Walras，Leon，*Elements of Pure Economics*，Homewood，Illinois，1954.

Williamson，J.，*The Open Economy and the World Economy*，New York：Basic Books Inc，1987.

Wolfgang Deckers，"China，Globalisation and the World Trade Organisation"，*Journal of Contemporary Asia*，2004，34(01).

Zhou，L.，Biswas，B.，Bowles，T.，Saunders，PJ.，"Impact of globalization on Income Distribution Inequality in 60 countries"，*Global Economy Journal*，2011(11)：1—18.

[美]戴维·罗默著，王根培译：《宏观经济学》，上海财经大学出版社 2009 年版。

[美]罗伯特·M.索洛著，胡汝银译：《经济增长论：一种解说》，上海人民出版社 1994 年第 1 版，第 3—5 页。

[美]罗伯特·芬斯特拉，魏尚进主编，鞠建东、余淼杰主译：《全球贸易中的中国角色》，北京大学出版社 2013 年版。

[美]罗伯特·吉尔平著，杨宇光等译：《国家关系政治经济学》，上海人民出版社 2011 年版。

[美]迈克尔·波特著，李明轩、邱如美译：《国家竞争优势》，华夏出版社 2002 年版。

[美]詹姆斯·R.马库森著，强永昌、陆雪莲、杨泓艳译：《跨国公司与国际贸易理论》，上海财经大学出版社 2005 年版。

[以]埃尔赫南·赫尔普曼、保罗·R.克鲁格曼著，尹翔硕、尹翔康译：《市场结构与对外贸易——报酬递增、不完全竞争和国际经济》，上海人民出版社 2009 年版。

[英]F.H.欣斯利著，中国社会科学院世界历史研究所译：《新编剑桥世界近代史》(第十一卷)，中国社会科学出版社 1987 年版。

[英]大卫·李嘉图著，郭大力、王亚南译：《政治经济学及赋税原理》，商务印书

馆 2005 年版。

[英]亚当·斯密著,唐月松等译:《国富论》,华夏出版社 2005 年版。

[英]亚当·斯密著,杨敬年译:《国富论》,陕西人民出版社 2006 年版。

《世界经济年鉴》编委会:《世界经济年鉴》(2005/2006),经济科学出版社 2006 年版。

《世界经济年鉴》编委会:《世界经济年鉴》(2005/2006),经济科学出版社 2006 年版。

蔡昉:《农村剩余劳动力流动得制度性障碍分析》,《经济学动态》2005 年第 1 期。

曹明福、李树民:《全球价值链分工:从国家比较优势到世界比较优势》,《世界经济研究》2006 年第 11 期。

陈斌开、林毅夫:《金融抑制、产业结构和收入分配》,《世界经济》2012 年第 1 期。

陈俊:《从国际比较看我国劳动力价格水平的优势及趋势》,《中国经贸导刊》2006 年第 8 期。

陈雯、李强:《我国对外贸易的能源消耗分析——基于非竞争型投入产出法的研究》,《世界经济研究》2014 年第 4 期。

陈秀梅:《刍议中国劳动力价格与经济增长路径转变》,《经济问题》2007 年第 4 期,第 51—53 页。

陈怡:《外商直接投资对我国收入差距的影响——基于制造业工资基尼系数的实证分析》,《世界经济研究》2009 年第 5 期。

戴觅、余淼杰:《企业出口前研发投入,出口及生产率进步——来自中国制造业企业的证据》,《经济学》2011 年第 4 期。

范云芳:《论价值链国际分工》,《中国流通经济》2008 年第 3 期。

冯正强:《贸易增长机制与贸易增长动力转换研究》,中南大学博士论文,2008 年。

耿伟:《要素价格扭曲是否提升了中国企业出口多元化水平》,《世界经济研究》2013 年第 9 期。

顾国达、郭爱美、牟群月:《论本轮全球经济失衡的可持续性——基于耦合机制视角的分析》,《探索》2013 年第 2 期。

国家环境保护总局、国家统计局:《中国绿色国民经济核算报告 2004(公众版)》,2004 年。

洪银兴:《从比较优势到竞争优势——兼论国际贸易的比较优势理论的缺陷》,《经济研究》1997 年第 6 期,第 20—26 页。

华民:《比较优势、自主创新、经济增长和收入分配——何为未来中国经济发展之道路?》,《复旦大学学报(社会科学版)》2007 年第 5 期。

贾春新:《金融深化:理论与中国的经验》,《中国社会科学》2000 年第 3 期。

金三林、朱贤强:《劳动力成本上升对制造业出口竞争力的影响》,《开放导报》2013 年第 1 期。

康志勇:《中国本土企业研发对企业出口行为的影响:"集约边际"抑或"扩展边际"》,《世界经济研究》2013 年第 10 期。

李克强:《在改革开放进程中深入实施扩大内需战略》,《求是》2012 年第 4 期。

李坤望、孙玮《我国进出口贸易中的能源含量分析》,《世界经济研究》2008 年第 2 期。

李文锋:《治理经济失衡:推进生产要素价格改革》,《中国经济时报》2007 年 6 月 14 日。

李文溥、龚敏:《出口劳动密集型产品导向的粗放型增长与国民收入结构失衡》,《经济学动态》2010 年第 7 期。

李小平、卢现祥:《国际贸易、污染产业转移和中国工业 $CO_2$ 排放》,《经济研究》2010 年第 1 期。

李玉芬:《中日韩区域经济一体化研究》,《延边大学学报(社会科学版)》2013 年第 1 期。

联合国贸易和发展组织:《2012 世界投资报告——迈向新一代投资政策》,经济管理出版社 2012 年版。

梁琦、徐原:《汇率对中国进出口贸易的影响》,《管理世界》2006 年第 1 期。

刘昌黎:《TPP 的内容、特点与日本参加的难题》,《东北亚论坛》2011 年第 3 期。

刘君:《人民币汇率对我国出口商品结构影响分析》,《特区经济》2007 年第

7 期。

刘瑞明:《金融压抑、所有制歧视与增长拖累——国有企业效率损失再考察》,《经济学》2011 年第 2 期。

刘维佳:《中国农民工问题调查》,《数据》2006 年第 2 期。

刘钻石:《从历史角度看世界经济失衡:文献综述》,《亚太经济》2007 年第 6 期。

卢峰、姚洋:《金融压抑下的法治、金融发展与经济增长》,《中国社会科学》2004 年第 1 期。

卢锋:《产品内分工》,《经济学(季刊)》2004 年第 1 期。

鲁晓东:《收入分配、有效要素禀赋与贸易开放度——基于中国省际面板数据的研究》,《数量经济技术经济研究》2008 年第 4 期。

陆铭、陈钊、万广华:《因患寡,而患不均——中国的收入差距、投资、教育和增长的相互影响》,《经济研究》2005 年第 12 期。

马凌远:《中国对外贸易成本的分解及其对出口的影响——基于随机前沿引力模型》,《世界经济研究》2012 年第 9 期。

裴长洪:《我国对外贸易发展:挑战、机遇与对策》,《经济研究》2005 年第 9 期,第 103—112 页。

钱纳里、鲁滨逊、塞尔奎因著,吴奇等译:《工业化和经济增长的比较研究》,上海人民出版社 1995 年版。

强永昌:《汇率变动对出口贸易的作用机制》,《世界经济》1999 年第 4 期。

全文、陈秀梅:《刍议中国劳动力价格与经济增长路径转变》,《经济问题》2007 年第 4 期。

全文、李文锋:《当前经济贸易中的失衡及其治理途径》,《对外经贸实务》2007 年第 8 期。

申宏丽:《从产品内国际分工视角看我国当前的宏观经济运行困境》,《华北金融》2008 年第 11 期。

申宏丽:《外汇储备政策抑或汇率政策——全球化背景下新兴市场国家外部平衡的政策选择》,《山东经济》2008 年第 2 期。

沈桂龙、宋方钊:《FDI 对中国收入分配差距的影响及对策——基于多维变量基础上的实证研究》,《世界经济研究》2011 年第 10 期。

沈坤荣:《经济增长理论的演进(上)》,《经济学动态》2006 年第 5 期。

沈颖郁、张二震:《对外贸易、FDI 与中国城乡收入差距》,《世界经济与政治论坛》2011 年第 6 期。

施炳展、冼国明:《要素价格扭曲与中国工业企业出口行为》,《中国工业经济》2012 年第 2 期。

史晋川、赵自芳:《所有制约束与要素价格扭曲——基于中国工业行业数据的实证分析》,《统计研究》2007 年第 6 期。

世界银行:《1998/99 世界发展报告——知识与发展》,中国财政出版社 1999 年版。

世界银行:《世界发展指标——1999》,中国财政出版社 2000 年版。

唐杰英:《产业转移、国际贸易和 CO2 排放——来自中国工业的实证分析》,《国际贸易问题》2012 年第 9 期。

陶爱颖:《全球失衡:美元本位制下的美国国际收支失衡——基于历史的分析》,《中国经贸》2010 年第 14 期。

万广华、陆铭、陈钊:《全球化与地区间收入差距:来自中国的证据》,《中国社会科学》2005 年第 3 期。

汪丁丁:《扭曲了劳动与资本的比价关系》,《经济导报》2005 年第 7 期,第 13 页。

王光龙:《论经济要素流动:结构、原则、效应与演进》,《江海学刊》2011 年第 4 期。

王俊荣:《对世界经济失衡的思考》,《商场现代化》2008 年第 20 期。

王少瑾:《对外开放与我国的收入不平等:基于面板数据的实证研究》,《世界经济研究》2007 年第 4 期。

王小鲁、樊纲:《中国收入差距的走势和影响因素分析》,《经济研究》2005 年第 10 期。

王岳平:《培育我国产业动态比较优势的机理分析与政策研究》,《经济研究参考》2012 年第 15 期。

王云飞、朱钟棣:《贸易发展、劳动力市场扭曲与要素收入分配效应:基于特定要素的短期分析》,《世界经济》2009 年第 1 期。

　　王志乐:《跨国公司全球投资经营战略发展态势》,中国经济出版社 2005 年版。

　　王志伟、侯艺:《外商直接投资对中国出口的促进作用:2000—2008——基于贸易引力模型的分析》,《社会科学研究》2011 年第 6 期。

　　韦森:《市场深化过程与中国社会法治化的道路》,《东岳论丛》2005 年第 3 期。

　　魏浩、毛日昇:《从贸易大国向贸易强国转变——中国对外贸易竞争力的实证分析与调整思路》,《中国软科学》2003 年第 9 期。

　　魏浩、刘吟:《对外贸易与国内收入差距:基于全球 125 个国家的实证分析》,《统计研究》2011 年第 8 期。

　　吴宏、刘威:《全球经济失衡的形成机制及其前景》,《江西财经大学学报》2008 年第 6 期。

　　谢兴龙:《国际直接投资(FDI)与发展中国家经济增长的关系研究——基于中国、印度、巴西的比较》,西北大学博士论文,2006 年。

　　许和连、赖明勇:《外商直接投资对中国出口贸易影响的实证分析》,《预测》2002 年第 3 期。

　　许经勇:《国际资本流动与产业转移的正负效应》,《南通大学学报》(社会科学版)2009 年第 1 期。

　　杨丹辉:《全球竞争:FDI 与中国产业竞争力》,中国社会科学出版社 2004 年版。

　　于培伟:《经济全球化:得失续变与应对之策》,《国际经济合作》2007 年第 1 期。

　　余永定:《从中国的角度看全球化:全球化与 21 世纪》,社会科学文献出版社 2002 年版。

　　袁宏:《全球经济失衡表现及应对》,《现代经济信息》2009 年第 12 期。

　　张伯伟、田朔:《汇率波动对出口贸易的非线性影响——基于国别面板数据的研究》,《国际贸易问题》2014 年第 6 期。

　　张二震、安礼伟:《国际分工新特点与我国参与国际分工的新思路》,《经济理论与经济管理》2002 年第 2 期。

　　张二震、戴翔:《关于构建开放型经济新体制的探讨》,《南京社会科学》2014 年第 7 期。

张红霞、李平、王金田:《FDI 流入与东道国出口贸易关系探讨》,《亚太经济》2005 年第 2 期。

张杰、周晓艳、郑文平:《要素市场扭曲是否激发了中国企业出口》,《世界经济》2011 年第 8 期。

张军、金煜:《中国的金融深化与生产率关系的再检测:1987—2001》,《经济研究》2005 年第 11 期。

张曙光、程炼:《中国经济转轨过程中的要素价格扭曲与财富转移》,《世界经济》2010 年第 10 期。

张甜迪:《金融发展水平差异对中国经济外部失衡的影响》,《统计与决策》2013 年第 8 期。

张友国:《中国贸易增长的能源环境代价》,《数量经济技术经济研究》2009 年第 1 期。

张幼文、陈林:《市场经济体制国际比较概论》,东方出版中心 1998 年版。

张幼文、干杏娣:《金融深化的国际进程》,上海远东出版社 1998 年版。

张幼文、梁军:《要素集聚与中国在世界经济中的地位》,《学术月刊》2007 年第 3 期。

张幼文:《从廉价劳动力优势到稀缺要素优势——论"新开放观"的理论基础》,《南开学报》2005 年第 6 期。

张幼文:《政策引致性扭曲的评估与消除》,《学术月刊》2008 年第 1 期。

张幼文:《从廉价劳动力优势到稀缺要素优势——论"新开放观"的理论基础》,《南开学报》2005 年第 11 期。

张幼文:《当代国家优势:要素培育与全球规划》,上海远东出版社 2003 年版。

张幼文:《开放经济发展目标的动态演进》,《国际经济评论》2006 年第 1—2 期。

张幼文:《世界经济学:原理与方法》,上海财经大学出版社 2004 年版。

张幼文:《体制竞争——全球化经济机制与开放战略》,上海财经大学出版社 2004 年版。

张幼文:《政策引致性扭曲的评估与消除——中国开放型经济体制改革的深

化》,《学术月刊》2008 年第 1 期。

张幼文:《知识经济的生产要素及其国际分布》,《中国工业经济》2002 年第 8 期。

张幼文:《从廉价劳动力优势到稀缺要素优势——论"新开放观"的理论基础》,《南开学报》2005 年第 11 期。

张幼文:《从政策性开放到体制性开放——政策引致性扭曲在发展中地位的变化》,《南京大学学报》(哲学·人文科学·社会科学版)2008 年第 4 期。

张幼文:《当代国家优势》,上海远东出版社 2003 年版。

张幼文:《对外开放效益评估的主题与思路——以科学发展观对"新开放观"的探索》,《世界经济研究》2005 年第 8 期。

张幼文:《对外贸易利益的效用分析与价值分析》,《江苏社会科学》1992 年第 3 期。

张幼文:《经济全球化与国家经济实力——以"新开放观"看开放效益的评估方法》,《国际经济评论》2005 年第 10 期。

张幼文:《扩大内需与对外开放——论生产要素从引进、释放到培育的战略升级》,《毛泽东邓小平理论研究》2009 年第 2 期。

张幼文:《贸易量与消费扭曲》,《上海经济研究》1992 年第 1 期,第 16—20 页。

张幼文:《全球化经济的要素分布与收入分配》,《世界经济与政治》2002 年第 10 期。

张幼文:《全球化经济形成机制与本质分析》,《上海财经大学学报》2006 年第 10 期。

张幼文:《全球化经济学:逻辑起点、理论主题与实践意义》,《探索与争鸣》2013 年第 11 期。

张幼文:《双重体系的扭曲与外贸效益》,生活·读书·新知三联书店 1995 年版。

张幼文:《体制竞争——全球化经济机制与开放战略》,上海财经大学出版社 2004 年版。

张幼文:《外贸效益的国民经济基础》,《世界经济研究》1991 年第 8 期。

张幼文:《向开放型市场体系转轨中的寻租》,《学术季刊》1994 年第 2 期。

张幼文:《要素的国际流动与开放型发展战略——经济全球化的核心与走向》,《世界经济与政治论坛》2008年第3期。

张幼文:《要素集聚与对外开放新阶段的主题》,《世界经济研究》2008年第4期。

张幼文:《要素集聚与中国在世界经济中的地位》,《学术月刊》2007年第3期。

张幼文:《要素流动——全球化经济学原理》,人民出版社2013年版。

张幼文:《要素流动与全球经济失衡的历史影响》,《国际经济评论》2006年第2期。

张幼文:《以科学发展观指导提高对外开放效益》,《毛泽东邓小平理论研究》2005年第11期。

张幼文:《政策引致性扭曲的评估与消除——中国开放型经济体制改革的深化》,《学术月刊》2008年第1期。

张幼文:《中国开放型新阶段理论建设的主题》,《学术月刊》2006年第3期。

张幼文等:《要素流动——全球化经济学原理》,人民出版社2013年版。

赵奇伟、张诚:《金融深化、FDI溢出效应与区域经济增长:基于1997—2004年省际面板数据分析》,《数量经济技术经济研究》2007年第24卷第6期。

赵莹:《中国的对外开放和收入差距》,《世界经济文汇》2003年第4期。

甄炳禧:《对经济全球化的再思考》,《国际问题研究》2007年第4期。

"中国企业国际化战略"课题组、商务部境外投资管理处:《中国企业国际化战略报告》2007蓝皮书。

朱树山、卢大彪:《中国资本市场在全球经济失衡调整中的机遇与挑战》,《经济与管理》2007年第6期。

踪家峰、杨琦:《要素扭曲影响中国的出口技术复杂度了吗?》,《吉林大学社会科学学报》2013年第2期。

**图书在版编目(CIP)数据**

要素集聚的体制引力/张幼文等著.—上海:格致
出版社:上海人民出版社,2015
(要素流动与中国发展论丛)
ISBN 978 - 7 - 5432 - 2593 - 0

Ⅰ.①要…　Ⅱ.①张…　Ⅲ.①生产要素-研究　Ⅳ.
①F014.1

中国版本图书馆 CIP 数据核字(2015)第 298835 号

责任编辑　彭 琳
装帧设计　储　平

要素流动与中国发展论丛

**要素集聚的体制引力**

张幼文　等著

| 出　版 | 世纪出版股份有限公司　格致出版社 世纪出版集团　上海人民出版社 (200001　上海福建中路 193 号　www.ewen.co)  编辑部热线　021-63914988 市场部热线　021-63914081 www.hibooks.cn | 印　刷 | 上海商务联西印刷有限公司 |
| --- | --- | --- | --- |
| | | 开　本 | 720×1000　1/16 |
| | | 印　张 | 28.25 |
| | | 插　页 | 2 |
| | | 字　数 | 460,000 |
| | | 版　次 | 2015 年 12 月第 1 版 |
| 发　行 | 上海世纪出版股份有限公司发行中心 | 印　次 | 2015 年 12 月第 1 次印刷 |

ISBN 978 - 7 - 5432 - 2593 - 0/F · 902　　　　　　　　　　　　　　定价:68.00 元